dtv

Flugvorstellungen und Träume vom Fliegen gehören zum Grundbestand des menschlichen Gefühlshaushaltes. Sie finden sich in den alten Hochkulturen ebenso wie in sogenannten primitiven Gesellschaften. Die Autoren dieses Buches nähern sich aus verschiedenen Perspektiven dieser menschlichen Sensation, die immer wieder Ängste geweckt hat, aber auch eng verknüpft ist mit Vorstellungen religiöser Transzendenz und Freiheit im weitesten Sinne, beispielsweise auf dem Feld der Erotik.

Dieter R. Bauer ist Referent für Geschichte der Akademie der Diözese Rottenburg-Stuttgart. Zusammen mit Wolfgang Behringer leitete er das interdisziplinäre Symposium, aus dem das vorliegende Buch hervorging.

Wolfgang Behringer ist Historiker an der Universität Bonn und hat zahlreiche Veröffentlichungen zur Alltags- und Sozialgeschichte der Neuzeit vorgelegt, u.a. ›Hexen und Hexenprozesse‹ (3. Aufl. 1995, dtv 2957).

Fliegen und Schweben
Annäherung an eine menschliche Sensation

Herausgegeben
von Dieter R. Bauer und Wolfgang Behringer

Deutscher Taschenbuch Verlag

Originalausgabe
Mai 1997

Umschlagkonzept: Balk & Brumshagen
Umschlagbild: ›Dädalus und Ikarus‹ von Jan Boeckhorst
(1605–1668)/ © Artothek
Gesamtherstellung: C.H. Beck'sche Buchdruckerei, Nördlingen
Gedruckt auf säurefreiem, chlorfrei gebleichtem Papier
Printed in Germany · ISBN 3-423-04693-7

Inhalt

DIETER BAUER / WOLFGANG BEHRINGER
Annäherung an eine menschliche Sensation: Fliegen und Schweben. Zur Einführung 7

WOLFGANG BEHRINGER
Ars volandi
Gedankenspiele im Umfeld einer europäischen Debatte der Neuzeit 16

IRIS GAREIS
Schamanen- und Hexenflug im präkolumbischen und kolonialen Peru 37

HANNES BUCHBERGER
»Als Reiher ist der König zum Himmel gestürmt«
Fliegen und Schweben und das Alte Ägypten 58

CONSTANCE OTT-KOPTSCHALIJSKI
Fahren im Luftmeer
Überlegungen zu mittelalterlichen Luftschiffergeschichten bei Agobard von Lyon, Gervasius von Tilbury und Nicole Oresme 88

PETER DINZELBACHER
Ekstatischer Flug und visionäre Weltschau im Mittelalter 111

ÉVA PÓCS
Feenflug und Hexenflug in Mittel-Südosteuropa
Ritus und Mythos, Erlebnis und Bericht 146

GUSTAV HENNINGSEN
Der Hexenflug und die spanischen Inquisitoren – oder: Wie man das Unerklärliche (weg-)erklärt 168

MANFRED KREMSER
Nächtliche Flüge afrikanischer Hexer und ihre Bewertung bei den Azande 189

Andrew John Martin
Das Bild vom Fliegen, dokumentierte Flugversuche und das Aufkommen von Ansichten aus der Vogelschau zu Beginn der frühen Neuzeit 223

Justin Stagl
Die Entdeckung des Fliegens und Schwebens im Rahmen der ramistischen Wissenschaftskonzeption des 16. Jahrhunderts 241

Clive Hart
Erotische Implikationen in der Flugdarstellung von der Hochrenaissance bis zum Rokoko 260

Richmod Bollinger
Fliegen und Fließen, Schwimmen und Schweben
Beobachtungen zur Bedeutung der Flugmetapher in der Kultur Japans 289

Helmut Reinicke
Zeppelin, Karl May und die deutschen Auffahrten nach Dschinnistan 317

Helmuth Trischler
Utopie und Realität
Flugvisionen in der Ära der technischen Verwirklichung des Fliegens 344

Hans-Liudger Dienel
Ende des Traums vom individuellen Fliegen
Der Weg zum Luftbus 361

Irmgard Katharina Thünnihsen
Der Preis des Fortschritts: Flugangst – eine »moderne Phobie« 385

Autorinnen und Autoren 402

Bildnachweis 406

Dieter R. Bauer / Wolfgang Behringer

Annäherung an eine menschliche Sensation: Fliegen und Schweben

Zur Einführung

Fliegen und Schweben sind als Erfahrungen und Empfindungen keiner akademischen Disziplin zuzuordnen; sie schweben angemessenerweise zwischen oder über den Fächern. Ihre Geschichte reicht über die technische Verwirklichung des Fliegens (Aeronautik 1783, Aviatik 1903, Mondlandung 1969) zurück bis in die alten Hochkulturen: Der mythische Flug des sumerischen Königs Etana steht als Prototyp für archaische Himmelfahrtsvorstellungen. In Visionen und Utopien verschiedener menschlicher Kulturen spielen Flugvorstellungen eine Rolle, ebenso in den meditativen Techniken oder Ritualen ihrer religiösen Spezialisten. Von der antiken Literatur bis zu Romantiteln der Gegenwart vermochte die Mischung aus technischem Wagnis, beruflicher Selbstverwirklichung, erotischer Befreiung und metaphysischer Grenzerfahrung immer wieder zu faszinieren[1].

Es erscheint von daher reizvoll und spannend, interkulturellen Gemeinsamkeiten des Traums vom Fliegen nachzuspüren wie auch der spezifisch europäischen Ausprägung der Flugvorstellung als einerseits sakraler, andererseits verbotener Handlung. Das »Verbot« magischer Flüge, exemplifiziert im Gegensatz zwischen Jesus Christus und Simon Magus, scheint in Europa das Denken in technischen Kategorien begünstigt zu haben, doch blieb stets ein utopischer Überschuß mit der Flugvorstellung verbunden, der dazu führte, daß die Flugmetaphorik in viele Lebensbereiche Einzug gehalten hat.

Als Archetypen europäischer »Flieger« gelten bis heute Daedalus und Ikarus – genialer Erfinder und Künstler der eine, ausgestattet mit handwerklicher Meisterschaft, vom Fliegen begeistert der andere, »mythischer Prototyp des Ekstatikers«, bedroht von Hybris, frevelhaftem oder jedenfalls höchst gefährlichem Übermut.

»›Aber der Himmel ist sicher mir offen: hier wollen wir fliehen!
Alles mag Minos besitzen, die Luft besitzt er mitnichten.‹
Sprach's und versenkte den Geist in verborgene Künste: erneuert
Kühn die Natur. Denn er legt, mit der kleinsten beginnend, in Reihen
Federn und läßt auf die kürzeren stets die längeren folgen,
Just wie Gräser am Abhang; es baut sich die ländliche Flöte
Ebenso mählich empor aus Halmen verschiedener Länge.
Dann verbindet er sie mit Faden und Wachs in der Mitte
Und zuunterst und biegt sie in leichtester Krümmung: die Schwingen
Wirklicher Vögel gestaltet er nach. [...]
[...]
[...] Doch jetzt hat der Meister bereits sein Kunstwerk vollendet;
Alsdann schwingt er sich selbst in die Flügel, so daß sie im Gleichmaß
Beide sich fügen, und schwebt in der Luft in mächt'ger Bewegung.
Auch den Knaben belehrt er: ›Ich mahne dich, Icarus, fliege
Stets auf dem mittleren Pfad! [...]‹
[...]
Da begann sich der Knabe des kühnen Fluges zu freuen
Und verließ seinen Führer: von Himmelssehnsucht gezogen,
Stieg er noch höher hinan. Die Nähe der raffenden Sonne
Schmelzt das duftende Wachs, das Bindemittel der Federn.
Schon ist das Wachs zerflossen; jetzt schwingt er nur noch die Arme,
Aber er faßt keine Luft – es fehlen ihm gleichsam die Ruder –,
Und sein Mund, wie er schreit nach der Hilfe des Vaters, im blauen
Wasser versinkt er. [...]
[...]
Und er [der Vater] verflucht seine Kunst.«[2]

Die Zeit der technischen Flugutopien beginnt im Europa des 13. Jahrhunderts mit Roger Bacon. Die prophetischen Flugahnungen des englischen Franziskaners gelten Technikhistorikern als Ansatz, das Flugproblem schon im Mittelalter mit technischen Hilfsmitteln zu lösen. 1260 meinte er: »Man könnte Instrumente machen, um zu fliegen, so daß ein Mensch, der in der Mitte dieses Instruments sitzt und es mit Verstand regiert, durch dieses die Flügel künstlich bewegt und die Luft zerteilt, nach Art eines fliegenden Vogels«[3]. Die Diskussion um das Fliegen und um dessen technische Verwirklichung verstummte von da an nicht mehr; zunehmend finden sich seit dem Spätmittelalter Berichte über angebliche oder wirkliche Flugversuche. Die frühe Neuzeit brachte dann den Durchbruch; in den 300 Jahren zwischen 1500 und 1800, an deren Ende die Realisation des Fliegens stand, bekam die Entwicklung eine immer stärkere Dynamik. Dabei wurde das Flugproblem auf sehr unterschiedlichen Ebenen durchdacht: »Traditionelle Sichtweisen über die Flüge von Fabelwesen und Hexen bestanden fort, märchenhafte Erzählungen von Flugwundern und prodigiösen Himmelsschiffen machten weiterhin die Runde. Magische Flüge standen so lange hoch im Kurs, als man an die Wirksamkeit der Magie glaubte. Der starke Teufelsglaube des 16. Jahrhunderts gab solchen Vorstellungen sogar noch einmal neuen Auftrieb [...]. Doch das Nachdenken über die Möglichkeit des Fliegens verharrte nicht mehr auf der mythischen oder magischen Ebene, sondern berücksichtigte zunehmend technische Fragestellungen, die systematisch und nach Maßgabe der sich entwickelnden Naturwissenschaften angegangen wurden. Genau an der Wende zur Neuzeit wandte sich der Erfindergeist der ›höchsten‹ Kunst, der Kunst des Fliegens zu. Leonardo da Vinci systematisierte die Beobachtungen zum Vogelflug und breitete ein ganzes Tableau von theoretischen Flugmöglichkeiten aus, das vom Gleitflug über die Hubschrauber bis zum Fallschirm reichte!«[4] – ›Über den Vogelflug‹ überschrieb Leonardo sein zentrales Werk zum Thema »Fliegen«; doch handelt dieses – recht modern – von einer soliden Tragflächenkonstruktion als künstlichem Fluggerät. Seine späteren Anweisungen für die Durchführung von Gleitflugversuchen gehen bis in Details, die dem heutigen Paragliding nahekommen[5].

1686 stellte Bernard Le Bovier de Fontenelle fest: »Die Kunst zu fliegen ist im Wachstum, wird nach und nach sich vervollkommnen, und mit der Zeit werden wir bis in den Mond gelangen«[6].

Im religiösen Bereich aber blieb noch eine andere Vorstellung von »Fliegen« erhalten, für die als Symbol die Engel stehen – Brückenwesen zwischen Himmel und Erde, Gott und Mensch –, auch wenn diese nur noch als reine Geistwesen gedacht wurden: »Der jüdisch-christliche Glaube an die Existenz von Engeln und dämonischen Geistern – die einen wie die anderen sind zumeist mit Flügeln abgebildet – unterstützt die Vorstellung einer vom Körper unabhängigen und dennoch personalen Identität des Seelisch-Geistigen. In der Existenz von Engeln feiert der Mensch seine eigene uralte Sehnsucht: fliegen zu können und damit gottähnlich zu sein.«[7] Die Sehnsucht nach dem Himmel – als transzendent-überweltlicher wie, damit häufig in eins gehend, als konkret über die irdische Welt sich wölbender Raum – reicht (nicht nur) in unserer Kultur weit zurück, gehört zu den grundlegenden Elementen religiösen Lebens und Erlebens. Zur christlichen Lehre gehört ausdrücklich, daß alles Trachten auf das, »was oben ist«[8], gerichtet sein soll.

In der abendländischen Baukunst bringen dies die himmelstrebenden, in den Himmel gleichsam hineinreichenden und auf diesen verweisenden Kirchen der Gotik besonders augenfällig zum Ausdruck – und machen die Sehnsucht nach dem Überirdischen noch heute erfahrbar. Der Mensch aber bleibt in diesem Leben erdgebunden; sein Platz ist unten. Für die Welt des Barock und des Rokoko gilt beim Blick nach oben, speziell an die Kirchendecke: »Alles fliegt« – *ad maiorem Dei gloriam* (»zur größeren Ehre Gottes«). Die Klosterkirche im oberschwäbischen Weingarten ist hierfür ein hervorragendes Beispiel. Der als Festsaal Gottes gestaltete Raum macht den Gläubigen die christliche Botschaft sinnfällig, daß das Reich Gottes hier und jetzt, im Kirchenraum und im gottesdienstlichen Geschehen, bereits gegenwärtig ist. Ein monumentaler Engel trägt gleichsam frei schwebend die Kanzel, und auch sonst verdeutlichen Engel, daß man sich hier in himmlischer Sphäre befindet, in der selbstverständlich zentral der Anwesenheit Gottes gedacht wird. Beherrscht wird die Kirche von der Kunst Cosmas Damian Asams an der Decke (1718–20): Hier scheint der Himmel offenzustehen, in gewaltigen Bildern wird die Glorie des Ordensstifters Benedikt vor Augen gestellt, dann die leibliche Aufnahme Mariens in den Himmel und in der Hauptkuppel ein figurenreicher Heiligenhimmel: die triumphierende Kirche mit den Chören der Engel und Heiligen in der Anschauung Gottes. Die Heiligen, Vorbild der Gläubigen, sind bereits der Erde entrückt, fliegen gleichsam gen Himmel oder schweben, dort bereits angekommen, über den Betrachtern[9]. Doch auch die Mahnung, sich nicht zu falschem, das Seelenheil verspielendem Flug verführen zu lassen, steht am Weingartener Kirchenhimmel vor Augen: Auf einer Mist- oder Ofengabel, begleitet von einer Fledermaus, reitet

Abb. 1: Der fliegende Pater Kaspar Mohr: Ausschnitt aus dem Deckenfresko im Bibliothekssaal des ehem. Prämonstratenserstifts Schussenried.

eine Hexe über dem Abgrund, in den ihr Meister, der Teufel, bereits hinabstürzt.

Das Deckenfresko im Bibliothekssaal des nicht allzuweit entfernten Klosters Schussenried (von Franz Georg Hermann, 1774) kündet aber bereits von einem anderen »Begreifen« der Welt auch im Kloster. Durchaus unter der göttlichen Weisheit als letztem Zielpunkt geht es hier um Wissenschaft aus dem Geist neuzeitlicher Rationalität, damit auch um empirisches Forschen und um die produktive, auf Verwirklichung durch Ausprobieren drängende Neugier des modernen Menschen. »Als Symbolfigur einer risikofreudigen Experimentierlust ist der Schussenrieder Pater Kaspar Mohr (1575–1625) in die Geschichte des Mönchtums und der Technik eingegangen. Pater Mohr baute Orgeln, verfertigte kunstreiche Uhren und konstruierte einen Flugapparat, mit dem er aus dem drei Stockwerke hoch gelegenen Schlafsaal des Klosters in den Garten hinunterfliegen wollte. Über Erfolg und Mißerfolg seiner Unternehmung gehen die Meinungen auseinander. Die einen behaupten, der Abt habe ihm das waghalsige Experiment strikt verboten. Andere wollten wissen, er habe sich beim Flug vom Schlafsaal in den Garten den Fuß gebrochen. Erfindungsreichere Erzähler, die an der Unterhaltung ihrer Leser stärker interessiert waren als an der Wiedergabe historischer Tatsachen, beteuerten zum Ruhm der Mönche, der Pater sei ›zwei Stunden weit bis auf eine zum Kloster gehörende Pfarrei geflogen‹«[10]. Wie auch immer: in der zweiten Hälfte des 18. Jahrhunderts hielten es die Prämonstratenser von Schussenried für wichtig, an die gescheiterten Flugexperimente ihres Mitbruders zu erinnern. Daß dies in einem schwäbischen Kloster dieser Zeit kein Zufall war, wird deutlich, wenn die ›Augspurgische Zeitung‹ berichtet, zur »Ehre Schwabens« habe »Herr P. Udalricus Schiegg, Professor der Philosophie und Großkeller in dem Kayserlichen Reichsstift Ottobeuren« am 22. Januar 1784 im Klosterhof einen unbemannten Heißluftballon in die Höhe steigen lassen[11]. – Mit dem Aufstieg der ersten Montgolfière ein halbes Jahr zuvor hatte das Zeitalter der Luftfahrt begonnen.

Von solcher Nachbarschaft inspiriert – zu der noch Friedrichshafen mit seinem Zeppelin-Museum hinzukommt: ein Hauptort deutscher Luftfahrt-, speziell Luftschiffgeschichte –, doch mit weit darüber hinausgehendem Interesse, lud die Akademie der Diözese Rottenburg-Stuttgart auf Vorschlag Wolfgang Behringers nach Weingarten in ihr Tagungshaus ein (›Fliegen und Schweben. Annäherung an eine menschliche Sensation‹, Wissenschaftliche Studientagung, 1.–4. September 1994). In einem breit angelegten Gespräch mit und zwischen Ethnologen, Theologen, Religionswissenschaftlern, Psychologen, Historikern, Literaturwissenschaftlern, Spezialisten für außereuropäische Hochkulturen, aber auch Hobbypiloten, Drachenfliegern, Ballonfahrern, Luftfahrtingenieuren, Chefpiloten, Linienfliegern und anderen Interessierten sollte zu einem ungewöhnlichen geistigen Höhenflug angesetzt werden: Es galt, Tradition und Faszination des Traums vom Fliegen zu ergründen.

Nicht alle Ergebnisse der Tagung konnten dokumentiert werden, natürlich auch nicht die dichte Gesprächsatmosphäre

Abb. 2: L'homme-oiseau (»Der Vogelmensch«).

und die begeisternde Stimmung; doch finden sich die meisten Vorträge im vorliegenden Band wieder. Allen Beteiligten an Tagung und Buchprojekt sei an dieser Stelle noch einmal nachdrücklich gedankt, insbesondere den Autorinnen und Autoren, die bereitwillig die Mühe der Überarbeitung für den Druck auf sich nahmen; Frau Studiendirektorin Ruthilde Behringer für das Korrekturlesen; nicht zuletzt dem Deutschen Taschenbuch Verlag für die Entscheidung, den Band herauszubringen, und speziell Frau Dr. Andrea Wörle und Frau Brigitte Hellmann, für die nicht immer ganz einfache Betreuung.

Auf dem Fresko in Schussenried erscheint hinter dem wagemutigen Pater Mohr wie ein Schatten die mythische Gestalt des fluggeschädigten Ikarus zur Mahnung[12]; vielleicht ist es aber auch dessen kunstreicher Vater Daedalus, der respektvoll auf den Nachfolger hinweist. Dieser, in seiner Genialität wie seiner handwerklichen Meisterschaft, kann wohl Pate stehen für die technische Realisation des Fliegens bis hin zur modernen Luftfahrt mit ihrer eigenen Faszination, aber auch mancher Desillusionierung. Theodor W. Adorno hat wohl recht: »Wenn Träume sich erfüllen, ist es anders, als geträumt ward. So auch beim Fliegen«[13]. – Erfüllt hat sich aber auch die schon früh einsetzende Skepsis, wie sie etwa bei Gottfried Wilhelm Leibniz zum Ausdruck kommt: »Gott hat den Menschen sozusagen einen Riegel vorgeschoben; denn könnten sie auch noch durch die Luft fahren, so wäre ja ihre Schlechtigkeit rein nicht mehr zu zügeln!«[14]

In die Selbstverständlichkeit heutigen Fliegens ist Nüchternheit eingekehrt; und doch lebt noch etwas von der Flugbegeisterung des Ikarus weiter – bei Segelfliegern und Ballonfahrern, bei Drachenfliegern, Paraglidern und anderen. Und weiterträumen läßt sich der alte Traum vom Fliegen, die Sehnsucht nach oben allemal: »Über den Wolken / muß die Freiheit wohl grenzenlos sein. / Alle Ängste, alle Sorgen, / sagt man, blieben darunter verborgen, / und dann würde, was hier groß und wichtig erscheint, / plötzlich nichtig und klein.«[15]

Anmerkungen

1 Zum Gesamtzusammenhang: Wolfgang Behringer/Constance Ott-Koptschalijski, Der Traum vom Fliegen. Zwischen Mythos und Technik, Frankfurt a. M. 1991.

2 Publius Ovidius Naso, Metamorphoseon. Libri XV/Metamorphosen. Epos in 15 Büchern (lat./dt.), hg. u. übers. v. Hermann Breitenbach, Zürich 1958, 522–527 (VIII,186–234).

3 R. Bacon, De mirabili potestate artis et naturae [...] libellus, Paris 1542, 42 r; zitiert nach Behringer/Ott-Koptschalijski (wie Anm. 1), 198.

4 Behringer/Ott-Koptschalijski (wie Anm. 1), 221 f.

5 Ebd., 224.

6 B. Le Bovier de Fontenelle, Dialoge über die Mehrheit der Welten, übers. v. J. E. Bode, Berlin 1780, 127 (Erstausgabe: Entretien sur la pluralité des Mondes, Paris 1686); zit. ebd., 219.

7 Jochen Köhler, »Himmelan zum Saale des Zeus«. Warum die Menschen schon immer vom Fliegen träumten. Ein Essay, in: Fliegen – Traum und

Sehnsucht, hg. v. der Deutschen Lufthansa AG, Frankfurt a. M. 1990, 115–121, hier: 116 f.

8 Kol 3,1: *quae sursum sunt quaerite*; in der heutigen ›Einheitsübersetzung der Heiligen Schrift‹: »Strebt nach dem, was im Himmel ist!«

9 Allgemein zur Klosterkirche: Gebhard Spahr, Die Basilika Weingarten. Ein Barockjuwel in Oberschwaben, Sigmaringen 1974.

10 Klaus Schreiner, Mönchtum im Zeitalter des Barock. Der Beitrag der Klöster zur Kultur und Zivilisation Südwestdeutschlands im 17. und 18. Jahrhundert, in: Barock in Baden-Württemberg. Vom Ende des Dreißigjährigen Krieges bis zur Französischen Revolution (Ausstellungskatalog), hg. v. Badischen Landesmuseum Karlsruhe, Bd. 2: Aufsätze, 343–363, hier: 356.

11 Ebd., 356 f.

12 So die Interpretation von Klaus Schreiner, ebd., 356.

13 Th. W. Adorno, Man ist ganz Gegenstand; in: Vom Fliegen. Gedichte – Prosa – Bilder, hg. v. Helmut Lamprecht, Frankfurt a. M. 1990, 322 f., hier: 322.

14 Zitiert in: Fliegende Worte. Zitate, Aphorismen und Gedichte über das Fliegen, hg. v. Michael Gabrielli, Frankfurt a. M. 1990, 13.

15 Refrain des Chansons ›Über den Wolken‹ von Reinhard Mey; abgedruckt ebd., 70 f.

Wolfgang Behringer

Ars Volandi

Gedankenspiele im Umfeld einer europäischen Debatte der Neuzeit

Gut erfunden oder wahr ist folgende Geschichte, die sich in Kanada ereignet haben soll: Als 1969 die Mondlandung der amerikanischen Raumfähre »Eagle« live im Fernsehen übertragen wurde, berichtete ein junger Mann davon seinem Großvater. Doch weit entfernt von jeder Überraschung meinte der Alte, seine Vorfahren seien früher oft zum Mond geflogen[1].

Die vordergründige Komik dieser Anekdote beruht darauf, daß nach Auffassung des modernen Rezipienten die Vorfahren des Eskimos natürlich nicht geflogen sein konnten. Dahinter verbirgt sich das sehr viel ernstere Thema eines Kulturkonflikts; der Kollision einer naturwissenschaftlich-technischen mit einer religiös-metaphysischen Sichtweise des Fliegens. Die Vielzahl der Flugerzählungen der Eskimos haben bereits zu Beginn der Eskimo-Mission Aufmerksamkeit erregt, und seit dem 18. Jahrhundert gibt es Berichte über Séancen, bei denen »Angakut« – Eskimo-Schamanen – Luft- und Himmelsreisen unternahmen. Teilnehmer der Rituale meinten, Fluggeräusche wie von Vogelschwingen zu hören[2]. Nach ihrer Rückkehr von den »Flügen«, die es nach westlicher Auffassung gar nicht geben kann, erzählten die Zauberer von ihren Erlebnissen. Fragen europäischer Ethnologen, ob diese Ausfahrten körperlich oder seelisch geschähen, standen die Eskimos verständnislos gegenüber, wie Knud Rasmussen (1879–1933) berichtete[3].

Das Beispiel ist willkürlich herausgegriffen; genausogut könnte man auf ethnographische Berichte aus Zentralasien, der Südsee, Afrika oder Amerika zurückgreifen. Nach Auffassung der vergleichenden Religionswissenschaft gehört das, was Mircea Eliade den »magischen Flug« genannt hat, quasi zum anthropologischen Grundbestand menschlicher Kultur[4]. Zwar nicht in allen Kulturen, aber in traditionellen Kulturen aller Kontinente seien Flugerfahrungen Bestandteil der Qualifikation religiöser Spezialisten, deren Aufgabe darin bestand, mit Mächten aus dem Jenseits in Verbindung zu treten. Dazu gehörte ein reiches Repertoire an Riten, Ekstasetechniken und Symbolen, oft Vogel- oder Federsymbolik, die für sich genommen als *pars pro toto* Flugfähigkeit signalisiert[5].

Untechnische, religiöse Flugvorstellungen blieben jedoch keineswegs auf die »Traumzeit« sogenannter »primitiver Kulturen« beschränkt[6]. In veränderter Form fanden sie Eingang in die antiken Zivilisationen, die Hochkulturen Eurasiens oder Altamerikas. Das kulturelle Milieu hierarchisch gestufter Gesellschaften oder sogenannter Hochreligionen führte allerdings zu spezifischen Modifikationen der Vorstellungen vom »magischen Flug«, wie am Beispiel des Buddhismus gezeigt worden ist, wo niemand schneller oder höher fliegen darf als der Buddha[7]. Einen Sonderfall scheinen wiederum die monotheistischen Religionen darzustellen, in denen die Flugfähigkeit, wie etwa in der jüdischen Überlieferung, auf eine Minderheit religiöser Propheten eingeschränkt wird. Im christlichen ›Neuen Testament‹ konzentrierte sie sich schließlich auf eine einzige Person: Jesus Christus.

Für die spezifische Ausformung der Flugdebatte im christlichen Europa bis hin zur technischen Verwirklichung des Fliegens und sogar noch darüber hinaus, ist es notwendig, die Bedeutung des Fliegens im Christentum zu berücksichtigen. Es ist sicher kein Zufall, wenn die Auseinandersetzung des jungen Christentums mit konkurrierenden Religionsgründern in die Form eines Flugwettstreits gekleidet wurde[8], wie dies in einer apokryphen Apostelgeschichte aus dem 3. Jahrhundert beschrieben wird. Konkret geht es um das Auftreten des Gnostikers Simon in Rom, der zum Beweis seiner Gottesnähe oder gar Göttlichkeit einen Flugversuch ankündigte, sehr zum Mißvergnügen des Apostels Petrus, der angeblich diesem Flugversuch beiwohnte. Als sich Simon vor den Augen des erregten Publikums in die Lüfte erhob, bangte Petrus um den Bestand der jungen Christengemeinde und wurde – so das Apokryphon – aktiv: »Und Petrus sah das Unglaubliche des Schauspiels und schrie zu dem Herrn Jesus Christus: ›Wenn du diesen tun läßt, was er unternommen hat, so werden jetzt alle, die an dich gläubig geworden sind, angefochten werden [...] Erzeige, Herr, schnell deine Gnade und [bewirke], daß er von oben herabfällt‹«. Christus erhörte diesem Evangelium zufolge die Bitte, zuungunsten des Konkurrenten Simon: »Und er fiel von oben herab und brach den Schenkel an drei Stellen. Da warfen sie Steine auf ihn und gingen jeder nach Hause«[9]. Der gescheiterte Religionsgründer durchlief in der Folge einen »negativen Mythisierungsprozeß«, wurde vom religiösen Gegner zum Genossen des Teufels sowie zum Inbegriff des Häretikers umgeprägt. Die Wahrnehmung des »magischen Fluges« erfolgte in Europa fortan durch dieses Paradigma, den exemplarischen Sturz des Magiers Simon und seine dämonologische Interpretation[10].

Angesichts dieses religiös begründeten »Flugverbots« mag es als kurios, vielleicht aber auch als verständlich erscheinen, daß sich gerade die christliche Kultur Europas besonders nachhaltig an der Thematik des Fliegens rieb. War es die Stimulation durch kursierende populäre Luftfahrtgeschichten von Druiden, Königen oder Feen, die Auseinandersetzung mit antiken Erzählstoffen, der Drang zur Imitatio Christi oder einfach nur der Reiz des Verbotenen: Trotz des »Flugverbots« entwickelte Europa eine ungemein reiche Flugüberlieferung. Dabei kann man mindestens fünf große Diskurse unterscheiden: neben dem (1) traditionell-mythischen (2) einen religiös-dämonologischen, (3) einen moralisch-metaphorischen, (4) einen literarischen und (5) einen naturwissenschaftlich-technischen Diskurs.

Diese fünf Diskurse beeinflußten sich gegenseitig, bestanden jedoch unabhängig voneinander. Eine ausgesprochene Sonderstellung nahm dabei der technische Diskurs ein, dessen Protagonisten lange jede Verbindung mit den anderen Diskursen scheuten. Autoren wie der Franziskaner Roger Bacon (1214–1292) waren sich sicherlich der religiösen Implikationen und damit der Gefahren bewußt, die eine Behandlung der Flugthematik barg. Das literarische und ikonographische Leitfossil der nicht auf Christus bezogenen Flugvorstellung im Mittelalter, der Alexanderflug[11], zeigte zu deutlich, mit welchen moralischen Vorbehalten technische Flugapparaturen behandelt wurden: Alexanders Greifenflug wurde zwar selten direkt dämonisiert, galt jedoch als Exempel der Todsünde *superbia*, die in einer deutschen Übersetzung bei Berthold von Regensburg (ca. 1220–1272) in bewußter Anspielung auf luftige Neigungen sogar begrifflich mit »Hochfahrt« wiedergegeben wurde[12]: Superbia bildete das Tertium comparationis zwischen Ikarus, Alexander und Simon Magus. So gaben sich wohlweislich alle Teilnehmer am technischen Diskurs betont mechanisch, angefangen mit Roger Bacons Vision vom Bau seiner *instrumenta volandi [...] ad modum avis volantis* in der Mitte des 13. Jahrhunderts[13].

Betrachten wir die Entwicklung dieses naturwissenschaftlich-technischen Diskurses näher, der – soweit bisher bekannt – die europäische Flugdiskussion von vergleichbaren außereuropäischen Diskursen immer stärker abzuheben begann. Der technische Diskurs ordnete sich ein unter die *artes mechanicae*, also außerhalb des Universitätsbetriebs, und hier wiederum, nach der traditionellen Gliederung des Hugo von St. Victor (gest. 1141), im Bereich der *armatura*, der Waffenkunst einschließlich Geräteherstellung bis hin zur Großtechnik spätmittelalterlicher Dombauhütten[14]. Wenn jedoch um 1335 am Campanile des Doms Santa Maria del Fiore zu Florenz nach Entwürfen Giottos (ca. 1266–1337) im Rahmen der *artes mechanicae* als Allegorie ausgerechnet Dädalus geboten wird, kann kaum allein der Berufsgenosse Giottos gemeint sein, der Baumeister des minoischen Labyrinths. Denn die Erfindungskunst des Dädalus gipfelte in der Erfindung des Fliegens, der im Wortsinne »höchsten« mechanischen Kunst. Andrea Pisanos (1295–1349) berühmtes Marmorrelief stellt Dädalus im Federkostüm dar, mit mechanischen Flügeln, beim Start in den Himmel[15].

Der technische Diskurs über die Verwirklichung des Fliegens fand zunächst statt, wo er gemäß der Einteilung der mechanischen Künste hingehörte: in den Kriegshandbüchern. Der venezianische Festungsbaumeister Giovanni da Fontana (ca. 1395–1455)[16] setzte sich dort mit der Greifenfahrt Alexanders auseinander und zog die Nutzung der neuen Raketentechnik in Betracht. Neben Ausführungen über »Raketenvögel« spricht er in seiner militärtechnischen Abhandlung schließlich den Flug mit künstlichen Flügeln an, den er prinzipiell für möglich hält[17]. Leonardo da Vinci (1452–1519), Festungsbau-

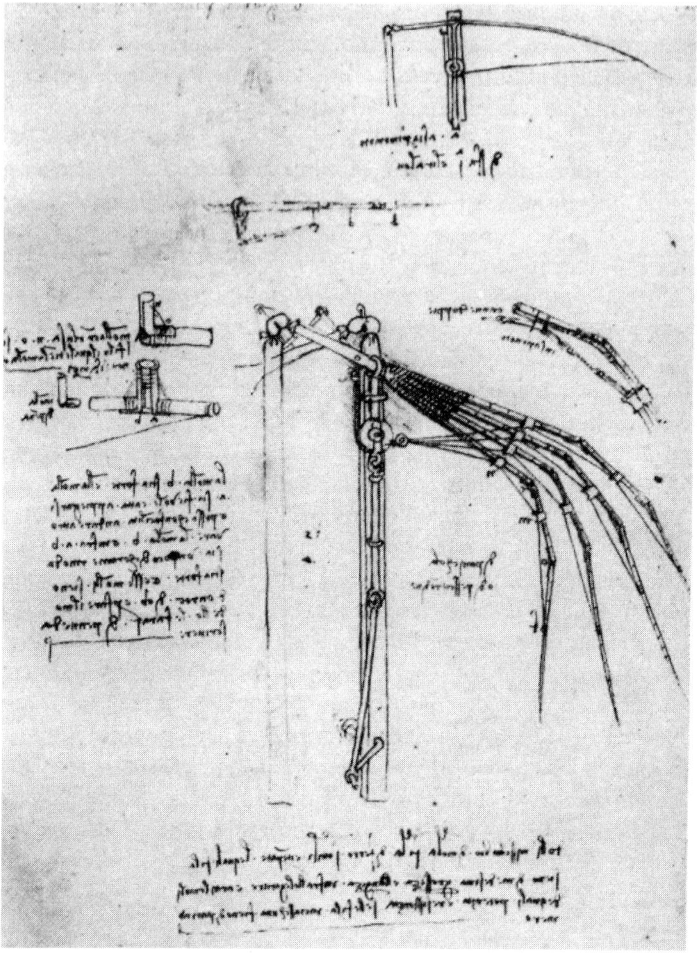

Abb. 3: Konstruktionszeichnungen Leonardo da Vincis für künstliche Flügel, dazu Erläuterungen in Spiegelschrift, ca. 1495/97.

meister in Mailand, dürfte Fontanas Ausführungen gekannt haben, als er seit den 1480er Jahren daran ging, eigene Überlegungen über die technische Verwirklichung des Fliegens anzustellen. Auf die berühmte psychologische Deutung von Leonardos Flugträumen durch Sigmund Freud soll hier nicht eingegangen werden[18], sondern nur auf die Überlieferungsproblematik seiner gut erforschten Technik-Visionen über den Flug nach Art der Vögel[19]. Obwohl sie als Handschriften nur wenigen zugänglich waren, gerieten sie doch nie in Vergessenheit. Der mit Leonardos Familie befreundete Girolamo Cardano (1501–1576) berichtet von einem gescheiterten Flugversuch Leonardos[20], und diese Mitteilung wurde von anderen Schriftstellern aufgegriffen[21]. Leonardo war damit nicht nur von seiten der Theorie, sondern auch der Tradition der Heros, der am Beginn der Neuzeit des Fliegens stand. Allerdings fällt der Begriff *ars volandi* – »Kunst des Fliegens« – weder bei Leonardo noch bei Cardano, lediglich in der Polemik des gelehrten Julius Caesar Scaliger gegen Cardano klingt der Begriff an[22].

Geprägt wurde der Begriff *ars volandi*[23] kurioserweise nicht im Umfeld Leonardos, auch nicht im Italien der Renaissance oder in einem der fortgeschrittenen westeuropäischen Länder. Nein, der Weg führt in das provinzielle Tübingen, eine kleine protestantische Universität im deutschen Südwesten, europaweit bekannt immerhin als Alma mater des kaiserlichen Hofastronomen Johannes Kepler. Am 5. September 1627 lud hier Friedrich Hermann Flayder (1596–1640)[24] zu einer besonderen Vortragsveranstaltung ein. Der damals erst seit sechs Jahren an der Universität[25] lehrende junge Gelehrte, wegen seiner lateinischen Schulkomödien bereits überschwenglich als »zweiter Terenz« oder »zweiter Frischlin« gefeiert und 1626 zum *Poeta laureatus* gekrönt[26], führte mit zwei jungen Magistern einen öffentlichen lateinischen Disput ›De arte volandi‹ auf. Es war der erste, der je an einer Hohen Schule gehalten worden war, wie Flayder stolz betonte, und aus diesem Erstlingsrecht heraus versuchte er, das ganze Feld bisheriger Flugdiskussionen auszuschreiten und neu zu formen. Tatsächlich gelang Flayder damit eine Begriffsbildung, die binnen weniger Jahre in ganz Europa Furore machte.

Worum ging es nun bei dieser bisher noch nie recht gewürdigten Tübinger Aufführung[27]? In der ›Propositio de arte volandi‹ vertrat ein sich fortschrittsoptimistisch gebender Johann Oswald aus Balingen den technisch-naturwissenschaftlichen Diskurs[28]. Die Entwicklung der *artes mechanicae* diente zum

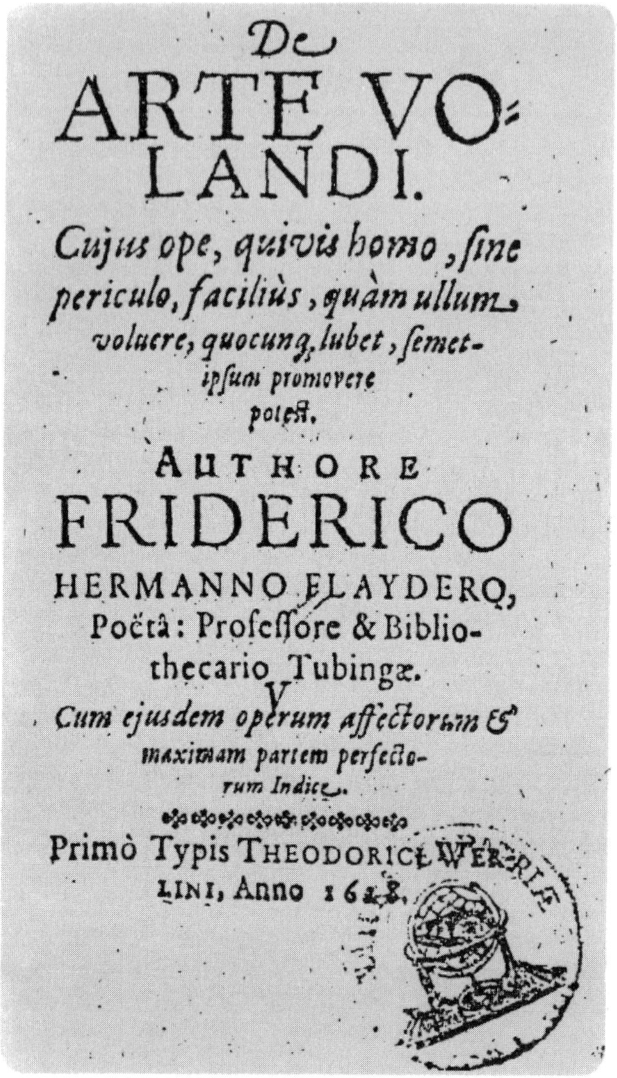

De

ARTE VO-
LANDI.

*Cujus ope, quivis homo, sine
periculo, faciliùs, quàm ullum
volucre, quocunq; lubet, semet-
ipsum promovere
potest.*

AUTHORE
FRIDERICO
HERMANNO FLAYDERO,
Poëtâ: Professore & Biblio-
thecario Tubingæ.

*Cum ejusdem operum affectorum &
maximam partem perfecto-
rum Indice.*

Primò Typis THEODORICI WER-
LINI, Anno 1628.

Abb. 4: Titelblatt der Schrift ›De arte volandi‹, Tübingen 1628.

Beweis der Überlegenheit der Gegenwart gegenüber der Antike: So viele Dinge seien erfunden worden, von denen man früher nichts gewußt habe, z. B. der Buchdruck, das Schießpulver oder das Fernglas. Fast alles sei zur höchsten Vollkommenheit entwickelt. Bloß eines fehle noch: »Was ist wohl dasselbige? Es ist die Kunst zu fliegen und die Wissenschaft, durch die Luft hindurchzustreichen [...] Warum sind wir so schläfrig und ungeschickt, daß wir uns nicht bemühen, von den Vögeln das Fliegen zu erlernen?«[29] Die Gegenrede ›Contra volandi artem‹ hielt Johann-Ulrich Pregitzer (gest. 1672) aus Tübingen: Der spätere Theologieprofessor vertrat den moralisch-metaphorischen, in Ansätzen sogar religiös-dämonologischen Diskurs: Große Frechheit und greuliche Unordnung würde durch das Fliegen provoziert, fliegende Menschen seien »feindselige und gottlose Vögel«. Diebe kämen aus der Luft, Liebhaber würden zu ihren Liebsten fliegen wie Jupiter zu Diana. Jeder Spionage sei Tür und Tor geöffnet, Feinde könnten die Stadtmauern überfliegen, Gesetze und Gottesfurcht wären aufgehoben. Außerdem sei es physikalisch unmöglich, zu fliegen[30].

Bereits Pregitzers komische Beispiele deuteten an, daß damit das letzte Wort nicht gesprochen sein konnte. Krönender Abschluß der Veranstaltung war die anspielungsreiche ›Responsio Friderici Hermanni Flayderi, in qua de vera volandi arte agitur‹, in welcher quasi eine vernünftige Synthese aller Diskurse versucht wurde[31]. Flayders Argumentation ging von Fallbeispielen aus, wobei neben dem antiken Mythos von Dädalus und Ikarus gleichberechtigt historisch-literarische Beispiele aus England, Deutschland, Frankreich und Italien vom 11. bis zum 16. Jahrhundert standen[32]. Nicht zuletzt unter Hinweis auf ein großes Vogelskelett in der Naturaliensammlung der Tübinger Universitätsbibliothek vertrat Flayder die Ansicht von der technischen Möglichkeit des Fliegens. Diese verteidigte er gegen Scaliger. Flayders Behauptung, *novitius noster Daedalus* müsse das Fliegen von Jugend auf üben, um erfolgreich zu sein[33], gemahnt direkt an die entsprechenden Bemerkungen bei Leonardo da Vinci und Cardano. Nach dieser ausführlichen Einleitung, die Oswald recht zu geben schien, nahm Flayders Rede jedoch eine überraschende Wendung: Er ging in ironische Distanz zu den oft lächerlichen

Flugversuchen, bei denen Wagemutige mit unzulänglichen Mitteln Leib und Leben riskierten. Die »eigentliche Kunst des Fliegens« sah der Philologe darin, sich mit den »Flügeln des Geistes« und ungehindert durch einen gebrechlichen Körper in den Himmel zu erheben. Die »göttlichen Schwing-Federn sind die Werkzeuge der Vernunft, [...] unsere Künste und Wissenschaften«[34].

Dem lokalen Publikum mochte diese Pointe gefallen bei einer Veranstaltung, die der Initiation einiger namentlich genannter Absolventen in die akademische Gesellschaft den Glanz verlieh. Vielleicht war es auch erfreut über Flayders Einfall, die *ars volandi* als geistige Kunst den *artes liberales* zuzuordnen, anstatt den mechanischen Künsten und damit den *artes illiberales*[35]. Auf dem anonymen Markt der Meinungen wurde Flayders Rede jedoch anders aufgenommen: Der Nürnberger Patrizier Georg Philipp Harsdörffer, der Flayders Libell auf der Frankfurter Buchmesse erworben hatte, reagierte verbittert auf diese Eulenspiegelei. Über seine Lektüre der ›Ars volandi‹ schrieb er: »Habe ich des Schlusses mit großer Ungedult erwartet – und endlich gefunden, daß der Mensch mit den Gedanken besagter maasen alle Vögel überfliegen könne etc. Darüber habe ich das Buch mit dem Salbader hinweggeworfen und das Fliegen liegen lassen«[36]. Noch erboster reagierte Erasmus Francisci: »Der gute Kerl hat mit dem Titel seinem Buche ohne Zweifel Flügel zu machen gewünschet, damit es den Lesern desto häufiger in die Hände und ihm oder seinem Verleger das Geld der geäfften Leute in den Seckel fliegen möchte«[37].

Die europäische Gelehrtenwelt reagierte gelassener: Sie griff Flayders Stichwort von der *ars volandi* auf, der Traktat erfreute sich lebhafter Nachfrage und wurde bis 1631 zweimal nachgedruckt[38]. Der Pariser Paulanermönch Marin Mersenne (1588–1648), Korrespondent Galileis und Descartes, konfrontierte seine Leser Anfang der 1630er Jahre mit dem neuen Problem der *art de voller*[39]. Und der flämische Arzt und Iatrochemiker Johann Baptista van Helmont (1579–1644) hielt 1640 in Brüssel vor dem Prinzen Emanuel von Portugal und weiterem Publikum einen Vortrag über die *ars volandi*, der noch Jahrzehnte nachwirkte. Der spanische Zisterzienser Juan Caramuel Lobkowitz (1606–1682) berichtete, die Anwesenden hätten damals gemeint, man könne sich unmittelbar in die Lüfte erheben[40]. Welcher neue Wind durch diese internationale Flugdebatte wehte, zeigt der systematisierende Zugriff des anglikanischen Geistlichen John Wilkins (1614–1672), eines der Vorkämpfer der »New Philosophy« und Mitbegründer der Royal Society. Sein Buch über die praktische Umsetzung mathematischer Erkenntnisse nannte er ›Mathematicall Magick‹, weil die dummen Leute vieles davon für Zauberei halten würden. Es war in zwei Teile geteilt, das erste über *Powers* war Archimedes gewidmet, das zweite über *Motions* trug den Namen ›Daedalus‹. Darin waren nicht weniger als drei Kapitel über das Fliegen enthalten, das wichtigste – ›The Art of Flying‹ – bezog sich auf die ›Ars volandi‹ Flayders. Allerdings zitiert er den Deutschen als »Fredericus Herrmannus«, vermutlich weil er »Flayder« mit »Flyer« – also Flieger – konnotierte und für ein Pseudonym hielt[41].

Wilkins war nach Flayder einer von mehreren Autoren, die buchstäblich sämtliche Register der Flugdiskussion zogen. Wilkins zufolge konnte man mit Hilfe von Engeln und Teufeln fliegen, mit Flügeln, Vogelfluggeräten oder Flugwagen. Wilkins sparte nicht mit Anspielungen: Die Flüge der Propheten Elias und Habakuk hatten ebenso ihren Platz wie Simon Magus als Paradigma für den Hexenflug, samt Zitierung des lothringischen Dämonologen Nicolas Rémy und Johannes Keplers satirischem Traum vom Mondflug[42]. Nach José de Acosta (1540–1600) führte Wilkins den Flug indianischer Zauberer in die Diskussion ein, während die mythischen Flüge der Eskimos in der dämonologischen Literatur bereits seit Olaus Magnus bekannt waren. Leitfigur dieses neuen Meta-Diskurses war allerdings nicht mehr der Apostel Petrus, der den Magier Simon zum Absturz brachte, sondern ein neuer Heiliger: Francis Bacon, der Prophet des Experiments und der systematischen Forschung, die sich in der Erfindung von Neuem bewahrheitet[43].

Die systematische Aufbereitung der alten Flugdiskussion vor dem Hintergrund des neuen Wissenschaftsverständnisses führte zu einem interessanten Effekt. Flugexperimentatoren, wie man sie seit der Antike kannte, wurden nicht mehr, wie noch die »Flugnarren« zur Zeit Leonardos[44], nach moralischen Maßstäben gemessen, stürzten auch nicht mehr, wie noch wenige Jahre zuvor ein Italiener in Lyon, als tragische Individuen folgenlos von Türmen, sondern fungierten nolens volens als freiwillige Testpersonen in einer gesamteuropäischen Versuchsanordnung. Erster Testpilot wurde in diesem Sinne seit 1640 ein Sieur Nicolas Desson d' Aigemont (geb. 1604), der schließlich bei seinem Flugversuch »nach Art der Vögel« in Brüssel ein Dach durchbrach. Doch schon stand der am polnischen Königshof wirkende italienische Erfinder Tito Livio Burattini (1617–ca. 1680) als Ersatzhoffnung bereit. Burattini verfaßte sogar einen eigenen Traktat ›Ars volandi‹, in dem er über den Bau seiner Flugmaschine berichtet. Clive Hart fand eine Pariser Abschrift von Burattinis Traktat zusammengebunden mit Exzerpten aus Flayders ›De arte volandi‹[45]. In Deutschland wissen wir von den Flugplänen des Schussenrieder Prämonstratensers Kaspar Mohr (1575–1625) und des Nürnberger Zirkelschmieds Johann Hautsch (1595–1670). Der Augsburger Schuster Salomon Idler (1610–1670) durchbrach bei seinem Absturz eine Brücke und walzte im Hinterhof seines Hauses einige Hühner platt. Immer weitere Beispiele belebten die Diskussion: Burattini berichtet von Flugversuchen durch Andrea Sagredo, den Dialogpartner Galileis. Pierre Gassendi (1592–1655) erwähnt einen Flugversuch in Digne 1629, Robert Hooke von einem Mann im englischen Gascoyn um 1640. In Skutari in der Türkei »flog« 1650 ein Mann mit Adlerflügeln von einem Turm, doch ging es ihm nicht besser als einem anderen Ikarus, der in London mit Fledermausflügeln vom Turm der St.-Pauls-Cathedral hüpfte. Der Niederländer Andriaen Baartjens überlebte zwei Flugversuche in Rotterdam und Den Haag. 1659 ließ sich ein Marquis Somerset of Worcester gar ein Patent auf eine Flugmaschine erteilen, die jedoch nie flog[46].

Wurde in den Utopien des 17. Jahrhunderts bereits kräftig geflogen, in Tommaso Campanellas ›Civitas solis‹ so gut wie in Francis Bacons ›Nova Atlantis‹, gewannen im Medium der Gelehrtendiskussion kritische Stimmen angesichts der enttäuschend verlaufenden Flugexperimente die Oberhand. Galilei hielt den Flug nach Art der Vögel für ein Hirngespinst, solange die Antriebsfrage nicht geklärt sei. Ebenso argumentierte René Descartes 1640 gegenüber Mersenne: Weder menschliche Muskelkraft noch der Einsatz von Sprungfedern reichten zum Betrieb eines Vogelflugzeuges aus. Ähnlicher Auffassung waren Wissenschaftler wie Christiaan Huygens und Robert Hooke (1635–1703), die selbst an einer Lösung des Flugproblems experimentierten. Die Crème de la crème der europäischen Forschung und Wissenschaft war an der Ars-Volandi-Diskussion der Jahrhundertmitte beteiligt, die frühen Bände des ›Journal des Scavans‹ und der ›Philosophical Transactions‹ künden davon. Die Enttäuschung mündete schließlich in zwei große satirische Romane, die lukianische Lügengeschichten[47] unter den naturwissenschaftlichen Prämissen des 17. Jahrhunderts neu erzählten: Die große Spottdrossel Cyrano de Bergerac (1619–1655) verwob in den ›Reisen in die Mond- und Sonnenstaaten‹ alle möglichen früheren Flughelden, von Francis Godwins ›Domingo Gonzales, the Speedy Messenger‹ bis hin zu Burattini, und lieferte noch ein ganzes Kompendium von Fluggeräten dazu: die Helden fliegen mit Vogelfluggeräten, mit Raketenantrieb, per Explosionsgewalt, durch Sonnenkraft oder per archimedischer Auftriebskraft. Das Spiel mit Zitaten oder Exempeln war zum gedanklichen Spiel mit Geräten geworden. Und der Flug nach Art der Vögel, der von Roger bis Francis Bacon Utopie geblieben war, wurde um 1660 gedanklich durch den Flug mit Hilfe großer Maschinen ersetzt[48].

Also Maschinen! Doch nach welchen mechanischen Prinzipien sollten schwere Geräte fliegen können? Unter Rückgriff auf ein bekanntes scholastisches Exempel des 14. Jahrhunderts, vorgeführt von Albert von Sachsen und Nicole d'Oresme, resümierte 1631 der portugiesische Jesuit Franciscus Mendoca (1573–1626), daß nach der Kosmologie des Aristoteles auf der Oberfläche des Luftmeeres ein mit Feuermaterie gefülltes Schiff fahren können müsse wie ein mit Luft gefülltes Schiff auf Wasser[49]. Die Möglichkeit der Luftschiffahrt scheint man auch im Kreis um Athanasius Kircher (1601–1680) in Rom diskutiert zu haben: Nicht nur der Würzburger Jesuit Kaspar Schott (1608–1666) bejahte 1657 die Möglichkeit der Luftschiffahrt[50], sondern in beeindruckendster Form der italienische Jesuit Franceso Lana di Terzi (1631–1687). Unter Hinweis auf die Mißerfolge aller Aviatiker reformulierte Lana 1670 die mittelalterliche Luftschifftheorie vor dem Hintergrund der zeitgenössischen Physik (Guericke, Torricelli). Große Hohlkugeln, deren Inhalt »leichter als Luft« sein mußte, sollten das Schiff in die Höhe tragen. Lana vergaß weder praktische Anleitungen zur Konstruktion des Luftschiffs inklusive Konstruktionsskizzen noch die literarische Präsentation im Stile eines barocken »Decorum«, soweit die Autoritäten antik oder katholisch waren: Lukian, Albert von Sachsen, Mendoca und Torricelli durften zitiert werden, Flayder, Wilkins oder Cyrano de Bergerac nicht[51].

Trotz dieser Restriktionen war Lanas Luftschiffplan auch in bezug auf den Kampf der Konfessionen ein Volltreffer. Er katapultierte gewissermaßen die weitgehend protestantische Ars-Volandi-Diskussion aus ihrer aviatischen Sackgasse und lenkte sie in die Umlaufbahn der Aeronautik. Bereits 1671 nahm Gottfried Wilhelm Leibniz (1646–1716) positiv zu Lanas Luftschiffplan Stellung; einzige Bedingung sei, daß tatsächlich eine Substanz »leichter als Luft« hergestellt werden könne[52]. 1672 wurde Lanas Luftschiffvorstellung an diversen Universitäten gelehrt, etwa in Altdorf oder Kiel; in Rinteln wurde 1676 die erste Dissertation darüber verfaßt[53]. Robert Hooke übersetzte Lana für die erste Nummer der ›Philosophical Collections‹ 1679 ins Englische. Das ›Journal des Scavans‹ und die ›Acta eruditorum‹ äußerten sich enthusiastisch. Allenthalben erschienen Sonderdrucke mit Lanas Luftfahrtkapitel[54], die meist auch einen Kupferstich des Luftschiffs enthielten. In den ›Relationes Curiosae‹ konnte man 1688 schon Lanas Luftschiff über Deutschland segeln sehen[55].

Anhaltende Mißerfolge beim Bau solcher Luftschiffe drohten gerade, die Träumer auf den Boden der Tatsachen zurückzuziehen, als sich 1709 mit merkurischer Geschwindigkeit eine Sensationsnachricht verbreitete, die von der Luftfahrt eines brasilianischen Luftschiffers von Lissabon nach Wien berichtete. Dutzende von Zeitungen berichteten in ganz Europa über dieses Ereignis, oft inklusive Abbildung. Eine Wiener »fliegende Zeitung« von 1709 trug den Titel: ›Abbildung der erfundenen Kunst zu fliegen‹[56]. Alle Meldungen hatten nur einen

Abb. 5: Lanas Luftschiffplan beflügelte die europäische Flugdiskussion: Kupferstich, 1688.

Fehler: sie waren Enten. Doch immerhin barg die ganze Geschichte einen Kern von Wahrheit: Ein Bartholomeo Lourenco de Gusmao (1686–1724) hatte tatsächlich ein Patent vom portugiesischen König für seine Flugmaschine erhalten, hatte offenbar mit Modellen auch praktische Versuche angestellt und verteidigte noch Jahre später seine Versuche mit einem ›Kurzgefaßten Manifest für diejenigen, welche nicht wissen, daß die Luftschiffahrt möglich ist‹[57]. Hohn, Spott und bestenfalls wissenschaftliche Widerlegung drohten dennoch im Jahrhundert der Aufklärung allen Flugpionieren. Die Verwirklichung der Luftschiffahrt im Jahre 1783 durch die Brüder Montgolfier und den Professor Charles erfolgte jedoch tatsächlich nach der Methode, die Francesco Lana vorgeschlagen hatte; sogar die Auftriebskörper, die Ballone, sahen Lanas Hebekugeln gleich. Und dies verwundert nicht einmal, denn Joseph Montgolfier hatte sich mit dieser Theorie in den Jahren vor dem ersten Ballonaufstieg beschäftigt[58]. So führt letztlich eine direkte Linie von der Physik des 14. Jahrhunderts zur Aerostatik der Aufklärung, schließlich eine zweite Linie vom »Großen Vogel« Leonardos zur Aviatik Otto Lilienthals und der Gebrüder Wright, nachdem die Frage der Antriebskraft gelöst war[59]. Und bereits am Ende des 18. Jahrhunderts wurde die technische Verwirklichung der Luftfahrt zu den überragenden Leistungen der Aufklärung, ja der europäischen Kultur überhaupt gezählt[60].

Die »Gedankenspiele im Umfeld« der europäischen Flugdebatte berücksichtigten auch weiterhin andere als nur technische Aspekte. Warum dies nötig war, zeigt nicht zuletzt ein Ereignis am Rande der ersten erfolgreichen Ballonaufstiege. Alle Ironie der Aufklärer hätte die Szene nicht besser erfinden können, die sich bei der Landung der ersten unbemannten »Charlière« abspielte: Bauern des Dorfes Gonesse gingen am 27. August 1783 mit Heugabeln, Sensen und Dreschflegeln auf das üblen Geruch verbreitende Ungeheuer los und »töteten« das vermeintlich dämonische Wesen. Obwohl der Ortspfarrer dem Treiben Einhalt gebieten wollte, schleiften sie die Überreste des »Globe« im Siegeszug mit Pferden aus dem Dorf. Die groteske Szenerie spielte sich etwa so ab, wie es Francis Godwin oder Cyrano de Bergerac in ihren Satiren ausgemalt hatten. Sogar die Hagelpredigt des Agobard von Lyon oder die Luftschiffergeschichten bei Gervasius von Tilbury klingen thematisch an. Der mythische und der religiös-dämonologische Diskurs waren auf dem Land noch lebendig. König

Abb. 6: Zeitgenössischer Kupferstich von der Zerstörung der ersten unbemannten »Charlière« in Gonesse am 27. August 1783.

Ludwig XVI., der wenig später sein Leben auf dem Schafott beenden sollte, hielt es für angebracht, das Volk per Erlaß über die Erfindung aufzuklären[61]. Satiren wie ›Simon Magus mit der Blase‹ sollten ironisch Distanz herstellen, und dies war bitter nötig: Gerade ein Jahr zuvor, 1782, war im Schweizer Kanton Glarus noch eine Frau als Hexe exekutiert worden[62].

Gedanken an Mondflüge waren für die europäischen Intellektuellen seit dem mittleren 17. Jahrhundert so selbstverständlich wie dem ungenannten Eskimo. Allerdings dachten sie nicht mehr »magisch«, sondern »technisch«: das »wilde Denken« war diszipliniert; sie waren – um einen Begriff von Claude Lévi-Strauss zu bemühen – von Bricoleurs zu Ingenieuren geworden[63]. Die Flugdiskussion der frühen Neuzeit nahm jedoch eine eigentümliche Zwitterstellung ein: Magische Flüge waren in ihrem mythischen Gehalt noch verständlich, wurden sogar in einigen Regionen Europas von Spezialisten noch erlebt, den Benandanti, den Táltos, den Donne di Fuori, Krsniki, und wie sie immer genannt wurden[64]. Die hochreligiöse Kritik erstreckte sich unter dämonologischen Vorzeichen auf diese archaischen Flüge, unter moralischen Prämissen jedoch auf Flüge ganz generell. Die technischen Visionen entwickelten sich in Auseinandersetzung mit dieser religiösen Flugkritik, hatten jedoch bereits viel mit unseren heutigen Flugvorstellungen zu tun. Mit Flayders Traktat ›De arte volandi‹ begann der Vergleich der Diskurse; ein Metadiskurs entwickelte sich zum Medium der Kritik. Dabei eignete sich der Rückgriff auf humanistisches Bildungsgut zur Entschärfung konfessioneller Gegensätze: *Volare nihil aliud est quam navigare per aerem*, zitierte der Zisterzienser Juan Caramuel Lobkowitz in seiner ›Ars volandi‹ Vergils ›Aeneis‹. Auch der gesunde Menschenverstand wurde bemüht: Obwohl ihm Gott keine Flossen gegeben habe, hätte der Mensch doch Schwimmen gelernt[65].

Während die Eskimos überzeugt waren, daß ihre Vorfahren zum Mond gefahren waren, entwickelte man im Europa der Neuzeit die fixe Idee, daß die Nachfahren das tun sollten. Tatsächlich ging diese europäische Fortschrittsvision auch in Erfüllung. Aber während die Eskimos in der Regel wußten, was ihre Beauftragten auf dem Mond überhaupt sollten, scheint dies bei der bemannten Raumfahrt weniger klar zu sein. Neil Armstrong behauptete zwar, sein Schritt auf den Himmelskörper sei ein großer Schritt für die Menschheit, aber er vergaß zu erläutern, warum. Die Gedenktafel, die die NASA auf dem Mond hinterließ, sagt jedenfalls nichts anderes als: »Wir sind dagewesen«[66]. Während der mythische König Etana, der erste Flieger der Weltliteratur, aus dem Himmel der Ischtar immerhin das Kraut des Gebärens mitbrachte[67], warten wir bis heute auf jenes mythische Ergebnis des Fliegens, das die europäischen Flugutopien entwickelten. Wenn es stimmt, daß der Traum vom Fliegen »eine Chiffre für das Streben nach dem Glück«[68] war, so bleibt dieser Wunsch gewissermaßen noch in der Schwebe.

Anmerkungen

1 K. M. Butler, »My Uncle went to the Moon«, in: Artscanada, Nr. 184–187 (Dez. 1973 – Jan. 1974), 154–158.

2 Evelyn Haase, Der Schamanismus der Eskimos, Aachen 1987, 223–244.

3 Knud Rasmussen (Hg.), Grönlandsagen, Berlin 1922, 257.

4 Mircea Eliade, Der magische Flug, in: Antaios 1 (1959), 1–12.

5 Mircea Eliade, Schamanismus und archaische Ekstasetechnik, Frankfurt a. M. 1975 (Erstausgabe: Paris 1951; deutsch: Zürich 1957; erweitert: New York 1964).

6 A. W. Reed, Am Anfang war die Traumzeit. Legenden und Mythen der Aborigines, Köln 1981 (Erstausgabe: Aboriginal Myths – Tales of the Dreamtime, Sydney).

7 Jonathan S. Strong, Wenn der magische Flug mißlingt. Zu einigen indischen Legenden über den Buddha und seine Schüler, in: Hans Peter Duerr (Hg.), Sehnsucht nach dem Ursprung. Zu Mircea Eliade, Frankfurt a. M. 1983, 519–531.

8 Ion P. Culianu, Le vol magique dans l'antiquité tardive, in: Revue de l'Histoire des Religions 198 (1981), 57–66.

9 Wilhelm Schneemelcher, Neutestamentliche Apokryphen in deutscher Übersetzung, Tübingen 1971, 2. Bd., 217.

10 Walter Nigg, Das Buch der Ketzer, Zürich [2]1986, 30.

11 Robert S. Loomis, Alexander the Greats's Celestial Journey, in: The Burlington Magazine 32 (1918), 136–140, 177–185; Chiara Settis-Frugoni, Historia Alexandri elevati per griphos ad aeram. Origine, iconografia e fortuna di un tema, Rom 1973; I. Michael, Alexander's Flying Machine. The History of a Legend, Southampton 1974.

12 Berthold von Regensburg, Vollständige Ausgabe seiner Predigten [...], hg. v. F. Pfeiffer, Bd. 1, Wien 1862, 397.

13 Roger Bacon, De mirabili potestate artis et naturae [...] libellus, Paris 1542; A. G. Molland, Roger Bacon as Magician, in: Traditio 30 (1974), 445–460; D. L. Lindberg, Science as Handmaiden. Roger Bacon and the Patristic Tradition, in: Isis 78 (1987), 518–536.

14 Karl Heinz Ludwig/Volker Schmittchen, Metalle und Macht. 1000 bis 1600 (Propyläen-Technikgeschichte, hg. v. Wolfgang König), Frankfurt a. M./Berlin 1992, 26 f.

15 Jules Duhem, Musée aéronautique avant Montgolfier, Paris 1944, 32 ff.; A. Mueller von der Haegen, Dädalus – Erfinder und Künstler in einer Darstellung am Campanile des Giotto, in: P. Nill (Hg.), Der Traum vom Fliegen – Faszination zwischen Kunst und Technik, Berlin 1987, 68–71.

16 A. Birkenmajer, Zur Lebensgeschichte und wissenschaftlichen Tätigkeit von Giovanni Fontana, in: Isis 17 (1932), 34–53.

17 Clive Hart, The Dream of Flight. Aeronautics from Classical Times to the Renaissance, London 1972, 152; Wolfgang Behringer/Constance Ott-Koptschalijski, Der Traum vom Fliegen. Zwischen Mythos und Technik, Frankfurt a. M. 1991, 188, 209 ff.

18 Meyer Schapiro, Leonardo and Freud. An Art-Historical Study, in: Journal of the History of Ideas 17 (1956), 147–178.

19 Leonardo da Vinci, Codice sul volo degli uccelli. Traktat über den Flug der Vögel (1505), übers. v. S. Braunfels, Würzburg 1978; R. Giacometti, Gli scritti di Leonardo da Vinci sul volo, Rom 1936; I. B. Hart, The World of Leonardo da Vinci. Man of Science, Engineer and Dreamer of Flight, London 1961; Ernst H. Gombrich, The Form of Movement in

Water and Air, in: C. D. O'Malley (Hg.), Leonardo's Legacy: An International Symposium, Berkeley/Los Angeles 1969, 171–204; C. H. Gibbs-Smith, Die Erfindungen von Leonardo da Vinci, Stuttgart 1978.

20 Hieronymus Cardanus, De subtilitate libri XXI, Nürnberg 1550, 318 f.

21 P. Boaistuau, Bref discours de l'excellence et dignité de l'homme (Anhang zu: Le Theatre du Monde), Paris 1558, fol. 20 recto.

22 Julius Caesar Scaliger, Exotericarum exercitationum liber quintus decimus de Subtilitate, ad Hieronymum Cardanum, Paris 1557, fol. 444 verso. Er fragt: *Quid enim non sordeat nobis prae volandi arte?*

23 »Le premier est un professeur, un de ces reveurs de bibliothèques qui prosperent en pays allemand« – Jules Duhem, Histoire des idées aéronautiques avant Montgolfier, Paris 1943, 104.

24 W. Scherer, Friedrich Hermann Flayder, in: Allgemeine Deutsche Biographie (= ADB), Bd. 7, Leipzig 1878, 106 f. Der Artikel basiert auf folgender Literatur: Wolfgang Menzel, Geschichte der deutschen Dichtung, Bd. 2, 293; Engelbert Klüpfel, Universität Tübingen, 95; Strauß, Nicodemus Frischlin, 421, 568. Vgl. auch: G. Bebermeyer, Tübinger Dichterhumanisten. Bebel – Frischlin – Flayder, Tübingen 1927; Richard Newald, Die deutsche Literatur vom Späthumanismus zur Empfindsamkeit 1570–1750, München 1967 (6., verbesserte Auflage), 51; Joachim G. Boeckh u. a., Geschichte der deutschen Literatur, Bd. 4, 1480–1600, Berlin (Ost) 1983, 364, 367; Wilhelm Kühlmann, Flayder, in: Walter Killy (Hg.), Literatur-Lexikon. Autoren und Werke deutscher Sprache, Bd. 3, Gütersloh 1989, 409–410.

25 Wilhelm Kühlmann, Gelehrtenrepublik und Fürstenstaat, Tübingen 1982.

26 Hermann Flayder, Ausgewählte Werke (Imma portatrix, Ludovicus bigamus), hg. v. G. Bebermeyer, Stuttgart 1925; G. Haupt, Friedrich Hermann Flayders ›Moria rediviva‹ und die bedeutendsten Vertreter des lateinischen Schuldramas im 17. und 18. Jahrhundert, Tübingen 1928.

27 Wilkins 1648 (wie Anm. 41); Scherer 1878 (wie. Anm. 24); M. Leher, ›Die Kunst zu fliegen‹ in historischer Beleuchtung, in: Illustrierte Aeronautische Mitteilungen 8 (1904), 269–302; Bebermeyer 1927 (wie Anm. 24); Hermann Luedecke, Vom Zaubervogel zum Zeppelin. Eine Geschichte der Luftfahrt und des Fluggedankens, Berlin 1936; Jules Duhem, Histoire des idées aéronautiques avant Montgolfier, Paris 1943, 105; Hart 1972 (wie Anm. 17); A. Heggen, Die ›ars volandi‹ in der Literatur des 17. und 18. Jahrhunderts, in: Technikgeschichte 42 (1975), 327–337; Kühlmann 1982 (wie Anm. 25).

28 Johann Oswald, Propositio, in: De arte volandi, Tübingen 1628, 4–10.

29 Friedrich Hermann Flayder/Johannn Oswald/Johann-Ulrich Brenizer, Curieuse Gedanken von der Kunst zu Fliegen [. . .], Frankfurt a. M. u. a. 1737, 7.

30 Johann-Ulrich Pregitzer, Contra volandi artem, in: De arte volandi, Tübingen 1628, 10–16. Zur Biographie den Artikel über seinen gleichnamigen Sohn in ADB (wie Anm. 24).

31 Friedrich Hermann Flayder, Responsio, in: De arte volandi, Tübingen 1628, 17–37.

32 Ebd., 24–27.
33 Ebd., 28.
34 Ebd., 32–37.
35 J. J. Zedler, Großes vollständiges Universal-Lexicon, 63 Bde. + 4 Erg.-Bde., Leipzig/Halle 1732–1754 (ND: Graz 1961–1964), Bd. 2, Artikel ›Ars‹.
36 Daniel Schwenter, Deliciae Physico-mathematicae oder Mathematische und philosophische Erquickstunden, Nürnberg 1636, 2. Teil, 475 f.
37 Erasmus Francisci, Der Wunder-reiche Überzug unserer Nider-Welt, oder Erd-umgebende Lufft-Kreys, Nürnberg 1680, 370.
38 1628 und 1631: Duhem 1944 (wie Anm. 15).
39 Marin Mersenne, Questions inouyes, ou Récréation des Scavans, Paris 1634, 1–5.
40 Juan Caramuel Lobkowitz, Mathesis Biceps, vetus et nova, I, Campaniae 1670, 741.
41 John Wilkins, Mathematicall Magick or: The Wonders that may be performed by Mechanicall Geometry, Book II: Daedalus or Treatise on mechanical motions, London 1648, 199–223; Flayder, 203.
42 J. Lear (Hg.), Kepler's »Dream«, Berkeley/Los Angeles 1965; Berthold Sutter, Der Hexenprozeß gegen Katharina Kepler, Weil der Stadt 1980; Brian Easlea, Witch-Hunting, Magic and the New Philosophy: An Introduction to Debates of the Scientific Revolution 1450–1750, Brighton 1980, 74 f. Johannes Kepler, Somnium, Sagan/Frankfurt a. d. O. 1634. Zit. nach: Helmut Swoboda (Hg.), Dichter reisen zum Mond. Utopische Reiseberichte aus zwei Jahrtausenden, Frankfurt a. M. 1969, 40–43; A. Keller, Kepler, the Art of Flight and the Vision of Interplanetar Travel as the Next Great Invention, in: Actes du XIIIe congrès international d'histoire des sciences 1974, 70–79; Karl S. Guthke, Der Mythos der Neuzeit. Das Thema der Mehrheit der Welten in der Literatur- und Geistesgeschichte von der kopernikanischen Wende bis zur Science Fiction, Bern/München 1983, 74–107.
43 Francis Bacon, Neues Organon der Wissenschaften, übers. v. Anton Theobald Brück, Darmstadt 1981.
44 Behringer/Ott-Koptschalijski 1991 (wie Anm. 17), 210–218.
45 Clive Hart, The Prehistory of Flight, Berkeley 1985, 137.
46 Behringer/Ott-Koptschalijski 1991 (wie Anm. 17), 247 ff.
47 Lukian von Samosata, Werke in drei Bänden, hg. v. J. Werner u. H. Greiner-Mai, 3 Bde., Berlin/Weimar 1981. Im Griechischunterricht an den Humanistenschulen gehörte Lukian zu den wichtigsten Autoren (ebd., XXXIII).
48 Cyrano de Bergerac, Mondstaaten und Sonnenreiche, München 1986 (nach: Oevres complètes, Paris 1977; Erstausgabe: Paris 1657/1662).
49 Francisco de Mendoca, Viridarium sacrae ac profanae eruditionis, Köln 1633 (Erstausgabe: Lyon 1631), 292.
50 Caspar Schott, Magia Universalis naturae et artis [. . .], Würzburg 1657–1659, Bd. 3, 268–272.
51 Francesco Lana de Terzi, Prodromo overo saggio di alcune inventioni

nuove premesso all' arte maestra [...], Brescia 1670, 50 f.; Magisterium naturae et artis, Bd. II, Brescia/Parma 1686, 291–294.

52 Gottfried Wilhelm Leibniz, Hypothesis physica nova, Mainz 1671 (zit. nach: Sämtliche Schriften und Briefe, 6. Reihe, 2. Band, Berlin 1966, 219–258).

53 Philipp Lohmeier, Exercitatio physica de artificio navigandi per aeram, Rinteln 1676 (Resp.: F. D. Frescheur) (ND: 1679).

54 Behringer/Ott-Koptschalijski 1991 (wie Anm. 17), 282–292.

55 Eberhard W. Happel, Groeßte Denkwuerdigkeiten der Welt, oder sogenanndte Relationes Curiosae [...], 5 Bde., Leipzig 1683–1691 (ND: Berlin 1990), 367.

56 Duhem 1944 (wie Anm. 15), 142.

57 Bernhard Wilhelm, Die Anfänge der Luftfahrt. Lana – Gusmao. Zur Erinnerung an den 200. Gedenktag des ersten Ballonaufstiegs, Hamm 1909; Carl von Klinckowstroem, Die Gusmao-Flugblätter von 1709, in: Zeitschrift für Bücherfreunde, NF 3 (1911/12), 36–41.

58 G. Venturini, Da Icaro a Montgolfier, 2 Bde., Rom 1928; C. C. Gillespie, The Montgolfier Brothers and the Invention of Aviation, Princeton 1983.

59 Wilbur Wright, Some Classical Aeronautical Experiments. A Paper read before the Western Society of Engineers (USA) in 1901 (Reprinted from ›Flying‹, March 1902), in: The Aero, 25. Mai 109, 3–4, 23–24; C. H. Gibbs-Smith, The Wright Brothers, London 1963; ders., The Invention of the Aeroplane 1799–1909, New York 1965.

60 Georg Christoph Lichtenberg, Vermischte Nachrichten über die aerostatischen Maschinen, in: ders./F. Kries (Hg.), Physikalische und mathematische Schriften, Göttingen 1804, Bd. 3, 321 ff.

61 Behringer/Ott-Koptschalijski 1991 (wie Anm. 17), 317 ff.

62 Simon Magus mit der Blase, oder: eine feine lustige Historia, wie die Menschenkinder auf Erden getrieben haben große Zauberei mit einer Blase, darauf sie haben wollen von dannen ziehen, s. l. 1784.

63 Claude Lévi-Strauss, Das Wilde Denken, Frankfurt a. M. 1968 (Erstausgabe: Paris 1966), 29 ff.

64 Wolfgang Behringer, Chonrad Stoeckhlin und die Nachtschar. Eine Geschichte aus der frühen Neuzeit, München 1994.

65 Juan Caramuel Lobkowitz, Mathesis Biceps I, Campaniae 1670, 740.

66 John Noble Wilford, We reach the Moon, New York 1969; Der Mensch verläßt die Erde. Das größte Abenteuer des Jahrhunderts, übers. v. Jutta u. Theodor Knust, Zürich 1969, 15.

67 Isidor Levin, Etana. Die keilschriftlichen Belege einer Erzählung, in: Fabula 8 (1966), 1–63; J. V. Kinnier Wilson, The Legend of Etana. A new edition, Warminster 1985.

68 Behringer/Ott-Koptschalijski 1991 (wie Anm. 17), 488.

Iris Gareis

Schamanen- und Hexenflug im präkolumbischen und kolonialen Peru

Chor der Hexen[1]:
Die Salbe gibt den Hexen Mut,
Ein Lumpen ist zum Segel gut,
Ein gutes Schiff ist jeder Trog;
Der flieget nie, der heut nicht flog.

I. Die Macht der Bilder: Vom Zusammentreffen andiner und europäischer Traditionen

Im Jahr 1786 gab eine junge Indianerin in einem kleinen Ort an der Nordküste Perus beim Pfarrer zu Protokoll, sie wisse, daß ihre eigene Mutter und eine gewisse María de la O, eine Indianerin, Schadenzauber gegen andere Dorfbewohner verübt hätten. Insbesondere habe sie jedoch beobachtet, wie sich verschiedene Personen um Mitternacht im Haus der María de la O versammelt hätten, sich entkleideten und badeten. Anschließend verrieben sie ein weißes Pulver unter der Achselhöhle, worauf sie sich alle in Katzen verwandelten. Dann riefen sie aus: »Ohne Gott und die Heilige María«, und flogen durch zwei Fenster davon zu einer großen Lagune in den Bergen. Dort angekommen, setzte die seltsame Gesellschaft fliegender Katzen ihr Bad fort, bis – man ahnt schon, wer noch bei dieser Zusammenkunft fehlt – bis ein großer roter Ziegenbock, aus dessen Hinterteil Feuer züngelte, vom Berg herabstieg. Die Badenden umringten den Ziegenbock, und eine nach der anderen küßte ihm besagten feuerspeienden Körperteil. Nachdem der Ziegenbock verschwunden war, flogen auch die Badenixen zurück zum Haus der María de la O, bekreuzigten sich, worauf sie sich wieder in Menschen verwandelten. Damit fand die Veranstaltung ihr Ende[2].

II. Europäische Hexen in Amerika und Probleme der historischen Rekonstruktion

Die ersten Texte, die Aufschluß über andine Flugvorstellungen oder über die besondere Beziehung autochthoner religiöser Spezialisten zu Greifvögeln geben können, wurden in der zweiten Hälfte des 16. Jahrhunderts aufgezeichnet – zu einer Zeit also, in der europäische Dämonologen genau zu wissen glaubten, wer fliegen könne, wie und zu welchem Behufe[10]. So stellte der spanische Theologe Fray Martín de Castañega 1529[11] in seinem Traktat über Aberglauben und Hexerei ausdrücklich fest, daß gewöhnliche Menschen, die fliegen wollten, einen Pakt mit dem Teufel eingehen müßten. Nur mit seiner Hilfe war es ihnen möglich, in kürzester Zeit auch zu weit entfernten Orten zu fliegen. Pedro Ciruelo[12], der bekannte Theologe und Mathematiker der Universität Salamanca, vertrat in seinem 1530 erstmals publizierten Werk ›Reprobacion de las supersticiones‹ die gleiche Auffassung[13]. Hexer und Hexen flogen demnach mit Hilfe des Teufels zu weit entfernten Orten, um Dinge in Erfahrung zu bringen, die sie auf natürlichem Wege nicht so schnell wissen konnten, oder um dort Schadenzauber zu verüben. Hierzu trugen sie des Nachts eine bestimmte Salbe auf, sprachen gewisse Worte und flogen durch die Fenster oder den Rauchfang des Hauses davon[14].

Als die Spanier sich in der ersten Hälfte des 16. Jahrhunderts anschickten, die Westflanke Südamerikas zu erobern, begleitete sie also bereits das voll ausgereifte europäische Hexenbild[15]. Es verwundert daher nicht, daß die spanischen Autoren Informationen über Flugvorstellungen im Andengebiet vor dem Hintergrund ihrer Kenntnisse des europäischen Hexenwesens interpretierten. Dabei legten sich die in Europa verbreiteten Ideen von Hexen und vom Hexenflug wie Übermalungen auf einem Bild über die einheimischen Vorstellungen. Um die ursprüngliche amerikanische Gedankenwelt zu rekonstruieren, die von den europäischen Imaginationen häufig vollkommen überlagert und bis zur Unkenntlichkeit verzerrt wurde, ist es also nötig, die europäischen Elemente der Flugvorstellung soweit möglich von den autochthonen zu trennen.

III. Andine Vorstellungen vom Fliegen

Die früheste Quelle, in der auf die Flugkraft bestimmter Wahrsager im vorkolonialen Peru Bezug genommen wird, entstand um das Jahr 1559[16] und stammte aus der Feder Polo de Ondegardos, eines hohen Kolonialbeamten. 1585 wurde der Text in einem Beichtspiegel erstmals veröffentlicht und danach von mehreren Autoren des 16. und 17. Jahrhunderts zitiert[17]. Polo de Ondegardo, der lange Zeit in Cuzco, der früheren Hauptstadt des Inkareiches, tätig war, berichtet von Zauberern, die »eine gewünschte Gestalt annehmen und durch die Luft fliegen, wobei sie in kurzer Zeit einen langen Weg zurücklegen; und die sehen, was sich zuträgt, mit dem Teufel sprechen, der ihnen in gewissen Steinen antwortet [...] Diese Zauberer dienen als Wahrsager und um zu sagen, was an weit entfernten Orten geschieht, bevor die Neuigkeit bekannt wird oder bekannt werden kann [...] [So wußte man von einigen Vorkommnissen noch] am selben Tag [...] oder am folgenden Tag, [wiewohl] es auf natürlichem Wege unmöglich war, [diese Dinge] so schnell zu erfahren«[18].

Trotz einiger Analogien, die diese Charakterisierung der andinen Wahrsager mit dem europäischen Hexenbild aufweist[19], führte Polo auch Elemente auf, die eher amerikanisch sein dürften. So sollen sich die andinen Wahrsager, bevor sie in Aktion traten, durch exzessiven Alkoholgenuß und die Anwendung einer *villca* genannten Droge vollkommen berauscht haben[20].

Tatsächlich belegen mehrere zeitgenössische Autoren die Anwendung der *villca* als Medizinalpflanze und halluzinogene Droge für das Andengebiet[21]. Botaniker identifizierten die andine *villca* als Anadenanthera colubrina, deren Genuß durchaus Visionen und ekstatische Flugerlebnisse hervorrufen kann, wie sie die Wahrsager des Andengebietes im 16. Jahrhundert erlebt haben sollen[22]. Auch die Verwendung anderer halluzinogener Pflanzen durch religiöse Spezialisten des Andengebietes ist seit Beginn des 17. Jahrhunderts mehrfach bezeugt[23]. Einige dieser Pflanzen, wie die krautartige Datura bzw. der Stechapfel (Datura stramonium), Baumdatura (Brugmansia sp.) oder der

CXXVIII.

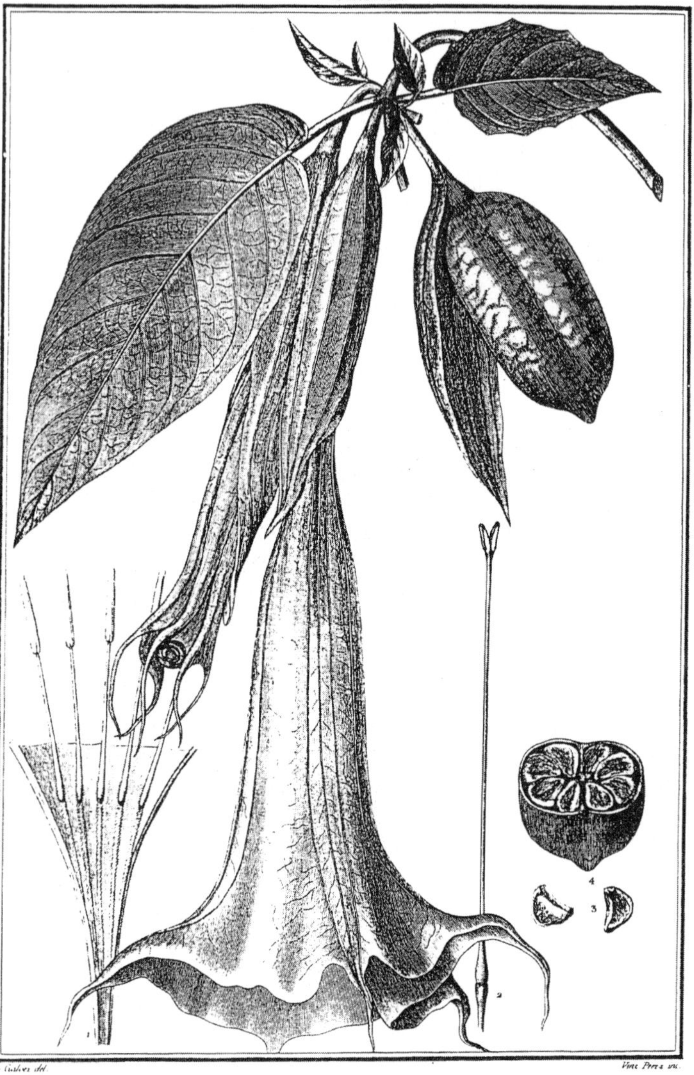

DATURA *arborea*.

Abb. 8: Datura arborea oder Baumdatura (Brugmansia sp.), auch als Trompetenbaum bekannt.

Abb. 9: Darstellung einer Kulthandlung aus der Moche-Kultur (ca. 200 v. Chr. – 600 n. Chr.), die möglicherweise die rituelle Einnahme halluzinogener Drogen zeigt.

vor allem an der Nordküste Perus gebräuchliche, meskalinhaltige San-Pedro-Kaktus (Trichocereus pachanoi) können starke Halluzinationen hervorrufen[24]. 1653 schilderte Bernabé Cobo[25], wie Menschen auf die Einnahme des San-Pedro reagierten. Nachdem sie einen Absud des Kaktus genossen hatten, fielen sie wie tot um und erlebten während dieser Zeit Visionen[26].

Antonio de la Calancha, Chronist des Augustinerordens in Peru, beschrieb 1638 ausführlich die erstaunliche Wirkung solcher Drogen. Im Tal von Huaura, an der Küste nördlich Limas, wurde ein gewisser Don Juan – ein adliger Indianer – dem kirchlichen Richter vorgeführt, weil er angeblich ein Hexer war und über zauberkräftige Pulver verfügte, mit denen er sich in einen Hund verwandeln könne. Vom Pfarrer des Ortes zu einer Demonstration genötigt, applizierte Don Juan das Pulver und rief den Sonnengott an, den er als Vater und Schöpfer bezeichnete. Plötzlich stürzte er zu Boden, wo er in starrer Haltung wie leblos, mit sehr schwacher Atmung, aber mit geöffneten Augen liegen blieb. Der Pfarrer rief den kirchlichen Richter und dessen Begleiter als Zeugen herbei. Um herauszufinden, ob der Mann eine Ohnmacht fingierte, stach ihn einer der Kirchenmänner mit einer Nadel, ohne eine Reaktion bei Don Juan hervorzurufen. Auch bewegten sie mehrmals eine brennende Kerze vor seinen Augen hin und her, was nicht einmal ein Wimpernzucken verursachte. Als der Mann nach einer Stunde erwachte, war er sehr erschöpft und behauptete, gerade von einem mehrere Kilometer entfernten Ort zurückgekehrt zu sein, wo er in der Zwischenzeit viele Leute getroffen habe. Diese von ihm namentlich benannten Personen waren fast alle in der Liste verzeichnet, die der Kirchenrichter von den der Hexerei Verdächtigten angefertigt hatte. Schließlich habe ihm der Teufel während dieses Treffens noch die Zukunft vorhergesagt[27].

Die Zeitgenossen interpretierten diese ekstatischen Flugerlebnisse andiner religiöser Spezialisten also einhellig als Teufelswerk. In ihren, zu Beginn des 17. Jahrhunderts aufgezeichneten Berichten über die sogenannten *brujos* oder Hexer Nordperus tritt die damals in Europa herrschende Überzeugung vom teuflischen Ursprung der Flugkraft und Verwandlungsfähigkeit besonders deutlich hervor und überlagert die autochthonen Vorstellungen völlig. So wurde beispielsweise einer als Hexe verdächtigten Frau unter der Folter das Geständnis abgepreßt, der Teufel selbst habe sie aus dem kirchlichen Gefängnis befreit und an einen anderen Ort transportiert. Allerdings geschah dies merkwürdigerweise, ohne daß er sie aus dem Fußstock befreite, weshalb sie von ihrem Kerkermeister leicht wieder aufgefunden werden konnte[28].

Fassen wir die bisher aufgeführten Informationen über indianische Flugvorstellungen zusammen und befreien sie von dem später hinzugefügten dämonologischen Beiwerk, zeigt sich bereits, daß auch im vorkolumbischen Amerika der Glaube bestand, Menschen könnten unter bestimmten Umständen fliegen. Dies war vor allem auf zweierlei Weise möglich: entweder flog der Mensch direkt, wobei er häufig Vogelgestalt annahm, oder er tat es in übertragenem Sinne, indem sein Körper zurückblieb und nur die »Seele« bzw. ein Seelenbestandteil auf die Reise ging. Beide Formen des Schamanenfluges bestanden nebeneinander, wie auch zwei Belege aus der zweiten Hälfte des 17. Jahrhunderts von der Küstenregion nördlich Limas nahelegen.

1662 gab ein Heiler und religiöser Spezialist namens Pedro Guamboy im Verhör vor dem kirchlichen Richter an, er würde manchmal des Nachts umherfliegen, von Dorf zu Dorf. Die Fähigkeit dazu besäße er schon seit seiner Kindheit. Auf die

Frage, wie er denn das Fliegen bewerkstellige, antwortete er, es wüchsen ihm Flügel an den Armen wie einem Geier[29]. Bedauerlicherweise wurde Guamboy nicht gefragt, weshalb er eigentlich nachts durch die Lüfte flog, doch erwähnte er von sich aus im Verhör, die Nachtflüge seien ihm von andinen Gottheiten, sogenannten *huacas*, befohlen worden, die er in bestimmten Steinen verehrte und anbetete[30].

Im gleichen Jahr referierte man dem kirchlichen Richter in einem Nachbarort den Fall eines jungen Mannes, der an den Fluß gegangen war, um zu fischen. Bald drängten sich ungeheuer viele Fische an der Stelle, wo der junge Francisco Felipe stand, so daß er Angst bekam, hastig einige Gebete hervorstieß und davonlief. Auf dem Heimweg wurde er aber so müde, daß er am Flußufer einschlief. Während der Körper Francisco Felipes wie schlafend zurückblieb, führten zwei Männer seine Seele zu einem Ort, an dem viele Menschen, besonders Silber- und Eisenschmiede, zu Tisch saßen. In ihrer Mitte befand sich ein vornehmer Mann, dessen Sessel wie Feuer brannte. Den wohlgesetzten Worten des Vornehmen entnahm Francisco Felipe, daß dieser keine üblen Absichten hegte[31]. Hier unterbrach der Richter Felipes Aussage, doch wurden seine Angaben von einer vornehmen Kreolin ergänzt, die die Erlebnisse des jungen Mannes nacherzählte. Demnach war die Seele Francisco Felipes in eine *huaca*, eine vorkolumbische Kultstätte, gelangt, wo an einer großen, mit silbernem und goldenem Geschirr gedeckten Tafel viele Menschen aßen. Die Leute forderten Francisco Felipe auf, einzutreten, denn er war zitternd in der Tür stehengeblieben. Sie sagten: »Dieser da muß hierbleiben.« Da erhob sich jedoch ein Franziskaner, schlug den Jungen mit der Kordel seines Gewandes und sagte: »Geh nach Hause, Sohn!« Als der »König«, der am Tisch saß, dies hörte, befahl er, der Junge solle weiterhin in der Gesellschaft verweilen. Wieder meldete sich der Franziskaner zu Wort und sagte zum König gewandt: »Herr, laßt ihn gehen; es ist ein armer Junge, der nichts weiß.« Danach sei die Seele Francisco Felipes zum Körper zurückgekehrt, der drei Tage lang am Flußufer gelegen habe. So lange sei der Aufenthalt Felipes in der *huaca* gewesen[32].

Auch diese beiden Belege weisen zwar deutlich europäische Beeinflussung auf, doch enthalten sie ebenso autochthone

Elemente. Was den Vogelflug Pedro Guamboys anbetrifft, finden wir einen Schlüssel zum besseren Verständnis seiner Flüge in einer zu Beginn des 17. Jahrhunderts aufgezeichneten Mythe. Es heißt dort, der Inka habe einst die religiösen Spezialisten seines Reiches zusammengerufen, um sie mit einer Botschaft ins Tiefland zu senden. Als sie alle versammelt waren, gaben manche an, die Flugkraft und Verwandlungsfähigkeit von einem Kondor erhalten zu haben, andere von einem Falken usw.[33] Ihre besonderen Fähigkeiten wurden den religiösen Spezialisten also hauptsächlich von Vögeln, besonders von Greifvögeln, verliehen.

Was es mit diesen Greifvögeln auf sich hat, erfahren wir aus dem um 1560 verfaßten Bericht der Augustiner über ihre Missionstätigkeit in Huamachuco, einer Hochlandregion im Norden Perus. In vorkolumbischer Zeit befand sich in Huamachuco eine bedeutende Kultstätte mit einer großen Priesterschaft für den Gott Catequil. Der oberste Priester berichtete, er sei direkt von der Gottheit zu seinem Amt berufen worden. In mehreren aufeinanderfolgenden Nächten sei ihm der Gott in Gestalt eines großen Adlers erschienen. Schließlich klärte man ihn darüber auf, daß der Gott ihn dadurch zu seinem Priester erkoren habe[34]. Die enge Beziehung dieser Priester zu vogelgestaltigen Gottheiten drückte sich auch in ihren Zeremonialgewändern aus, die aus Federhemden und großen, runden Federkronen bestanden[35]. Vermutlich sind einige Elemente, die in früherer Zeit die Priester andiner Gottheiten kennzeichneten, in der Aussage Pedro Guamboys aus dem Jahr 1662 bereits verlorengegangen. Wir erinnern uns aber, daß Guamboy im Verhör angegeben hatte, die *huaca*, die er anbetete und der er regelmäßig opferte, habe ihm zu fliegen befohlen[36]. Das Flugerlebnis Pedro Guamboys ist also keineswegs nur der europäischen, dämonologischen Tradition verpflichtet[37]. Es verweist vielmehr auf schamanistische Elemente der andinen Priesterämter. Guamboys Flug ist viel eher ein Schamanenflug als ein Hexenflug, denn er flog nicht etwa zum Hexensabbat, sondern weil es ihm die andine Gottheit befahl. Übrigens war damit auch keinerlei schadenstiftende Absicht verbunden, die doch in der europäischen Vorstellungswelt der frühen Neuzeit neben dem Sabbatbesuch für die Konstitution des Hexenbildes eine wichtige Rolle spielte und manchmal sogar als wesentlicher Antrieb zum Hexenflug galt[38].

Ähnlich dem Bericht vom Flugerlebnis Pedro Guamboys sind die autochthonen Elemente in den Aussagen über die Seelenreise Francisco Felipes hinter die europäischen Vorstellungen zurückgetreten. Besonders in der von der Kreolin referierten Version von Felipes Entrückung erkennt man unschwer in der Figur des »Königs«, der den Jungen bei sich behalten möchte, den Teufel als den Herrscher der Unterwelt[39]. Auch die gedeckte Tafel, auf die in den Aussagen Francisco Felipes und der Dame ausdrücklich Bezug genommen wird, findet eine Entsprechung im gemeinsamen Mahl, das in europäischen zeitgenössischen Berichten als ein konstitutives Element der Hexenversammlung angesehen wurde[40]. Ansonsten gleicht Francisco Felipes Bericht von der Ausfahrt seiner Seele jedoch in verschiedener Hinsicht den Berufungserlebnissen andiner Priester, die ein Jahrhundert zuvor von Augustinern im nördlichen Hochland Perus aufgenommen worden waren. Den Angaben der Augustiner zufolge beriefen die andinen Gottheiten ihren zukünftigen Priester häufig direkt zu seinem Amt, z. B. wenn der Auserwählte in die Nähe eines der zahlreichen Hochlandseen kam. Er sah dort Kalebassen auf dem Wasser schwimmen, wollte er sie jedoch ergreifen, entglitten sie ihm immer wieder auf merkwürdige Weise. Dies verwirrte den Mann zusehends. In diesem Zustand wurde der Auserwählte schließlich von der Gottheit ergriffen und in die Kultstätte transportiert, wo der Gott den Neophyten während mehrerer Tage in sein neues Amt einführte[41]. Diese Zeit in der *huaca* entspricht ebenso wie die dreitägige Ausfahrt der Seele Francisco Felipes aus seinem Körper dem symbolischen Tod des Initianden bei der schamanischen Initiation[42].

IV. Schamanen- oder Hexenflug und vom Sinn des Fliegens

Im Andengebiet bestand also der Glaube, daß religiöse Spezialisten in Gestalt von Vögeln fliegen konnten. In den meisten Fällen handelte es sich dabei um eine Seelenreise: Während die »Seele« oder ein Seelenbestandteil in Ekstase aus dem Körper trat, blieb dieser wie schlafend zurück[43]. Nach der Eroberung des Inkareiches durch die Spanier wurden die Vorstellungen, die die Andenvölker mit dem Fliegen verbanden, von den europäischen Autoren aufgezeichnet. In ihren Abhandlungen über die andinen Religionen interpretierten die Europäer jedoch die amerikanischen Phänomene vor dem Hintergrund ihrer eigenen Vorstellungswelt. Auf diese Weise überlagerten europäische Flugvorstellungen allmählich die autochthonen. Begünstigt wurde dieser Prozeß der Überlagerung durch Übereinstimmungen, die die europäischen Autoren zwischen ihren eigenen Anschauungen und denen der Andenbevölkerung zu entdecken glaubten. Allerdings waren die konstatierten Ähnlichkeiten meist oberflächlicher Natur. Die tieferliegenden Unterschiede zwischen den verschiedenen Vorstellungen konnten die Europäer nicht wahrnehmen, da ihre Deutungsmuster dies nicht zuließen. So war das Fliegen in Tiergestalt – nach andiner Anschauung ein Privileg religiöser Spezialisten – aus europäischer Sicht nur Hexern kraft eines Paktes mit dem Teufel möglich. Rein äußerliche Ähnlichkeiten von andinen und europäischen Vorstellungen konnten daher zu Neuinterpretationen der betreffenden Anschauungen in den Schriften europäischer Autoren führen und beispielsweise dem Fliegen in Tiergestalt einen völlig neuen Sinn zuordnen.

Die Überlagerung andiner Flugvorstellungen durch europäische Ideen erschwert nicht nur die historische Rekonstruktion der präkolumbischen Vorstellungswelt; auch eine Rückwirkung auf die Andenkulturen ist nicht auszuschließen. Wie die einführende Erzählung über die in Katzengestalt zum Hexensabbat fliegenden Frauen nahelegt, fanden die europäischen Traditionen allmählich Eingang in die andinen Glaubenssysteme. Hierdurch wurde der ursprüngliche Sinn verschüttet, den man der Flugkraft einzelner Menschen im Andengebiet zuschrieb. Die europäischen Autoren glaubten ja genau zu wissen, daß Menschen, die fliegen konnten, Hexer sein mußten, die sich mit Hilfe des Teufels zur Hexenversammlung begaben. Weshalb also hätten sie fragen sollen, wieso manche Andenbewohner im Ansehen standen, Flugkraft zu besitzen, und warum sie eigentlich flogen.

Um Antworten auf diese Fragen zu finden, können wir daher nicht allein auf die Erklärungen europäischer zeitgenössischer Autoren zurückgreifen, sondern müssen nach versteckten Hinweisen in den ohnehin spärlichen historischen Quellen fahnden. Als ein Grund für die Seelenreise läßt sich, wie wir unter anderem den oben referierten Berichten der Augustiner aus Huamachuco entnehmen können, die Berufung bzw. Initiation eines andinen religiösen Spezialisten anführen, wobei der Neophyt bisweilen von der berufenden Gottheit in Gestalt eines großen Greifvogels durch die Lüfte zur weiteren Unterweisung in die Kultstätte transportiert wurde[44]. Außerdem unternahmen andine Wahrsager Reisen durch die Luft, um verborgene Dinge zu erkunden und sich über Geschehnisse an entfernten Orten zu informieren[45]. Bestand einerseits der Glaube, daß andine religiöse Spezialisten die Fähigkeit besäßen, in Vogelgestalt umherzufliegen, so stellte man sich andererseits auch vor, daß die Andengottheiten, meist Berggottheiten, sich ihren Priestern als große Greifvögel näherten[46].

Erinnern wir uns nun noch einmal an die Mythe, in der religiöse Spezialisten angaben, ihre Fähigkeit zu fliegen sei ihnen von bestimmten Vögeln übertragen worden, die man mit andinen Gottheiten assoziierte, und außerdem daran, daß dem Heiler Pedro Guamboy von der Andengottheit befohlen wurde, nachts in Vogelgestalt Flüge zu unternehmen, dann wird deutlich, wie tief Flugvorstellungen in der andinen Mythologie verwurzelt sind und daß man die Flugkraft als Kennzeichen des Auserwähltseins durch die Götter ansah. Die meisten der hier aufgeführten Belege verweisen daher viel eher auf den ekstatischen Flug des Schamanen als auf den Hexenflug. So mögen selbst stark europäisch beeinflußte Fluggeschichten, wie die eingangs referierte Erzählung, in ihrem Kern noch eine Erinnerung an den Flug der andinen Schamanen in alter Zeit enthalten.

Anmerkungen

1 J. W. von Goethe, Faust, 1. Teil, 1971, 120, V. 4008–4011.

2 Expediente seguido contra María de la »O« Perfecta, del pueblo de San Pedro, sobre supersticiones e irreligión, San Pedro de Lloc 1786 (AAT, Idolatrías), Fs. 38.

3 Vgl. Abb. aus ›Blockes-Berges Verrichtung‹ (1669) von J. Praetorius, in: van Dülmen 1987, 365. Zur ikonographischen Tradition des Hexensabbat, s. van Dülmen 1987, Imaginationen, 96, und Flores Arroyuelo 1985, 111–112.

4 So war etwa die Salbung mit Hexenpulver oder Hexensalbe unter den Armen oder an anderen Körperteilen, um fliegen zu können, Bestandteil des europäischen Hexenbildes (Bächtold-Stäubli 1930/31, 1884–1885). Aus Europa ist auch der Glaube bekannt, daß Hexen sich in Katzen verwandeln (Bächtold-Stäubli 1930/31, 1871) und bestimmte Sprüche hersagen, um fliegen zu können (Bächtold-Stäubli 1930/31, 1884). Über die Sabbatvorstellung und die Erscheinung des Teufels vgl. Caro Baroja 1988, 118, 123, 158, und Flores Arroyuelo 1985, 90–111.

5 Obwohl sich die Anklage nur auf eine einzige Zeugenaussage stützte, hielt der Pfarrer die Angeklagte María de la O mit Fußfesseln gefangen und peitschte sie aus, um ein Geständnis zu erpressen. Erst nachdem die Frau in die Provinzhauptstadt Trujillo verlegt worden war und bereits fast zwei Jahre im Kerker zugebracht hatte, widerrief die Denunziantin ihre Aussage und erklärte, sie habe alles nur erfunden, weil sie von einer Verwandten ihres Mannes dazu gezwungen worden sei (Expediente seguido contra María de la O, 1786).

6 In diesem Zusammenhang ist von Interesse, daß die Angeklagte nach ihrem Freispruch eine Beschwerdeschrift verfaßte, in der sie besonders darauf hinwies, wie absonderlich es sei, daß ein Pfarrer glauben könne, der Teufel habe die Macht, Menschen in Tiere verwandeln zu können (Expediente contra María de la O, 1786).

7 So sah der Anklagevertreter in der Provinzhauptstadt jedenfalls die Notwendigkeit gegeben, den Fall wegen des möglicherweise bestehenden Teufelspaktes zu untersuchen, obgleich er die von der Zeugin referierten Ereignisse, insbesondere die Katzenverwandlung, für unwahrscheinlich hielt (Expediente contra María de la O, 1786). Der Dorfpfarrer, der den Fall bearbeitet hatte, war vermutlich kein so aufgeklärter Geist und hielt es eher mit Pierre de Lancre (1982, 206–207), in dessen 1613 publiziertem Traktat die Verwandlung der Hexen in Katzen hervorgehoben wird. Ähnlich äußerte sich der spanische Theologe Castañega 1529 (1946, Cap. VII, 49).

8 Denuncia sobre las hechiceras, una india y otra zamba que hace Pedro Lemus Ulloa al Bachiller Sevastián de Vitoria [...], Xapallanga 1665 (AAL, Idolatrías y Hechicerías 5: XI), Fs. 4, unvollständig, ohne Titel. Andere Dokumente aus dem 17. Jh. berichten ebenfalls von Flügen einiger Männer in Kondorgestalt (Proceso contra María Ynes [...], Sayan 1662, in: Sánchez 1991, 14, 55, 59).

9 Autos seguidos contra Petrona Alegría por prácticas de hechicería, Lucma 1776 (AAT, Idolatrías), Fs. 16. Aus der gleichen Region stammen Aussagen, denen zufolge Hexen als Katze bzw. Kondor flogen, um eine Komplizin aus dem Kerker zu befreien (El cura y Vicario de las Estancias del Partida de Choquisongo [...] hace de conocimiento los actos de hechicería cometidos por María Francisca Javiera y otros, en el pueblo de Santiago de Chuco, Santiago de Chuco 1774 [AAT, Idolatrías], Fs. 4). Noch 1818 verdächtigte man einen Mann, sich in einen Geier zu verwandeln, um Tiere auf der Weide zu reißen (Autos seguidos contra María Manuela Quispe, su padre, su madre y hermanos y cómplices [...] acusados de hechicería, Cascas 1818 [AAT, Idolatrías], Fs. 8).

10 Allgemein zur Quellenlage im Andengebiet vgl. Gareis 1987, 10–15, 217–221, Oberem 1990, 453–465, und Prem 1989, 81, 83, 91–101, 181; zur Quellensituation im religiösen Bereich: Gareis 1987, 10–15, 141, 217–221.

11 1946, Cap. VI, 41–45.

12 1548, Parte Prim., Cap. II, f. viii (v), Segunda Parte, Cap. j, xvj (v).

13 Zur Werk- und Rezeptionsgeschichte der Bücher dieser spanischen Gelehrten siehe Amezúa 1946, XV–XVI. Robbins 1978, 28, übersah bei seiner Behauptung, Ciruelos Buch in einer Ausgabe aus dem Jahr 1539 sei das erste Werk über Hexerei, das in spanischer Sprache erschienen sei, offensichtlich Castañegas 1529 in kleiner Auflage publizierten Traktat (vgl. Titelblatt der Faksimile-Ausgabe 1946). Bei der Ausgabe von Ciruelos ›Reprobacion‹ aus dem Jahr 1539 handelt es sich außerdem bereits um die zweite Auflage (Amezúa 1946, XVI Anm. 9).

14 Ciruelo 1548, Parte Prim., Cap. II: f. viii (v); Segunda Parte, cap. j: f. xvj (v). Sowohl Ciruelo 1548, Segunda Parte, Cap. j: f. xvj (v), als auch Castañega 1946, Cap. VI: 43–44, weisen darauf hin, daß es zwei Arten des Fliegens gibt: entweder körperlich oder nur geistig in Ekstase. Über die spanische Tradition des Hexenflugs siehe Flores Arroyuelo 1985, 73–89, 134–135.

15 Zur Entwicklung des »Hexenstereotyps« vgl. Bächtold-Stäubli 1930/31, 1827–1830, 1842–1852; Behringer 1987, 23–27, passim; Caro Baroja 1988, 109–110, 114–120, 124–132, 149–161; oder Le Roy Ladurie 1983, 67–69, 273–274 Anm. 97. Über den Zusammenfluß von Elementen der Volkstradition und der Gelehrtenkultur im stereotypen, europäischen Hexenbild siehe van Dülmen 1987, Imaginationen, 97–98, 107–112, 129–130.

16 Porras Barrenechea 1962, 267.

17 Vgl. Duviols 1971, 100, zur Geschichte von Polos Text. In der Sekundärliteratur wird leider kaum beachtet, daß verschiedene zeitgenössische Autoren, die ebenfalls über autochthone Flugvorstellungen berichteten, die fragliche Textstelle aus Polos Werk übernahmen: Acosta 1590, Lib. V, Cap. XXVI, 372; Cobo [ca. 1653] 1956, Lib. XIII, Cap. XXXVI, 230–231; Murúa [ca. 1611] 1964, Lib. II, Cap. 32, 117–118, fs. 264–265. Es handelt sich also hierbei nicht um weitere Belege, sondern alle aufgeführten Autoren sind von Polos Schrift abhängig. Siehe hierzu auch Gareis 1987, 255ff; 1993, 586–587.

[18] Polo de Ondegardo 1916, Cap. X, 29 (Übersetzung von mir).

[19] Siehe hierzu Gareis 1987, 258–261; 1993, 588–591.

[20] Polo de Ondegardo 1916, Cap. X, 29–30. – Acosta 1590, Lib. V, Cap. XXVI, 373, Cobo [1653] 1956, Lib. XIII, Cap. XXXVI, 230, und Murúa [ca. 1611] 1964, Lib. II, Cap. 32, 117, f. 264 v, dürften sich auch hier an Polos Vorlage orientiert haben. Sarmiento de Gamboa 1906, Cap. 46, 90–91, gab um 1572 Informationen von Inka-Gelehrten wieder, denen zufolge der Wahrsager eines Inka-Herrschers zu weit entfernten Inseln geflogen sei, um diese auszukundschaften.

[21] Albornoz 1967, 22; Cobo 1956, Lib. VI, Cap. LXXXIX, 272; Descripción [. . .] Xauxa 1965, 170; González Holguín 1952, 352; Guaman Poma 1980, 57, f. 71; Vázquez de Epinoza 1948, Lib. V, Cap. 26, 609–610, Nr. 1720.

[22] Zur Verwendung von *villca* vgl. Gareis 1987, 301–308, mit weiteren Belegen.

[23] Eine Zusammenstellung der einschlägigen Texte und ein Versuch der botanischen Zuordnung findet sich in Gareis 1987, 305–313.

[24] Vgl. Abb. 9, S. 43: Auf der Abrollung einer Gefäßmalerei aus der Moche-Kultur (ca. 200 v. Chr. – 600 n. Chr.) ist vermutlich eine Kulthandlung dargestellt, die mit der Einnahme eines berauschenden Getränks bzw. einer in anderer Form dargereichten halluzinogenen Droge, möglicherweise dem in dieser Region verbreiteten San-Pedro-Kaktus, verbunden war.

[25] 1956, Lib. V, Cap. VII, 205.

[26] Heiler der Nordküste Perus und des angrenzenden Hochlandes verwenden auch heute noch den Saft des San-Pedro in ihren Séancen. Sie geben an, der Kaktus sei einschläfernd, betäubend bzw. narkotisierend. Auch das Erinnerungsvermögen werde manchmal beeinträchtigt (Sharon 1982, 793). Zum Gebrauch des San-Pedro und anderer Halluzinogene, wie Datura, bei rezenten Heilern Nordperus s. Polia 1988, 44–64. Manche Heiler behaupten, der San-Pedro-Kaktus brächte sie, wohin sie wünschten, bzw. lasse den Geist des Heilers »reisen« (Polia, 56).

[27] Calancha 1639, Lib. III, Cap. XVIII, 632–633. Die von Calancha verwendeten Informationen über übelwollende Hexer von der Nordküste Perus sind zum größten Teil den Aufzeichnungen des Jesuiten Luis de Teruel entnommen, der in den ersten beiden Jahrzehnten des 17. Jh. sog. »Idolatrievisiten« zur Bekämpfung einheimischer Religionen im Norden Perus durchführte (Calancha 1639, Lib. III cap. XVIII, 631; Duviols 1983, 385, 391; Zeugenaussage des Luis de Teruel in: Fernando de Avendaño (1618–1620), Información de servicios [AGI, Lima 327], Fs. 35). Zur Idolatrievisite vgl. Duviols 1971, 221–224, und Gareis 1989, 62–67; 1990, 622–625.

[28] Calancha 1639, Lib. III, Cap. XIX, 635. Dieser Beleg stammt ebenfalls von der Nordküste Perus. Zur Überlagerung der autochthonen Gedankenwelt durch das europäische Hexenstereotyp und die Sabbatvorstellung vgl. auch Gareis 1987, 263–268; 1993, 598–605. Freilich entspricht es durchaus der europäischen Vorstellung vom Teufel, daß er den Menschen letztlich keinen Nutzen bringt. Gibt er ihnen beispielsweise Gold, um sie

für sich zu gewinnen, so verwandelt sich das Edelmetall in den Händen der Menschen binnen kurzer Zeit in Blätter, Stroh oder Ähnliches (vgl. z. B. de Lancre [1613] 1982, 250–251).

29 Proceso contra María Ynes [...] contra Pedro Guamboy [...], Sayan 1662, in: Sánchez 1991, 14, 55, 59. – 1665 wurde im zentralen Hochland ein Mann beschuldigt, ein Hexer zu sein, da er imstande sei, in Kondorgestalt durch die Lüfte zu fliegen (Denuncia sobre las hechiceras [...], Xapallanga Jauja 1665 [AAL, IH 5: XI]). Weitere Angaben über die Absicht, die der Beschuldigte Juan de Betanzos mit seinen Flügen verband, fehlen in dem Prozeßfragment. Die Aussage einer Zeugin, die erklärt, Betanzos besäße ein kleines »Idol aus Stein gemeißelt, in dem er den Teufel hatte und mit dem er sprach« (Xapallanga Jauja 1665 [AAL, IH 5: XI]), läßt sich jedoch dahingehend interpretieren, daß Betanzos eine kleine Götterfigur besaß, mit der er kommunizierte, was für die Arbeitsweise andiner religiöser Spezialisten der Kolonialzeit charakteristisch war (vgl. Gareis 1987, 316–317, 328–329).

30 Proceso contra María Ynes [...] contra Pedro Guamboy, in: Sánchez 1991, 14. Es handelt sich also keineswegs – wie die Herausgeberin Ana Sánchez annimmt – um reine Vergnügungsflüge, die Guamboy nur unternahm, weil er den Wunsch hatte, sich herumzutreiben. Im folgenden werden wir sehen, daß auch nicht anzunehmen ist, die Flugerlebnisse Guamboys entstammten ausschließlich der europäischen dämonologischen Tradition, wie Sánchez 1991, XXIX, glaubt.

31 Aussage des Francisco Felipe in: Causa criminal contra María Susa Ayala [...], Sayán 1662, in: Sánchez 1991, 91.

32 Aussage der Doña Raphaela de los Rios in: Causa criminal contra María Susa Ayala, in: Sánchez 1991, 75–76.

33 Rites et traditions de Huarochirí [um 1608] 1980, Chap. 14, 111–113.

34 Relación de la religión [ca. 1560] 1992, 13.

35 Relación de la religión 1992, 16.

36 Siehe oben, Anm. 29. Erhellend ist in diesem Zusammenhang auch ein weiterer Beleg aus Nordperu vom Beginn des 17. Jhs. Der Idolatrierichter Rodrigo Hernández spürte die sterblichen Überreste eines andinen Priesters auf, der zu seinen Lebzeiten mit dem Kult für die Ahnen seiner Gemeinde betraut war. Hernández meldete, er sei ein *brujo* gewesen, der sich in eine Eule verwandeln konnte (in: Arriaga [1621] 1968, Cap. X, 232). Auch Calancha 1639, Lib. III, Cap. XVIII, 627–628, weiß von einem religiösen Spezialisten zu berichten, der sich in verschiedene Tiere, u. a. in eine Eule verwandeln konnte, um in dieser Gestalt durch die Lüfte in die Orte der Umgebung zu fliegen. Calancha räumt zwar ein, daß dieser Mann im weiten Umkreis wegen seiner besonderen Fähigkeiten sehr angesehen war, stattet ihn in seiner Beschreibung jedoch zugleich mit den Attributen europäischer Hexer aus.

37 Dies nimmt die Herausgeberin der Quelle an (Sánchez 1991, XXIX). Siehe außerdem im vorliegenden Text Anm. 29.

38 Vgl. Bächtold-Stäubli 1930/31, 1827ff, bes. 1846–1852, 1869; van Dülmen 1987, Imaginationen, 99–101, 108, 111–112, 121, 124–125, 127–128.

39 van Dülmen 1987, Imaginationen, 122–124.

40 Vgl. etwa die Darstellung des Hexensabbat in ›Tableau de l'inconstance‹ von Pierre de Lancre [1613] 1982, 54–55. Siehe außerdem: Caro Baroja 1988, 123, 159; van Dülmen 1987, Imaginationen, 112–114, 122–123, 128.

41 Relación de la religión [ca. 1560] 1992, 13. Aus dem zentralen Hochland Perus wird für die heutige Zeit berichtet, daß der religiöse Spezialist sich in das Innere eines Berges begibt, wo sich ein Tempel befindet, in dem er in der Heilkunst unterrichtet wird. Die Berge gelten hier als Gottheiten (Arguedas 1956, 198–200).

42 Zu den Berufungserlebnissen andiner religiöser Spezialisten in der frühen Kolonialzeit s. Gareis 1987, 171–174, 178–179, 277–292.

43 Ekstatische Flüge dieser Art sind auch von heutigen religiösen Spezialisten des Andenhochlandes (Favre 1967, 136; Giese, G. 1983, 94; Mariscotti 1978, 131) sowie der Küstenregion bekannt (Giese, C. 1982, 58–59; Gushiken 1979, 55ff, 85; Polia 1988, 56; Sharon 1978, 46ff, 113ff).

44 Zur schamanistischen Jenseitsreise und den Phänomenen, die den sibirischen Schamanismus im allgemeinen charakterisieren s. Vajda 1964, 268–290.

45 Vgl. die oben aufgeführten Belege. Ekstatische Flüge führen auch rezente Heiler Nord-Perus aus, um die Ursache von Krankheiten zu erfahren und Diagnosen zu stellen (Gushiken 1979, 55–56, 85; Polia 1988, 56).

46 Vgl. die oben aufgeführten Belege, bes. aus Huamachuco. Nach einem rezenten Bericht erscheint die Berggottheit während eines zu ihren Ehren abgehaltenen Rituals als Kondor, angetan mit kostbaren Gewändern aus Gold und Silber, um sich auf der Brust ihres Priesters niederzulassen. Dieser muß von zwei Helfern gestützt werden, da der Berggott sehr schwer ist (Roel Pineda 1966, 26).

Abkürzungen

AAL	Archivo Arzobispal, Lima, Peru.
AAT	Archivo Arzobispal de Trujillo, Peru.
AGI	Archivo General de Indias, Sevilla.
BAE	Biblioteca de Autores Españoles, Madrid.

Quellen

Acosta, José de 1590: Historia natvral y moral delas Indias, Sevilla.

Albornoz, Cristóbal de [ca. 1580] 1967: Instruccion para descubrir todas las guacas del Pirú, in: Pierre Duviols, Un inédit de Cristóbal de Albornoz (Journal de la Société des Américanistes 56: 1, pp. 7–39).

Arriaga, Pablo José de [1621] 1968: Extirpación de la idolatría del Perú (= BAE 209), Madrid.

Calancha, Antonio de la [1638] 1639: Coronica Moralizada del orden de San Augvstin en el Perv, con svcesos egenplares vistos en esta monarqvia, Barcelona.
Castañega, Martín de [1529] 1946: Tratado de las supersticiones y hechicerías. Sociedad de Bibliófilos Españoles, segunda época XVII, Madrid.
Ciruelo, Pedro [1530] 1548: Reprouacion de las supersticiones y hechicerías. Libro muy vtile y necessario a todos los buenos christianos, Alcalá.
Cobo, Bernabé [1653] 1956: Historia del Nuevo Mundo (= BAE 91–92), Madrid.
Descripción [1582] 1965: La descripción que se hizo en la provincia de Xauxa por la instrucción de S. M. que a la dicha provincia se invió de molde, in: Relaciones geográficas de Indias, hg. v. Marcos Jiménez de la Espada, I. (= BAE 183, pp. 166–175), Madrid.
Goethe, Johann Wolfgang 1971: Faust. Der Tragödie erster Teil, hg. v. Lothar J. Scheithauer, Stuttgart.
González Holguín, Diego [1608] 1952: Vocabulario de la Lengua General de todo el Perú. Llamada Lengua Qquichua o del Inca, Lima.
Guaman Poma de Ayala, Felipe [ca. 1612–1615] 1980: El Primer Nueva Corónica y Buen Gobierno, hg. v. John V. Murra und Rolena Adorno (= Col. América Nuestra, América Antigua 31), México.
Lancre, Pierre de [1613] 1982: Tableau de l'inconstance des mauvais anges et démons où il est amplement traité des sorciers et de la sorcellerie, Paris.
Murúa, Martín de [ca. 1611] 1962–1964: Historia general del Perú. (= Col. Joyas bibliográficas. Bibliotheca americana vetus 1–2), hg. v. M. Ballesteros Gaibroi, Madrid.
Polo de Ondegardo, Juan [ca. 1559, ^{1}1585] 1916: Los Errores y svpersticiones de los Indios, sacadas del Tratado y aueriguación que hizo el Licenciado Polo (= Colección de libros y documentos referentes a la Historia del Perú, Serie I, 3, pp. 3–43), Lima.
Relación de la Religión [ca. 1560] 1992: Relación de la religión y ritos del Perú hecha por los padres agustinos, hg. v. Lucila Castro de Trelles, Lima.
Rites et Traditions [ca. 1608] 1980: Rites et traditions de Huarochirí: manuscrit quechua du début du 17e siècle. Texte établi, traduit et commenté para Gerald Taylor, Paris.
Ruiz, Hipólito/Joseph Pavón [1794–1799] 1965: Florae Peruvianae et Chilensis Prodromus. Flora Peruviana et Chilensis (= Historiae Naturalis Classica XLII), Nachdr. New York .
Sarmiento de Gamboa, Pedro [ca. 1572] 1906: Segunda parte de la Historia general llamada Indica, in: Richard Pietschmann (Hg.), Geschichte des Inkareiches (Abhandlungen der Königlichen Gesellschaft der Wissenschaften zu Göttingen. Philologisch-historische Klasse, NF. VI, Nr. 4), Berlin.
Vázquez de Espinoza, Antonio de [1630] 1948: Compendio y descripción de las Indias Occidentales, Washington.

Literatur

Arguedas, José María 1956: Puquio, una cultura en proceso de cambio, in: Revista del Museo Nacional 25, 184–232.

Amezúa, A. G. de 1946: Prólogo, in: M. de Castañega, Tratado de las supersticiones [...], V–XIX, Madrid.

Bächtold-Stäubli, H. 1927–1942: Handwörterbuch des deutschen Aberglaubens, 10 Bde, Berlin/Leipzig.

Behringer, Wolfgang 1987: »Vom Unkraut unter dem Weizen«. Die Stellung der Kirchen zum Hexenproblem, in: R. van Dülmen (Hg.), Hexenwelten, 15–47.

Caro Baroja, Julio ([1]1961) 1988: Las brujas y su mundo, Madrid.

Dülmen, Richard van (Hg.) 1987: Hexenwelten. Magie und Imagination vom 16.–20. Jahrhundert, Frankfurt a. M.

Dülmen, Richard van 1987: Imaginationen des Teuflischen. Nächtliche Zusammenkünfte, Hexentänze, Teufelssabbate, in: Ders. (Hg.), Hexenwelten, 94–130.

Duviols, Pierre o. J. (i. e. 1971): La lutte contre les religions autochtones dans le Pérou colonial. L'extirpation de l'idolâtrie entre 1532 et 1660 (= Travaux de l'Institut Français d'Etudes Andines 13), Paris/Lima.

Duviols, Pierre 1983: El ›Contra Idolatriam‹ de Luis de Teruel y una versión primeriza del mito de Pachácamac – Vichama, in: Revista Andina I/2, 385–392.

Favre, Henri 1967: Tayta Wamani – le culte des montagnes dans le centre sud des Andes éruviennes, in: Études Latino-Américaines 3, 121–140.

Flores Arroyuelo, Francisco J. 1985: El diablo en España, Madrid.

Gareis, Iris 1987: Religiöse Spezialisten des zentralen Andengebietes zur Zeit der Inka und während der spanischen Kolonialherrschaft (= Münchner Beiträge zur Amerikanistik 19), Hohenschäftlarn.

Gareis, Iris 1989: Extirpación de idolatrías e Inquisición en el virreinato del Perú, in: Boletín del Instituto Riva-Agüero 16, 55–74.

Gareis, Iris 1990: La »idolatría« andina y sus fuentes históricas: reflexiones en torno a ›Cultura andina y represión‹ de Pierre Duviols, in: Revista de Indias vol.L: 189, 607–626).

Gareis, Iris 1993: Brujos y brujas en el antiguo Perú: apariencia y realidad en las fuentes históricas, in: Revista de Indias, Bd. LIII/198, 583–613.

Giese, Claudius C. 1982: Die »curanderos« der peruanischen Nordküste, Berlin.

Giese, Gerda 1983: Traditionelle Spezialisten für Heilung und Magie (Religion) in der südlichen Sierra Perus, Berlin.

Gushiken, José J. 1979: Tuno. El curandero, Lima (Ed. de la Biblioteca Universitaria).

Herrera, Fortunato L. 1940: Plantas que curan y plantas que matan de la flora del Cuzco, in: Revista del Museo Nacional 9, 73–127.

Kutscher, G. 1977: Chimu. Eine altindianische Hochkultur, Hildesheim.

Le Roy Ladurie, Emmanuel 1983: La Sorcière de Jasmin. Avec la reproduction en facsimilé de l'édition originale bilingue (1842) de la Françouneto de Jasmin, Paris.

Mariscotti de Görlitz, Ana María 1978: Pachamama Santa Tierra (= Indiana, Beiheft 8), Berlin.
Oberem, Udo 1990: Ethnohistorie. Eine Einführung in Quellen und Methoden (Das Andengebiet und Zentralamerika), in: Ulrich Köhler (Hg.), Alt-Amerikanistik. Eine Einführung in die Hochkulturen Mittel- und Südamerikas, Berlin, 453–465.
Polia, Mario 1988: Las lagunas de los encantos. Medicina tradicional andina del Perú septentrional, Piura.
Porras Barrenechea, Raúl 1962: Los Cronistas del Perú (1528–1650), Lima.
Prem, Hanns J. 1989: Geschichte Alt-Amerikas (= Oldenbourg Grundriss der Geschichte 23), München.
Robbins, Rossell Hope 1978: Witchcraft. An Introduction to the Literature of Witchcraft, Millwood/New York.
Roel Pineda, Josafath 1966: Creencias y prácticas religiosas en la provincia de Chumbivilcas, in: Historia y Cultura 2, 25–32.
Sánchez, Ana 1991: Amancebados, hechiceros y rebeldes (Chancay, siglo XVII) (= Archivos de Historia Andina 11), Cusco.
Sharon, Douglas 1978: Wizard of the Four Winds. A shamans story, New York.
Sharon, Douglas (1981) 1982: San Pedro-Kaktus. Botanik, Chemie und ritueller Gebrauch in den mittleren Anden, in: G. Völger/K. v. Welck (Hg.), Rausch und Realität. Drogen im Kulturvergleich, Reinbek bei Hamburg, Bd. 2, 785–800.
Vajda, László (1959) 1964: Zur phaseologischen Stellung des Schamanismus, in: Carl August Schmitz, Religionsethnologie, Frankfurt a. M., 265–295.

Hannes Buchberger

»Als Reiher ist der König zum Himmel gestürmt« Fliegen und Schweben und das Alte Ägypten

(1) »Als Reiher ist König Pepi II. zum Himmel gestürmt.
Als Falke ⟨hat⟩ König Pepi II. den ⟨Himmel⟩ geküßt.
Als Heuschrecke hat König Pepi II. den Himmel erreicht.«

Auf solche und ähnliche Aussagen trifft man häufig in Texten religiöser, genauer: individualeschatologischer Natur, die seit Unas (ca. 2355–2325 v. u. Z.), dem letzten König der sog. 5. Dynastie, auf den Wänden der inneren Kammern der Pyramidengräber aufgezeichnet wurden und die von daher als »Pyramidentexte« bezeichnet werden. Etwa seit der I. Zwischenzeit über das Mittlere Reich bis hin zur II. Zwischenzeit erscheinen verwandte Texte auf den Innenseiten von Holzsärgen (zumeist wenigstens), nun aber nicht mehr königlicher, sondern nicht-königlicher Sarginhaber. Analog werden sie mit dem Etikett »Sargtexte« belegt.

Beide Textcorpora sind einigermaßen umfangreich: ca. 750 Textsegmenten (gemeinhin »Sprüche« genannt) der »Pyramidentexte« stehen mindestens 1185 solche der »Sargtexte« gegenüber. Ihr unschätzbarer Wert als Hauptquelle für den Totenglauben und die Jenseitsvorstellungen des Alten und Mittleren Reiches wird allerdings noch durch den wenig fortgeschrittenen Stand ihrer Bearbeitung konterkariert; speziell die genuin textwissenschaftlichen Probleme dieser »rudis indigestaque moles« von Texten sind bisher nur eher peripher angegangen worden.

Nämliches gilt für ihre religionswissenschaftliche Erschließung: Der letzte Versuch einer Synthese, aus dem Jahr 1956 datierend[1], in erster Auflage jedoch bereits 1926 erschienen, und deutlich von einer historistischen, wenn nicht gar positivistischen Grundhaltung geprägt, kann heute kaum mehr als adäquat betrachtet werden.

Aufgrund ihres Bearbeitungsstandes taugen die in Rede stehenden Texte nicht für vorschnelle Generalisierungen geistesgeschichtlicher Art, von der Vereinnahmung durch moderne Konstrukte, etwa das psychoanalytische, ganz zu schweigen.

Texte, deren Alter mehr als 4500 Jahre betragen mag, sprechen entgegen einem weitverbreiteten Irrtum nicht mehr selbst, sondern bedürfen der Exegese. Vor jedweder Interpretation muß philologisch äußerst sorgfältig mit ihnen verfahren werden. Da ein entsprechender philologischer oder gar religionswissenschaftlicher Verstehenshorizont beim Leser nicht vorausgesetzt werden kann, wären vorab Grundbegriffe zu definieren, Strukturen zu entwickeln, Paradigmen zu erstellen und die Beispiele eingehend zu kommentieren, kurz: die Leistungsfähigkeit einer Disziplin auch und gerade im theoretischen Diskurs unter Beweis zu stellen. Daß dies hier nicht geschehen kann, versteht sich von selbst.

»Die Seele zum Himmel!«

Sterben bedeutet für den Ägypter von Anbeginn an keinen Abstieg in jenes »unendlich schwarze Nichts des Niemals-Wieder«[2], sondern wird als »Übergang« in ein neues, »verklärtes« Dasein begriffen. Diese Negation des Todes wird in den »Pyramidentexten« erstmalig explizit formuliert:

(2) »Ha König Unas! Du bist zwar (weg)gegangen, aber
nicht, indem du tot bist.
Indem [du] lebst, bist du (weg)gegangen.«

In vergleichbarer Weise heißt es in den »Sargtexten«:

(3) »Steh du auf [zum] Leben! Du bist nicht gestorben.
Erhebe dich zum Leben! Du bist nicht gestorben.«

Da jedoch das Konzept eines »Weiterlebens« alles andere als selbstevident ist, wird der Übergang vom Leben zum Tod in eine »ontische Transformation«[3] Realwelt → Götterwelt uminterpretiert und somit der ontische Horizont des Verstorbenen expandiert. Durch seinen neuen, »göttlichen« Status erhält der Verstorbene Anteil an der virtuellen Ewigkeit der Götter.

Die ontische Transformation Mensch → Gott kann als »Sozialisation«[4] des Verstorbenen in die Götterwelt begriffen werden. Ihren expliziten Ausdruck findet die mit dieser Statustransgression verbundene Kontinuitätsgarantie im Einbau des Verstorbenen in »Kontinuitätsmodelle«[5].

Von besonderer Relevanz sind in diesem Zusammenhang zwei derartige Modelle, die beide götterweltliche Präzedenzfälle von Todesüberwindung zum Vorbild nehmen: zum einen »Osiris«, einen Gott, der durch sein Sterben und seine Auferstehung geradezu als Paradigma der »›Behandelbarkeit‹ des Todes«[6] gelten darf; zum anderen den Sonnengott »Re«, der jeden Abend im Westen untergeht, d. h. »stirbt«, im Durchgang durch seinen Ursprung, »Mutter Himmel«[7], jedoch Nacht für Nacht »wiedergeboren« wird und des Morgens erneut (und erneuert) am Himmel erscheint.

Besagte Kontinuitätsmodelle finden im Alten Reich nur im königlichen Totenglauben Anwendung. Im Gegensatz zu seinen Untertanen, deren Jenseits zunächst noch »oberirdisch«[8] bleibt, sich auf ein »Wohnen im Grabe«[9] beschränkt, erlaubt ja die wie auch immer zu definierende »Göttlichkeit« des Königs eine unmittelbarere Wiedereingliederung in die Götterwelt. Als »Osiris-NN.« wird der verstorbene König zum Herrscher der »Unterwelt«, verbindet somit seine postmortale Existenz mit Sterben und Auferstehung des Gottes Osiris.

Gegenüber dem in den »Pyramidentexten« wenig thematisierten unterirdischen Jenseits des Osiris tritt jedoch das himmlische Jenseits deutlich in den Vordergrund. Neben einer vielleicht älteren Vorstellung, die dieses himmlische Jenseits am nächtlichen Nordhimmel, im Bereich der Zirkumpolarsterne verortet, bietet sich für den »Sohn des Re« primär die »Heimkehr zum väterlichen Ursprung«[10] an. In erster Linie ist es dementsprechend die »Gemeinschaft mit dem Sonnengott«[11], ja sogar die Übernahme seiner Rolle als Himmelsherrscher, die in den »Pyramidentexten« den Ton angibt:

(4) »Du wirst auf diesem Thron des Re sitzen,
indem du die Götter befehligst;

denn du bist Re, der aus (der Himmelsgöttin) Nut hervorgekommen ist,
welche Re tagtäglich zu gebären pflegt.
Dieser König Merenre wird tagtäglich geboren werden wie Re.«

Die jenseitigen Exklusivrechte des Königs konnten offenkundig nicht lange aufrechterhalten werden. Schon seit dem Ende der 5. Dynastie in einzelnen Belegen greifbar, wird der einst königliche Totenglaube spätestens in der I. Zwischenzeit »Allgemeingut«.

Den Prozeß einer sozialen Expansion des genuin königlichen Totenglaubens in den Verfügungsbereich der schriftkundigen Elite hat man bis vor kurzem als »Demokratisierung des Totenglaubens« bezeichnet. Daß die entsprechenden Glaubensinhalte breiteren Schichten zugänglich werden, heißt nun gewiß nicht, die himmlische bzw. jenseitige Königsherrschaft würde jetzt auf eine Art Volksversammlung übergehen: Nach wie vor ist das Jenseits ganz nach dem Modell der realweltlichen absoluten Monarchie strukturiert. Mit Jan Assmann ist daher der Begriff »Demotisierung«[12] vorzuziehen. Ihren textuellen Niederschlag findet besagte Demotisierung in den »Sargtexten«; spätestens jetzt werden auch die beiden grundlegenden Konzepte »Weiterleben« und »Wiedergeburt« explizit korreliert:

(5) »Möge sie weiterleben nach dem Sterben,
(so) wie (es der gealterte Sonnengott) Atum Tag für Tag (tut).«

(6) »Ich will leben nach dem Sterben,
(so) wie Re Tag für Tag lebt.«

Voraussetzung für ein Leben nach dem Sterben ist das Fortdauern der Person in immaterieller Form; trotz Mumifizierung konnte auch für den Ägypter an der Faktizität des körperlichen Todes kein Zweifel bestehen. Neben seiner jenseitigen Existenzform als »Ach«, d. h. eines rituell »Verklärten«, verdankt der Verstorbene seine neu gewonnene Freizügigkeit im

Jenseits vor allem dem »Ba«, einer Komponente (o. ä.) seiner Person, die Jan Assmann nachgerade als »unsterbliche Seele«[13] bezeichnet. Der »Ba« stellt jedenfalls das Medium par excellence der »Gestaltfähigkeit«[14] und jenseitigen Bewegungsfreiheit dar:

(7) »Der Ach ist zum Himmel bestimmt,
der Leichnam ist zur Erde bestimmt.«

Ähnliche Formulierungen (man könnte fast von einem »Themasatz« sprechen) finden sich auch noch wesentlich später. Eine theologisch elaboriertere Aussage, schon mit der nächtlichen Vereinigung von »Ba«-Seele und Leichnam arbeitend, steht etwa in einem königlichen Totentext des Neuen Reiches:

(8) »Dein Ba existiert am Himmel in Gegenwart des Re,
dein Leichnam in der Erde bei Osiris.
Tagtäglich läßt sich dein Ba auf deinem Leichnam nieder.«

Oder ein weiteres Beispiel aus der 18. Dynastie, diesmal dem nichtköniglichen Kontext der »Opferformel« entstammend:

(9) »(Sie mögen geben), daß der Ba dem Himmel,
der Leichnam der Unterwelt zugehörig sei.«

«... unter seine Brüder, die Götter«

Hier drängt sich natürlich die Frage auf: Wie und auf welche Weise gelangt der Verstorbene an bzw. in den Himmel? Die »vertikale Entrückung aus der Welt der Lebenden«[15] bildet innerhalb der Gattung »Verklärung« das Thema einer eigenen Textsorte »Himmelfahrtstext«. Als konstitutives Merkmal dieser einigermaßen umfangreichen Textsorte kann das Wortfeld einschlägiger Verben betrachtet werden, das z. B. »aufschweben (wie der Luftgott Schu)«, »aufsteigen (wie eine Sturm-

oder Gewitterwolke)«, »auffliegen (wie ein Vogel)«, »sich entfernen«, »aufsteigen (wie auf einer Leiter)« oder »emporklettern« umfaßt. Als Klassem wird daneben häufig ein Verbum verwendet, das neben seiner Grundbedeutung »hervorkommen« auch »aufsteigen« meinen kann.

Den Tätigkeiten entsprechende Hilfsmittel bzw. Vehikel sind die »Rampe«, die »Treppe« oder die »Leiter« (aus dem Bereich der Technik); der »Wind«, die »Wolken« oder der »Hagelschauer« (aus dem Bereich der atmosphärischen Phänomene); kosmische Phänomene wie »Sonnenlicht/-strahl« oder »Sterne«; schließlich diverse Flugkörper resp. deren flugtaugliche Körperteile (»Schwingen«, »Federn«) aus dem Bereich der belebten Natur, hier v. a. »Vögel«, zuweilen auch »Insekten«[16].

Ganz im Sinne des Rahmenthemas soll im folgenden die spektakulärste Form des Himmelsaufstiegs, der »Vogelflug« des Verstorbenen in den Mittelpunkt gerückt werden.

Zunächst sei ein Text vorgestellt, dessen erste Strophe die »Entrückung« des Verstorbenen zum Himmel (der hier in Gestalt der Himmelsgöttin Nut erscheint) beinhaltet, während diese in der zweiten Strophe selbst spricht, dem König seinen Platz am Sternenhimmel zuweist und seine exklusive Distanz vom Jenseits des Osiris betont:

(10) »Es kommt zu dir dieser König Unas, o Nut!
Es kommt zu dir dieser König Unas, o Nut,
nachdem er seinen Vater (d.i. Osiris) zur Erde geworfen
und den Horus (d.i. sein Amt) hinter sich gelassen hat.
Es wächst sein Schwingenpaar einem Falken entsprechend
und (sein) Federnpaar einem Falken entsprechend,
nachdem ihn sein Ba geholt
und sein Zauber ihn ausgestattet hat.«

(Die Himmelsgöttin Nut spricht)
»Du sollst deinen Platz am Himmel eröffnen
in der Gemeinschaft der Sterne des Himmels;
denn du bist der einzigartige Stern an der Schulter der Nut.

Du mögest auf Osiris herunterschauen,
indem er die verklärten Geister befehligt,
während du fern von ihm stehst.
Du bist keiner von ihnen und wirst keiner von ihnen sein.«

Im nächsten Beispiel werden zwei Ziele der königlichen Himmelfahrt korreliert: die (vielleicht ältere) Vorstellung vom gestirnten Nachthimmel und die Jenseitsreise zum Sonnengott Re, dessen Thron der verstorbene König einzunehmen gedenkt:

(11) *(Der verstorbene König als Stern)*

»Der Himmel ist klar, So ⟨this⟩ (*α Canis maioris*) lebt,
weil König Unas der ›lebende‹ (Stern), der Sohn der Sothis, ist.
Die beiden Götterneunheiten haben sich für ihn gereinigt,
und zwar im Sternbild ›Dechsel‹ (*Ursa maior*), das nicht untergehen kann.
Nicht wird das Haus des Königs Unas am Himmel zugrunde gehen;
nicht wird der Thron des Königs Unas auf Erden vergehen.
(Normale) Menschen müssen sich ›verbergen‹ (begraben lassen),
Götter dagegen fliegen empor.
Sothis hat den König Unas zum Himmel emporfliegen lassen
und zwar in die Gemeinschaft seiner Brüder, der Götter.
Für den König Unas hat Nut, die Große, ihr Oberarmpaar (begrüßend) entblößt.
Sie haben sich am Tagesbeginn verneigt,
die beiden Ba-Mächte, die an der Spitze der Ba-Mächte von Heliopolis sind,
nachdem sie die Nacht im Vollzug dieser ›Beweinung des Gottes‹ verbracht haben.«

(Der verstorbene König als Sonnengott)
»Der Thron des Königs Unas ist der deinige, Re!
Er wird ihn keinem anderen überlassen!
Zu dir, Re, wird König Unas zum Himmel emporsteigen,
indem das Gesicht des Königs Unas dem von Falken
entspricht,
die Schwingen des Königs Unas denen von Vögeln entsprechen,
und seine Krallen den Fängen des (falkengestaltigen)
Gaugottes des 12. oberägyptischen Gaues entsprechen.
Es gibt kein (übles) Wort gegen König Unas auf der
Erde bei den Menschen;
es gibt keine Schuld von ihm im Himmel bei den Göttern.
König Unas hat das Wort (gegen) sich beseitigt (und)
⟨es?⟩ ausgelöscht,
und zwar, um zum Himmel aufsteigen zu können.
Upuaut hat den König Unas zum Himmel emporfliegen
lassen
und zwar unter seine Brüder, die Götter.
Als Nilgans hat König Unas sein Armpaar betätigt;
als Weihe/Milan hat König Unas die Schwinge⟨n⟩ geschlagen.
Es flog, wer fliegen kann, ihr Menschen!
König Unas flog tatsächlich von euch fort!«

Wie die semantische Opposition von »Menschen« versus »Götter« (Vers 7–8) bzw. von »Menschen« versus »König« (Vers 29–30) zeigt, ist der postmortale Himmelsflug von immenser Exklusivität.

Geht aus besagter semantischer Opposition zunächst implizit hervor, daß sich »Gott« und »König« auf derselben paradigmatischen Achse bewegen, so wird die Zugehörigkeit Pharaos zur semantischen Klasse »Gott« in Vers 10 bzw. 26 auch explizit ausgedrückt: Die »Götter« sind »seine Brüder«, d. h. seine nächsten Verwandten.

Der Flug zum Sternenhimmel kann schließlich als Rückkehr zur »Mutter«, zur Himmelsgöttin Nut, begriffen werden, die den Verstorbenen in ihre Arme nimmt. Als Mutter aller astraler Phänomene, die sie tagtäglich verschluckt und wiedergebiert, ist sie auch die Mutter des Sonnengottes. Insofern stehen sich die beiden Strophen nicht konträr gegenüber, sondern sind zumindest assoziativ miteinander verbunden.

Im dritten und letzten Textbeispiel geht es um die (auch jenseitstopographische) Distanzierung von Osiris mit dem Ziel, das Kommando in der Sonnenbarke zu übernehmen:

(12) *(Der verstorbene König und Osiris)*
»Dein Herz (= Verstand) gehöre dir, Osiris!
Dein Beinpaar gehöre dir, Osiris!
Dein Arm ⟨paar⟩ gehöre dir, Osiris!
Das Herz des Königs Unas gehöre ihm selbst!
Sein Beinpaar gehöre ihm selbst!
Sein Arm ⟨paar⟩ gehöre ihm selbst!
Eine Rampe/Treppe soll ihm zum Himmel geschlagen werden,
damit er darauf zum Himmel emporsteigen kann.«

(Der verstorbene König im Sonnenschiff)
»Auf dem Rauch des großen Weihrauchopfers steigt er empor.
Als Vogel fliegt dieser König Unas auf;
als Skarabäus-Käfer schwebt er nieder.
Er fliegt als Vogel auf
und schwebt als Skarabäus-Käfer nieder
und zwar auf den leeren Thronsitz in deiner Barke, Re!
Steh auf, hebe dich hinweg, der du das Schilfdickicht nicht kennst!
Dieser König Unas soll auf deinem Platz sitzen
und den Himmel befahren
in deiner Barke, Re!
Dieser König Unas soll von der Erde abstoßen
in deiner Barke, Re,
während du im Horizont emporsteigst
und er, seinen Kommandostab in seiner Hand,
als derjenige fungiert, der deine Barke fährt, Re!«

(Der Sonnengott antwortet)
»›Du sollst zum Himmel aufsteigen
und sollst dich von der Erde entfernen;
fern von Weib und Königsschurz sollst du sein.‹«

Ausgangspunkt der ersten Strophe ist die Auferstehung des Osiris, die als Restitution der Körperlichkeit und, damit verbunden, der Aktionsfähigkeit begriffen wird. Wiewohl im Rekurs darauf, wird gleichzeitig klargestellt, daß der verstorbene König seine darin begründete Chance als Individuum nutzen will: Er will nicht einfach als auferstandener Herrscher der Unterwelt weiterleben; sein eigentliches Ziel ist der Aufstieg zum Himmel.

Als Hilfsmittel bzw. Vehikel des Himmelsaufstiegs begegnen uns in Vers 7 die »Rampe/Treppe«, in Vers 9 der »Rauch des großen Weihrauchopfers«, in Vers 10–13 schließlich das allgemeine Wort für »Vogel« (genauer wohl eine Art Gans) und der »Skarabäus«-Käfer.

Die Verse 10–14 sind auch insofern noch von Interesse, als in ihnen der König zwar als Vogel emporfliegt, der Landeplatz jedoch nicht mehr allgemein der Himmel, sondern konkret die Sonnenbarke ist, worin er sich in Gestalt des Skarabäus-Käfers, des Symboltiers des morgendlichen, jugendfrischen Sonnengottes (»Chepri«) niederläßt.

Die Exklusivität der königlichen Himmelfahrt als »vertikale Entrückung« bleibt – trotz aller historischen Entwicklung – bis ins 1. Jahrtausend v. u. Z. erhalten. Soll der Tod eines Königs angezeigt oder umschrieben werden, geschieht dies in ähnlicher Weise, wie es zum erstenmal in einem Literaturwerk der 12. Dynastie, der bekannten »Geschichte des Sinuhe«, ausgedrückt wird:

(13) »Aufsteigen des Gottes zu seinem Horizont.
Der König von Ober- und Unterägypten ›Sehetep-ib-Re‹ (Amenemhet I.),
er hatte sich zum Himmel entfernt
und sich mit der Sonnenscheibe vereint.
Der ›Gottesleib‹ war in dem aufgegangen, der ihn geschaffen hat.«

Mit den Göttern zum Himmel

Mit der »Demotisierung« des Toten- und Jenseitsglaubens gelangen ursprünglich nur dem König vorbehaltene Vorstellungen von Himmelfahrt und himmlischem Jenseits in die nichtköniglichen »Sargtexte«.

So erscheint das traditionelle Motiv der »Leiter«, auf der der Verstorbene zum Himmel klettern möchte; er klimmt auf dem Luftgott Schu empor, benützt »Weihrauch« oder »Sonnenlicht« als Vehikel oder »fliegt« zum Himmel. Auch der Sternenhimmel gilt immer noch als eines der Ziele.

Im Unterschied zu den »Pyramidentexten«, bei denen Spruchtitel praktisch durchgehend eliminiert worden sind, verwenden die »Sargtexte« häufig derartige Markierungen; dabei begegnet jetzt auch explizit das Thema »Himmelsaufstieg«:

(14) 1 »Auf dem Weihrauch bin ich emporgewachsen;
auf dem Sonnenlicht bin ich emporgeklettert.
O Hathor (Himmels- und Muttergöttin), reich mir
deine Hand!
ZUM HIMMEL AUFSTEIGEN.«

Gemessen an der Rekurrenz des Themas in den »Pyramidentexten« spielt jedoch die »vertikale Entrückung«– als solche oder in Vogelgestalt – in den »Sargtexten« keine große Rolle mehr. In der Regel treten jetzt andere Funktionen des Vogelflugs bzw. der Vogelgestaltigkeit in den Vordergrund, etwa der Flug zum Himmel im Kontext der »jenseitigen ›Versorgungsgemeinschaft‹«[17] mit den Göttern, die »Transformation in Vögel« oder das Motiv des »Schnatterns als Nilgans«.

Im Zuge einer gewissen »Verjenseitlichung des Totenraumes«[18] gewinnt das Thema der Versorgung des Verstorbenen mit Speise und Trank eine neue Dimension. Neben das als solches immer beibehaltene irdische Totenopfer tritt jetzt verstärkt die Vorstellung von der Versorgung durch und bei den Göttern. Die Legitimierung dieses Anspruchs spielt in einer eigenen, häufig dialogisch geprägten Textsorte eine wichtige Rolle, worin der Verstorbene seinen Anspruch in drastischer

Weise vorträgt, sodann von den Göttern ins Verhör genommen wird und mythologisiertes oder kulttopographisches Wissen parat haben muß, um bestehen zu können.

Zunächst ein dialogfreies Beispiel ohne »Vogelflug«, jedoch mit dem »Himmelfahrts«-Motiv einsetzend:

(15) »Auf dem (Luftgott) Schu bin ich emporgestiegen;
auf dem Sonnenlicht bin ich emporgeklettert.
Meine Opferspeisungen sollen in Heliopolis sein.
⟨Meine 7⟩ Speisen sollen im (paradiesischen) Binsengefilde sein.
Mein Abscheu ist Kot;
ich werde ihn weder essen noch schmecken.
Urin: Ich werde ⟨ihn⟩ nicht trinken.
Mit meinem Mund werde ich essen;
aus meinem Anus werde ich mich entleeren.
Ich werde keineswegs in kauernder Haltung (?) gehen.«

Wie ein vollständigeres Exemplar aussehen kann, lehrt das folgende Beispiel. Die einleitende Formel (Vers 1–5), so und ähnlich mehrfach belegt, variiert das »Himmelfahrts«-Thema; der Verstorbene benützt hier zum Himmel fliegende Götter als Vehikel:

(16) »Ich bin der Dritte dieser Götter,
die gewöhnlich zum Himmel aufsteigen als Falken
– auf ihrem Schwingenpaar werde ich aufsteigen –
und die gewöhnlich zur Erde hinabsteigen als Schlangen
– auf ihren Windungen werde ich hinabsteigen.
Ich werde keineswegs Kot essen!
Ich werde keineswegs in gebückter Haltung laufen!
In aufrechter Haltung werde ich laufen,
indem mein Phallus fest mit mir verbunden ist
und mein Anus fest mit mir verbunden ist.
Mit meinem Mund werde ich essen;
aus meinem Anus werde ich mich entleeren.
›Wovon willst du denn dann leben?‹
– sagen sie (die Götter), die sich dort befinden.

(18) »Am (Haus) der Sängerin bin ich vorbeigegangen.
Wer dich zu mir gebracht hat, das ist die ›Gottesanbeterin‹.
Gegrüßt seist du, der du zum Himmel aufgeflogen bist,
milchweißer, der du die ›Weiße Krone‹ bewachst.
Wenn ich als du fungiere, (dann fungierst du als ich).
O großer Gott! Mach mir den Weg (frei),
damit ich auf ihm passieren kann.
SICH IN JEDEN GOTT TRANSFORMIEREN, IN DEN SICH EIN MANN TRANSFORMIEREN WILL.«

Im Titel derjenigen »Transformationssprüche«, die eine solche Textmarkierung verwenden, erscheint in mindestens 22 Fällen als Transformationsziel eine Vogelbezeichnung, etwa der »Falke«, der »Reiher«, die »Nilgans« oder die »Schwalbe«:

(19) »TRANSFORMATION IN DEN FALKEN.
Ich bin der große Falke, der im Ei Gestalt gewonnen hat.
Ich fliege auf und schwebe herab
und zwar als Falke von ⟨7⟩ Ellen (ca. 3,68 m) Rückenlänge,
wobei mein Schwingenpaar aus oberägyptischem Grünstein besteht.
Kaum bin ich aus dem Sarg (?) zur Abendbarke aufgestiegen,
habe ich auch schon mein Herz im Horizont geholt.
Wenn ich in die Morgenbarke niederschwebe,
dann wird mir Jubel zuteil
und es umgibt mich mein Gefolge.
Die Götter sind zu mir gekommen
– die in ihrer Urzeit Befindlichen (sogar) in Verbeugung –,
und zwar, um mir meine sämtlichen Insignien zu geben,
(wie sie) dem schönen Falken aus Gold, der auf seiner Sitzstange (?) ist, entsprechen.
Um ⟨meine⟩ Rede zu hören, tritt Re tagtäglich ein,

während ich bei diesen Göttern, den Herren des Himmels sitze.
Mir wurden die beiden Opfergefilde zur Verfügung gestellt,
damit ich von ihnen esse und trinke
nach dem Wunsch meines Herzens, wie es mir in den Sinn kommt.
(Auch) das Korn-Brandopfer ist für mich aufgestanden.«

Die der Falkengestalt innewohnende Potenz wird in Spruch 149 besonders augenfällig, einem Text mit dem Titel ›Sich in einen menschlichen Falken transformieren‹, worin es um den Triumph des Verstorbenen über seinen »Feind« geht. Der »Endsieg« des Verstorbenen wird dabei dermaßen drastisch geschildert, daß G. Fecht nachgerade an das »Werwolf«-Mythem[19] erinnert wurde:

(20) »Als großer Falke bin ich ⟨über ihm⟩ (dem Feind) erschienen
und habe ihn mit meinen Krallen gepackt,
indem mein Lippenpaar als blitzendes Messer gegen ihn (wütete),
meine Krallen als die Pfeile der (Göttin) Sachmet,
mein Hörnerpaar als das des Großen Wildstieres,
mein Schwingenpaar als das eines Raubvogels,
und mein Schwanz als der eines lebenden Ba-Vogels.
Immer wieder auffliegend und mich auf seinem Rückenwirbel niederlassend
kehlte ich ihn in Gegenwart seiner Großfamilie ab
und riß sein Herz heraus ohne ihr Wissen.
(Denn) ich bin fürwahr ein menschlicher Falke,
dem die Transformation in einen Falken zugestanden wurde
im Haus des ›Ersten der Westlichen‹ (d.i. Osiris) aufgrund eines Rechtsspruchs.«

Die Reaktion der Jenseitsbewohner auf diese Art von Selbstbehauptung des Verstorbenen ist dann nur zu verständlich:

(21) »Wie froh ist da das Herz der Verklärten Geister,
wie jauchzt da das Herz des Osiris,
wenn er sieht, wie ich mich als Falke emporschraube.
Als ich noch ein Mensch war,
konnte ich bloß auf meinen Beinen gehen.«

»Als Nilgans habe ich geschnattert«

Der lexikalische Parallelismus von »aufsteigen/(auf-)fliegen« und »niederschweben/sich niederlassen/landen (wie ein Vogel)« konstituiert eine Formel, die uns bereits mehrfach begegnet ist. Neben diese ältere, zweigliedrige Ausprägung tritt in den »Sargtexten« eine erweiterte Form: Zwischen »Auffliegen« und »Niederschweben« wird der Vers »Als Nilgans habe ich geschnattert/geschrien« eingeschoben.

Beispielsweise heißt es in einem »Versorgungsspruch«:

(22) »Als Schwalbe (?) bin ich aufgestiegen;
als Nilgans habe ich geschnattert.
Auf dieser großen Anhöhe lasse ich mich nieder.
Keiner, der sich auf ihr niederläßt, kann sterben,
und er, dessen Arme (in den Mumienbinden) verborgen sind, wird als Gott erblickt werden.«

Oder in einem »Transformationsspruch«:

(23) »TRANSFORMATION IN EINE NILGANS.
Als Schwalbe (?) bin ich aufgeflogen;
als Nilgans habe ich geschnattert.
Auf dieser großen Anhöhe habe ich mich [niedergelassen],
die sich im Norden des Himmelshorizonts befindet.
Wer sie sieht, der kann nicht sterben.
Wer sich auf ihr niederläßt, der manifestiert sich als der Große Gott.«

Dem Verständnis hat sich die Formel, bisher wenigstens, erfolgreich entzogen; denn die Funktion der »Nilgans« resp. ihrer artspezifischen Lautgabe ist zumindest im uns hier interessierenden Zeitraum alles andere als bekannt. Zwar wird zur Deutung immer wieder der reichlich ominöse »Große Schnatterer« bemüht, eine aus dem späten Neuen Reich überlieferte metonymische Bezeichnung des Ur- und Schöpfergottes. Da dieser aber nirgends direkt mit der »Gans« identifiziert wird und diesbezügliche Stellen des »Totenbuches« einer textkritischen Evaluation anhand der Vorläufertexte aus den »Sargtexten« nicht standhalten (wie ich andernorts zu zeigen gedenke), muß die Frage nach der götterweltlichen Identität der »Nilgans« (vorläufig) als unbeantwortet gelten.

So sei, diesen Abschnitt beschließend, ein Spruch mit dem Titel »Transformation in die Nilgans« vorgeführt, in dem die bisher thematisierten Vorstellungen quasi massiert auftreten: die dreigliedrige Variante der »Fliegen-Landen-Formel«, die »jenseitige ›Versorgungsgemeinschaft‹« mit den Göttern und, als wäre dies immer noch zu wenig, der »Aufstieg auf der Himmelsleiter«:

(24) »Als Schwalbe (?) ist dieser Osiris-NN. aufgeflogen;
als Nilgans hat dieser Osiris-NN. geschnattert.
Diesem Osiris-NN. wurde das Niederschweben gestattet,
und zwar auf der Anhöhe, die vor/an der Spitze des großen Sees liegt.
Kaum hat sich dieser Osiris-NN. auf sie gestellt, wird er ⟨nicht⟩ (mehr) sterben.
Kaum hat dieser Osiris-NN. ⟨auf ihr⟩ Platz genommen, wird er sich als Gott manifestieren.
Vom Zauber wird dieser Osiris-NN. essen und schlingen.
In die Röhrichtgestade wird dieser Osiris-NN. Abstiege machen.
Geöffnet wurden ihm die beiden Türflügel ⟨der Ma'at⟩,
⟨aufgetan wurden ihm die beiden Türflügel⟩ des Himmels;

wird zu allen Zeiten einerseits die Metapher »Falke« benutzt, um die dem König immanente »Falken«-, d. h. Horushaftigkeit zum Ausdruck zu bringen, die Aktion des Königs andererseits mit der eines »Falken« verglichen:

(26) »›Ein Falke, nachdem er zugeschlagen hat!‹ – sagen
sie (die Götter).
›Du bist wahrlich ein Ba und hast Macht!‹«

Ungleich häufiger noch dürften sich »Vogel«-Bezeichnungen freilich auf Götter beziehen: Eine ganze Reihe von »Vögeln« gelten ja als Symbole einer hinter ihnen stehenden Göttlichkeit (etwa der »Horus-Falke«, der »Thoth-Ibis«, die »Geiergöttin« Nechbet, oder Isis und Nephthys als »die beiden Weihen«); Symboltier und Gott stehen in einer metonymischen Relation.

Da ein »Vogel« zuweilen mehr als einem Gott zugeordnet ist oder religionshistorisch zu erklärende Überschneidungen bzw. sekundäre Angleichungen stattgefunden haben, kann ein Metonym im Einzelfall mehrdeutig sein. Ein gutes Beispiel hierfür stellt wiederum der »Falke« dar, scheint es ursprünglich doch mehrere Götter gegeben zu haben, denen die »Falkengestalt« zu eigen war. Eine genauere Zuweisung ist jedoch nicht selten aufgrund quellensprachlicher Spezifikationen möglich:

(27) »Als göttlicher Falke stürmt König Pepi II. empor.
Als Reiher schwebt König Pepi II. empor.
Als Nilgans schlägt König Pepi II. mit seinen Flügeln,
wobei das Schwingenpaar des Königs Pepi II. dem
eines göttlichen Falken entspricht
und die Flügelspitzen/Gefieder dieses Königs Pepi II.
denen eines göttlichen Falken entsprechen.«

Da der Text im folgenden davon spricht, daß der Verstorbene mit dem Sonnengott in dessen Barke fahren will, geht man hier wohl kaum fehl, den »göttlichen Falken« als Harachte, als den »Horus vom Lichtland/Horizont« zu identifizieren. Das Prädikat »göttlich« spricht ebenfalls gegen eine Interpretation dieses »Falken« als realen Vogel.

Insofern sich in den »Sargtexten« das Geschehen zum größten Teil im Jenseits abspielt, ist es dort schon a priori eher unwahrscheinlich, daß realweltliche Vögel eine überragende Rolle spielen. So macht die »Transformation in Vögel« nur den geringeren Teil eines Spruchcorpus aus, das überwiegend die »Transformation in diverse Götter« thematisiert; eine Deutung der »Vögel« als metonymische Götterbezeichnungen liegt von daher relativ nahe. Wie das Beispiel der Nilgans lehrt, ist eine Identifizierung des entsprechenden Numens zuweilen nicht ganz einfach, scheitert schlicht und ergreifend am Mangel aussagekräftiger Daten. Obgleich vom Ägypter nicht beabsichtigt, tendieren Fälle wie der der »Pelikan-Göttin« oder der »großen Rohrdommel« zumindest für den Ägyptologen zur Antonomasie.

Ob nun freilich »große Götter«, »abgesunkene Götter« oder *di minores*, Tatsache ist, daß solche »Vogel«-Bezeichnungen in götterweltlichen Bezügen erscheinen. Ein Beispiel aus einem »Versorgungsspruch«, in dem die Textinhaberin (ursprünglich in der 1. Person sprechend) gleich eingangs erklärt:

(28) 1 »Diese NN. ist dieser Reiher von einer bestimmten Art,
der als Zugvogel agiert und die Million in Schrecken versetzt hat.«

Indizien aus wesentlich späteren Texten scheinen für eine gewisse Verbindung zum Sonnenglauben zu sprechen. Ausnahmsweise liefert in diesem Fall der »Sargtext«-Spruch selbst einen Hinweis für eine Interpretation nach dem Vorbild des Sonnenzyklus. Am Ende des Verhörs bekräftigt die Verstorbene nämlich noch einmal ihren Anspruch auf die Gemeinschaft mit den Göttern, indem sie sagt:

(29) 22 »Denn diese NN. ist dieser Reiher,
der sich auf der Horizontanhöhe des Himmels befindet.
Auf der ⟨östlichen⟩ Seite des Himmels fliegt sie auf.

Auf der ⟨westlichen⟩ Seite des Himmels schwebt sie herab.
Wie der (falkengestaltige) Re wird sie den Himmel überqueren.
Wie der (ibisgestaltige) Thoth wird sie an der Erde anlanden.
(Denn) diese NN. ist ein⟨e⟩ von ihnen.«

Um die Bäume nicht in den sprichwörtlichen Himmel wachsen zu lassen, sei allerdings auch bemerkt, daß der Text keine direkte Gleichung von Reiher und Sonnengott ausspricht; die Verse 24–28 haben als Subjekt ja die verstorbene NN., deren Bewegung über den Himmel mit der des Re oder des Thoth überdies nur verglichen wird. Und ob man schließlich mit einer solaren Deutung dem Reiher der »Pyramidentexte« gerecht wird, ist wieder eine ganz andere Frage.

Himmelfahrt in der Welt der Lebenden?

Standen bisher Zeugnisse der Totentexte im Mittelpunkt, so sei abschließend ein Ausblick in die Welt der Lebenden gestattet. Freilich: »Entrückung«, Flug von Hexern oder Schamanen wird man hier vergeblich suchen. Denn da die sinnweltlich relevanten Quellen praktisch ausschließlich aus dem Kontext der Elite stammen, reflektieren sie im wesentlichen die offizielle Seite der Religion. Wenn es besagte Randphänomene in der nichtoffiziellen Religion je gegeben haben sollte, hat das »Decorum«[20] ihre Thematisierung erfolgreich verhindert.

Der Himmel liegt jedenfalls außerhalb der Reichweite der Lebenden. Wird von realweltlich verorteten Personen oder Gegenständen gesagt, sie hätten den Himmel erreicht, dann handelt es sich um Metaphorik, um die Übertragung des Bildes der extremen Distanz von der Erde (die, als »Realwelt«, in Opposition zum »Himmel«, der »Götterwelt«, steht) oder der immensen Höhe.

»Unrecht Gut gedeiht nicht« – auf diesen Nenner wäre etwa das 7. Kapitel der »Lehre des Amenemope« zu bringen, wo es von kriminell erworbenen Reichtümern heißt, sie würden über Nacht auf wundersame Weise verschwinden; denn:

(30) »Sie (die Reichtümer) haben sich ein Loch gemacht,
so groß wie sie,
und sind im Totenreich versunken.
Sie haben sich Schwingen wie Gänse gemacht
und sind zum Himmel geflogen.«

Auf die jedes menschliche Maß übersteigende Akzeptanz und Belohnung durch den König heben dagegen hohe Beamte der 12. Dynastie ab, wenn sie sich in autobiographischen Texten rühmen: »Meine Gunst, sie erreichte den Himmel.« Bei Sarenput (I.), Nomarch des 1. oberägyptischen Gaues und Bürgermeister von Elephantine, wird daraus die Schilderung einer Himmelfahrt:

(31) »Mir wurde überaus großer Lobpreis zuteil
und Gunst, daß es einem (vor Freude) die Kehle zuschnürt.
Ich jauchzte, während man mich den Himmel erreichen ließ.
Nachdem (ich) die Leiber der Sterne gestreift hatte,
erreichte mein Kopf die (Himmelsgöttin) Nut.
Als (ich) als Stern erglänzte, heimste (ich) Beifall ein.
Ich tanzte (immer weiter) in/mit den Sternen ⟨des Himmels⟩,
während meine Stadt in Fest(stimmung) war
und die Jungtruppen heftig applaudierten.«

Daß sich Sarenput zu solch dichterischer Sprache hinreißen ließ, daß er das Idiom der gehobenen Beamtenschaft auf die eigene Person hin individualisierte, ja übersteigerte, resultiert vielleicht aus einem ganz eigenen Verhältnis zum König, dem er seinen »›kometenhaften‹ Aufstieg«[21] verdankte.

Tatsache ist jedenfalls, daß Sarenput durch die Wahl seiner – man möchte fast sagen: initiatorischen – Bilder die semantischen Angemessenheitsbedingungen verletzt. Deutlich wird dies im Vergleich mit dem letzten Textbeispiel, das eindeutig mit Einführung, hier: in das Königsamt, zu tun hat. Für Thuthmosis III. war seine »Initiation zum Königtum«[22] u. a. mit einer Einweihung in die Arcana der Sonnentheologie verbunden, die er in den uralten Begriffen der königlichen Himmelfahrt beschrieb, wenngleich »Himmel« hier vielleicht nur eine Metapher für das Allerheiligste des Tempels darstellt:

(32) »[Er (der Gott) tat mir auf] die Türflügel des Himmels
und öffnete mir die Tore seines (des Himmels) Horizonts.
Ich flog zum Himmel als göttlicher Falke,
⟨um⟩ seine geheime Gestalt zu schauen, die im Himmel ist.
Ich pries Seine Majestät [...]
[...].
Ich schaute die Erscheinungsformen des Horizontischen auf seinen geheimen Wegen im Himmel.
Re selbst setzte mich dauerhaft ein;
ich wurde mit [seinen] Kronen geadelt, die auf seinem Haupt sind;
seine Uräusschlange war fest an [meiner Stirn].«

Anmerkungen

1 Kees 1956.
2 Lindsey 1990, 112.
3 Assmann 1983, 338.
4 Assmann 1984, 83; Assmann 1986, 660.
5 Buchberger 1986, 1247 f.; Buchberger 1993, 400 f.
6 Assmann 1984, 156.
7 Assmann 1982 a, 269; Assmann 1983, 340.
8 Assmann 1986, 667.
9 Assmann 1986, 663.
10 Assmann 1977, 1206.
11 Assmann 1986, 666.
12 Assmann 1990, 114.
13 Assmann 1990, 114.
14 Wolf-Brinkmann 1968.
15 Assmann 1977, 1207.
16 Weiteres bei Jacq 1986, 154–215, §§ 247–390.
17 Assmann 1983, 345 mit Anm. 58.

[18] Assmann 1986, 667.
[19] Fecht 1972, 47.
[20] Baines 1987, 82 und Anm. 11; Baines 1990.
[21] Franke 1994, 23; 200, nota 14.
[22] Assmann 1983, 342.

Quellenverzeichnis (entsprechend der Numerierung im Text)

(1) Pyr. § 891 b–d (467) (N.): Sethe 1939, 152; Faulkner 1969, 156.
(2) Pyr. § 134 a (213) (W): Sethe 1935, 1; Piankoff 1968, 59; Faulkner 1969, 40; Spiegel 1971, 162; Westendorf 1980, 952 und Anm. 11; Allen 1984, 272.
(3) CT I, 190 a–b (44) (B13C): Faulkner 1973, 36; Westendorf 1980, 952 und Anm. 12; Barguet 1986, 187.
(4) Pyr. § 1688 a–c (606) (M.): Faulkner 1969, 250.
(5) CT V, 291 k (438) (B3Bo): Barta 1968, 315 und Anm. 6; Faulkner 1977, 76; Barguet 1986, 262.
(6) CT II, 265 a (153) (B9C): Faulkner 1973, 132; Barguet 1986, 222.
(7) Pyr. § 474 a (305) (W.): Sethe 1936, 280; Piankoff 1968, 23; Faulkner 1969, 94; Spiegel 1971, 301.
(8) Piankoff 1955, pl. 21: Barta 1969, 84.
(9) Urk. IV, 481.5: Barta 1969, 82; Reineke 1984, 92.
(10) Pyr. Spr. 245 (W.): Sethe 1935, 234 f.; Piankoff 1968, 55; Faulkner 1969, 58; Spiegel 1971, 221; speziell zur zweiten Strophe Allen 1984, 188 mit Anm. 242.
(11) Pyr. Spr. 302 (W.): Sethe 1936, 252 f.; Piankoff 1968, 21; Faulkner 1969, 91 f.; Spiegel 1971, 289–291. Zu Vers 1–2 Allen 1986, 18; Beaux 1994, 64, Anm. 14; 69 mit Anm. 34. Zu Vers 8 Allen 1984, 269. Zu Vers 29 Allen 1984, 192. Zu Vers 29–30 Allen 1984, 196 f.; 199; Ders., 1994, 19 mit Anm. 26.
(12) Pyr. Spr. 267 (W.): Sethe 1936, 81 f.; Piankoff 1968, 40; Faulkner 1969, 76; Spiegel 1971, 253 f. Zu Vers 10–11 Sethe 1969, Bd. III, 19, sub »366 a«; Allen 1984, 155. Zu Vers 19–23 Allen 1984, 165.
(13) »Sinuhe«, R 6–8 (Hg. Koch 1990, 4 f.): Blumenthal 1970, 53; Lichtheim 1973, 223; Hornung 1978, 23; Assmann 1982 b, 903; Lalouette 1987, 226; Hornung 1990, 31; Schenkel 1994, 198. Zu weiteren Belegen vgl. Grapow 1943, 141–143.
(14) CT Sp. 300 (B3L): Faulkner 1973, 221; Barguet 1986, 556.
(15) CT Sp. 174 (B1C): Faulkner 1973, 150; Barguet 1986, 381.
(16) CT Sp. 198 (S1Tü): Faulkner 1973, 162; Barguet 1986, 392.
(17) CT Sp. 175–176 (B2L): Faulkner 1973, 150 f.; Barguet 1986, 381 f.
(18) CT Sp. 301 (B3L): Faulkner 1973, 221; Barguet 1986, 559.
(19) CT Sp. 302 (B3L): Faulkner 1973, 222; Barguet 1986, 432.
(20) CT II, 236 b–241 b (149) (S1P): Grieshammer 1970, 140–142; Faulkner 1973, 127; Barguet 1986, 437.
(21) CT II, 245 d–247 a (149) (S1P): Grieshammer 1970, 143–145; Faulkner 1973, 128; Barguet 1986, 437.

(22) CT III, 98 j–m (190) (B9C): Faulkner 1973, 158; Barguet 1986, 389.
(23) CT IV, 38 f–l (287) (Sq1C): Faulkner 1973, 215; Barguet 1986, 429.
(24) CT Sp. 278 (Sq6C): Faulkner 1973, 209; Barguet 1986, 429.
(25) Pyr. § 1225 a–b (521) (P.): Sethe 1962, 124; Faulkner 1969, 195.
(26) Pyr. § 162 c (218) (W.): Sethe 1935, 62; Piankoff 1968, 63; Faulkner 1969, 45; Spiegel 1971, 187; Allen 1984, 145.
(27) Pyr. §§ 2042 c–2043 b (682) (N.): Faulkner 1969, 293.
(28) CT III, 79 f–g (184) (B3Bo): Faulkner 1973, 154; Barguet 1986, 384.
(29) CT III, 83 b–84 b (184) (B3Bo): Faulkner 1973, 154; Barguet 1986, 385.
(30) pLondon BM 10474, 10.2–5 (Hg.: Lange 1925, 55): Grumach 1972, 64; Lichtheim 1976, 152; Brunner 1991, 243. Als Spr 23,5 hat das Bild vom Himmelsflug des Reichtums Eingang in das AT gefunden: vgl. zuletzt Römheld 1989, 27; 29 f.; 180.
(31) Urk. VII, 3.11–18: Buchberger 1993, 376; Franke 1994, 23; 193.
(32) Urk. IV, 159.10–160.4: Schott 1951, 279 f.; Ders., 1954, 262; Graefe 1971, 137; Moftah 1985, 132 mit Anm. 680; Assmann 1983, 355, Anm. 42.

Abkürzungen

ÄA	Ägyptologische Abhandlungen, Wiesbaden.
ÄF	Ägyptologische Forschungen, Glückstadt etc.
AHAW	Abhandlungen der Heidelberger Akademie der Wissenschaften, Heidelberg.
APAW	Abhandlungen der Preußischen Akademie der Wissenschaften (Berlin).
ASAW	Abhandlungen der Sächsischen Akademie der Wissenschaften zu Leipzig (Berlin).
Bae	Bibliotheca Aegyptiaca (Brüssel).
BdE	Bibliothèque d'étude (Kairo).
BS	Bollingen Series (New York).
BZAW	Beiheft zur Zeitschrift für die alttestamentliche Wissenschaft (Berlin).
ERT	Egyptian Religious Texts and Representations (New York).
JARCE	Journal of The American Research Center in Egypt (Boston).
JAWLM	Jahrbuch der Akademie der Wissenschaften und der Literatur Mainz (Wiesbaden).
JEA	Journal of Egyptian Archaeology (London).
LÄ	W. Helck/E. Otto (später W. Westendorf) (Hg.), Lexikon der Ägyptologie, Bd. I–VI (Wiesbaden 1975–1986).
LAPO	Littératures anciennes du Proches-Orient (Paris).
MÄS	Münchner Ägyptologische Studien (Berlin; München).
SAGA	Studien zur Archäologie und Geschichte Altägyptens (Heidelberg).
SDAIK	Sonderschrift des Deutschen Archäologischen Instituts, Abteilung Kairo (Mainz).

Literaturverzeichnis

Allen 1984: J. P. Allen, The Inflection of the Verb in the Pyramid Texts, Bibliotheca Aegyptia 2, Malibu 1984.
Allen 1986: J. P. Allen, Features of Nonverbal Predicates in Old Egyptian, in: G. Englund/P. J. Frandsen (Hg.), Crossroad. Chaos or the Beginning of a New Paradigm, CNI Publications 1, København 1986, 9–44.
Allen 1994: J. P. Allen, Reading a Pyramid, in: C. Berger/G. Clerc/N. Grimal (Hg.), Hommages à Jean Leclant, Bd. 1, BdE 106/1, 1994, 5–28.
Assmann 1977: J. Assmann, Himmelsaufstieg, in: LÄ II, 1206–1211.
Assmann 1982 a: J. Assmann, Muttergottheit, in: LÄ IV, 266–271.
Assmann 1982 b: J. Assmann, Parallelismus membrorum, in: LÄ IV, 900–910.
Assmann 1983: J. Assmann, Tod und Initiation im altägyptischen Totenglauben, in: H. P. Duerr (Hg.), Sehnsucht nach dem Ursprung. Zu Mircea Eliade, Frankfurt a. M., 336–359.
Assmann 1984: J. Assmann, Ägypten. Theologie und Frömmigkeit einer frühen Hochkultur, Stuttgart 1984.
Assmann 1986: J. Assmann, Totenkult, Totenglauben, in: LÄ VI, 659–676.
Assmann 1990: J. Assmann, Ma'at: Gerechtigkeit und Unsterblichkeit im Alten Ägypten, München 1990.
Baines 1987: J. Baines, Practical Religion and Piety, in: JEA 73 (1987), 79–98.
Baines 1990: J. Baines, Restricted Knowledge, Hierarchy, and Decorum, in: JARCE 27 (1990), 1–23.
Barguet 1986: P. Barguet, Les Textes des Sarcophages égyptiens du Moyen Empire, LAPO 12, 1986.
Barta 1968: W. Barta, Aufbau und Bedeutung der altägyptischen Opferformel, ÄF 24, 1968.
Barta 1969: W. Barta, Das Gespräch eines Mannes mit seinem BA (Papyrus Berlin 3024), MÄS 18, 1969.
Beaux 1994: N. Beaux, Sirius, étoile et jeune Horus, in: C. Berger/G. Clerc/N. Grimal (Hg.), Hommages à Jean Leclant, Bd. 1, BdE 106/1, 1994, 61–72.
Blumenthal 1970: E. Blumenthal, Untersuchungen zum ägyptischen Königtum des Mittleren Reiches: I. Die Phraseologie, ASAW 61.1, 1970.
Brunner 1991: H. Brunner, Die Weisheitsbücher der Ägypter. Lehren für das Leben, Zürich/München 1991.
Buchberger 1986: H. Buchberger, Wiedergeburt, in: LÄ VI, 1246–1261.
Buchberger 1993: H. Buchberger, Transformation und Transformat: Sargtextstudien I, ÄA 52, 1993.
Faulkner 1969: R. O. Faulkner, The Ancient Egyptian Pyramid Texts, Oxford 1969.
Faulkner 1973: R. O. Faulkner, The Ancient Egyptian Coffin Texts, Bd. I, Warminster 1973.
Faulkner 1977: R. O. Faulkner, The Ancient Egyptian Coffin Texts, Bd. II, Warminster 1977.
Fecht 1972: G. Fecht, Der Vorwurf an Gott in den »Mahnworten des Ipuwer« (Pap. Leiden I 344 recto, 11,11–13,18; 15,13–17,3). Zur geistigen Krise der ersten Zwischenzeit und ihrer Bewältigung, AHAW 1972.1.

Constance Ott-Koptschalijski

Fahren im Luftmeer

Überlegungen zu mittelalterlichen Luftschiffergeschichten bei Agobard von Lyon, Gervasius von Tilbury und Nicole Oresme

Um das Jahr 1260 schrieb der englische Theologe und Naturphilosoph Roger Bacon (1214–1292) in seinem ›De mirabili potestate artis et naturae libellus‹ folgenden Gedanken nieder[1]:

> »Man könnte Instrumente machen, um zu fliegen, so daß ein Mensch, der in der Mitte dieses Instruments sitzt und es mit Verstand regiert, durch dieses die Flügel künstlich bewegt und die Luft zerteilt, nach Art eines fliegenden Vogels.«

In sachlichem Ton führt uns Bacon – neben anderen technischen Visionen – ein »künstliches Fluggerät« vor, das nach dem Vorbild des Vogelflugs funktionieren soll. Durch überlegtes Manipulieren der Flügel könnte seiner Meinung nach ein sachkundiger Mensch ein solches durch den Luftraum führen, indem er »durch die Bewegung das Medium zerteilt, das nun zurückweicht, aber jeweils so viel Raum gibt«, daß ein Fluggerät ungehindert hindurchzudringen vermag. Dieses kleine Gedankenexperiment weist den Franziskaner als Kenner der aristotelischen Theorie des Luftwiderstands aus – antiken Überlieferungswissens also, das im Mittelalter, weitergedacht, bei einzelnen die Hoffnung weckte, der Mensch werde fliegen können. Was für ein *instrumentum* Bacon dabei tatsächlich vorschwebte – etwa ein Flugwagen nach dem Vorbild des Propheten Elias oder Alexanders eisenbewehrter Thronsessel oder gar eine Art Luftschiff mit beweglichen Flügeln –, verrät er uns nicht, sondern bemerkt nur[2]:

> »Solche Dinge sind in alten und heutigen Zeiten gemacht worden, das ist sicher. Allein das Instrument zum Fliegen

Abb. 11: Alexanders Greifenfahrt: Miniatur, ca. 1370/80.

habe ich nicht gesehen, und ich kenne auch niemanden, der eines gesehen hätte. Aber einen weisen Mann kenne ich, der dieses Kunststück wohl ausgedacht hat.«

Während in vielen Flugträumen der Wunsch thematisiert wird, sich von der Erde, von irdischen Bindungen zu lösen, frei und unabhängig zu sein, bleiben in mittelalterlichen Luftschiffvisionen die Menschen auf der Erde. Fliegende Schiffe und ihre Besatzung werden zumeist aus der Perspektive eines Betrachters wahrgenommen, der sich auf der Erde befindet und unerwartet mit diesem Phänomen konfrontiert wird. Bei Luftschifferscheinungen ist jedoch nicht so sehr ihre Beobachtung interessant als vielmehr ihre Deutung. Wie alle Flugvorstellungen ist das Befahren des Luftraums eine kulturelle Vorstellung, die von physikalischen, religiösen und anthropologischen Grundvoraussetzungen abhängt. Dies gilt um so mehr für jene Epoche, die wir als »Mittelalter« bezeichnen, die also, aus der Sicht der Technikhistorie, ein Stadium geringer technischer Fertigkeiten repräsentiert. In den tausend Jahren zwischen den Hochkulturen der Antike und dem Europa der Neuzeit waren neben der augenscheinlichen Prägung durch das Christentum Formen nichtchristlicher Religiosität sowie antikes Überlieferungswissen dafür bestimmend, wie Luftschifferscheinungen gedeutet wurden.

Das Wolkenschiff

Wir erreichen das Frankenreich des 9. Jahrhunderts, und zwar die Gegend von Lyon. Die Stadt, seit dem 6. Jahrhundert unter fränkischer Herrschaft, war in dieser Zeit Mittelpunkt der Grafschaft Lyonnais, die das Gebiet um Lyon und Teile des Beaujolais umfaßte. Hier wirkte eine der bedeutendsten Persönlichkeiten der fränkischen Geistlichkeit: Agobard (um 769–840), Erzbischof von Lyon[3]. Dieser war in seinem Bistum mit merkwürdigen Volksglaubensvorstellungen konfrontiert worden, die er für so bedeutend hielt, daß er sie 816 zu Papier brachte. Das Ergebnis war die Streitschrift ›Über den törichten Aberglauben des gemeinen Volkes Hagel und Donner betreffend‹, die darauf abzielte, von ihm wahrgenommene Mißstände, hier die »Materialisierung der christlichen Religion durch alte und neue heidnische Vorstellungen«[4], in seiner Erzdiözese aufzuzeigen.

In diesem interessanten Zeitdokument berichtet er unter anderem über einen in allen Schichten der Bevölkerung seines Erzbistums grassierenden Glauben, daß das Wettergeschehen durch menschliche Einwirkungen beeinflußt werden könne: Man glaubte an sogenannte *tempestarii*, das sind Wettermacher, die man für fähig hielt, durch Zaubersprüche Stürme und Gewitter hervorrufen zu können. Ferner bezichtigte der Volksglaube die Wetterzauberer der Zusammenarbeit mit geheimnisvollen Wolkenschiffern – einer Zusammenarbeit zum eigenen Nutzen und zum Schaden der Menschen. Agobard schrieb dazu[5]:

> »Die meisten aber fanden wir von so großem Wahnsinn umnachtet [...], daß sie glauben und auch sagen, es gäbe ein Land, das Magonia heißt, aus welchem Schiffe in den Wolken kämen.«

Die Aufgabe dieser Luftschiffer sei es, daß

> »die Feldfrüchte, die durch den Hagel heruntergeschlagen und durch das Unwetter vernichtet werden, in eben dieses Land gebracht würden, wobei die Luftschiffer selbst den *tempestarii* ein Entgelt entrichteten.«

Während also die *tempestarii* als Vermittler dieser Geschäfte von der Besatzung des Wolkenschiffes entsprechend entlohnt würden, entführten die Luftschiffer das durch den Hagel beschädigte Getreide und die restlichen Früchte mit sich in ein entferntes Land, nach Magonia. An diese Vorstellung knüpft eine von Jacob Grimm überlieferte Redensart an: *die zauberer verhandeln das getraide dem luftschiffer, der es wegführt*[6].

Im Kern geht es also in Agobards Luftschiffergeschichte um wirtschaftliche Konflikte, um die Angst einer bäuerlichen Be-

Dämonen zugeordnet, sondern im Zusammenhang mit Unwettern und Ernteschäden im Dunstkreis der Zauberei gesehen. Diese Beziehung zur schädigenden Zauberei findet sich später in der Vorstellung des Hexenfluges wieder, beispielsweise im 15. Jahrhundert, wo es im Rahmen von Prozeßverfahren im Raum Lausanne ausdrücklich heißt, die Angeklagten seien mit den Wolken geflogen[14]. Aus Agobards Bericht geht die Rolle der Wolkenschiffer klar hervor: Sie sind nicht Urheber von Unwettern und Hagelschlag, sie verwüsten auch nicht Felder und Ernten; herbeigerufen durch die Beschwörungen der *tempestarii* bemächtigen sie sich vielmehr der Ernteerträge, die sie mittels Wolkenschiffen entführen. Sonst treten sie mit den Menschen nicht direkt in Verbindung und stellen auch keine unmittelbare Gefahr für sie dar – im Gegenteil: die Luftschiffer werden durch die Aggressivität der Menschen gefährdet, da diese die Entführung dem Wolkenschiff und seinen Piloten zuschreiben. Der Volksglaube betrachtete folglich die »räuberischen« Wolkenschiffer wie auch die *tempestarii* als Zauberer und gefährliche Feinde, die es darauf anlegten, Menschen um Besitz und Existenz zu bringen. Die Wolkenschiffe und ihre Besatzung aus Magonia sind daher im Gegensatz zu den entrückten Götterschiffen als eine unmittelbare Bedrohung, als eine Provokation zu verstehen, und es ist daher verständlich, daß ihr Erscheinen Existenzängste weckte und auch Panikreaktionen verursachte. Während sich im Fall der Wettermacher das Risiko durch eine Art Schutzgeldzahlung, *canonicum* genannt[15], kalkulieren ließ, brach der ganze Volkszorn über die unberechenbaren Luftentführer in Form offener Aggressivität herein, und zwar mit handgreiflichen Folgen: Agobard berichtet als Augenzeuge von einem spektakulären Aufruhr in seinem Erzbistum gegen angebliche Luftschiffer. »Drei Männer und eine Frau« wurden beschuldigt, Wolkenschiffer zu sein und aus den Schiffen gefallen zu sein. Nachdem man die Fremden einige Tage lang gefangengehalten hatte, wurden sie einer versammelten Menschenmenge in Gegenwart des Bischofs zur Steinigung vorgeführt: eine Art Lynchjustiz[16], die unsinnig wäre, hielte man die Wolkenschiffer für Überirdische.

Die Vorstellung von der Gefährdung der Luftfahrer findet

sich unabhängig von Agobards zauberischen Magoniern in mittelalterlichen Wundergeschichten mehrfach belegt. In seinen ›Otia imperialia‹, einem für Kaiser Otto IV. (1176–1218) verfaßten Unterhaltungsbuch, berichtete der Engländer Gervasius von Tilbury (ca. 1152–1220) von einem *nauta* (»Seemann«), der seinen Abstieg auf die Erde, da sich der Anker seines Luftschiffes bei einem Kirchplatz verhakt hatte, mit dem Leben bezahlen mußte[17]. Die Ursache für seinen schnellen Tod war keine feindliche Menschenwelt, sondern ihm drohten kosmologische Gefahren: Es war die »Dichte« des Elements Luft, die ihm zum Verhängnis wurde und in der er »ertrank« wie ein Mensch im Wasser. Die *nautae* des Gervasius sind nicht von unserer Art, sie wirken fremdartig und schemenhaft. Sie erscheinen ohne schädigende Absicht. Ihr Kontakt mit der Menschenwelt kommt, beispielsweise durch einen Kirchturm in ihrer Freiheit behindert, mehr oder minder unfreiwillig zustande: als unerwartete Berührung zweier unabhängiger Erfahrungswelten. Daß solche Wundergeschichten ihre Wirkung auf den Leser nicht verfehlten, zeigt sich daran, daß ausgerechnet diese Geschichte am Ende des 19. Jahrhunderts als sensationsheischende Zeitungsmeldung wieder auftaucht[18].

Ein ähnliches Beispiel überlieferte der Klosterprior Geoffroi de Vigeois (ca. 1140–1184) in seiner ›Chronica Gaufredi‹, wonach sich in den Jahren 1122–1124 ein Luftschiff über der Stadt London verfing[19]:

> »In Anglia wurde oben in der Luft ein Schiff gesehen, das ganz wie ein Schiff auf dem Meer dahinfuhr. Nachdem es mitten in der Stadt Anker geworfen hatte, wurde es von den Londoner Bürgern aufgehalten. Einer der Seeleute schickte sich an, den Anker zu lösen, aber von der Überzahl zurückgehalten, gab er, gleichsam ertränkt durch das Wasser, seinen Geist auf. Die klagenden Seeleute durchkreuzten nun, nachdem sie das Ankertau gekappt hatten, aufs neue die Luft.«

Geoffrois Bericht ist eine äußerst schlichte Beschreibung der Ereignisse, ganz im Stil, in dem häufig legendenhaftes Material in mittelalterlichen Chroniken dargeboten wird. Kein Wort zuviel, kein Kommentar, auch die mögliche Unwirklichkeit der »story« wird nicht thematisiert. Wenn man die Luftschiffergeschichte näher betrachtet, hat man den Eindruck, daß die Ereignisse nicht im Luftraum, sondern auf dem Wasser, in der Hauptsache jedoch unter dem Wasser stattfinden. Nicht nur, daß das Luftboot mit den nautischen Merkmalen eines Wasserschiffes ausgestattet ist, auch der Kontakt des Luftmatrosen mit dem Element Luft entspricht ganz dem Verhalten des Menschen im Wasser: So wie der Mensch im Wasser, so schwimmt der Schiffer durch die Luft, so ertrinkt er im Luftmeer. In einer irischen Wundergeschichte, die etwa zur gleichen Zeit wie die ›Otia imperialia‹ kompiliert wurde, tritt die an das Wasser angepaßte Entwicklung noch deutlicher hervor, als nämlich ein *nauta* beim Lachsfang in der Luft beobachtet wurde. Dabei tauchte er jedoch so tief ins Luftmeer hinab, daß er, auf dem Jahrmarkt in Telltown von einem Vorwitzigen gefaßt, beinahe ertrunken wäre, wenn nicht der zufällig anwesende König von Irland, Congalach (reg. 944–956), dies verhindert hätte[20].

Die Vorstellung vom Fliegen als einem Schwimmen durch die Luft ist antikes Gedankengut[21], das über die Kirchenväterliteratur ins Mittelalter übernommen wurde. Unter Berufung auf die Heilige Schrift (Genesis 1,20), wonach gemäß dem göttlichen Schöpfungsakt Fische und Vögel gemeinsamen Ursprungs sind, da sie beide aus dem Wasser geschaffen wurden, folgerte der Mailänder Bischof Ambrosius (339–397) über das Wesen des Fliegens, daß die Flugbewegung lediglich eine Variante der Schwimmbewegung sei[22]. Seit dem Frühmittelalter wurde deshalb nachdrücklich Wert darauf gelegt, daß die Vögel – da sie nach mittelalterlicher Anschauung Anteile des Elements Wasser ebenso wie Bestandteile der Luft in ihrer Natur besitzen – durch die Luft schwimmen, indem sie Ruderbewegungen ausführen. Im 3. Kapitel seiner Aristotelesparaphrase ›De motibus animalium‹ erklärte beispielsweise der schwäbische Dominikanerpater Albertus Magnus (1200–1280), daß, obwohl anatomisch gesehen schwimmende und fliegende Lebewesen bezüglich ihrer Extremitäten unterschiedlich geschaffen seien, da sie sich in unterschiedlichen Elementen bewegten, ihr Bewegungsmechanismus der gleiche sei[23]:

»Das Fliegen und das Schwimmen stimmen in vielem überein, weil das Schwimmen auch ein Fliegen ist, so wie das Fliegen auch eine Art des Schwimmens.«

Die Vorstellung des Schwimmfluges findet sich in den wundersamen Luftschiffergeschichten folgerichtig auch auf die *nautae* übertragen, die sich analog zu den Bewegungsverhältnissen im Wasser im Luftraum schwimmend bzw. schiffend fortbewegen. Die Auffassung einer engen Beziehung zwischen dem Schwimmen und dem Fliegen blieb das Mittelalter hindurch bestehen und wurde auch noch von Leonardo da Vinci (1452–1519) uneingeschränkt geteilt, denn »das Schwimmen auf dem Wasser lehrt den Menschen, wie die Vögel auf der Luft zu schwimmen«[24].

Das Elementenschiff

Die Einbeziehung des Luftschiffes in einen kosmologischen Kontext führt in die Welt des gelehrten Schrifttums des 14. Jahrhunderts, in der erstmals kosmologisch-wissenschaftliche Überlegungen zur Theorie eines Luftschiffes auftauchten, und zwar im Gefolge der Aristotelesrezeption.

Im Jahre 1377 beendete der französische Philosoph und Theologe Nicole Oresme (1320/25–1382) – er war damals als Dekan der Kathedrale von Rouen tätig – seine dreijährige Arbeit an dem ›Traité du Ciel et du Monde‹. Dieser Text, der zu einer Reihe früher landessprachlicher Übersetzungen aristotelischer Werke gehört – in diesem Fall von ›De caelo‹ –, entstand im Auftrag König Karls V. von Frankreich (1338–1380). Die vier Bücher ›De caelo‹ des Aristoteles (4. Jh. v. Chr.) waren ab der Mitte des 13. Jahrhunderts allgemein bekannt, wurden vielfach kommentiert und gehörten im Schul- und Universitätsbetrieb zur Standardlektüre[25]. Für die mittelalterliche Wissenschaft stellte unter anderen dieses Werk ein bedeutsames methodisches Instrumentarium dar, um die Vielfalt einschlägiger Erscheinungen auf eine überschaubare und systematisch geordnete Begrifflichkeit zurückzuführen. Die Wahl einer »modernen Sprache«, des Französischen, hatte ihre Ursache darin, daß der ›Traité du Ciel‹ nicht ausschließlich für ein Spezialpublikum gedacht war, sondern für gebildete Laien – beispielsweise für die Mitglieder des französischen Hofs –, die mit den grundlegenden Konzepten des aristotelischen Systems bekanntgemacht werden sollten[26].

Nicole Oresme benutzte, da er nicht Griechisch konnte, wahrscheinlich eine oder mehrere lateinische Versionen für seine französische Übertragung. Häufig zitierte er den ›De caelo‹-Kommentar des arabischen Philosophen Averroes[27], aber auch die Übersetzung des Michael Scotus (gest. 1235)[28]. Sein ›Traité du Ciel‹ nun ist eine sehr freie Übersetzung des lateinischen Originals, die er mit einer Vielzahl erläuternder Bemerkungen versehen und dadurch umfangreicher, aber sicherlich auch verständlicher gemacht hat. Oftmals jedoch gab er sich mit den im Text ausgedrückten Sachverhalten bei weitem nicht zufrieden. Bei solchen Gelegenheiten finden wir Kommentare, aber auch ausgedehnte Exkurse zu eigenen Überlegungen, ja sogar geschickt eingebaute Diskussionen. Nicole Oresmes besonderes Interesse galt dem physikalischen Universum, und er bewies in einigen seiner zentralen Überlegungen einen ganz außergewöhnlichen Blick.

In seiner Übertragung des 2. Buchs (›Über den Himmel‹) und des 4. Buchs (›Über die Elemente‹) von ›De caelo‹ hat Oresme theoretische Überlegungen eingeschoben, ob ein Luftschiff im Bereich der Elemente zu plazieren sei und – er überrascht noch mehr – gar ein Schiff mit menschlicher Besatzung. Wir wissen, daß Oresme schon in jüngeren Jahren, vermutlich während seiner Lehrtätigkeit am Collège de Navarre in Paris (1348–1368), einen ersten Kommentar zu Aristoteles' ›De caelo‹ geschrieben hat – die Quaestiones zu ›De caelo et mundo‹, in lateinischer Sprache, für den Universitätsbetrieb gedacht – und dort erstmals diesen Gedanken kurz angesprochen hat[29].

Ausgangspunkt seiner Überlegungen ist zunächst die mittelalterlich-aristotelische Elementenlehre. Den Kosmos dachten sich die mittelalterlichen Aristoteliker gegliedert in die Planetensphäre, die *regio aetherica* mit den himmlischen Kugelschalen, an denen die Planeten einschließlich Sonne und Mond befestigt waren, und in die Lunarsphäre, die *regio elementaris* mit den sublunaren Kugelschalen. Es interessiert hier nur der sublunare Bereich, der Raum unterhalb der Mondbahn, den der italienische Theologe und Aristoteleskenner Thomas von Aquin (1225–1274) auch als Lufthimmel bezeichnete[30]. Dieser Teil des Kosmos war der Bereich der vier Grundelemente in ihrer reinsten Form: Erde, Wasser, Luft und Feuer. Ihre natürliche Anordnung im sublunaren Raum unterlag traditionell einer räumlich gedachten, hierarchisch geordneten Gliederung, die durch das jeweilige Gewicht (gemeint ist das spezifische Gewicht) vorgegeben war: Die Elemente lagerten sich schichtenmäßig übereinander nach einem Oben und Unten bzw. dem nächsthöheren oder -tieferen Nachbarelement zu. Jede Schicht verhielt sich theoretisch durch dieses Gewichtsverhältnis der anderen gegenüber absolut und unterschied sich dadurch, unabhängig von der gewählten Menge, grundsätzlich von der anderen. Die nach ihrem Gewicht gereihten Elemente gaben auch den Bau des Kosmos vor: Die Erde ruhte, gemäß ihrer Natur als schwerstes Element, am tiefsten, also im Zentrum des Universums, von dem aus keine Abwärtsbewegung mehr denkbar war. Darum herum lagerten sich in unregelmäßiger Form das Wasser, das nach mittelalterlicher Auffassung den Großteil des Erdballs bedeckte, darüber die Luft und schließlich das Feuer, das leichteste Element. Allerdings ist hier anzumerken, daß diesbezüglich im Mittelalter eine sachliche Unsicherheit bestand, da man das Feuer – oder besser: den Äther – einerseits als viertes (sublunares) Element an der Mondsphäre enden ließ, andererseits den ganzen Raum des Weltalls zwischen Lufthülle und Firmament als Äther bezeichnete, d. h. im aristotelischen Sinn als *quinta essentia*, in dem planetarische Vorgänge stattfanden. Nicole Oresme blieb hier grundsätzlich der aristotelischen Lehrtradition verhaftet und hielt an der Differenz zwischen *regio aetherica* und *regio elementaris* fest. Das geordnete Verhältnis der vier sublunaren Elemente zueinander war also nach der ihnen eigenen Schwere und Leichtigkeit geregelt. Die Eigenschaft »leicht« definiert sich nicht etwa als nichtvorhandenes Gewicht, sondern als prinzipielle Tendenz physikalischer Substanzen, vom Mittelpunkt weg zu streben; »schwer«

hingegen meint, zum Zentrum des Universums zu streben. Die spezifischen Gewichte – oder besser: Leichtigkeiten – der Elemente verhielten sich nach mittelalterlicher Ansicht zueinander wie 1:12:18:27, das heißt: Luft war 18mal, Feuer 27mal leichter als Erde. Der spätscholastische Naturphilosoph Albert von Sachsen (ca. 1316–1390) – er entstammte wie Oresme der Schülergeneration des Philosophen und späteren Rektors der Pariser Universität Jean Buridan (ca. 1304–1359) – brachte diese Überlegungen bezüglich der Elemente Feuer und Luft explizit in folgende Form[31]:

> »Das Feuer ist um vieles zarter, dünner und leichter als die Luft. Das geht aus folgendem hervor: So wie es sich zur Luft zu verhalten scheint, so verhält die Luft sich zum Wasser, denn die Luft ist um vieles dünner, um vieles zarter und leichter als das Wasser sein könnte. Das gilt auch, im Hinblick auf die Luft, für das Feuer.«

Die für die Geschichte der Luftfahrt, vor allem im Bereich »schwerer als Luft«, so wichtige Beobachtung des Luftwiderstands, ist aristotelisches Gedankengut[32]. Obwohl sich der griechische Philosoph über das Befahren der Luft mit einem Luftschiff nirgendwo geäußert hat, finden sich in seinen Schriften interessante Überlegungen, die seine Interpreten zum Weiterdenken auf diesem Gebiet veranlaßten. Dazu gehört seine durch das bekannte Experiment mit einem Schlauch gewonnene Erkenntnis, daß nämlich der Luft ein Gewicht zuzuordnen ist[33]:

> »Denn an seinem eigenen Orte hat alles Schwere außer dem Feuer, auch die Luft. Ein Zeichen davon ist, daß ein mit Luft aufgeblasener Schlauch mehr wiegt als ein leerer.«

Kehren wir ins 14. Jahrhundert zurück. Oresme beschäftigte sich zunächst, aufbauend auf den allgemeinen spezifischen Gewichtsverhältnissen[34] der Elemente zueinander, mit einem für den mittelalterlichen Menschen beobachtbaren Phänomen: mit einem auf dem Wasser schwimmenden Schiff. Daß ein schweres Schiff, beladen mit Gold oder Blei, sich auf der Wasseroberfläche halten kann und nicht sogleich untergeht, sieht Oresme sowohl in der Form des Schiffes begründet als auch in der Differenz zwischen dem Gewicht der beteiligten Elemente, also des Wassers und der Luft. Die Luft im Inneren des Bootes verhindert nun, daß das Schiff weiter absinkt, wobei das Volumen des verdrängten Wassers dem des Schiffes samt Inhalt entsprechen muß. Weil Süßwasser im Verhältnis zu Salzwasser ein leichteres Gewicht trägt, hält Oresme es für denkbar, daß dasselbe Gesetz auch an Körpern in leichteren Elementen anwendbar ist. Es müßte also theoretisch möglich sein, an der Elementengrenze der Luft zum Feuer, genauer: an der oberen Oberfläche der Luft, die an die Region des Feuers grenzt, ebenfalls ein Schiff zu plazieren, wobei Oresme keinen Zweifel darüber läßt, daß auch dieses Schiff nichts anderes ist als ein »terrestrisches Objekt«. Die Vorstellung einer Zweiteilung des Luftraums, die Oresme hier anspricht, also einer oberen reinen und einer unteren, durch Erdmaterie und Feuchtigkeit unreinen Luft, war zwar im Mittelalter durch Vermittlung der Kirchenväter allgemein bekannt, kam aber aus der griechisch-römischen Philosophie – wie überhaupt Begriff und Wesen des Elements Luft in der Heiligen Schrift nicht angesprochen wird. Die untere Luft ist als Ort ausgewiesen, in dem die Vögel sich bewegen sowie alle meteorologischen Phänomene sich abspielen, während die obere Luft wegen ihrer Dünnheit und Feinheit frei davon ist[35]. Nur der Olymp, der höchste Berg, reicht nach mittelalterlicher Anschauung in die oberen Luftsphären hinein. Aurelius Augustinus berichtet darüber[36]:

> »Die Wolke ist nämlich Wasser, was alle jene wissen, die auf den Bergen in Wolken geraten sind [...] In dieser Luft freilich sagt man, fliegen die Vögel, denn in jener feineren und reineren, die von allen mit Recht *aer* genannt wird, können sie es nicht [...] Man behauptet, daß die Wolken in diesem oberen Luftraum sich nicht zusammenballen, noch auch, daß dort etwas Sturmhaftes existiere, weil ja freilich dort ganz und gar kein Wind ist, wie auf dem Gipfel des Olymp, von dem es heißt, daß er über den Raum dieser feuchten Luft hinausrage.«

Von dem Grundsatz ausgehend, daß Feuer leichter und feinteiliger sei als Luft, folgert Oresme, daß ein Körper, der statt atmosphärischer Luft Feuermaterie enthält, sich auf der oberen Oberfläche der Luft halten könne. Auch hier betont Oresme nach Aristoteles die »relative« Schwere des Schiffes gegenüber der »absoluten« Leichtigkeit der oberen Elemente, aus der zu folgern ist, daß die terrestrische Schwere durch die elementare Leichtigkeit aufgehoben wird. Was jedoch die Stelle besonders bemerkenswert macht, ist die Tatsache, daß er sich analog zum Wasserschiff auch in diesem Bereich der sublunaren Sphäre Menschen als Besatzung des Luftschiffs vorstellen konnte und in seine Überlegungen mit einschloß[37]:

> »Aus demselben Grund meine ich daher, daß ein Schiff aus schwerem Material, das mit schweren Objekten, eben wie mit einem oder mehreren Menschen, beladen ist, auf der beinahe sphärisch-konvexen Oberfläche des Elements Luft plaziert werden und ungestört, auf natürliche Weise dort oben verbleiben kann wie ein Schiff auf der Seine.«

Die analoge Anwendung der obigen Überlegungen führte Oresme also zu der Erkenntnis, daß der Luftraum nach dem Prinzip »leichter als Luft« befahrbar sei. Die Frage nach dem physiologischen Überleben der Lebewesen in dieser Region, das bei Augustinus im Zusammenhang mit dem Flug der Vögel angesprochen wurde, stellte Oresme nicht.

Damit ist bei weitem noch nicht das Ausmaß seiner Überlegungen ausgelotet. Oresme lehrt uns, der aristotelischen Begriffswelt folgend, verschiedene Bewegungstendenzen der beiden Schiffe zu unterscheiden. So hätte ein Schiff auf dem Wasser prinzipiell die Tendenz, nach unten zu streben, d. h. zum Erdmittelpunkt zu, wenn es nicht durch die Luft im Inneren daran gehindert würde. Das Schiff ginge also unter. Im Gegensatz dazu hätte das Luftschiff durch das in seinem Inneren befindliche Feuer die Tendenz aufzusteigen, d. h. eine Bewegung vom Erdmittelpunkt weg an die Grenzen der Lunarsphäre zu machen. Demnach bestünde für das oresmesche Luftschiff niemals die Gefahr abzustürzen, sondern es würde samt Mannschaft in den Weiten des Kosmos verbleiben. Diese

Vorstellungen basieren auf einer von Aristoteles entwickelten Theorie der Bewegung, wonach dieser in seinem streng symmetrisch konstruierten kosmologischen Gedankengebäude nur drei Bewegungsmöglichkeiten zuließ: Die supralunare Sphäre ist die Zone der Kreisbewegung, während die sublunare Sphäre den Bereich der steigenden und der fallenden Bewegung darstellt. Jedem Element wird demnach eine ihm naturgemäße wie auch naturwidrige Bewegung zugeordnet[38]. Die Bewegungen der sublunaren Elemente Feuer und Erde waren nach Aristoteles Bewegungen von und zur Mitte, analog verhielten sich die beiden Zwischenelemente Wasser und Luft. Auch die beiden Eigenschaften »leicht« und »schwer« stehen mit der Lehre der Bewegung in einem sinnfälligen Zusammenhang, denn ohne die in »schwer« und »leicht« sich manifestierenden Tendenzen der Körper können die Bewegungen, die man sehen kann, gar nicht in Gang kommen. Wenn also »leicht« die Eigenschaft der Abwärtsbewegung und »schwer« die Eigenschaft der Aufwärtsbewegung ist, so ist klar, daß im kreisbewegten Raum weder »leicht« noch »schwer« sein kann. Somit sind die Eigenschaften »leicht« und »schwer« ebenfalls nur im Bereich der *regio elementaris* gültig. Leicht, das heißt dem Oben zugeordnet, sind Feuer und Luft, schwer, das heißt dem Unten zugeordnet, sind die Elemente Wasser und Erde. Daher steht für Aristoteles ein Objekt, das aufgrund seiner Natur zum Mittelpunkt, also zur Erde strebt, im Gegensatz zu einem leichten, das von ihr wegstrebt. Hier zeigt sich, daß Aristoteles Gewicht in Bewegungsgeschwindigkeit transformieren zu können glaubte.

Eine weitere Überlegung soll hier angeführt werden. Analog zum Wasserschiff übernahm Nicole Oresme für das Luftschiff das für die Hydrostatik entwickelte Prinzip des griechischen Mathematikers Archimedes (um 285–212 v. Chr.) vom statischen Auftrieb – allerdings ohne dessen Namen zu nennen –, wonach ein Körper in einer Flüssigkeit oder in der Luft[39] so viel an Gewicht verliert, wie die von ihm verdrängte Flüssigkeit oder Luftmenge wiegt[40]. Die beiden Bücher von den schwimmenden Körpern des Archimedes wurden erstmals von dem flämischen Dominikaner Willem von Moerbeke (um 1215–1286) im Jahre 1269 ins Lateinische übersetzt und somit der mittelalterlichen Gelehrtenwelt zugänglich. Dieser Auftrieb, Grundlage für die spätere Luftschiff- und Ballonfahrt, war seit eh und je am Beispiel aufsteigender heißer Luft, wie etwa beim Rauch aus offenem Feuer, zu beobachten gewesen. Es zeigt sich nun, daß das spätere Prinzip der »Aeronautik«, bei dem ein Flugkörper durch den Einsatz von Auftriebskörpern insgesamt »leichter als Luft« wurde, sich dadurch quasi von selbst in die Luft erheben und auf dem Luftmeer fahren konnte, seit Oresme gedanklich bereits teilweise vollzogen war; doch wurde der Weg seiner praktischen Anwendung erst viel später beschritten.

Bei der Erforschung physikalischer Fragen unter Berücksichtigung moralischer Bedenken hinsichtlich der Akzeptierbarkeit menschlicher Existenz in bisher unbefugten, nur Gott oder Dämonen zugewiesenen Räumen, fragte sich Oresme, ob seine Luftschiffidee nicht eine Übertretung der universalen Harmonie sei[41]:

> »Folglich, wenn es auf natürliche Weise möglich ist, daß ein schweres, terrestrisches Objekt so hoch über der Erde verbleiben kann, tatsächlich also über dem Element Luft, gibt es einen um so triftigeren Grund, warum Gott, der Urheber, Lenker und Leiter der Natur, verursachen kann, daß ein menschlicher Körper über den Himmeln ruhen kann, speziell, weil solch ein schwerer Körper außerhalb der Welt nicht die geringste Neigung haben würde, zum Mittelpunkt dieser Welt zu streben.«

Und Oresme spekuliert weiter: Wenn auch Schiff und Mensch theoretisch hier plaziert werden könnten, so sei dieses gewaltige Unterfangen bei den – zu seiner Zeit – gegebenen Verhältnissen praktisch nicht durchführbar, und außerdem sei fraglich, ob es möglich sei, tatsächlich so zwischen Luft und Feuer zu verbleiben. Würde nicht diese gewaltsame Position – denn dieser Bereich ist nicht der natürliche Ort terrestrischer Gegenstände – dazu führen, daß das Luftschiff dort letztendlich nicht verbleiben könnte? Und wäre denn aufgrund dieser Position nicht auch zu befürchten, daß das Schiff durch die Nähe der Feuerregion einfach abbrennen würde? Mit dem vierten sublunaren Element, dem Feuer, war es im Mittelalter, empi-

Abb. 13: »Himmelsschiff« im offiziellen Abzeichen der Mannschaft von Apollo 12, der zweiten Mondlandemission der USA.

risch gesehen, weniger gut bestellt, da – im Gegensatz zu den anderen drei Elementen, bei denen man sich nie allzuweit von der physikalischen Realität zu entfernen brauchte – Erklärungen aus der Alltagserfahrung weitgehend fehlten (ein Beispiel: aufsteigender Rauch). Oresme kommt daher versuchsweise zu dem Schluß[42],

> »daß es weder absolut unmöglich ist noch einen Widerspruch bedeutet, daß solch ein Körper dort oben existieren sollte, obwohl das zur gegenwärtigen Zeit durch natürliches Vermögen nicht zustande gebracht werden kann.«

Oresmes Luftschiff ist weder eine Drohung noch eine Wohltat; es ist ein Gedankenexperiment. Denn ein Schiff von der Erde aus über die Luftregion zu befördern, hielt Oresme in seiner Zeit praktisch für unmöglich. Auf theoretischer Ebene jedoch gab es für ihn keinen Einwand gegen den Erfolg eines solchen Kunststücks für zukünftige Zeiten. Auch die Befürchtung, daß das Schiff durch die Nähe zur Feuerregion abbrennen könnte, teilte Oresme nach aristotelisch-platonischem Verständnis nicht, weil das sublunare Feuer im Gegensatz zum irdischen nicht als reale Flamme aufzufassen war, sondern als eine Art Reibungshitze, die durch die Berührung der Luft mit dem kreisbewegten Raum zustande kam[43]. Demnach wäre dieses Feuer nichts anderes als bewegte Luft.

Obwohl Nicole Oresme von menschlicher Fracht spricht, kann er sich einen bemannten Flug nicht vorstellen. Seine »Aeronauten« sind keine menschlichen Wesen, sie unterliegen nicht irdischen Bedingungen, sondern funktionieren im Rahmen natürlicher Kräfte: Keiner unter ihnen wollte ein neuer Gott sein wie der Magier Simon aus der Apostelgeschichte (8,9–13), keiner wollte den Himmel erobern wie der heidnische König Alexander mit seinem Greifenflug-Zeug, sie waren auch keine Hexen oder Heilige, keine Engel oder Dämonen, die sonst den mittelalterlichen Luftraum bevölkerten und zu diversen Flug-Debatten Anlaß gaben. Oresmes »Aeronauten« agieren in keiner Weise, denn natürliche Kräfte haben ihre eigenen Gesetze, sie funktionieren – und das ist sehr modern gedacht – von selbst.

Anmerkungen

1 Nach Bacon 1542, fol. 42 r.
2 Nach Bacon 1542, fol. 43 r.
3 Boschof 1969.
4 Pohlen 1974, 25, 85–96.
5 Agobard 1851, 148.
6 Grimm 1968, Bd. 1, 532.
7 Publius Vergilius Maro, Eclogae VIII, 99: »die gesäte Ernte einem anderen übertragen«; Albius Tibullus, Elegien I, 8.19: »Der Zauberer überträgt die Feldfrüchte von den benachbarten Äckern«. Siehe auch: Kieckhefer 1990, 41.

8 Zit. nach Augustinus 1955, 443.

9 *Dicta abbates Pirminii de singulis libris cannonnicis scarapsus* (Jecker 1927). Pirmin stammte vermutlich aus dem spanisch-südfranzösischen Raum, vielleicht auch aus Septimanien wie Agobard (Angenendt 1972, 13–22).

10 »Jeder Amtmann sehe zu, daß nicht Übeltäter ständig Saatgut unter der Erde oder andernorts verbergen können und dadurch die Ernte spärlicher ausfällt. Ebenso achte man darauf, daß solche Leute auch sonst keine Zaubereien begehen können« (Capitulare de villis 1971, Textband, 60; Übersetzung: 20).

11 Das unheimliche Wesen fliegender Schiffe hat der niederländische Maler Hieronymus Bosch (um 1450–1516) auf der Mitteltafel seines allegorischen Triptychons ›Die Versuchung des heiligen Antonius‹ (1505) eindrucksvoll dargestellt.

12 Dinzelbacher 1986.

13 Behringer/Ott-Koptschalijski 1991, 168 f.

14 Blauert 1989.

15 Agobard von Lyon 1851, 157: »Sie erfüllten das *canonicum*, wie sie es auch nannten, ihren Verteidigern, von welchen sie glaubten, vor dem Unwetter geschützt zu werden, freiwillig, indem sie der Teufel dazu verlockte, wobei ihnen niemand predigte, sie niemand ermahnte oder aufrüttelte.«

16 Hirzel 1909. In der Gesetzgebung der spanischen Westgoten findet sich die Bestimmung, daß die Prügelstrafe gegen betrügerische Wetterzauberer anzuwenden ist (Lex Visigothorum 1902, VI,24, S. 259).

17 Gervasius von Tilbury 1707, 881–1006; Liebrecht 1856, 1 f.

18 Meurger 1985.

19 Geoffroi de Vigeois 1584.

20 Todd 1848, 211 f.: »›Laß ihn gehen‹, sagte Congalach, und ihm wurde erlaubt aufzusteigen, und er eilte sodann hinweg, indem er in der Luft schwamm.«

21 Aristoteles 1985, Kapitel 18, 89

22 Ambrosius 1914, Kapitel 14, 202 f.: »eine [...] Verwandtschaft der Vögel und Fische besteht insofern, als die Flugbewegung eine Art Schwimmbewegung ist [...] Nicht mit Unrecht also ist, da beide Gattungen aus dem Wasser hervorgebracht wurden, auch beiden das Schwimmen eigentümlich.«

23 Albertus Magnus 1891, 296.

24 Codex Atlantico 66 r.b; zit. nach Leonardo da Vinci 1940, 309.

25 NB Wien, Cod. 5446, fol 1 r–62 r: eine 1364 abgefaßte Papierhandschrift für die Verwendung an der Stadt-Schule zu St. Stephan in Wien (s. auch: Das Werden eines neuen astronomischen Weltbildes 1973, Nr. 13; Allan 1950, 82–120).

26 Oresme 1968.

27 Das ist: Ibn Roschd (1126–1198).

28 Grabmann 1916, 175.

29 Von diesen Quaestiones sind zwei Handschriften in Erfurt erhalten: Hs Erfurt Ampl. Qu. 299, fol. 1 r–50 r, und Ampl. 325, fol. 57 r–90 v.

30 Thomas von Aquin 1844, 524 f.

31 Albert von Sachsen 1516, Buch 4, fol. 47 r.

32 Aristoteles 1985, Kap. 3, 70; s. auch Boffito 1920.
33 Aristoteles 1987, Buch 4, 174.
34 Moody/Clagett 1960.
35 Hoffmann 1907, 47.
36 Augustinus 1969, 237 f.
37 Oresme 1968, 401–403.
38 Aristoteles 1987, Buch 3, 144 ff.
39 Der Begriff »Gas« wurde erst von dem Chemiker Johann Baptista van Helmont (1579–1644) geprägt.
40 Heiberg 1913, 329.
41 Oresme 1968, 402.
42 Ebd.
43 Aristoteles 1987, Buch 2, 114.

Literatur

Agobard von Lyon 1851: Liber contra insulsam vulgi opinionem de grandine et tonitruis, in: Patrologiae cursus completus, series latina, hg. v. J. P. Migne, Bd. 104, Paris, 147–158.

Albert von Sachsen 1516: Questiones [...] in octo libros Physicorum Aristotelis, Paris (Ausg. von 1360).

Albertus Magnus 1891: De motibus animalium, in: B. Alberti Magni ratisbonensis episcopi, ordinis praedicatorum Opera Omnia, hg. v. A. Borgnet, Bd. 9, Paris.

Allan, D. J. 1950: Mediaeval Versions of Aristotle, De Caelo, and of the Commentary of Simplicius, in: Mediaeval and Renaissance Studies 2, 82–120.

Ambrosius 1914: Exameron, in: Des heiligen Kirchenlehrers Ambrosius v. Mailand ausgewählte Schriften, erstmals übers. v. J. E. Niederhuber (Bibliothek der Kirchenväter 1), Kempten/München.

Angenendt, A. 1972: Monachi peregrini. Studien zu Pirmin und den monastischen Vorstellungen des frühen Mittelalters (Münstersche Mittelalter-Schriften 6), München.

Aristoteles 1987: Vom Himmel, übers., hg. und mit neuen Vorbemerkungen versehen von O. Gigon, München, 10–180.

Aristoteles 1985: Über die Fortbewegung der Lebewesen, übers. und erl. von Jutta Kollesch, Berlin (= Aristoteles. Werke in deutscher Übersetzung, Band 17: Zoologische Schriften, Teil 3).

Augustinus 1955: Vom Gottesstaat, vollst. Ausgabe, eingel. und übertr. von W. Thimme, Bd. 1, Zürich.

Augustinus 1969: De genesi ad litteram, imperfectus liber, in: Patrologiae cursus completus, series latina, hg. v. J. P. Migne, Bd. 34, Turnholt, 220–246.

Bacon, R. 1542: De mirabili potestate artis et naturae [...] libellus, Paris.

Behringer, W./Ott-Koptschalijski, C. 1991: Der Traum vom Fliegen. Zwischen Mythos und Technik, Frankfurt a. M.

Blauert, A. 1989: Frühe Hexenverfolgungen. Ketzer-, Zauberei- und Hexenprozesse des 15. Jahrhunderts, Hamburg.

Boffito, G. 1920: La posizione di Aristotele nella storia dell'aeronautica, in: Rivista di filologia e di Istruzione classica 48, 258–266.
Boshof, E. 1969: Erzbischof Agobard von Lyon. Leben und Werk, Köln/Wien.
Capitulare de villis 1971: Cod. Guelf. 254 Helmst. der Herzog. August Bibliothek Wolfenbüttel, hg. und eingel. von C. Brühl (Dokumente zur deutschen Geschichte in Faksimiles I/1), Stuttgart.
Das Werden eines neuen astronomischen Weltbildes im Spiegel alter Handschriften und Druckwerke. Ausstellung zum 500. Geburtsjahr des Nicolaus Copernicus (Mai – Oktober 1973), hg. v. d. Österreichischen Akademie der Wissenschaften, Wien.
Dinzelbacher, P. 1986: The Ways to the Other World in Medieval Literature and Art, Folklore 97, 70–87.
Duhem, P. 1906–1913: Études sur Léonard de Vinci. Ceux qu'il a lus et ceux qui l'ont lu, 3 Bde., Paris.
Geoffroi de Vigeois 1584: Chronica Gaufredi coenobitae XL (1122), in: Nova bibliotheca manuscripta, hg. v. Philippe Labbe, Paris 1657, lib. II, 299–300.
Gervasius von Tilbury 1707: Gervasii Tilberiensis Otia Imperialia ad Ottonem IV. Imperatorem, in: Scriptores rerum Brunsvicensium I, hg. v. G.W. Leibniz, Hannover, 881–1006.
Grabmann, M. 1916: Forschungen über die lateinischen Aristoteles-Übersetzungen des 13. Jahrhunderts (Beiträge zur Geschichte der Philosophie des Mittelalters 17), Münster.
Grimm, J. 1968: Deutsche Mythologie, eingel. von L. Kretzenbacher, 3 Bde., Graz.
Hart, C. 1972: The Dream of Flight. Aeronautics from Classical Times to the Renaissance, New York.
Heidingsfelder, G. 1921: Albert von Sachsen. Sein Lebensgang und sein Kommentar zur nikomachischen Ethik des Aristoteles (Beiträge zur Geschichte der Philosophie des Mittelalters 22), Münster.
Heiberg, J. L. (Hg.) 1913: Archimedis opera omnia, Bd. 2 (De corporibus fluitantibus I), Leipzig.
Hirzel, R. 1909: Die Strafe der Steinigung (Abhandlungen der phil.-hist. Klasse der königlich-sächsischen Gesellschaft der Wissenschaften 27), Leipzig.
Hoffmann, I. 1907: Die Anschauungen der Kirchenväter über Meteorologie. Ein Beitrag zur Geschichte der Meteorologie (Münchner Geographische Studien 22), München.
Jecker, G. 1927: Die Heimat des hl. Pirmin, des Apostels der Alamannen (Beiträge zur Geschichte des alten Mönchtums und des Benediktinerordens 13), Münster.
Kieckhefer, R. 1990: Magic in the Middle Ages, Cambridge (deutsch: Magie im Mittelalter, München 1992).
Leonardo da Vinci 1940: Tagebücher und Aufzeichnungen. Nach den italienischen Handschriften übers. und hg. von Theodor Lücke, Leipzig.
Lex Visigothorum 1902: Monumenta Germaniae Historica, Leg. nat. Germ 1, 4, hg. v. K. Zeumer.

und hochmittelalterlichen Quellen aufscheint; doch auch hier nicht besonders häufig, denn üblicherweise ist die Fortbewegung der Visionäre nicht der Flug, sondern die Wanderung. Die Ekstatiker durchwandern steinige Regionen der Dunkelheit, durchziehen Feuerbrände, stapfen durch Schneefelder, durchqueren weite Heiden mit stechenden Dornen, überschreiten messerschmale Brücken, erklettern enge Leitern, lustwandeln in Paradiesesgärten und Himmelsstädten – aber die meisten von ihnen fliegen nicht. Ihre Reise durch das Jenseits ist in der Regel eine schwierige *queste*[8] zu einem bestimmten Ziel, die aber zu Fuß zurückgelegt wird, nicht zu Pferd, wie in den im Grunde ähnlich strukturierten weltlichen Abenteuerromanen[9].

Die Antike, auch die christliche, stellte sich oft vor, die Seele könne aus eigener Kraft zum Himmel aufsteigen, wozu ihr Flügel wüchsen[10] oder sie in einen Vogel verwandelt würde. Von diesem Motiv sind im Mittelalter nur sehr gelegentlich Spuren erhalten[11], wenn man von den in der Liturgie übernommenen Formulierungen aus der Zeit der Alten Kirche und einzelnen Reflexen speziell in der karolingischen Kunst absieht (Flügelseele im Stuttgarter Psalter, Vogelseele im Utrechter Psalter[12]). Wie die religiöse Literatur und die Kunst jedenfalls bis ins Hochmittelalter, aber in der Mehrzahl auch danach, von *auctoritates* abhängig blieb, so konnte auch der einzelne nicht ohne Leitung durch eine autoritative Person der anderen Welt in diese eingehen – ganz im Gegensatz zu den heutigen Erfahrungen der Reanimierten, die diesen Weg in der Regel allein gehen oder nur von verstorbenen Verwandten begleitet werden[13]. Die Jenseitspilger des Mittelalters wandern dagegen nahezu stets geleitet von einem Führer; wenn sie fliegen, dann mit Hilfe von Engeln. Der fränkische Abt Salvius formuliert es paradigmatisch so, daß er in seiner Vision »von zwei Engeln ergriffen und in die Himmelshöhen gehoben wurde«[14], um durch die Pforte des Lichts einzugehen und dann die paradiesischen Regionen zu durchwandern.

Ungewöhnlich ist also der »freie Flug« ohne die Führung eines Engels oder Heiligen. Ein in die Karolingerzeit datierendes Beispiel hierfür stellen die Träume dar, die eine Äbtissin von Gandersheim, Hathumoda (840–874), erlebte.

Abb. 14: Traum-Flug Kaiser Karls IV. mit Hilfe eines Engels: Illumination in der tschechischen Übersetzung der Autobiographie Karls, datiert auf 1472.

> »Sie sagte, oftmals habe sie den Eindruck gehabt, leichten Körpers geflogen zu sein und ohne Leib, wenn auch leiblich, auf wundersame und unaussprechliche Weise zugleich im Himmel und auf Erden geweilt zu haben. Denn in diesen Tagen sei sie wohl in die Luft entrafft worden und habe alle Bauten des Klosters offen gesehen. Und alles, was sich in den einzelnen befand oder vorging, sei ihren Augen ganz offen und durchschaubar gewesen«[15].

Wenn man nach einem Bericht sucht, der klar zum Ausdruck bringt, daß von einem mittelalterlichen Menschen der Beginn und das Ende des Ausleibigkeitsphänomens als ein Schweben durch die Luft erfahren wurden, ist die Schauung des schwerkranken fränkischen Mönches Barontus aus dem

Jahre 678 zu zitieren, zugleich der älteste eigenständig überlieferte mittelalterliche Text einer Jenseitsvision. Der Erzengel Raphael zieht die Seele des Barontus aus seinem Hals, die die Größe eines frisch geschlüpften Vögelchens hat, aber dann noch mit einem Luftkörper umgeben wird. Sogleich beginnt der Streit der Dämonen und der Engel um den Entleibten.

> Trotzdem »stiegen wir über dem Wald des Klosters in die Höhe. Plötzlich ertönte das Zeichen für die Vesper über der Kirche [...] In schnellem Flug kamen wir über das Milebek genannte Kloster [...] Und ich blickte zurück und sah das Kloster und die ganze Gemeinschaft, die die Vesper feierte [...] Dies, meine geliebtesten Brüder [es spricht nun anscheinend der Aufzeichner] müssen wir besonders und mit großer Scheu bewundern, daß die entraffte Seele in einem Augenblick zwischen zwei 12 Meilen auseinandergelegenen Klöstern transportiert wurde«[16].

Bald aber geht das Gefecht mit den Dämonen weiter, die schließlich, als die Engel den 50. Psalm anstimmen, »zur Erde stürzten und entschwanden« – *in terra ceciderunt et evanuerunt*. Nach dem Besuch von Paradiesfreuden und Höllenschrecken, die wir hier nicht nachzeichnen können, findet Barontus seinen Luftleib wieder.

> »Ich begann, mich über die Erde zu schleppen und zu meinem Leib zu eilen. Doch die unermeßliche Barmherzigkeit Gottes sandte einen Wind, der mich in die Höhe hob und in einem Augenblick bis zu dem Dach trug, unter dem mein Köper tot lag [...] Und wiederum wehte der Wind, und ich betrat durch den Mund meinen Leib«[17].

Eine eindrucksvolle Flugerfahrung schilderte vor 695 auch Baldarius, ein westgotischer Mönch:

> »Als ich also, sagte er, von schwerer Krankheit belastet leblos darniederlag, verließ, da die Nacht verging und die lichte Dämmerung anbrach, meine Seele den Leib. Sie wurde von

drei helleuchtenden Tauben empfangen, von denen eine über dem Haupt das Banner des Kreuzes Christi trug. Nachdem sie mich außerordentlich schnell entrafft hatten, durchdrangen wir die Höhe der Luft und wandten uns nach Osten, um im ersten Zwielicht über die Sterne des Himmels zu gelangen. Dort führten sie mich auf einen hohen Berg von wunderbarer Schönheit«[18].

Es handelt sich um den Himmelsberg, auf dem der Gottessohn thront. Dieser schickt den Visionär aber sogleich zurück; er darf jedoch nicht von den versengenden Sonnenstrahlen getroffen werden.

»Siehe, da erhob sich die Sonne vom Osten und eilte unter uns mit größter Geschwindigkeit dahin, strahlend in feuerbringendem Blitzen und leuchtend mit Strahlen von ungeheuerer Helle. Unvergleichbar war das geballte Rund ihres riesigen Bogens. Ihr voraus schwebte aber ein roter, riesengroßer Vogel, dessen obere Hinterseite dunkel gefärbt war. Mit vielfachem Flügelschlag und tosendem Rauschen kühlte er die Luft, die von der Hitze der Sonne glühte, eilte in schnellem Flug dahin und war vorbei. Da dieser erschrekkende Anblick verschwunden war, begannen wir den Heimweg. – Und mit dem ganzen Gesichtskreis des Geistes erblickten sie die ganze Welt, Meere und Flüsse, bunt mit ihren Stadtmauern, Kirchen, Bergfelsen und verschiedenen sehr schmucken Bauten, voller Menschen und unterschiedlichen Nationen. Während ich noch schaute, ging es plötzlich nach unten, und ich kehrte in den Körper zurück. Ich öffnete die Augen«[19].

Die ungewöhnlich eindringliche Präsenz der Sonnenhelle läßt sich möglicherweise mit dem Licht in heutigen Sterbeerfahrungen vergleichen, doch mag hier vielleicht einiges, so die Schilderung des Vogels Phönix, eher der Feder des Aufzeichners Valerius von Bierzo entsprungen sein.

Es gibt auch bei der berühmtesten Seherin des 12. Jahrhundert, der Benediktinerin Hildegard von Bingen, einen Passus, der das Erlebnis eines Fluges über der Erde anspricht.

»Meine Seele steigt, wie Gott will, in dieser Schau bis in die Höhe des Firmaments und die verschiedenen Sphären empor und hält sich bei verschiedenen Völkern auf, obgleich sie in fernen Gegenden und Orten weit von mir entfernt sind. Ich sehe dies aber nicht mit den äußeren Augen und höre es nicht mit den äußeren Ohren, auch nehme ich es nicht mit den Gedanken meines Herzens wahr noch durch irgend eine Vermittlung meiner fünf Sinne, vielmehr einzig in meiner Seele, mit offenen Augen, so daß ich niemals die Bewußtlosigkeit einer Ekstase erleide, sondern wachend schaue ich dies bei Tag und Nacht«[20].

Doch was die Prophetin dann in ihren großen Offenbarungswerken berichtet, sind kosmische Erscheinungen, die sich vor ihr entfalten, während sie ohne Verlust des Tagesbewußtseins in Ruhe sitzend schaut, kein Schweben über der Welt. So hat sie sich in den Illuminationen zu ihren Schauungen auch *unter* diesen in ihrer Zelle abbilden lassen.

Stellen wir diesen Quellen noch eine aus dem hohen Mittelalter an die Seite. Besonders beeindruckend sind in unserem Zusammenhang manche Gesichte der Alpais von Cudot (gest. 1211), einer gelähmten Frau bäuerlicher Herkunft. Sie wird oft in die Höhe entrafft, wobei sie den kosmischen Aufbau der Welt schaut: »Sie berichtet auch, daß sie in jener Entraffung die Welt in ihrer Ganzheit schaut, gestaltet wie ein runder Ball, und die Sonne, größer als die Erde, die Erde aber wie ein Ei in der Mitte hängend und allenthalben von Wassern umgeben«[21]. Diese Vorstellung vom Weltei entspricht durchaus auch gelehrter Ansicht und kommt aus antiker Tradition; Hildegard von Bingen und andere zeichnen so die Welt, besonders in ihrer Entstehung[22].

Alpais beschreibt, ebenfalls eine Seltenheit in der Visionsliteratur, u. a. auch das Weltgericht, das die Seherin über den Wolken schwebend miterlebt. Nachdem sie auf einer Feuersäule in den Himmel aufgestiegen war und seine Heerscharen bewundert hatte, »erblickte sie in der Ferne in einem sehr tiefen, dunklen Tal den aufschwellenden Erdball, und die Erde sah sie, als ob sie gänzlich erneuert wäre und ganz strahlend wie allerweißeste Kreide. Die Jungfrau betrachtete also, im Geist über die Höhe der Wolken erhoben, allenthalben das ganze Weltgebäude; sie sah gleichzeitig mitten im Firmament die Erde, die sich ihren Augen wie ein ganz niedriger Berg darbot und in ihrer Gänze betrachtet werden konnte«[23], ein Berg, von dem aus die Toten auferstehen, wie Alpais weiter beobachten kann.

Außer den eben zitierten sprechen jedoch wenige andere Visionen so deutlich von einem ekstatischen Flug. Vielleicht ist freilich auch dort bisweilen von einem Fliegen oder Schweben auszugehen, wo kein entsprechendes Wort im Text darauf hindeutet. In der Vision des dreizehnjährigen Engländers Orm (1125) wird der todkranke Junge vom Erzengel Michael geweckt: »Und sofort führte er mich über die Gestirne, und als ich ganz hoch in die Himmelshöhe erhoben wurde, siehe, da sah ich Sonne, Mond und Sterne weit unter mir liegen [...] Dann kamen wir zu den Himmelspforten«. Aber weiter heißt es ausdrücklich: »Hier *gehen* sie zur Hölle. Danach stieg mein genannter Führer, der Engel, vom Himmel und führte mich auf einer Schräge unter die Welt«[24]. So erscheint der Flug fortgesetzt durch die bekannte Wanderung.

Auch die in ihrer Authentizität etwas zweifelhafte Vision des Schulmeisters Johannes von Lüttich (gest. 1147), der exzeptionellerweise die Kosmologie der Himmelssphären beschreibt, berichtet nicht von einem Schweben, sondern formuliert: »Auf geradem Pfad schien also der Aufstieg zu gehen, bis er zu einem Sphärenkreis gelangte«, der sich als die Mondsphäre herausstellte[25].

Gelegentlich blieb auch die Erinnerung an den Seelenvogel oder den Vogel als Seelenträger wie im babylonischen Etana-Mythos[26]. Das Gesicht eines anonymen Mönches von Vaucelles gehört anscheinend zu jenen Visionen, die literarische Fiktionen darstellen, nicht Berichte von tatsächlichen Ausleibigkeitserlebnissen. Es diente zur Kritik am Verhalten seines Konvents während der Jahre 1195/96, als die Brüder sich gegen umherschweifende Räuberbanden bewaffneten. Während der Mönch inbrünstig betete,

> »siehe, da war eine Taube von wunderbarer Weiße, aber von viel größerer Gestalt als eine Taube. Diese also ließ

sich zwischen meinem Gesicht und dem Altar nieder, aber mehr auf der rechten, denn auf der linken Seite. Und als sie ihre linke Schwinge über meinen Kopf ausstreckte, bedeckte sie den Großteil meines Leibes mit ihren Federn. Ich aber umfaßte freudig ihren Hals mit dem rechten Arm und hatte den Eindruck, wunderbarerweise auf ihren Rücken gestiegen zu sein. Sie aber flog sogleich aus dem Glasfenster hinaus, das sich in der Mitte des Westgiebels befindet, und so schwebten wir, uns nach Osten wendend, in äußerst raschem Flug durch die Luft nach oben. Ich aber merkte genau auf, was geschah, blickte über den Hof hin und betrachtete neugierig auf der einen Seite die vor dem Hospiz sitzenden Pilger, auf der anderen die Holzarbeiter, die im Baumgarten werkten. Aber wir bewegten uns in solchem Saus, daß ich keine Einzelheiten erkennen konnte. Dabei schien mir plötzlich, die schon genannte Taube habe ein Menschenantlitz bekommen, aber nicht von menschlicher Schönheit, auch von keiner, die menschliche Rede beschreiben könnte. Auch schien ich von ihr schon nicht mehr so getragen zu werden, wie vorher, sondern eher daneben zu sitzen«[27].

Die Taube stellt sich als der Schutzengel des Visionärs heraus, der ihm nun die Strafstätten und das Himmlische Jerusalem zeigt. Der weitere Bewegungsmodus wird jedoch mit *transire, ducere, procedere, divertere* etc. ausgedrückt, also wieder Verben, die eher das Schreiten, denn das Fliegen betreffen. Erst bei der Rückreise scheint wieder das Moment des Schwebens impliziert, wenn der Mönch von oben die einzelnen Gebäude seiner Abtei und dann seinen leblosen Körper vor dem Altar erkennt, in den er widerwillig zurückkehrt[28].

Eine poetische Bearbeitung ekstatischen Erlebens stellt ein dem berühmten Geschichtstheologen Joachim von Fiore (gest. 1202) zugeschriebenes Alexandriner-Gedicht ›De gloria paradisi‹ dar. Hier kommt die Seele an die Jenseitsbrücke, von der die Sünder in die Tiefe des Unterweltstromes stürzen, ein verbreitetes Motiv[29].

»Glücklich aber, die sich selbst der Freuden der Welt berauben, sich eifrig von den Lockungen des Fleisches zurückhalten und sich selbst kreuzigen, wenn sie den natürlichen Lastern und Schändlichkeiten entfliehen. Nachdem sie die Federn des Lebens angetan, gehen diese sicher und schnell wie schwebende Adler über die enge Brücke in das Reich des Vaterlandes ein«[30].

Daß der Seele Flügel wachsen, ist wohl nicht nur aus der antiken Tradition der Psyché heraus zu verstehen, sondern auch aus der mehrfach belegten Vorstellung, die Menschen seien dazu von Gott erschaffen worden, den Chor der mit Luzifer gefallenen Engel zu ersetzen, was ihre Verwandlung in Engel nahelegt[31].

Ausführlich entwickelt und geradezu märchenhaft gestaltet ist die Konkretisierung der sonst meist metaphorischen Flügel der Seele in einer der Visionen aus der franziskanischen Tradition, wie sie die ›Fioretti di S. Francesco‹ bewahrt haben: Einer der von Franz bekehrten und für seine Gemeinschaft gewonnenen Räuber muß in einem Traumgesicht verschiedene Jenseitsstrafen erleiden, bis er von seinem Führer zur schmalen und schlüpfrigen Brücke über dem Strom voller Drachen, Schlangen und Skorpione gebracht wird. Mitten auf diesem gefährlichen Übergang fliegt der Engel jedoch plötzlich auf einen hohen Berg und läßt den Bruder allein. Verzweifelt beginnt dieser zu beten.

»Als er sein Gebet vollbracht, schienen ihm Flügel wachsen zu wollen: darob hocherfreut, erwartete er, daß sie wüchsen, um über die Brücke hinwegfliegen zu können [...] Aber da die Federn noch nicht so groß waren, stürzte er auf die Brücke und die Federn fielen ihm ab. So hielt er wieder die Brücke umklammert und empfahl sich wie zuerst Gott. Als er gebetet hatte, schienen ihm wiederum Flügel zu wachsen.«

Abermals endet der voreilige Flugversuch jedoch mit dem Sturz auf den Übergang. Erst nachdem er fast unendlich lange gewartet, »erhob er sich dieses dritte Mal mit all seiner Stärke und Kraft zum Flug, und flog so lange, daß er zu dem Platz gelangte, wohin der Engel geflogen war«[32], um dann endlich die Himmelspforte zu erreichen und von seinem Ordensvater eingelassen zu werden.

Schließlich sei noch das allegorische Traumgedicht ›Pélerinage Jhesucrist‹ von Guillaume Diguileville (14. Jh.) erwähnt, wo der Autor von Vögeln auf eine Bergspitze getragen wird, von der aus er die gesamte Welt zu betrachten vermag[33].

Wir haben hier nur den Aufstieg zum Himmel betrachtet. Was den Flug in die Unterwelt angeht, so sind es stets Dämonen in verschiedenen Gestalten, die die Seelen, sei es durch die Luft, sei es durch Vulkanschlünde, in die Tiefen schleppen. Nur sehr ausnahmsweise suchen die bösen Geister auch die Höhe auf, um einen Sünder von dort in den Höllenrachen zu stürzen, wie es um 1120 der englische Höfling Rahere erfuhr: ein Drache oder Greif hebt ihn *in loco eminentissimo*, unter dem der *puteus*, der Höllenrachen der Johannesapokalypse, droht[34]. Die Bekehrung Raheres läßt nicht auf sich warten.

Die Weltschau

Die oben zitierte Schauung der sel. Alpais konfrontierte uns mit einem in visionären und anderen Texten häufigen Motiv, der Schau der ganzen Welt. Hier oszillieren die Texte von der Beschreibung eines Fluges oder Schwebens über der Erdkugel oder -scheibe[35], einem Blick von einem hohen, aber festen Ort aus bis hin zur mystischen Bewußtseinserweiterung, bei der der Charismatiker die ganze Welt quasi in seinem Geist umfaßt.

Gottes Werk

Von den Konzeptionen des gegenwärtigen Christentums her gedacht, sollte man erwarten, daß die Weltschau primär dem Preis des Herrn als Schöpfer diente. Doch sind die mittelalterlichen Zeugnisse, die sich in diesem Sinn lesen lassen, deutlich seltener als jene, die eine pejorative Aussage mit dem Gesicht von der Erde verbinden. Doch zunächst einige Beispiele für die positive Tradition.

Bisweilen scheint das Motiv nur zur Komplettierung einer Gottesschau eingebracht worden zu sein. Aldegunde von Maubeuge (gest. 684) sieht mehrmals Christus, »der sozusagen mit Glanz die ganze Welt erhellt«[36]. Der schon erwähnte Mönch von Vaucelles schaut im Himmlischen Jerusalem einen Baum, auf dem zahlreiche Tauben sitzen, die Seelen der Geretteten. Solange sie dort weilen, »schauen sie alles deutlich, was sämtliche Reiche der Welt enthalten«[37]. Besonders freuen sie sich, nun den Fegefeuerqualen, die sie ja auch betrachten können, entronnen zu sein. Der elfjährige Blasius hat 1450 eine Jenseitsvision, wobei er neben der Trinität und den himmlischen Heerscharen im Herrn »alles erkannte, was oben im Himmel, unten auf Erden und darunter in der Hölle war«[38].

Es mag mit einer gewissen Tendenz der Franziskaner zur Verherrlichung der Schöpfung als Werk Gottes zusammenhängen – man denke an den Sonnengesang –, wenn es in diesem Orden Schauungen der Welt gibt, die vor allem die Größe des Herrn manifestieren sollen. Sehr deutlich drücken dies die ›Fioretti‹ aus: Johannes von Alvernia wurde eines Nachts so in Gott erhoben und entrafft, daß er im Schöpfer alle erschaffenen Dinge schaute, himmlische und irdische. Und klar erkannte er also, wie alles Geschaffene auf seinen Schöpfer verweist«[39]. Gott schuf und erhält alles.

Auch der berühmten Mystikerin Angela von Foligno (gest. 1309) aus dem Drittorden der Minderbrüder will Gott seine Macht und Fülle zeigen: »Ich schaute die Gesamtheit Gottes, in der ich die ganze Welt erfaßte, also jenseits und diesseits des Meeres, und den Abyssus und das Meer und alles [...] Es ist diese Welt schwanger von Gott! [...] Und er sprach: Jetzt habe ich dir etwas von meiner Macht gezeigt«[40].

Ähnliche Zeugnisse gibt es jedoch auch aus dem zweiten der großen Bettelorden. Die Dominikanerin Guta Jüngin im Kloster Weiler bei Eßlingen berichtete von einer Unio mystica: *da sahe sie dy pyldunge aller ding in got [. . .] Sie sah auch mit einer angesicht alle dy werlt und dauht sy, sie sehe ferren ein klein schifflein in vil waßern: also wer alle dise werlt gegen den großen gothait, mit der sie waz ümvangen*[41].

Die Mystikerin des Ordens, Katharina von Siena (gest. 1380), diktiert in Ekstase ihr Offenbarungsbuch, das die Belehrungen der Gottheit an ihre Seele enthält. Die Ambivalenz des die Welt in seinen Händen haltenden Gottes, der mit ihr machen kann, was er will, kommt in seinen Worten folgendermaßen zum Ausdruck: »Sie also [Katharina], aus Gehorsam das Auge zum Vater erhoben, sah in seiner geschlossenen Faust die gesamte, ganze Welt. Gott sagte: Meine Tochter, jetzt siehst und weißt du, daß mir niemand genommen werden kann, denn alle sind hier, sei es in meiner Gerechtigkeit oder in meiner Barmherzigkeit«[42].

Auch wenn im 14. Jahrhundert die Dominikanerin Adelheid Langmann visionär *all diss werlt* auf der Suche nach *dem scheppfer aller ding*[43] durchwandern muß, dann ist dies ein Reflex dieses Motivs. Elisabeth von Frauenberg, ihre Ordensschwester in Weiler bei Eßlingen, schaut vor ihrem Tode alle Geschöpfe in Gott[44].

Als nicht weiter ausgeführtes Motiv mit eher positiven Konnotationen kommt die Schau der schönen Welt noch öfter vor, z. B. in dem Werk Snorri Sturlusons über König Olav Haraldsson den Heiligen. Auf einem seiner Kriegszüge an der norwegisch-schwedischen Grenze reitet der Herrscher allein und ungewöhnlich in sich versunken:

> »›Zuerst erschien es mir, ich sähe über ganz Drontheim, dann über ganz Norwegen. Und je länger dieses Gesicht vor meinen Augen war, desto weiter schien ich zu sehen, bis ich über die ganze weite Welt hin sah, über Land und See. Gut erkannt ich die Orte, an denen ich früher gewesen war, einige sogar, von denen ich nur reden gehört hatte, und einige sah ich, von denen ich nie gehört, bewohnte und unbewohnte, in dieser weiten Welt.‹ Der Bischof antwortete, daß dies eine heilige Vision war, und sehr bemerkenswert«[45].

Ein späteres (literarisches) Beispiel wäre die allegorische Debatte ›Death and Liffe‹ (15. Jh.), wo von einem hohen Berg *all the world full of welth, winlye* [angenehm] *to behold*[46] zu sehen ist, etc.

Nichtigkeit der Welt

Benedikts Weltschau

In der umfangreicheren älteren monastischen Tradition sind Visionen dieses Inhalts dagegen negativ besetzt und haben eine klare Funktion im Rahmen der Contemptus-Mundi-Ideologie: sie führen die Verächtlichkeit des Irdischen vor Augen. Ein Text war hier normativ: die Vita des Mönchsvaters Benedikt im zweiten Buch der ›Dialogi‹ Papst Gregors d. Gr.[47] In der Nacht auf seinem Turm betend, erscheint Benedikt die Dunkelheit plötzlich von größter Helle vertrieben zu werden. »Eine sehr erstaunliche Sache folgte aber in diesem Schauen, denn, wie er selbst später erzählte, wurde ihm die gesamte Welt, wie in einem Sonnenstrahl gesammelt, vor Augen geführt [...] Er sah die Seele des Bischofs Germanus von Capua, wie sie in einem Feuerball von den Engeln in den Himmel getragen wurde«[48]. Benedikt ruft laut nach seinem Gefährten, der nun auch einen Lichtschein wahrnimmt. Ein Bote verifiziert später, daß Germanus genau zu diesem Zeitpunkt verstorben war.

Schon Gregor selbst, der nach Origenes, Hieronymus und Augustinus am meisten dazu getan hat, daß die Heilige Schrift nicht nach ihrem Literalsinn, sondern in allegorischer Auslegung gelesen werde, unterzieht diese Geschichte aber einer Deutung im Sinne seiner Vorstellung von Kontemplation (einen Vorgang auszudeuten heißt freilich weder, ihn zu erfinden, noch, ihn zu modifizieren!). Wem das göttliche Licht erscheint, so der Papst, dem wird alles Geschaffene eng, der »Schoß der inneren Seele« – *intimae mentis sinus*, wird geweitet, »und so sehr in Gott ausgedehnt, daß er sich über der Welt befindet [...] Was Wunder also, wenn er die Welt vor sich versammelt schaute, der, im Geisteslicht erhoben, außerhalb der

Welt war?« Nicht die Welt schrumpfte zusammen, sondern der Geist des Schauenden erweiterte sich, »der, in Gott entrafft, ohne Schwierigkeit alles sehen konnte, was unter Gott ist [. . .] Ein inneres Licht zeigte ihm, wie alles da unten so eng ist«[49]. Sicher legen Ausdrücke wie *superior existere mundo* und *sublevatus* ein Schweben über der Welt nahe, doch sieht Gregor dieses Phänomen nicht als Entraffung der Seele aus dem Körper, sondern als Bewußtseinsweitung des noch im Leib existierenden Begnadeten.

Diese Wundergeschichte hat erstaunlich zahlreiche Kommentatoren auf den Plan gerufen, vom 8. Jahrhundert bis zur Gegenwart. Während im Mittelalter die Theologen darüber debattierten, ob Benedikt hiermit schon die *visio beatifica* (endgültige Gottesschau im Himmel) zuteil geworden sei[50], und eschatologische Texte sie als Beweis dafür zitierten, daß die in der Glorie Befindlichen sowohl die Erde als auch die Seligen als auch die Verdammten vor Augen hätten[51], versuchen neuzeitliche Philologen, die Weltschau des Heiligen als literarische Erfindung Gregors zu erweisen. Dazu wird eine lange Reihe möglicher Vorbilder bemüht[52], vor allem das ›Somnium Scipionis‹ Ciceros und Boethius' ›Consolatio Philosophiae‹ (2, pr. 7) – zwei Texte, die einem völlig anderen literarischen Genus angehören. Ist man sich der Häufigkeit solcher Lichtphänome in unabhängigen Zeugnissen von und über charismatisch begabte Menschen bewußt, wie sie die Religionsphänomenologie und -psychologie sammelt[53], wird eine literarische Umwandlung philosophisch-kosmologischer Motive in hagiographisch-mirakulöse recht unwahrscheinlich.

Unseres Erachtens handelt es sich bei diesen Interpretationen um geradezu klassische Beispiele philologischer Hineindeutung, die sich Texte nur aufgrund von Textrezeption generiert vorstellen kann. Nicht wenige Literaturwissenschaftler gehen ja bei ähnlichen Szenen *prinzipiell* von literarischer Entlehnung aus, ohne zu bedenken, daß ähnliche Situationen im Leben zu ähnlichen Schilderungen führen können und daß gerade im Mittelalter ähnliche faktische Situationen auch deswegen mit ähnlichen sprachlichen Mitteln geschildert wurden, da die verschiedenen Autoren sich derselben Reminiszenzen aus Bibel, antiken Autoritäten und Kirchenvätern bedienten[54].

Gregors Bericht ist u. E. viel anspruchsloser als seine Ausleger wollen. Die Szene ist ein konkretes Erlebnis Benedikts, einer der vielen Beweise seiner Heiligkeit, und ihr Kern ist nicht die Weltschau, sondern die Auffahrt eines Gerechten in den Himmel; in diesem Sinn, als Beweis dafür, daß es möglich ist, solches zu schauen, zitiert er sie nochmals im 4. Buch seines Werkes[55]. Die Weltschau im Himmelslicht ist nur der Hintergrund zum Jenseitsflug des heiligen Bischofs. Die konkrete Situierung und die Reaktion Benedikts, seinen Gefährten zu rufen, der ja auch das verglimmende Licht wahrnehmen kann, zeigen, daß es sich um eine der Erscheinungen einer zum Himmel auffahrenden Seele handelt, wie sie in der christlichen Hagiographie zu Tausenden figurieren[56]. Aus drei Gründen hat man die Geschichte Gregor erzählt und hat er sie aufgeschrieben: weil es sich um ein Wunder handelte, das eo ipso einen religionspropagandistischen Wert, aber auch einen Unterhaltungswert besaß, weil es die Heiligkeit Benedikts unterstrich, der dies zu schauen verdiente, und weil es schließlich die Heiligkeit des Amtsgenossen Germanus bewies.

Die monastische Tradition

Auf Benedikts Spuren wandelt der Abt Sunniulf von Randan (6. Jh.), wenn er, von den Engeln in die Höhe gehoben, »nicht nur dieses schmutzige Erdenleben, sondern auch die Sonne, den Mond, die Wolken und die Gestirne unter den Füßen haben konnte«[57]; *squalidum saeculum* ist ein überaus sprechender Ausdruck für die Einstellung des Mönches der Welt gegenüber. Auch dem hl. Maedoc (Aidan) von Ferns (gest. 626) wird eine Schau der ganzen Welt zugeschrieben[58]. Von einem Berg aus betrachtet der Abt Benedikt II. von Toulouse (1066–1091) im Traum die ganze Welt[59], und im Schlafe klettert auch Anselm von Aosta, der spätere berühmte Anselm von Canterbury, den Himmelsberg hinan[60].

Auch eine Vision der englischen Heiligen Christine von Markyate (gest. 1161?) läßt sich kaum anders als in dieser Tradition interpretieren: Sie wird im Gebet plötzlich vor die Himmelskönigin entrafft und verehrt diese mit einem Kniefall.

»Mit einem Blick sah sie die unermeßliche Welt. Doch vor allem schaute sie auf die Zelle und die Kapelle des Roger hin«[61]. Diese allein erbittet sie als Behausung für ihr Reklusendasein, was ihr auch gewährt wird. Christine zeigt durch ihren Wunsch, daß sie die ganze weite Welt verachtet, um die Nachfolgerin jenes heiligen Mannes in seiner Klause werden zu können.

Ein weiteres deutliches Beispiel, wie solche Phänomene von denen, die sie erlebten, und denen, die sie berichteten, verstanden wurden, bietet eine der Traumvisionen des Missionars Anskar von Bremen (gest. 865). »Er sah sich wie in den Himmel hinauf entrafft und wie das ganze Erdenleben so wie in einem furchtbar häßlichen Tal daliege.« Nur wenige Seelen können daraus mit Hilfe der Engel aufsteigen. Anskar wird dort auch einer Art von Samen gewahr, aus dem das Menschengeschlecht stammt, »aus verachtenswertem Ursprung im Tal der Tränen«[62].

Auch die Zisterzienserin Beatrix von Tienen (1200–1268) erlebt Ähnliches. Man sieht, wie die von Gregor geprägte Wertung auch im benediktinischen Zweigorden weiter gilt. Über einen Text Bernhards von Clairvaux meditierend und »auf einmal in die Ekstase entrafft, sah sie das ganze Weltgebäude in Form eines Rades oder einer Kugel ihr zu Füßen gelegt, und darüber den ewigen und wahren Gott. Sie war also so sehr passend zwischen Gott und Mensch gesetzt: damit sie, natürlich tiefer als Gott, aber höher als alle Welt, alles Irdische unter ihre Füße getreten verachte«[63]. Darauf folgt die Unio mystica.

Ein Reflex dieser Einschätzung findet sich auch bei der Wiener Begine Agnes Blannbekin (gest. 1315). In einer ihrer zahlreichen Visionen »sah sie unten die Erde, alle Weltteile, das Zentrum der Erde und die Umgebung weitesthin. Und die Erde war rund nach Art einer Kugel, und in Hinsicht auf die Umgebung schien die Erde kaum gleich einem Apfel in der Größe, und sie schien dunkel und nicht angenehm anzusehen, sondern eher geringzuschätzen im Vergleich zu der Helligkeit der Umgebung«[64].

Sogar einer so positiv denkenden Mystikerin wie Juliane von Norwich (um 1400) ist die Welt verächtlich, ein Nichts:

Abb. 15: Giovanni di Paolo, Illumination zum 10. Gesang des ›Paradiso‹ der ›Divina Commedia‹ Dantes, um 1445.

»Er zeigte mir ein kleines Ding, so groß wie eine in meine Hand gelegte Haselnuß, und nach meinem Verständnis war sie rund wie irgendein Ball [. . .] ›Es ist alles Erschaffene.‹ Ich war erstaunt, wie es Bestand haben könne, denn mir schien, aufgrund seiner Geringheit könne es plötzlich in Nichts vergehen. Und in meinem Verstand erhielt ich die Antwort: ›Es bleibt, und zwar auf immer, denn Gott liebt es‹«[65]. Aber trotzdem: was ist das nichtige Geschaffene im Vergleich zum Ungeschaffenen, dem allein der kontemplative Sinn zustreben muß?

»Mag die Haselnuß auch von Gott geschaffen, von Gott geliebt und von Gott bewahrt sein – in der Begegnung der Seele mit Gott stört sie«[66].

Auch Dante hat in seiner Summe der Jenseitsgesichte den Blick auf die Nichtigkeit der Welt nicht vergessen, mag er sich nun mehr von der visionären Tradition angeregt gefühlt haben oder mehr von der antik-philosophischen. Im 22. Gesang des ›Paradiso‹ wird der Dichter blitzschnell zum Fixsternhimmel emporgehoben:

»Und ich schaute diesen Globus so,
daß ich über sein nichtiges Aussehen lächelte;
und jenen Rat halte ich für besser,
der sie geringer schätzt«[67].

Sündhaftigkeit der Welt

Eine Reihe von ähnlichen Gesichten wird auch in verwandtem Sinn auf die Sündhaftigkeit der Welt bezogen. Hier könnte man bereits eine Stelle in Jonas Vita des hl. Columban von Hy (gest. 597) erwähnen, nach der der irische Missionar einen Engel vor sich sieht, der ihm »in geringem Ausmaß, wie man den Erdkeis in Handschriften darzustellen pflegt, den Weltbau zeigte«[68]. Alles erscheint hier verlassen – also nicht christianisiert und damit sündig –, was der Heilige auf seine künftige Missionstätigkeit bezieht.

Auch sein adeliger Landsmann, der Klostergründer Furseus (gest. 649), blickt, schwerkrank, in seiner Entrückung auf die Welt hinab, nur um sie von den Feuern der verschiedenen

Laster in Flammen stehen zu sehen. Diese Vision sei auch als Beispiel dafür zitiert, daß in den frühmittelalterlichen Aufzeichnungen von Sterbeerfahrungen beim Aufstieg in den Himmel nicht selten ein Luftkampf der guten gegen die bösen Mächte um die Seele statthat, den regelmäßig erstere gewinnen[69]:

»Die Engel erhoben ihn; nichts sah er vom Dach oder vom Haus, aber er hörte das Heulen und Rufen der Dämonen. Und als er mitten durch sie hindurchging, hörte er einen von ihnen sagen: ›Wenden wir uns nach vorne und beginnen wir vor seinem Antlitz den Kampf!‹ Da sah er, wie sich eine schwarze Wolke auf der linken Seite ballte und sich vor seinem Antlitz eine Schlachtreihe aufbaute. Die Leiber der Dämonen aber, soweit sie seiner Seele erscheinen konnten, waren voller Verzerrung und Schwärze, mit langgezogenem Hals, von Magerkeit verzogen und mit jedem Schrecken behaftet, wobei der Kopf wie ein eherner Kessel anschwoll. Wenn sie aber flogen oder wenn sie kämpften, konnte er keine Körpergestalt außer einem schrecklichen und flüchtigen Schatten sehen«[70].

Nach dem Kampf wird Furseus aufgefordert, auf die Erde hinabzublicken, sie ist in Rauch und Flammen gehüllt. Es sind die Feuer, die die Welt in Brand stecken. Es handelt sich um die Sünden der Lüge, Begierde, Zwietracht und Unbarmherzigkeit, die sogar nach dem Heiligen greifen.

Die genannte Alpais von Cudot »betrachtete, über das ganze Weltgebäude erhoben, alle Gegenden der Erde ringsum und was es darin gab; denn wer den Schöpfer schaut, dem ist alle Kreatur eng« (eine Anspielung auf den Text der Benedictus-Vision bei Gregor)[71], wobei sie in jeder Stadt und jedem Ort weit und breit über dem ganzen Erdkreis Teufel wohnen sieht, mit denen die Menschen in einem ewigen Kampf stehen. Alpais schaut allerdings auch bei anderer Gelegenheit aus der Höhe die ganze Welt, um den Kommunionempfang zu Ostern in allen Kirchen zu betrachten[72]; ähnlich auch im 13. Jahrhundert Gerardesca von Pisa[73].

Die Prämonstratenserin Christine von Hane, gen. von Retters (gest. 1292), berichtet (wie besonders auch ihre Zeitgenossin Agnes Blannbekin) Schauungen, die sie über den Gnadenstand der Menschen informieren. Dabei *sach sie geistlichyn myt den augen der selen eyn gar wonderliche suberliche roiße. Die was also breyt, als alle ertrich; yn der roßen sach sie alle die gantze werelt vnd alle, die yn der werelt waren vnd alle ordenung vnd alle, die yn allen orden waren, vnd sie gewanne gar eyn groiße betroppenyß vber alle, die yn doitsunden waren*[74].

Sünde beherrscht auch nach der Kirchenlehrerin Katharina von Siena die Erde. Gott spricht zu ihr: »Ich habe dich also über dich erhoben aus heiligem Sehen und Erhebung des Geistes und dir die Welt in ihrer Gesamtheit gezeigt. Und praktisch in jeder Art von Menschen hast du diese abscheuliche Sünde [widernatürliche Unzucht] gesehen«[75].

Ähnliche Schauungen scheinen immer wieder aufzutauchen; so hat der Schweizer Nationalheilige Nikolaus von Flüe (gest. 1487) ein Gesicht, bei dem er den heimatlichen Pilatusberg versinken sieht und die ganze Welt vor ihm offen daliegt – um ihm alle ihre Sünden zu zeigen: *Der Pilatusberg gieng nider uff das ertricht und eroffnet sich die ganz welt*[76].

Gelegentlich wird auch die der Sündhaftigkeit folgende Bestrafung gezeigt, so wenn die hl. Elisabeth von Schönau (gest. 1164) berichtet: »Und siehe, ein Engel des Herrn kam und erhob mich in die Höhe, so daß ich alle Regionen der Erde erblickte. Und ich sah etwas wie Feuerpfeile mit Haken aus allen Teilen des Himmels auf die Erde stürzen«[77]. Die Pfeile bezeichnen den Zorn Gottes, ein alttestamentliches, aber im späteren Mittelalter besonders zu Pestzeiten häufiges Motiv[78].

Ähnlich sieht auch die sel. Gerardesca von Pisa das Gericht: »die Himmel taten sich auf, und Feuer fiel aus ihnen, das die ganze Erdoberfläche zu verzehren schien, wie es beim Weltende geschieht«[79].

Im Spätmittelalter verwendet man das Motiv der Sicht der ganzen Welt dann gelegentlich in zeitkritischer Funktion. In einer Version von Langlands Allegorie Piers Plowman schaut der Träumer *al the welthe of this worlde and the woo bothe*[80], wobei es dem Dichter primär um das Leid der Armut geht[81].

Zur Tradition der Weltschau

Es ist meines Erachtens zur Erklärung dieses Motivs unnötig, die ganze antike Tradition seit Platons Phaidon 59 (110 b) aufzurollen, die wissenschaftliche Erdbeschreibungen – »von oben gesehen« – gibt, oder das hellenistische Motiv von der Apotheose zu den Sternen, das im Westen vor allem durch das ›Somnium Scipionis‹ bekannt war, oder die platonische Konzeption der in Gott ruhenden Ideen, von denen sich alle irdischen Dinge ableiten. Besonders Courcelle hat längst viele Beispiele für den philosophisch-metaphorischen Gebrauch der Weltschau gesammelt[82]. Auch sonst wurde das Motiv bereits im Altertum eingesetzt (Lukians Wolkenschiffer in den ›Wahren Geschichten‹ etwa sehen am achten Tag auch eine runde Erdinsel unter sich, etc.). Antike Traditionen konnten zwar in das Allgemeinwissen des Mittelalters eingehen, wie die kosmologischen Vorstellungen der Alpais zeigten, aber bei den erlebten Visionen kaum als literarische Zitate, sondern als Elemente des zeittypischen Weltbildes. Auch das häufig in der antiken und frühchristlichen Philosophie gebrauchte Bild vom hypothetischen Flug des Geistes durch das Universum[83] gehört in den Bereich der bewußt konstruierten Imagination, nicht in den des religiösen Erlebens. Ich zitiere dafür nur ein Beispiel aus einem Brief des Hieronymus: »Oh, könnten wir doch eine solche Warte besteigen, von der aus wir die ganze Welt unter unseren Füßen erkennen könnten!«[84]

Wichtiger für die eschatologischen Vorstellungen des Mittelalters wurden die jüdischen Apokryphen, die etwa seit der Zeitenwende in sehr großer Zahl umliefen, ohne daß wir in den meisten Fällen ihre Verbreitung im lateinischen Westen genauer dokumentieren könnten. Von ihnen waren besonders die Apokalypsen ob ihrer teils leiblichen teils seelischen Himmelsaufstiege und Jenseitsschilderungen[85] geeignet, in visionärer Konfabulation auch die Gesichte mittelalterlicher Christen mitzuprägen.

In der Apokalypse des Abraham werden dem Patriarchen nicht nur die verschiedenen Firmamente gezeigt, sondern auch die Welt: »Ich schau hinab und seh sechs Himmel, und alles, was darin, daselbst die Erde auch und ihre Früchte und alles, was sich darauf bewegte.« Menschen und Tiere, Pflanzen und Landschaften, alles, ja selbst Vergangenheit und Zukunft, eröffnet sich dem Schauenden[86]. Im Testament des Abraham ruft der Patriarch, als er die Sünden der Welt sieht, Gott so unbarmherzig zur Rache auf, daß dieser seine Schau oder Reise durch die Schöpfung abbricht[87]. Ähnlich wird Baruch verkündet: »Besteig den Gipfel dieses Berges, und alle Länder dieser Erde sollen an dir vorüberziehen, die Form des Erdkreises, der Berge Spitzen, der Täler Gründe, des Meeres Tiefen«[88]. Wie ein Wassertropfen erscheint die Welt dem vom Engel in die Höhe Geführten in der Apokalypse des Zephania[89].

Auf solchen Texten baut auch die Paulus-Vision auf, die speziell im monastischen Bereich schon im Frühmittelalter große Verbreitung erlangte[90]. In der dem griechischen Original nahestehenden langen lateinischen Version heißt es: »Und ich blickte vom Himmel auf die Erde und sah die ganze Welt, und sie war wie nichts in meinen Augen. Und ich sah die Menschensöhne, als ob sie nichts wären und dahinschwänden. Und verwundert sagte ich zu dem Engel: Dies ist die Größe der Menschen? Und der Engel antwortete mir und sagte: So ist es«[91]. Dieser apokalyptische Text hat gewiß wesentlich mehr zur Tradition weltverachtender Visionen der Erde im Mittelalter beigetragen als Cicero oder Boethius.

Profane Versionen

Schließlich sei noch darauf hingewiesen, daß so, wie das Genus der erlebten Jenseitsvisionen seit dem 12. Jahrhundert Vorbild für rein allegorische Konstrukte wurde, deren berühmtestes Werk die ›Divina Commedia‹ ist[92], so auch das Motiv von Himmelsflug und Weltschau in profane Texte übernommen wurde (z. B. bei Alanus ab Insulis, Anticlaudianus). Es dient hier didaktischen Intentionen. Inwieweit manche dieser Texte auch von der antiken philosophischen Tradition angeregt sind, soll hier nicht näher untersucht werden; nur einige Beispiele sollen diesen Überlieferungszweig illustrieren.

Der unvollendete ›Tesoretto‹ Brunetto Latinis (gest. 1294)

endet c. XXII damit, daß sich der Dichter auf seinem Ritt auf dem Gipfel des Olymps findet. »Daß ich die ganze Welt schaute, so wie sie rund ist, und alles Land und Meer, und das Feuer über der Luft«[93]. Das Motiv wird jedoch nicht weitergeführt, sondern Brunetto wendet sich nun einem bärtigen Alten, Ptolomäus, zu, von dem weitere kosmologische Erläuterungen zu erwarten gewesen wären, wenn er diese Dichtung vollendet hätte.

Auch Chaucer hat sich des Motivs bedient, das er um 1380 in sein ganz antike Themen wiederholendes ›Hous of Fame‹ einführte: Von einem Adler im Traum in die Höhe getragen, findet sich der Dichter

> flowen fro the grounde so hye,
> That al the world, as to myn ye (Auge),
> no more semed than a prikke (Punkt);
> Or elles was the air so thikke
> That I ne mighte not discerne[94].

Der geschwätzige Vogel rühmt die Höhe des Flugs, die von Alexander, Scipio und Daedalus nur halb erreicht worden sei[95]. Indem Chaucer dann Platon und Boethius (von dessen ›Consolatio‹ er bekanntlich eine Übersetzung herstellte) zitiert, wird klar, daß der Adler eine Personifikation des philosophischen Denkens ist[96], das den Menschen zum Himmel erhebt. Das unvollendete Gedicht führt uns noch in den Palast der Fama; wahrscheinlich wäre anschließend eine Liebeslehre zu erwarten gewesen.

Der mystische Flug

Wie bemerkt, sind Flugvisionen im mystischen Erlebnisschrifttum des Mittelalters recht selten. Öfter dagegen ist vom körperlichen Flug der Mystiker oder Mystikerinnen[97] die Rede, der Levitation[98]. Dabei haben die Charismatiker das Gefühl, über dem Boden zu schweben – ein subjektiver Eindruck, der nicht unbedingt ein tatsächliches körperliches Schweben beweist. Nicht selten wird dieses Phänomen jedoch auch nicht von ihnen selbst mitgeteilt, sondern von außenstehenden Zeugen beobachtet. Einige der neuzeitlichen Berichte sind quellenkritisch praktisch unangreifbar, so daß hier von extrem seltenen, aber faktischen parapsychischen Vorgängen auszugehen sein wird.

Aus dem Mittelalter besonders bekannt ist das ekstatische Schweben des Franziskus von Assisi, obschon es sich hier nur um legendäre Überlieferung handeln dürfte[99]. Eines von zahlreichen Beispielen für die Levitation aus Kenntnis einer Augenzeugin bietet die provenzalische Vita der sel. Douceline von Digne (gest. 1274). Sie »blieb in ihren Entraffungen bisweilen ohne Unterstützung in der Luft hängen, berührte mit dem Fuß nicht die Erde, außer mit den großen Zehen [...], daß zwischen ihr und der Erde gut eine Handbreit Abstand war und daß man ihr [...] die Fußsohlen küssen konnte.« Einmal sah sie ein gewisser Raimon de Puy aus Marseille in dieser Erhebung: »Dieser Bürger kniete sich in großer Verehrung nieder und maß mit eigener Hand den Abstand vom Boden und fand, daß er gut eine Handbreit betrug. Mit großem Glauben legte er sein schmerzendes Haupt ganz unter ihre heiligen Füße und küßte sie mit großer Verehrung. Und von da ab hatte er kein Kopfweh mehr«[100].

Von der sel. Agnes von Böhmen (gest. ca. 1282) wird berichtet, daß sie an einem Himmelfahrtstag beim Gebet durch die Luft aus dem Garten entschwebt sei, um erst nach einer Stunde mit freudestrahlendem Antlitz wiederzukehren[101]. Auch aus den deutschen Dominikanerinnenklöstern des späten Mittelalters werden viele Fälle schwebender Nonnen vermeldet[102]. Um nur ein Beispiel anzuführen: Elsbeth von Beggenhofen im Kloster Oetenbach bei Zürich, eine oft mystisch verzückte Schwester, *ward auch dick* [sehr] *in ir andacht von ir großen begird, die si zu got het, auf erhaben, daß si swebet in den lüften verr ob der erden und flog zwirent* [zwei Mal] *als ein vogel hoch über alle swestern* [...] *Und so si denn also von dem ertrich auf gezogen ward, so was si in großen sorgen, daß man si also sehe und pat got, daß er si wider auf das ertrich ließe*[103].

Katharina von Siena entwickelte sogar eine Theorie der Levitation, die sie als durch die vollkommene Vereinigung der Seele mit Gott verursacht erklärt, die viel mehr »Anziehungskraft« besitze als die Vereinigung der Seele mit ihrem Leib[104].

Die berühmtesten fliegenden Heiligen gehören allerdings erst der Neuzeit an. Augenzeugenberichte ebenso wie ihre eigenen Aufzeichnungen verbürgen bei der hl. Teresa von Avila die Authentizität des Phänomens. »In der Ekstase«, schrieb sie, »wird mein Körper so leicht, daß er kein Gewicht mehr besitzt, so daß ich bisweilen spüre, daß meine Füße nicht mehr die Erde berühren.« Oftmals wehrte sie sich gegen diese ihr auferlegte Flugerfahrung, aber der Zug nach oben erwies sich als stärker[105]. Joseph von Copertino[106], Franz Suarez oder Gemma Galgani wären andere ob dieser Fähigkeit bekannte Katholiken.

Die Levitation wie auch einige ekstatische Visionen der Heiligen erinnern, wie so vieles andere[107], an den Flug der Hexen durch die Lüfte; es handelt sich hier im Prinzip um dasselbe Phänomen – das eine Mal systemkonform und das andere Mal systemkonträr. Daß die Unholde und Unholdinnen fliegen konnten, war ein weitverbreiteter Glaube[108]. In der christlichen Tradition wußte man das gleiche unter anderem aus den apokryphen Petrusakten. Danach hätte der Magier Simon den Apostelfürsten zu einem Wettkampf herausgefordert und sich im Flug zum Himmel erhoben. Petrus aber betete ihn schnell herab, und der Konkurrent blieb infolge des Sturzes auf dem Erdboden mit zerbrochenem Schenkel liegen[109]. Der Verfasser des ›Hexenhammers‹ legt großen Wert darauf zu erklären, daß die Ausfahrt der Unholdinnen, auch wenn sie sich einer Salbe bedienten, eigentlich durch die Macht ihrer »Gottheit«, d. h. des Teufels, bewirkt werde[110] – wie umgekehrt die Erhebung der Heiligen immer der Macht Gottes zugeschrieben wird. Die Hexe Matteuccia di Francesco z. B. mußte 1428 bekennen, oft und oft den Sabbat beim verrufenen Nußbaum von Benevent aufgesucht zu haben, nachdem sie sich mit einer Salbe aus Kinder- und Eulenblut bestrichen hatte. In ihrer Prozeßakte ist auch der zugehörige Zauberspruch überliefert:

Unguento, unguento,
mandame a la noce di Beniuento,
supra acque et supra ad uento
et supra ad omne maltempo[111].

Und sofort erschien ein Dämon in Ziegenform und brachte sie wie der Blitz zum Versammlungsort. Wenn von Johanna von Orléans bemerkt wird, sie sei von einem hohen Turm herabgesprungen, ohne sich zu verletzen[112], so schwingt hier wohl die Hexenfluganschuldigung mit – faktisch wollte sich die Gefangene mit diesem Sprung nur vor der Auslieferung an die Engländer retten und verletzte sich dabei.

Genauso wie in der mystischen Ekstase der Leib der Heiligen ist auch der zurückbleibende Körper der Hexen bei der Ausfahrt empfindungslos. Eine grundlegende Differenz besteht jedoch darin, daß aus den Quellen meines Wissens überhaupt keine Berichte bekannt sind, die darauf schließen ließen, daß die Ekstatikerinnen je hypnogene Drogen verwendet hätten. Im Bereich des Hexenwesens ist dagegen die Verwendung von Salben zur Erzeugung der Flugempfindung sehr wohl belegbar; wir kennen sogar teilweise ihre Zusammensetzung, und es gibt Experimente, die ihre halluzinogene Wirkung bestätigen[113]. Schon der spanische Humanist Pedro de Valencia diskutierte 1611, inwieweit die Sabbat-Erlebnisse real und inwieweit sie durch Halluzinogene hervorgerufene Traumvisionen sein mochten[114]. Doch muß die von so gut wie allen Mystikerinnen exzessiv praktizierte Askese analoge biochemische Wirkungen produziert haben: Schlafentzug, Fasten, Selbstverletzung können halluzinogene Phänomene auslösen; dazu kam die oft ununterbrochene Meditation[115].

Die angesprochene Ambivalenz wurde wenigstens von einem frühen Autor bemerkt, nämlich von Gianfrancesco Pico della Mirandola. Er schreibt 1502, daß die Hexen weite Strekken von den bösen Geistern zum Sabbat getragen werden, so wie in der Antike manche Philosophen (Pythagoras, Empedokles). Was die Dämonen können, können natürlich die guten Engel schon lange: Deshalb werden die heiligen Frauen genauso über lange Strecken von ihren Schutzengeln getragen. Ebenso können sie »mit dem Geist umherschweifen, während ihr

Abb. 16: Der Franziskanermönch Joseph Desa von Copertino im Zustand der Levitation: Kupferstich, 1753.

Körper unbeweglich bleibt«, wobei er besonders auf Osanna von Mantua verweist[116]. Katharina von Racconigi bringt nach demselben Autor sogar Kreuzreliquien aus Jerusalem, die

23 *prospexit a longe in profundissima quadam et obscura valle globum terrae intumescentem, viditque terram quasi totam renovatam et ad similitudinem cretae candissimae totam candescentem. Virgo quippe supra altitudinem nubium in spiritu elevata, totam mundi machinam undique circumspiciebat; videbat terram simul in medio firmamenti, quae quasi mons quidam parvissimus ejus oculis se totam circumspiciendam offerebat* – Vita 2, 6, Blanchon (Hg.), 119 f. Ähnlich Vita, Append. 2, ebd.; 210.

24 *Et repente super sydera perduxit me, et cum elevarer in nimiam celi altitudinem, ecce solem et lunam et stellas a longe positas subtus me vidi [...] Venimus itaque ad portas celi [...] Hic* e u n t *ad infernum. Post hec predictus angelus ductor meus [...] descendit de celo et duxit me in oblico subtus mundum* – H. Farmer (Hg.), The Vision of Orm, in: Analecta Bollandiana 75 (1957), 72–82, 78 f.

25 *Directo ergo tramite sursum videbatur ascensus esse, donec ad circulum pervenit* – PL (= J. P. Migne [Hg.], Patrologiae cursus completus, series latina, Paris 1844 ff.) 180, 180A.

26 G. Looke, The Earth from the eight Heaven, in: Journals of Theological Studies 34 (1933), 347–350.

27 *ecce columba candoris mirifici, set multum maioris corpulentie quam columba! Hec itaque astitit inter meam faciem et altare, magis tamen a parte dextra quam sinistra. Cumque sinistram alam super capud meum extenderet, pennis suis magnam partem corporis mei protegebat. Ego siquidem collum ipsius delectabiliter amplexatus dextro bracchio, michi visus sum mirabiliter super dorsum eius ascendisse. Illa vero statim egressa est per fenestram vitream, que media est in pinnaculo ecclesie, que respicit occidentem, et ita ferebamur revertentes versus orientem, velocitate nimia per aerem ascendentes. Ego vero diligenter intelligens, que fiebant, respiciebam per curiam considerans curiose ex una parte sedentes ante hospicium peregrinos, ex alia lignarios artifices in pomerio laborantes, set tanto impetu ferebamur, quod michi notare singula non licebat. Interea michi subito videbatur, quod iam dicta columba humanam faciem assumpsisset, set pulcritudinem non humanam, set nec humani eloquii descriptionibus explicandam. Iam etenim portari ab illo sicut antea non videbar, set iuxta illum potius residere.* – P. G. Schmidt (Hg.), Die Vision von Vaucelles (1195/96), in: Mittellateinisches Jahrbuch 20 (1985), 155–163, hier: 160.

28 Auch ein kranker Zisterzienser von Streflur wird 1202 in Ekstase zwischen den Flügeln eines Engels durch die Lüfte gegen Osten getragen, um dort Offenbarungen zu erhalten; ebd., 155.

29 P. Dinzelbacher, Die Jenseitsbrücke im Mittelalter, Diss. Wien 1973; ders./H. Kleinschmidt, Seelenbrücke und Brückenbau im mittelalterlichen England, in: Numen 31 (1984), 242–287; ders., Il ponte come luogo sacro nella realtà e nell'immaginario, in: Luoghi sacri e spazi della santità, a cura di S. Boesch Gajano e L. Scaraffia, Torino 1990, 51–60.

30 *Sed felices qui se ipsos luxu privant seculi/Et coercent studiose a carnis illecebris,/Qui se ipsos crucifigunt cum nature viciis/Et induti vite pennis exuunt spurciciis:/ Hi securi et veloces ac si leves aquile/Transeunt per artum pontem in ducatum patriae.* – F. Böhmer (Hg.), Zwei lateinische

Gedichte aus dem Mittelalter, in: Zeitschrift für deutsches Altertum 5 (1845), 463–470, 465.

31 Dinzelbacher, Jenseitsbrücke (wie Anm. 29), 58 f.

32 *Compiuta sua orazione, li parve cominciare a mettere l'alie: di che con grande allegrezza aspettava che crescessono per poter volare di là dal ponte [. . .] Ma, perché le penne non erano ancora tanto grandi, cadde sul ponte et cascàrolli le penne. Onde di nuovo abbraccia il ponte, et come prima raccomandandosi a Dio, fatta l'orazione, di nuovo il parve di metter l'alie [. . .] questa terza volta si levò con tutto suo potere et forza ad volo, et tanto volò che andò ad luogo ov'era volato l'angelo* – Fioretti 26, hg. v. M. Da Alatri, s. l. 1973, 121 f.

33 Vs. 89 ff., zit. H. R. Patch, The Other World, ND New York 1970, 189, n. 49.

34 Dinzelbacher, Visionsliteratur (wie Anm. 7), 82 f.

35 Beide Vorstellungen waren verbreitet, vgl. J. Tattersall, Sphere or Disc?, in: The Modern Language Review 76 (1981), 31–46.

36 *in splendore quasi totum illuminantem orbem* – Vita II, 9, in: AASS (= Acta Sanctorum) Jan. 2, 1643, 1037.

37 *vident omnia manifeste, que mundi regna continent universa* – Schmidt (wie Anm. 27), 162.

38 *omnia cernebat, quae in caelo sursum, quae in terra deorsum, & quae subtus in inferno erant* – AASS Mai 7, 1688, 823 F.

39 *una notte fu sí elevato et ratto in Dio che nel Creatore vide tutte le cose criate, celestiali et terrene. Et chiaramente allora conobbe come ogni cosa criata ripresenta il suo Criatore* – U. Meattini (Hg.), Il Libro 18, s. l. 1975, 210.

40 *videbam unam plenitudinem Dei in qua comprehendebam totum mundum, scilicet ultra mare et citra mare et abyssum et mare et omnia [. . .] Est iste mundus praegnans de Deo! [. . .] Et dixit: Modo ostendi tibi de potentia mea.* – Il libro della b. Angela da Foligno, hg. v. L. Thier u. A. Calufetti, Grottaferrata 1985, 260 ff.

41 K. Bihlmeyer (Hg.), Mystisches Leben in dem Dominikanerinnenkloster Weiler bei Eßlingen im 13. Jh., in: Württembergische Vierteljahrshefte für Landesgeschichte NF 25 (1916), 61–93, 75.

42 *Alora ella, levando l'occhio per obedire al sommo Padre, vedeva nel pugno suo rinchiuso tutto l'universo mondo, dicendo Dio: – Figliuola mia, or vedi e sappi che veruno me ne può essere tolto, però che tutti ci stanno o per giustizia o per misericordia* – U. Meattini (wie Anm. 39), 75.

43 Ph. Strauch (Hg.), Die Offenbarungen der Adelheid Langmann, Straßburg 1878, 63.

44 Bihlmeyer (wie Anm. 41), 81.

45 Heimskringla 1, 213

46 Vs. 45, hg. v. J. M. P. Donatelli, Cambridge MA 1989, 37.

47 Die Zuschreibung des Textes an den Papst ist umstritten: F. Clark, The Pseudo-Gregorian Dialogues, Leiden 1987, bezweifelt sie; vgl. dagegen, ohne ganz zu überzeugen, die Kritiken von R. Godding, Les Dialogues [. . .] de Grégoire le Grand, in: Analecta Bollandiana 106 (1988), 201–229; A. de Vogüé, Grégoire le Grand et ses »Dialogues«, in: Revue d'histoire écclesiastique 83 (1988), 281–348. – Die Aufsätze, die sich mit Benedikts Weltschau befassen, sind bibliographiert bei T. Pàroli, Dalla promessa

alla sapienza tramite la descrizione, in: Annali del istituto universitario orientale di Napoli. Sezione germanica, studi nederlandesi, studi nordici 23 (1980), 241–279, hier: 247, Anm. 20. Zu ergänzen: C. Butler, Western Mysticism, London 1922, 123 f., 158 ff.; V. Recchia, La visione di S. Benedetto e la »compositio« del II libro dei Dialoghi di Gregorio Magno, in: Revue Benedictine 82 (1972), 140–155.

48 *Mira autem ualde res in hac speculatione secuta est, quia, sicut post ipse narrauit, omnis etiam mundus, uelut sub uno solis radio collectus, ante oculos eius adductus est [...] uidit Germani Capuani episcopi animam in spera ignea ab angelis in caelum ferri.* – Dial. 2, 35, 3, in: SC (= Sources chrétiennes) 260, 238. Verkürzt Dial. 4, 8.

49 *tantumque expanditur in Deo, ut superior existat mundo [...] Quid itaque mirum, si mundum ante se collectum uidit, qui subleuatus in mentis lumine extra mundum fuit? [...] qui, in Deo raptus, uidere sine difficultate potuit omne quod infra Deum est [...] lux interior [...] ei quam angusta essent omnia inferiora monstrauit.* – Dial. 2, 35, 6 f., ebd., 240.

50 J. Muller, La vision de Saint Benoit dans l'interprétation des théologiens scolastiques, in: Mélanges Bénédictins, S. Wandrille 1947, 143–201; F. R. Alimonti, La visione di S. Benedetto in Gregorio Magno, Bernardo di Clairvaux e Meister Eckhart, in: Benedictina 37 (1990), 277–283.

51 So A. Wagner (Hg.), Visio Tnugdali 23, Erlangen 1882, 52 f.

52 P. Courcelle, La consolation de Philosophie dans la tradition littéraire, Paris 1967, 355 ff.; ders., La vision cosmique de saint Benoit, in: Revue des Études Augustiniens 13 (1976), 97–117.

53 Vgl. z. B. Ernst Benz, Die Vision, Stuttgart 1969, 326 ff.

54 Vgl. Dinzelbacher, Schwelle (wie Anm. 6); ders., Mittelalterliche Frauenmystik, Paderborn 1993, 304 ff.

55 4, 8; vgl. 4, 7.

56 Beispiele vor und gleichzeitig mit Gregor: SC 260, 238 Anm.

57 *non solum hunc squalidum saeculum, verum etiam solem ac lunam, nubes et sidera sub pedibus habere potarem.* – Gregor von Tours, Historia Francorum 4, 33, MGH SS rer. Mer. I/1.

58 J. Wolf, Irisch-schottische Heiligenleben III, in: Zs. f. dt. Mythologie 1 (1854), 344–358, 356 f.

59 A. Borst, Barbaren, Ketzer und Artisten, München 1988, 488.

60 Eadmer, Vita 1, 2.

61 *Procidensque ad terram deorsum, uno intuitu vidit immensum mundum. At ante omnia cellam Rogeri oratoriumque eius respiciebat.* – C. H. Talbot (Hg.), The Life of Christina of Markyate, Oxford 1959, 110, Klammern getilgt.

62 *vidit se quasi usque in caelum rapi et totum saeculum ac si in teterrimam vallem collocari [...] sementivum quoddam, ex quo humanum genus ducit originem [...] vile origine in convalle lacrimarum* – Vita Anskarii 35, in: MGH SS 2, 717.

63 *in mentis excessu confestim erepta, totam huius mundi machinam in modum rote siue spere pedibus sui vidit suppositam, et desuper [...] eternum et verum deum [...] Erat ergo mediotenus inter deum et hominem tam aptissime collocata: vt, deo quidem inferior, sed toto mundo sublimior, omnia terrena sub pedibus suis conculcata despiceret* – R. de Ganck (Hg.), Vita 3, 236, Kalamazoo 1991, 274 ff.

64 *subtus terram vidit omnia mundi climata et centrum terrae et circumferentiam apertissime. Et terra erat rotunda in modum globi, et respectu circumferentiae videbatur terra vix instar pomi in quantitate. Et videbatur obscura nec intuitu delectabilis, sed potius despicabilis in comparatione claritatis circumferentiarum.* – P. Dinzelbacher/R. Vogeler (Hg.), Leben und Offenbarungen der Wiener Begine Agnes Blannbekin († 1315), Göppingen 1994, c. 136. In der Edition sind zwei Zeilen der Übersetzung ausgefallen.

65 *he schweyd me a lytille thynge the qwantyte of a haselle nutte lygande in the palme of my hande, & to my vndyrstandynge that it was as rownde as any balle [. . .] ›It is alle that ys made‹. I merveylede howe that it myght laste, for me thougth it myght falle sodaynlye to nought for litille, and I was aunswerde in myne vndyrstandynge, ›It lastes and euer schalle, for god loves it* – F. Beer (Hg.), Julian of Norwich's Revelations, Heidelberg 1978, 44.

66 Benz (wie Anm. 53), 506.

67 *e vidi questo globo/tal, ch'io sorrisi del suo vil sembiante;/e quel consiglio per migliore approbo/che l'ha per meno* (134 ff.).

68 *parvoque ambitu, velut paginali solent stilo orbis discribere circulum, mundi compaginem monstravit.* – Vita Columbani 1, 27, in: MGH SS rer. Germ. 37, 217.

69 Vgl. P. Dinzelbacher, Der Kampf der Heiligen mit den Dämonen, in: Santi e demoni. Settimane del centro italiano di studi sull'alto medio evo 36/2, Spoleto 1989, 647–695, erweitert in: ders., Angst im Mittelalter, Paderborn 1996.

70 *Leuantibusque eum angelis, nihil tecti aut domus aspiciens, ululatus et clamores daemoniorum per medium eorum transiens audiuit, unum ex illis dicentem: ›Antecedamus et ante faciem illius bella commoueamus.‹ Tunc uidit nigram nubem a sinistra parte crispantem ante faciem illius bellicam aciem constituentem. Corpora autem daemoniorum, in quantum animae illius apparere poterant, plena deformitate et nigredine, collo extento, macie squalentia ac omni horrore plena, capite in similitudinem caccabi intumescente. Quanto uero uolabant uel quando pugnabant, nullam corporis fornam nisi horribilem et uolaticam umbram uidere poterat.* – Vita 8 zit. in: P. Dinzelbacher, Mittelalterliche Visionsliteratur, Darmstadt 1989, 46 f.

71 *Super totam mundi fabricam elevata virgo omnes terminos terrae et omnia quae in eis sunt circumspiciebat. Videnti enim creatorem angusta est omnis creatura. . .«, »longe lateque per totum orbem terrarum* – Vita 4, 11, zit. in: P. Dinzelbacher, Mittelalterliche Visionsliteratur, (wie Anm. 70), 130 f.

72 Vita 2, 4.

73 Vita 3, 27, in: AASS Mai 7, 1688, 170 C.

74 F. P. Mittermaier (Hg.), Lebensbeschreibung der sel. Christina, gen. von Retters, in: Archiv f. Mittelrheinische Kirchengeschichte 17 (1965), 209–251 (I); 18 (1966), 203–238 (II), hier: I, 240.

75 *Unde, levando Io te sopra di te per santo desiderio ed elevazione di mente, ti mostrai tutto quanto el mondo, e quasi in ogni maniera di gente tu vedevi questo miserabile peccato.* – Il Libro 124, 335.

76 A. Wagner, Ein Beitrag zur Bruder Klausen-Forschung, in: Der Ge-

schichtsfreund. Mitteilungen des historischen Vereins der Fünf Orte 83 (1928), 104–116, 109.

77 *Et ecce angelus domini veniens extulit me in sublime, ita ut omnes fines terre conspicerem. Et vidi quasi sagittas igneas hamatas ex omni parte de celo in terram cadentes* – Liber visionum 1, 78, in: F. W. E. Roth (Hg.), Die Visionen und Briefe der hl. Elisabeth sowie die Schriften der Aebte Ekbert und Emecho von Schönau, Brünn ²1886, 37 f.

78 P. Dinzelbacher, Die tötende Gottheit. Pestbild und Todesikonographie als Ausdruck der Mentalität des späten Mittelalters und der Renaissance, in: Analecta Cartusiana 117/2 (1986), 5–138, sehr erweitert in: ders, Angst (wie Anm. 69).

79 *aperti sunt caeli, & ignis ex eis egressus consumere videbatur totam superficiem terrae, prout continget in mundi fine.* – Vita 1, 12, in: AASS Mai 7, 1688, 167 C.

80 C-Version, 1, 10, zit. A. C. Spearing, Medieval Dream-Poetry, Cambridge 1976, 167.

81 Unser Motiv kommt gelegentlich noch in verschiedenen anderen Zusammenhängen vor, so als rhetorischer Vergleich (Birgitta von Schweden, Revelationes caelestes 3, 27) oder prophetisch (A. Crucitti [Hg.], Savonarola, Compendium revelationum, Roma 1974, 13, 112).

82 Vgl. Anm. 52.

83 R. M. Jones, Posidonius and the Flight of the Mind through the Universe, in: Classical Philology 21 (1926), 97–113.

84 *O si possemus talem ascendere speculam, de qua universam terram sub nostris pedibus cerneremus!* – Hieronymus, Ep. ad Hel. 60, 18, 2, in: CSEL (= Corpus scriptorum ecclesiasticorum Latinorum) 54, 573.

85 Vgl. M. Dean-Otting, Heavenly Journeys, Frankfurt 1984.

86 C. 19 ff., in: P. Rießler, Altjüdisches Schrifttum außerhalb der Bibel, Heidelberg ²1966, 28 ff., vgl. c. 12.

87 C. 12, ebd., 1101.

88 Apokalypse des Baruch, 76, ebd. 103 f. Vgl. Ap. d. Sophonias 2, 1, 6, ebd., 169.

89 Patch (wie Anm. 33), 84.

90 P. Dinzelbacher, Die Verbreitung der apokryphen ›Visio S. Pauli‹ im mittelalterlichen Europa, Mittellateinisches Jahrbuch 27 (1992), 77–90.

91 *Et respexi de celo in terra, et uidi totum mundum, et erat quasi nihil in conspectu meo: et uidi filios hominum quasi nihil essent, et deficientes, et miratus sum et dixi angelo: Haec est magnitudo hominum? Et respondens angelus dixit mihi: Haec est,[. . .]*« – c. 13, in: M. R. James (Hg.), Apocrypha anecdota, Cambridge 1893, 15 f.

92 Dinzelbacher, Visionsliteratur (wie Anm. 7), 65 ff.

93 *Ch'io vidi tutto ,l mondo,/Sì com'egli è ritondo,/E tutta terra e mare,/E'l fuoco sopra l'are* – vs. 2903 ff.; B. Wiese (Hg.), Straßburg 1909, 97.

94 Vs. 905 ff.; W. W. Skeat (Hg.), London 1912, 335. Vgl. auch Troylus and Criseyde 5, 1814 ff.

95 Anspielungen auf die Legende von Alexanders Greifenflug, das ›Somnium Scipionis‹ und den Daedalus-Ikarus-Mythos.

96 Vgl. J. Steadman, Chaucer's Eagle: a Contemplative Symbol, in: Publications of the Modern Language Association of America 75 (1960), 153–159; J. Leyerle, Chaucer's Windy Eagle, in: University of Toronto Quar-

terly 40 (1971), 247–265; J. A. Dana, Chaucer's Eagle's Ovid's Phaeton, in: Journal of medieval and renaissance studies 11 (1981), 71–82.

97 Das Phänomen scheint bei männlichen Heiligen häufiger zu sein, vgl. M. J. Ribet, La mystique divine, Paris [2]1895, 2, 639 ff.

98 Herbert Thurston, Die körperlichen Begleiterscheinungen der Mystik, Luzern 1956, 15–52; I. Rodriguez, Lévitation, in: DSMA 9 (1976), 738–741.

99 Thurston (wie Anm. 98), 20 ff.

100 R. Gout (Hg.), Vie, Paris 1927, 108 ff.

101 Ribet (wie Anm. 97), 641.

102 L. Zoepf, Die Mystikerin Margaretha Ebner, Leipzig 1914, 83 f.

103 H. Zeller-Werdmüller/J. Bächtold, Die Stiftung des Klosters Oetenbach, in: Züricher Taschenbuch NF 12 (1889), 213–276, 269.

104 Libro 79, 216; vgl. 142, 424.

105 Thurston (wie Anm. 98), 25 ff.

106 Cl. Hart, Images of Flight, Berkeley 1988, 193–220.

107 P. Dinzelbacher, Hexen oder Heilige?, Zürich 1995.

108 J. Grimm, Dt. Mythologie, ND Frankfurt 1981, 2, 879 ff.

109 W. Schneemelcher, Neutestamentliche Apokryphen II, Tübingen [5]1989, 284 f.

110 2, 41ff, bes. 49

111 »Salbe, Salbe, bringe mich zum Nußbaum von Benevent, über Wasser und Wind und jedes Unwetter hinweg.« – Processo alla strega Matteuccia di Francesco, hg. v. Domenico Mammoli (Res Tudertinae 8), Todi [2]1983, 30.

112 C. Beaune (Hg.), Journal 576, Paris 1990, 295.

113 M. Harner, The role of hallucinogenic plants in European witchcraft, in: ders. (Hg.), Hallucinogens and shamanism, New York 1973, 125–150; F.-J. Kuhlen, Von Hexen und Drogenträumen, in: Dt. Apotheker Zeitung 124 (1984), 2195–2202; ders., Hexenwesen – Hexendrogen, in: Pharmaziegeschichtliche Rundschau 9 (1980), 29–31, 41–43; B. Haage, Dichter, Drogen und Hexen im Hoch- und Spätmittelalter, in: Würzburger medizinhistorische Mitteilungen 4 (1984), 63–83; W. Peuckert, Hexensalben, in: Medizinischer Monatsspiegel 9 (1960), 169 ff.

114 G. Henningsen, The Witches' Advocate. Basque Witchcraft and the Spanish Inquisition (1609–1614), Reno (Nev.) 1980, 6 f.

115 Viele Beispiele bei P. Dinzelbacher, Christliche Mystik im Abendland, Paderborn 1994.

116 G. Zarri, Le sante vive. Per una tipologia della santità femminile nel primo Cinquecento, in: Annali dell'Instituto Storico Italo-Germano in Trento 1980, 371–445, hier: 428 f., Anm. 237.

117 Ebd., 429, Anm. 240.

118 Ebd., 429.

Nachtrag: Eine bibliographische Übersicht zu den Neuerscheinungen zum Thema ›Vision‹ bietet P. Dinzelbacher, Nova visionaria et escatologica, in: Mediaevistik 6 (1993), 45–83. Die Vita der Alpais liegt jetzt in kritischer Edition vor.

Éva Pócs

Feenflug und Hexenflug in Mittel-Südosteuropa

Ritus und Mythos, Erlebnis und Bericht

In den Glaubenssystemen der Völker von Mittel-Südosteuropa existieren bis zum heutigen Tage mythische Wesen, die fliegen können: Geister, Dämonen, Götter. Auch Menschen wird diese Fähigkeit zugeschrieben, nämlich Zauberern, lebenden Heiligen und Hexen, die über überirdische Kräfte verfügen. Mitunter können auch gewöhnliche Sterbliche über persönliche Flugerlebnisse berichten[1]. Unter den verschiedensten mythischen Wesen ist die Fee, was das Fliegen anbelangt, eine exponierte Gestalt: In Südosteuropa existierten bis vor kurzem zahlreiche Erzähltypen, deren einziger inhaltlicher Gegenstand die Darstellung von Feenscharen bildet, die über Berggipfel und in Wirbelwinden huschen und schweben. Außer der Fee ist in dieser Gegend Europas eine einzige Figur des Volksglaubens anzutreffen, die genauso viel fliegt: die Hexe. Da es geschichtliche Relationen zwischen den beiden Gestalten gibt, ist es äußerst aufschlußreich, die Menschenhexe parallel mit der dämonischen Fee zu untersuchen. Noch interessanter ist eine solche Untersuchung im Blick auf die Beziehung zwischen Erlebnis und Bericht.

Bei meinen Untersuchungen stütze ich mich auf Belege aus dem Volksglauben der Ungarn und dem benachbarter Völker. Als zusätzliche Quelle verwende ich Protokolle frühneuzeitlicher Hexenprozesse[2] und darüber hinaus ein reiches Material an Folkloretexten[3]. Die Angaben bezüglich des Fluges sind viel homogener als es sich aufgrund dieses reichhaltigen Quellenmaterials vermuten ließe. Bestimmte archaische und universelle Merkmale und gemeinsame Elemente des Symbolsystems »Flug« dienen nämlich als Rahmen der Vereinheitlichung. Sie sind in allen Gattungen der Volkserzählung und auf allen Bedeutungsebenen der Erzählung vorhanden. Eine archaische Idee des Fluges ist Grundlage des einheitlichen

Symbolsystems: der Aus-/Weg-/Aufflug der ausfahrenden Seele. So wird der Flug zum Symbol der Transzendenz, des Verlassens der irdischen/körperlichen Konditionen, d. h. zum Symbol der Freiheit[4].

Es geht also um fliegende mythische Wesen und um fliegende Menschen. Der Mensch steht immer mit irgendeiner Gottheit bzw. mit irgendeinem Geist in Verbindung; das mythische Wesen und sein Mediator gehören in ein und dasselbe mythisch-rituelle System. Ihr »Flug« trägt die gemeinsamen Merkmale dieses Systems.

Direkte Beziehungen zwischen menschlicher und übernatürlicher Welt und ständige Kommunikation zwischen den beiden charakterisieren diese mythisch-rituellen Systeme der fliegenden Wesen, ob wir Feen meinen oder andere fliegende Geister, an Zauberer, Seher oder auch an christliche Visionäre denken. Zu dieser Gruppe gehört auch die Hexe, falls sie tatsächlich »fliegt«. Die Prototypen dieser Kommunikationssysteme sind die direkten Beziehungen zu den Gottheiten und den Toten, die sich teils durch im Traum oder im Trancezustand erlebte Jenseitserlebnisse zeigen, teils in den Erscheinungen übernatürlicher Wesen, die unter den Menschen sichtbar werden, aber auch in der »Entraffung« der Lebenden durch Tote, Dämonen oder Gottheiten[5]. Es geht also darum, daß der Flug in diesen europäischen Mediatoren-systemen ursprünglich immer der Flug der Gottheiten/Geister/Toten ist und zugleich der Flug der Menschenseele zu den Gottheiten/Geistern/Toten. Diese Kommunikation »von Seele zu Seele« spiegelt sich in den Erlebniserzählungen der »Entrafften« auch unmittelbar wider. Das trifft auch auf die Erzählungen vom Feenflug zu: Da handelt es sich ebenfalls grundsätzlich um den Seelenflug, die Urform des menschlichen Fluges.

Die Fee

Über die Merkmale des komplexen, synkretistischen Glaubenssystems der Feen sei kurz so viel erwähnt, daß ihre neuzeitliche »Quasi-Mythologie« äußerst vielfältig ist. Die Feen sind Naturgeister, Schutzgeister, Fruchtbarkeitsgöttinnen und Schicksalsfrauen zugleich, und, was für unsere Untersuchung am wesentlichsten ist, sie sind zugleich auch Seelen der Toten aus der Dorfgemeinschaft, die von Zeit zu Zeit unter die Menschen zurückkehren. Hauptsächlich auf dem östlichen Balkan kann auch von einem Feenkult gesprochen werden: bulgarische, griechische, albanische, rumänische (früher vielleicht auch ungarische) Feenzauberer pflegten rituelle Beziehungen zu mythischen Feen. Das Wesentliche in ihren Riten war – außer der Darbringung von Opfern – die Kommunikation mit Feen, die zugleich Tote, Gottheiten und Schutzgeister waren[6].

Die Feenflug-Erzählungen berichten einerseits über die Flüge von Feen, die zu den Menschen kommen, andererseits über lebendige Personen, die von ihnen entrafft wurden. In beiden Typen lassen sich die Grundformen des Feenfluges klar umreißen, und jede Form ist mit archaischen Seelen- und Jenseitsvorstellungen verbunden.

Der eine Typ ist ein horizontales Schweben oder ein Schweben ohne besondere Richtung zwischen Himmel und Erde – oder aber Fliegen im Wind, in einer Sturmwolke, bzw. Fliegen als Wind. Es entspricht ihrer Windnatur, wenn Feen vom Wind, vom Wirbelwind getragen werden bzw. ihr Flug der Wind selbst ist. Einer kroatischen Sage zufolge steigt z. B. die Fee in die Luft, indem sie vom Wirbelwind erfaßt und emporgetragen wird. Oben angekommen dreht sie sich singend im Wirbelwind[7]. Manches wird auch gar nicht als Flug bezeichnet, die »schönen Frauen« aus Siklód z. B. »gehen des Nachts in der Luft«[8]. Die Etymologie des südslawischen Ausdruckes *vila* für Fee zeigt mit dem Wort für »Wind« ebenfalls einen Zusammenhang[9].

Der Windflug der Feen steht im Zusammenhang mit ihren Verbindungen zu den Toten: Sie sind eng verwandt – ja sogar identisch – mit den »Schatten« oder »Ungetauften«, also mit

Toten ohne Status, die nicht ins Jenseits gekommen sind. Diese Seelen schweben in einem archaischen Jenseits, in einem Übergangsort zwischen Erde und Himmel. Sie ziehen als Wirbelstürme brausend umher, blasen den Wind als »wolkenführende Seelen« und bringen Sturm. All dies hängt wiederum mit der Vorstellung der Seele als Wind zusammen[10].

Die Feen mit den Eigenschaften der Winddämonen entraffen, wie alle archaischen Totengeister, die Lebendigen bzw. die im Trancezustand ausfahrenden Seelen der Lebendigen – und tragen sie in das archaische Jenseits zwischen Erde und Himmel. Nach einer bulgarischen Angabe »rauben die Wirbelwinde und die Stürme [sie sind die Schwestern der Samovilen] Frauen und tragen diese in die Berge«; oder (in Rumänien): »die Winde heben die Seele empor«, »reißen sie hoch« und »tragen sie hinauf«[11].

Die Entrückung – ein vorübergehender Tod – ist im Falle der Zauberer, die für die Feen oder für die wolkenführenden Windseelen die Vermittler sind, gleichbedeutend mit der Initiation. Wir besitzen auch Erlebnisberichte mit persönlichen Erfahrungen über das Fliegen im Wind. Sie hängen mit den Initiierungsreisen von kroatischen Zauberern zusammen. Folgendes wurde vor etwa 30 Jahren von einem Zauberer erzählt: »Ich setze mich hin, dann trägt mich der Wind fort, und da oben ist es weder kalt noch warm. Da oben ist nichts, gar nichts«[12].

Eine andere archaische Gestaltvariante der Feen auf dem Balkan ist der Vogel (Falke, Wildgans, Krähe usw.), der auch an den Totencharakter der Feen anknüpft und eine grundlegende Erscheinungsform der Seele ist[13]. Vogelflug kann auch das subjektive Flugerlebnis »entrückter« Zauberer sein. Ein besonders typisches Beispiel sei an dieser Stelle angeführt. Es ist in einem ungarischen Hexenprozeß (in Debrecen) aus dem Jahre 1725 überliefert, und zwar im Geständnis einer Zauberin, in dem der Vogelattribute besitzende Schutzgeist mit der Figur des christlichen Gottes verschmilzt. Die angeklagte Frau, Erzsébet Balási antwortet auf die Frage der Richter, ob sie zu Fuß ins Jenseits gegangen wäre, wie folgt: »Gott trug mich unter seinen Flügeln und gab mir Flügel wie dem Vogel«[14]. Aus diesem Beispiel ist ersichtlich: Der in seiner Entrückung in Vogelgestalt fliegende Zauberer, dieser Mediator zwischen Himmel und Erde, ist aus der horizontalen Welt der Winddämonen herausgetreten, denn Vögel fliegen »aufwärts«. Zu solch vertikalem Flug gehören eine Opposition zwischen Himmel und Erde und ein himmlisches Jenseits, wobei letzteres oft mit dem christlichen Himmel assoziiert wird[15]. Zahlreichen, in ganz Mittel-Südosteuropa bekannten Erzählungstypen zufolge existiert außerdem noch ein besonderes, glänzendes »Feenhimmelreich«, das meistens im Himmel ist oder zumindest in einem symbolischen Himmelreich auf der obersten Ebene des dreigeteilten Kosmos: in prächtigen Palästen, auf der Spitze des (Welten-)Baumes oder auf in den Himmel ragenden Berggipfeln. Die Aufgabe des initiierenden Geistes haben z. T. göttinnenähnliche Feen, z. T. die Jungfrau Maria, Heilige oder sogar der christliche Gott inne. Diese himmlische Feengöttin steht in eigenartiger Opposition zu einer eigenen Unterweltgestalt: der in Höhlen wohnenden Schlangenfrau in den rumänischen und bulgarischen Glaubensvarianten. Zu dieser Fee mit den Merkmalen einer Erdgottheit gehen die rumänischen und bulgarischen Zauberinnen zur Initiierung und zur Beschaffung ihrer Schlangen-Seelentiere. Aber diese Zauberinnen fliegen nie: sie gehen zu Fuß oder werden auf dem Rücken von Tieren zur Unterwelt gebracht. Damit läßt sich zusammenfassend die Opposition Himmel/Vogel/Flug versus Unterwelt/Schlange/Nicht-Flug aufstellen[16].

Eine weitere wichtige Grundform der Flüge ist das Emporsteigen der in der Tanzekstase ausfahrenden Seele. Diese Form ist im allgemeinen mit dem Flug als Wind oder in Vogelgestalt eng verbunden: Die beim Tanz Entrückten verwandeln sich oft in einen Vogel oder tanzen im Windwirbel. Sehr bekannt sind die Erlebnisberichte über die Erscheinungen von tanzenden Feengruppen. Diesen rumänischen, serbischen, kroatischen und ungarischen Berichten zufolge wird der Erzähler von wunderschönen, musizierenden und tanzenden Frauen mitgerissen, bis er die Besinnung verliert. Einer rumänischen Erinnerung zufolge mußten »die Entrafften drei Tage hindurch in der Luft tanzen«[17]. Ein ungarischer Erzähler wurde von drei Frauen in der Gestalt von »brausendem Wind« in den

Tanz gerissen, und er mußte »undenklich lang« tanzen, bis »sein Verstand schwand« und er (in Trance) die Besinnung verlor[18].

Die Flugerlebnisse, bei denen die Ekstase von Musik und Tanz begleitet ist, knüpfen an die fluginduzierenden und flugimitierenden Tanzriten des Besessenheitskultes auf dem prawoslawischen Balkan an[19]. Die charismatischen Heiler der kultischen Geheimgesellschaften der Căluşari und der Rusalien fallen mit Hilfe von Musik und Tanz in Trancezustand. Diese rituellen Tänze, als Mittel der Kommunikation von »Seele zu Seele« bewirken den Flug. Die in Trance verfallenen Tänzer wurden von den Feen besessen, so daß sie in diesem Zustand die Fähigkeit zum Heilen besaßen. Die Heiler erfuhren eine himmlische Initiierung – genauso aber auch diejenigen, die zu keiner rituellen Gesellschaft gehörten, sozusagen »privat« praktizierten: Sie fielen in Trance, dann fuhr ihre Seele in das goldene Himmelreich der Feen empor. Dort nahm ihre Seele an Festmahlen teil, sie flogen und tanzten mit den Feen, sie lernten auch den Nutzen der Heilkräuter kennen. Dieser »himmlische Tanz« wird in den verschiedenen Vorstellungen mit rituellen Tänzen identifiziert, und beide haben die symbolische Bedeutung der »Initiation ins Feentum«. Bestimmte Motive der rituellen Tänze, die das Loslösen von der Erde betonen, wie z. B. in die Höhe springen, hüpfen, auf Zehenspitzen gehen, werden für Imitationen des Feenfluges gehalten. Sie sind also eigentlich eine rituelle Reproduktion der ekstatischen Seelenausfahrt[20].

In den zu verschiedenen Gattungen gehörenden Volkserzählungen hat die Beziehung zwischen Erlebnis und Bericht, die Widerspiegelung der mystischen Erfahrung im großen und ganzen zwei unterschiedliche Ebenen. Die Seelenausfahrt ist als Begegnung mit dem Übernatürlichen ein religiöses Erlebnis, das einerseits individuell und »unerzählbar« ist, andererseits aber ein gesellschaftliches Erlebnis, das mit einer menschlichen Zunge in einer kulturell fest umrissenen Form erzählt wird[21]. Auch in den Erzählungen, die über Flugerlebnisse in modifizierten Bewußtseinszuständen in direkter Weise berichten, ist eine gewisse primäre Symbolik grundsätzlich vorhanden, die auf die archaisch-universelle Primärschicht der Seele und der Jenseitsvorstellungen hinweist. Mit Hilfe dieser Symbolik läßt sich das Übernatürliche überhaupt nur mitteilen. Die Symbole sind teils abstrakte Begriffe wie die Himmelsrichtungen, der Drang nach oben, zum Licht, der Wechsel der kosmogonischen Ebenen und der Zeitebenen, die abstrakte (auf das Immaterielle weisende, sehr kleine) Form der Seele. Teils sind sie aber auch sehr konkret, wie die empirischen Formen der Seele (Wind, Vogel) oder wie gewisse, in der menschlichen Welt umrissene symbolische Jenseitswelten, d. h. konkrete irdische Formen der mythischen Kosmogonie, die Widerspiegelung des Universums im Mikrokosmos. Hierher gehören der kosmische Baum oder Berg mit ihren lokalen Analogien: die Eiche und der Hügel in Dorfnähe. In zahlreichen Sagen wird erzählt, daß die Entrückten mit den Feen nicht auf die »Spitze der Welt« hinauffliegen, sondern nur über den Gipfeln von irdischen Bäumen umherfliegen, so z. B. auch die ungarische »schöne Frau« in Gyimes: »Sie machte kaum zwei Schritte, und schon war sie im Gipfel des Baumes«[22]. Oder ein persönliches Erlebnis aus Udvarhely: »Ich habe mich an einem Tag hingelegt, da kam es mir vor, als ginge ich auf einem Baum. Ich war froh, ich sprang von einem Berg auf den anderen. So war es«[23].

Das gleichzeitige Vorhandensein von konkret-irdischen und abstrakt-überirdischen Symbolen ist äußerst charakteristisch für die Erlebnisberichte, die sich zwar auf Erlebnisse gründen, diese jedoch nicht unmittelbar widerspiegeln, also nicht über individuelle Flugerlebnisse berichten. Es ist, als ob in dem virtuellen Entwicklungsprozeß der vom Erlebnis sich immer mehr entfernenden Berichte gleichzeitig mit dem Konkretisierungsprozeß ein gegenläufiger Prozeß einträte. In den Sagentypen, die vom Erlebnis weiter entfernt sind, erscheinen die abstrakten Jenseitssymbole in größerer Zahl. Solche sind: unsichtbar werden bzw. nicht sehen können, Blindheit als symbolischer Tod, die Eile der Zeit, die die Übernatürlichkeit von Raum und Zeit zum Ausdruck bringen soll, sich verirren, die Fortbewegung mit übermenschlicher Geschwindigkeit und in große Entfernung, die winzige Gestalt der Seele usw. Natürlich geht es nicht um einen eigentlichen Prozeß der »Umwandlung« der Erlebnisse in Berichte: Die abstrakten Symbole fügen sich in die Texte ebenfalls als internationale Sagenmotive und Topoi ein.

In allen diesen Erlebnisberichten werden die gemeinsamen Merkmale durch die archetypisch-universellen Symbole garantiert. Parallel dazu sind jedoch auch die mythologischen Topoi der beschützenden Geister- und Götterwelt der Mediatoren vorhanden. Diese mythologischen Motive bringen eine Vielfalt von Flugmotiven in die volkstümlichen Erzählungen. Darüber hinaus gibt es aber auch abweichende Merkmale des Fluges. Aus dieser Gruppe stammt ein Großteil der konkret-irdischen, »empirischen« Symbole, und dadurch sind auch gerade die gattungs- und kulturspezifischen Merkmale gegeben: Die bulgarische Fee fliegt auf einem Hirsch, die kroatische in einer goldenen Kutsche, die ungarische auf einem Leinentuch oder in einem Korb, die rumänische auf dem Rücken einer Kuh oder auf einer Hanfbreche, die griechische auf einem Pferderücken.

In den das Erlebnis nur indirekt vermittelnden literarischen Formen erlangt der Flug eine andere Bedeutung; eventuell existiert er gar nicht mehr in dieser Form, und die primäre, archetypische Flugsymbolik verschwindet oder wird umgedeutet. Man fliegt nicht ins Jenseits, sondern zu irdischen Schauplätzen, nicht *in spiritu*, sondern *in corpore*, und irdische Hilfsmittel werden benutzt[24]. In den irdischen Abenteuern der Heldenepik und der Ballade fliegt der Held auf seinem geflügelten Pferd oder in seiner wunderbaren Kutsche. Sofern abstraktes Jenseits und Flugsymbolik überhaupt vorkommen, erfüllen sie in erster Linie eine poetische Funktion[25]. Was geschieht mit den Feen in diesen Gattungen der Volkserzählung? Die »Reise« erfolgt auf der Erde; das Feenjenseits ist in der Epik auch eher »ein Garten der irdischen Wonnen«. In den Gärten und Palästen der Feen finden von Liebesabenteuern begleitete Feenfestmahle statt[26]. In der Feenepik erhält die Entführung selbst irdische Züge: In den Sagen wird wie ein irdisches Abenteuer erzählt, wie Kinder und Burschen physisch ergriffen werden, wie mit ihnen in irdischen Höhen herumgeflogen wird, wie sie nach drei Tagen heruntergeworfen werden und zuletzt zerschlagen und verletzt liegenbleiben.

In der makedonischen und serbischen Heldenepik kommt der »irdisch gewordenen« Fee eine besondere Rolle zu: Im Kampf ist sie helfender Beschützer des Helden. Darauf, daß sie überirdisch ist, weist ein Merkmal hin: ihre Fähigkeit zum Fliegen und die Flügel. Dasselbe trifft auf die Feenfrauen der epischen Lieder, Sagen und Balladen zu, die zu Frauen irdischer Männer wurden: Das Fliegen weist auf die Jenseits-Herkunft hin. Das Schlüsselmoment der wiederholten Existenzwechsel ist das Ab- und Anlegen der Flügel (»Flügelkleid«)[27]. Das Flügelkleid der Fee ist jedoch nicht identisch mit den Flügeln des Seelenvogels, auch wenn es in seinem mythischen Ursprung daran anknüpft. Es ist ein Zaubergegenstand, der an- und abgelegt, gestohlen und weggeworfen werden kann. Als mirakulöses episches Element ermöglicht es der Fee, sich zwischen der menschlichen und der übernatürlichen Welt zu bewegen. Das Symbol hat jedoch auch recht viel von seiner ursprünglichen Bedeutung bewahrt. In den bulgarischen Sagen über Feenfrauen erscheint der tänzerisch-ekstatische Flug in einer ähnlichen Bedeutung: Tod/Initiierung/Loslösung von der Erde. Einer bulgarischen Sage zufolge verläßt die Feenfrau ihren irdischen Mann, indem sie sich dreimal im Tanz dreht und zum Schornstein hinausfliegt. Der Flügel erscheint ebenfalls als Requisit bei der »Initiation« in den epischen Liedern über die Entraffung von Kindern durch Feen: Die in die Feenpaläste gebrachten kleinen Mädchen bekommen Flügel und erlangen dadurch die Fähigkeit des Fliegens – sie können sich also im Feen-»Jenseits« bewegen[28].

Das Interessanteste im Verhältnis Erlebnis – Erzählung ist, daß Konkretes und Abstraktes, die ursprüngliche und die sekundäre Symbolik, sowie die »unmittelbare« und die »entfernte« Widerspiegelung der Erlebnisse – oft in derselben kulturellen Situation – gleichzeitig bestehen. Die Dualität von Erlebnis und Bericht bezeichnet aus diesem Grunde vielerlei gleichzeitig bestehende Stufen der symbolisch-metaphorischen Ausdrucksweisen auf verschiedenem Niveau. Im folgenden wird das noch deutlicher, denn die Berichte über Hexenflüge sollen ja im Kontext der Hexenprozesse, d. h. in derselben kulturellen Situation, untersucht werden.

Die Hexe

Im Unterschied zu den »wirklich« fliegenden Zauberern ist die reale, menschliche Gestalt der Hexe für einen das Thema gründlich Erforschenden mit etlichen Zweifeln verbunden. Es sind fast so viele Zweifel wie für die Hexenverfolger vor drei Jahrhunderten: Fliegt sie eigentlich, oder fliegt sie nicht? Sagt sie die Wahrheit, oder redet sie, vom Teufel irregeführt, von ihren Illusionen, wenn sie vor Gericht über Flüge durch die Luft und über Abenteuer dieser Art berichtet oder – gerade im Gegenteil – sie leugnet? Die Antwort ist, wie wir sehen werden, sowohl Ja als auch Nein.

Belege finden wir in Protokollen von Hexenprozessen des 16. bis 18. Jahrhunderts in Ungarn, Kroatien und Slowenien. In diesem spezifischen Material gibt es sehr viele persönliche Erlebnisberichte über den Flug zum Hexensabbat: In den Zeugenaussagen erzählen die am Sabbat teilnehmenden Hexen sowie die dorthin »entrückten« Leidtragenden von ihren Erlebnissen.

Die Hexe ist ein Mensch, dem irdische Schandtaten zugeschrieben werden. Sie hat nichts mit dem Jenseits oder mit transzendenten Beziehungen zu tun, höchstens mit dem Teufel, den Dämonologen der Kirche zufolge. Die transzendenten Wesenszüge verdankt die Hexe ihren Zauberer- und Dämonenahnen[29]. Diese erscheinen im Kontext des Hexentums auf einem anderen Hintergrund. Sie wurden bis zu einem gewissen Grade »irdisch« und »menschlich«, nicht jedoch in vollem Maße. Das bedeutet soviel, daß ein unter Anklage stehender Feenzauberer in den Berichten über seine Person teils Feenmerkmale – z. B. die Fähigkeit des Fliegens – besitzt, teils aber auch Hexenmerkmale. In den Berichten der Hexenprozesse über Sabbate finden wir auf »Hexenvorfahren« hinweisende Merkmale, diese archaische Primärschicht der Seele und der Jenseitsvorstellungen, und zwar zusammen und gleichzeitig mit der sekundären »Hexen«-Deutung des Fluges und des Jenseits. Zuerst sollen einige Beispiele für einen »echten« Flug angeführt werden.

In einer großen Zahl von Zeugenaussagen wird darüber berichtet, daß Hexen und ihre entführten Opfer im Trancezustand und in einer im Traum gemachten »Seelenfahrt« zum Hexensabbat kommen. Dafür ein Beispiel aus einem Hexenprozeß vom Jahre 1747 in Kiskunhalas: Anna Hôs sieht ihren Mann im Bett »ohne zu atmen, erstarrt liegen, sie sagt zu ihm, [. . .] was ist mit Euch geschehen, schlaft Ihr? Sie selbst und ihre Stieftochter versuchen lange, ihn zu wecken. Endlich, nach langer Zeit wacht er auf, ruft laut und sagt: Mein Herr Jesus, hilf nur! O weh. Feurige Hexen trugen mich nach Máramaros, legten drei Zentner Salz auf mich« – und so weiter[30]. In vielen ähnlichen Erlebnisberichten wird über in tiefem Schlaf liegende oder in Trance vorgefundene Hexen berichtet. Wir haben keinen Grund zu bezweifeln, daß die beim Erwachen erzählten Begebenheiten über wirkliche Visionen oder wenigstens über tatsächliche Träume berichten. Unter den Angeklagten und Zeugen waren also in großer Zahl solche Personen, die wirklich ins Jenseits »geflogen« waren.

Zahlreiche Heilerinnen wurden auch der Hexerei angeklagt, die aufgrund anderer Merkmale als Feenzauberinnen eingeordnet werden könnten. Der Feenflug scheint bei diesen eine beliebig wählbare Daseinsform zu sein. Sie erheben sich in die Luft, schweben, tanzen ohne den Boden zu berühren und fliegen in der Gestalt eines Vogels zum Hexensabbat. In einem Prozeß in Kamocsa »flog« jemand »wie ein Vogel und wurde entrückt«, eine mit dem Terminus der Feen *szépasszony* (»schöne Frau«) genannte Hexe wurde in der Nacht gesehen, wie sie zu einer tanzenden, in der Luft fliegenden Schar hinaufflog[31]. Andere Frauen halten ihren feenartigen Hexensabbat, indem sie ohne jedwedes Hilfsmittel von Baum zu Baum, von Hügel zu Hügel fliegen[32].

Es gibt äußerst viele Beispiele für die symbolischen Formen des Hexentanzes, der an den Feentanz erinnert. Zahlreiche Zeugenaussagen berichten über Frauen, die glänzende Kleider tragen und im Hause tanzen. Ein Beispiel aus einem Prozeß von 1708: »Wenn sie auch besudelt sind, aber in der Nacht tragen sie feines Leinen und Batist und tanzen in Karcsák oben auf dem Ofen«[33].

Die archaischste Feenflugmethode ist die Erhebung der Sturmdämon-Feen in den Wind. Diese Methode erscheint vor allem als Moment der Entführung von Lebendigen zum Hexensabbat. So im Jahre 1727 in Kamocsa: »Im Traum ging der kalte Wind auf ihn über, und der kalte Wind erhob ihn vom Bett«[34]. Wir besitzen zahlreiche Beschreibungen von Personen, die über die Spitzen der Bäume, wie der Wind, über Berg und Tal getragen wurden oder die »so erschienen, [...] als ob sie über Berge, Täler und Wälder geflogen worden wären« – wie sie es, aus dem Traum erwacht, erzählten. Andere tanzten »in der Gestalt eines Wirbelwindes«[35].

Der Flug zum Hexensabbat ist also oft eine echte »Seelenausfahrt«. Was aber die Schauplätze der Hexensabbatberichte anbelangt, sind diese im allgemeinen irdische Jenseitswelten der Epik: Hügelrücken, Kreuzweg, Friedhof, Baumgipfel – also auf der Erde fest abgegrenzte, symbolische Räume. Ähnlich den oben zitierten Feenerzählungen weist eine große Anzahl von Symbolen auf den Jenseitscharakter der irdischen Hexensabbate hin: das schwierige Übersetzen (sie gehen über eine schmale Planke, »breit wie die halbe Hand«, auf den Gellértberg hinauf), die übernatürliche Geschwindigkeit, »die Eile der Zeit« (das Festmahl »schien lange gedauert zu haben, war aber sehr schnell vorbei«)[36].

In den Berichten ein und desselben Prozesses sind parallel zu den Seelenausfahrten oft auch die »irdischen« Varianten des Fluges anzutreffen: die Bewältigung großer Entfernungen in übermenschlichem Tempo, horizontales Galoppieren und Dahinjagen: »Sie rissen die Fatentin [= Entrückte] aus dem Schlafe und galoppierten mit ihr durch die ganze Stadt«[37]. Im Kontext der Hexenprozesse wird auch die Entraffung der Seele irdisch und menschlich – eine konkrete physische Tat. Nicht die Seele wird zum Beispiel dem Zeugen eines Prozesses in Miskolc im Jahre 1722 entrissen, sondern die Hexe bringt sie im Schoß aus dem Bett in das Schilfdickicht und wirft sie ins Wasser[38].

Was für Erlebnisse der Angeklagte und die Zeugen auch gehabt haben, sie berichten darüber in ihren Geständnissen *in Erzählform*, wobei die Erzählweise auch diesmal von der gegebenen kulturellen Situation und von den narrativen Gesetzmäßigkeiten der dem Bericht als Rahmen dienenden Gattungen bestimmt ist. Darüber hinaus stellen das Glaubenssystem des Hexentums und somit auch die Hexenprozesse eine neue kulturelle Situation dar.

Welche neuen Muster liefert diese neue Situation, die sich in die archaisch-mythologischen Topoi und in die Jenseitssymbole der Hexensabbaterzählungen einfügen lassen? Umgekehrt gestellt lautet die Frage: Wie ist das Jenseits beschaffen, das das Ziel der Flüge der Hexensabbat-Teilnehmer ist? Ist es überhaupt ein Jenseits – und ist es überhaupt Fliegen? Die bereits zitierten Beispiele und Belege bezeugen, daß sie, wenigstens von Zeit zu Zeit, fliegen – nur sind es nicht *die Hexen*, die fliegen, und nicht *der Hexensabbat* ist das Jenseits, wohin sie fliegen.

Die populären Glaubenssysteme wurden beeinflußt durch die Lehren der Kirchendämonologie, die durch die Gerichtsprozesse in die Öffentlichkeit übermittelt wurden. Das bewirkte, daß der Hexensabbat zu einer ketzerischen Versammlung wurde, die in den Augen der Verfolger selbstverständlich auf der Erde veranstaltet wird[39]. Die Zauberer mit der Fähigkeit des Fliegens werden als Hexen nicht in ein Jenseitswissen initiiert, sondern durch das Bündnis werden sie Träger teuflischen Wissens. Im Weltbild der Verfolger fehlt auf jeden Fall die archaische Deutung des Fluges; der Flug ist entweder eine vom Teufel eingegebene falsche Illusion oder aber Wirklichkeit, jedoch als »körperliche« Wirklichkeit: Es fliegen Menschen aus Fleisch und Blut nur mit dem Beistand des Teufels[40].

Die Überlieferung der Berichte als Zeugenaussagen in Hexenprozessen erfolgt nicht in ihrem normalen Milieu, sondern im Gericht, wo in der neuen kulturellen Situation eine neue Gattung, der »Hexensabbatbericht vor Gericht«, entstand. Die Dualität des erlebten und erzählten Erlebnisses wird hier durch ein drittes, hexenspezifisches Paradigma ergänzt: durch das der Hexe zugeschriebene Erlebnis, das als Hexenanklage oder Verteidigung bzw. Geständnis formuliert wird. Dabei kommt dem Disput über den Wirklichkeitsgehalt des Fliegens und des Hexensabbats eine große Bedeutung zu. Dieser Gehalt muß erklärt, nachgewiesen oder aber negiert werden. Im Laufe der Interaktionen zwischen Angeklagten und Anklägern paßt der Angeklagte die eigenen Erfahrungen und das ihm bekannte

Kulturmodell des Hexensabbats an die Erwartungen, an die Hexenstereotypen des Gerichtes an. In den sich wiederholenden Interaktionen nähern sich die voneinander abweichenden Bedeutungen nach und nach an[41]. Die Hexen kommen in ein symbolisch-irdisches Jenseits, das in den Augen des Gerichts eindeutig nur *irdisch* sein kann. Und die Hexe – als Mensch in ihrer körperlichen Realität – kann nicht anders fliegen als mit Hilfe des Teufels. Das Geständnis, fliegen zu können, ist also gleichbedeutend mit dem Geständnis der Hexerei, andererseits ist es aber indirekt auch eine Bestätigung der Teilnahme an einem Sabbat.

Somit kann also das irdische Fliegen, das die Jenseitsmerkmale eingebüßt hat, leicht zur zentralen Frage des Verhörs und zum Hauptbeweis der Hexerei werden. »Weißt du, welcher Niederträchtigkeit du angeklagt wurdest, daß du nämlich geflogen seiest«, wird z. B. in einem Prozeß in Nyék die »Feenhexe« gefragt, die von mehreren Zeugen gesehen worden war, als sie sich in die Luft erhob[42]. In diesem Kontext ist Fliegen als Seelenausfahrt selbstverständlich sinnlos, die Inquisitoren, welche die Hexe des Fliegens anklagen, wissen nur von wirklichem, körperlichem Fliegen. Die Angeklagten und die Zeugen aus dem Dorf können aber auch wirkliche »Seelenausfahrten« kennen, sie können solche manchmal auch tatsächlich miterlebt haben[43].

In den gerichtlichen Interaktionen erscheint das Dilemma »Seelenausfahrten – physisches Fliegen« immer wieder. Beim Lesen der Fragen der Richter und der Geständnisse können wir uns oft des Eindrucks nicht erwehren, daß hier die eine Partei die Fragen der anderen bezüglich des Fliegens nicht versteht und die andere die Erklärungen der einen nicht begreift. Im Laufe der Interaktionen vor Gericht wird die Frage immer zugunsten der Demythisierung und der vom Gericht suggerierten rationalen Erklärungen entschieden. In einem Hexenprozeß in Megyaszó (1731) behauptete die Angeklagte, daß sie auf dem Gipfel des Ingvár einen Hexensabbat feierten, aber »nur ihre Seele war dort, der Körper nicht«, und sie schlüpften durch das Schlüsselloch hinaus. Da die Richter diese Symbole der »Seelenausfahrten« allem Anschein nach in einer anderen Weise deuteten, erklärte die Hexe, wie sie durch das Schlüsselloch kamen: »Sie haben sich gestreckt wie ein Seil«[44].

Die Idee des teuflischen Beistandes gewinnt an Raum; damit ist alles Jenseitige, so auch das Fliegen, zu erklären. Die Visionserzählungen der Volksepik über Abenteuer im Jenseits, die zauberhaften Verwandlungen aus der Volksepik und ihre Motive aus der elitären Zauberliteratur (Zaubergegenstände, Zaubersprüche und wundersame Verwandlungen)[45] ließen sich an die Idee des teuflischen Eingreifens anpassen; diese literarischen und volkstümlichen Motive wurden in den Demythisierungs- und Dämonologisierungsprozessen der Gerichtsberichte auch eingesetzt. So kann auf den verschiedensten, mit Hilfe von teuflischer Illusion geschaffenen Zaubergegenständen geflogen werden: auf einem Teppich, mit der Geschwindigkeit des Windes oder der Kanonenkugel oder in einem Wagen, der sich mittels Zauberkraft in die Luft erhebt, wie z. B. in einer Prozeßakte aus Sümeg (1737): »Die oben erwähnten 6 Pferde waren nur Katzen, davon waren zwei schwarze Katzen von Ilona, [. . .] die Kutsche war nur ein weggeworfenes Sieb, eine Schwinge, die sie zusammentat wie die Räder, und sie brachte sie mit einer kleinen Peitsche in Gang, sie gingen wie der Wind«[46].

Die wichtigsten Beispiele der Bedeutungsänderung in den »Gerichtsberichten« präsentieren die ohne Zwang gegebenen und nicht gewaltsam erpreßten Geständnisse von Hexen. Das gleichzeitige Dasein beider Bedeutungsebenen läßt sich aber auch in anderer Situation erweisen, zum Beispiel in der Interpretation desselben Ereignisses mittels verschiedener Zeugen. Für die Flugberichte der Hexenprozesse ist es besonders bezeichnend, daß die unterschiedlichen Bedeutungsebenen in derselben Situation vermischt vorkommen. So treffen zum Beispiel »das jenseitige Wissen« und die »diesseitige Folgerung« in einem Prozeß des Komitats Komárom im Jahre 1727 zusammen: Frau Oláh Mihály flog mit ihren Gefährten in ein feenhaftes Jenseits, »wo es Zelte gab und ein Gastmahl«, sagt die eine Zeugin, worauf ein Bekannter sie fragt: »Woran befestigt ihr die Kühe?« (nämlich am Hexensabbat). Sie antwortet: »In der Baumkrone«[47].

Wie kann schließlich und endlich die oben gestellte Frage,

ob die Hexe fliegt oder nicht, beantwortet werden? Statt eine eindeutige Antwort zu geben, sollten wir lieber weiter fragen: Wann und wo entstanden diese Flugberichte? In gerichtlichen Situationen? Was genau wurde denn in dieser Situation in einem Hexensabbat-Bericht formuliert? Die Jenseits-Erlebnisse der Angeklagten? Die Beschuldigungen des Gerichtes? Die der Hexe zugeschriebenen Erlebnisse? Wurden vor Gericht eventuell lokal-traditionelle Hexensabbat- oder »Hexenfestmahl«-Berichte, also Hexensagen, erzählt? Man kann vermuten, daß all diese Behauptungen zusammen als Ganzes wahr sind: Erlebnis *und* Bericht, Erlebnisbericht *und* ausschließlich symbolische Hinweise enthaltende Sage (und auch andere epische Gattungen). Diese Dualität läßt sich auch im ursprünglichen Milieu des dörflichen Hexentums, nämlich in »vorgerichtlichem« Zustand vermuten. Alle diese Dualitäten sind genauso wie die mannigfaltigen Bedeutungsvarianten des Fluges bei den Prozeßverfahren auch erhalten. Im Kontext des Hexentums verschwand das Thema des Fluges nicht, es wurde sogar um neue Bedeutungen, nämlich um eine Reihe von Ideen und Methoden, von menschlichen und teuflischen, von wirklichen und metaphorischen, von wahren und erlogenen Variationen, bereichert.

Alles weist also darauf hin, daß die Hexenverfolgung dazu beitrug, innerhalb aller volkstümlichen Mythologien den Hexenflug als die reichste Variante der Flugvorstellungen mit den meisten Bedeutungsebenen hervorzubringen.

Anmerkungen

1 Belege von persönlichen Flugerlebnissen »gewöhnlicher Sterblicher« im ungarischen Raum siehe z. B.: Tamás Grynaeus, »Látomások« – túlvilági élmények a mai magyar szájhagyományban. (›»Visionen« – Jenseitserlebnisse in heutigen ungarischen Volkserzählungen‹), in: Zsu-zsanna Erdélyi (Hg.), Boldogasszony ága. Tanulmányok a népi vallásosság köréből, Budapest 1991, 154–156. Vgl. auch die Erlebnisse in Todesnähe, z. B.: Carol Zaleski, Otherworld Journeys. Accounts of Near-Death Experience in Medieval and Modern Times, Oxford 1987, 116–127.

2 Sie stammen aus Gegenden, in denen überhaupt eine Hexenverfolgung stattgefunden hat, also aus slowenischen, kroatischen, slovakischen und ungarischen Gebieten. Wichtigste Quellenausgaben der Hexenprozeß-

Protokolle: Andor Komáromy, Magyarországi boszorkányperek oklevéltára (›Das Urkundenarchiv der ungarischen Hexenprozesse‹), Budapest 1910; Ferenc Schram, Magyarországi boszorkányperek 1529–1768 (›Hexenprozesse in Ungarn 1529–1768‹), Bde. I–II, Budapest 1970, Bd. III, Budapest 1982; Gábor Klaniczay/Ildikó Kristóf/Éva Pócs (Hg.), Magyarországi boszorkányperek. Kisebb forráskiadványok gyûjteménye (›Ungarische Hexenprozesse. Sammlung von kleineren Dokumenten der Hexenverfolgung‹), 2 Bde., Budapest 1989; Ivan Tkal-čić , Izprave o progonu vješticah u Hrvatskoj, in: Starine XXV (1892), 1–102.

3 Dieses Material besteht aus rumänischen, südslawischen und ungarischen Glaubenssagen, Legenden und Beschwörungsformeln, ferner aus serbischen, bulgarischen, makedonischen und albanischen epischen Liedern und Balladen, etc. Die wichtigsten Ausgaben dieses Materials und einige wichtige Zusammenfassungen: Jakob Kelemina, Bajke in pripovedke slovenskego ljudstva, z mitoloskim uvodom, Celje 1930; Tihomir Đorđević, Veštica i vila u našem narodnom verovaniju i predanju. Vampir i druga biča u našem narodnom verovaniju i predanju, in: Srpski Etnografski Zbornik 66 (Beograd 1953), 5–155; Slobodan Zečević, Mitska biča srpskih predanja, Beograd 1981; Dimitar Marinov, Narodna vjara i religiosni narodni običai, in: Sbornik za narodni umotvorenija i narodopis XXVIII, Sofia 1914; Josip Moroz, Ženski demonič ni obrazi v blgarskija folklor i vjarvanija, Sofia 1989; Kazimierz Moszynski, Kultura ludowa slowian II. Kultura duchowa I.1., Kraków 1939; Maximilian Lambertz, Die Volkspoesie der Albaner. Eine einführende Studie. Zur Kunde der Balkanhalbinsel II, in: Quellen und Forschungen 6 (1958); Ion Muşlea/Ovidiu Bîrlea, Tipologia folclorului din raspunsurile la chestionarele lui B. P. Haş deu, Bucureşti 1970; Dagmar Burkhart, Untersuchungen zur Stratigraphie und Chronologie der südslavischen Volksepik, in: Slavistische Beiträge 33 (1968); dies., Kulturraum Balkan. Studien zur Volkskunde und Literatur Südosteuropas, Berlin 1989; Maximilian Braun, Das serbokroatische Heldenlied, Göttingen 1962. Über die Quellen der ungarischen Angaben siehe die Bibliographien meiner Abhandlungen: Éva Pócs, Fairies and Witches at the Boundary of South-Eastern and Central Europe (FF Communications 243), Helsinki 1989; dies., The Popular Foundations of the Witches' Sabbath and the Devil's Pact in Central and Southeastern Europe, in: Acta Ethnographica 37 (Budapest 1991/92), 305–370.

4 Vgl. Mircea Eliade, Symbolisme du »vol magique«, Numen 3 (1956), 7–13; ders., Mythen, Träume und Mysterien, Salzburg 1961, 144–159 (»Himmelfahrtssymbolik« und »Wachträume«).

5 Also auf irgendeiner Stufe veränderter Bewußtseinszustände vom tiefen Trancezustand bis hin zu der in halbwachem Zustand gesehenen Erscheinung. Über die Definitionen, Techniken und Typisierung der Erscheinung und der Vision siehe zusammenfassend: Nils G. Holm, Ecstasy research in the 20th Century. An Introduction, in: ders. (Hg.), Religious Ecstasy. Based on papers read at the Symposium on Religious Ecstasy held at Åbo, Finland, on the 26th–28th of August 1981 (Scripta Instituti

Donneriani Åboensis 11), 7–26; Ernst Benz, Die Vision. Erfahrungsformen und Bilderwelt, Stuttgart 1969, 83–222; Peter Dinzelbacher, Vision und Visionsliteratur im Mittelalter, Stuttgart 1981, 28–56.

6 In besonders großer Zahl sind Feenriten und Feenglaube der prawoslawischen Völker des Balkans bis in die Neuzeit erhalten geblieben. In den Feengestalten vereinigen sich Überreste verschiedener (griechischer, thrakischer, slawischer usw.) vorchristlicher Mythologien mit vielen mittelalterlichen und neuzeitlichen christlichen Elementen. Zusammenfassend zu den mittel-osteuropäischen Feen siehe: Pócs 1989 (wie Anm. 3).

7 Sammlung von Tekla Dömötör in Drávasztára (›Kroaten in Südungarn‹).

8 József Hegyi, Siklódi hiedelmek (›Volksglauben von Siklód‹), in: Ethnographia 48 (1937), 473.

9 Edmund Schneeweiss, Serbokroatische Volkskunde I. Volksglaube und Volksbrauch, Berlin 1961, 78; Burkhart 1968 (wie Anm. 3), 479–480.

10 Über die Windseelen siehe z. B. Kelemina 1930 (wie Anm. 3), 14, 94; Ute Dukova, Die Bezeichnungen der Dämonen im Bulgarischen II. Urslavische, südslavisch-dialektal und innenbulgarische Bildungen, in: Linguistique Balkanique 22/2 (1984), 9; Slobodan Zečević, Die Personifikation des Windes in der serbischen Mythologie, in: Zeitschrift für Balkanologie 19 (1983), 217–223. Die Darstellung der Windseelen-Scharen und der von Zeit zu Zeit zurückkehrenden Totenscharen als Winddämonen ist eine Eigenheit jeder indoeuropäischen Mythologie genauso wie das Jenseits, das weder Himmel noch Erde ist (siehe z. B. Moszynski 1939 [wie Anm. 3], 651–653; Erwin Rohde, Psyche. Seelenkult und Unsterblichkeitsglaube der Griechen, Tübingen 1925, Bd. I, 248–249; Karl Meisen, Die Sagen vom wütenden Heer und wilden Jäger, Münster 1935), wo die spätantike Dämonenwelt »als Gefangene der Luft« hin und her schwebte oder umherschwirrte, zu ewiger horizontaler Bewegung verdammt (vgl. Clive Hart, Images of Flight, Berkeley/Los Angeles/London 1988, 89–135).

11 Marinov 1914 (wie Anm. 3), 207; Muşlea/Bîrlea 1970 (wie Anm. 3), 113–116.

12 Sammlung von Tekla Dömötör in Drávasztára (Kroaten in Südungarn).

13 Otto Waser, Über die äußere Erscheinung der Seele in den Vorstellungen der Völker, zumal der alten Griechen, in: Archiv für Religionswissenschaft 16 (1913), 337–341; Mircea Eliade, Schamanismus und archaische Ekstasetechnik, Frankfurt a. M. 1974 (Paris 1951), 442–444; Hart 1988 (wie Anm. 10), 1–30.

14 Komáromy 1910 (wie Anm. 2), 362. Dieses Beispiel ist zugleich ein Hinweis auf die Dualität/Identität von Seelenvogel – seelenführender Vogel; vgl. Eliade 1956 (wie Anm. 4), 7; ders. 1974 (wie Anm. 13), 442. Vergleiche mit vorher Erwähntem über identische mythische Attribute von Patronen und Mediatoren.

15 Flug aufwärts zum (christlichen) Gott bzw. Himmel: D. W. Bousset, Die Himmelsreise der Seele, in: Archiv für Religionswissenschaft 4 (1901),

136–169, 229–273; Eliade 1956 (wie Anm. 4), 2–4; Hart 1988 (wie Anm. 10), 1–51; Benz 1969 (wie Anm. 5), 172–217.

16 Über die »Zauberinnen mit Schlangen« siehe: Éva Pócs 1991/92 (wie Anm. 3), 321–322; dies., Le sabbat et les mythologies indo-européennes, in: Nicole Jacques-Chaquin/Maxime Préaud (Hg.), Le sabbat des sorciers en Europe. XVème–XVIIIème siècles, Grenoble 1993, 29–30. Viele Fragen erheben sich in diesem Zusammenhang. Was verdankt z. B. die vertikale Orientierung des (Vogel-)Fluges und die Entstehung der Feenhimmelreiche den christlichen Impulsen, unter anderem den himmlischen Städten der Visionsliteratur?

17 Muşlea/Bîrlea 1970 (wie Anm. 3), 212.

18 Anikó Salamon, Gyimesi mondák (›Sagen aus Gyimes‹), Mai népi hiedelmek, in: Az ELTE Okori Történeti Tanszékeinek kiadványai 10 (1975), 109.

19 Für die untersuchten Gebiete des Balkans ist bezeichnend, daß bei den mit Feen kommunizierenden Sterblichen die unterschiedlichen Stadien und Formen der modifizierten Bewußtseinszustände gleichzeitig vorhanden sind: neben den Erlebnissen über Feenerscheinungen und den Seelenausfahrten im Trancezustand auch Besessenheit. Zusammenfassende Abhandlungen über die Riten und über die Heiler (mit weiterer Bibliographie): G. A. Küppers, Rosalienfest und Trancetänze in Duboka. Pfingstbräuche im ostserbischen Bergland, in: Zeitschrift für Ethnologie 79 (1954), 212–224; Kligman, Căluş. Symbolic Transformation in Romanian Ritual, Chicago/London 1981; Mircea Eliade, The Fairies and the Calusari, in: International Journal of Rumanian Studies 2 (1980) No. 3/4, 5–12; Walter Puchner, Zum Nachleben des Rosalienfestes auf der Balkanhalbinsel, in: Südostforschungen 46 (1987), 197–278.

20 Wie Eliade 1974 (wie Anm. 13), 172 bemerkt: »Der Tanz reproduziert [. . .] die ekstatische Himmelsreise der Schamanen«; vgl. auch Eliade 1980 (wie Anm. 19), 8.

21 Vgl. Zaleski 1987 (wie Anm. 1), 196–199, und R. Firth, Symbols. Public and Private, Ithaca/New York 1973, 73 (»symbol is an expressive representation of something which in itself lies beyond the sphere of expression and communication«). Was Benz 1969 (wie Anm. 5), 267–277, 313–321, 468–472 etc., über christliche Visionen, über die ständige Dualität von spontanem Erlebnis, wirklicher Erfahrung und der Anwendung von traditionellen Bildern und Symbolen sagt, gilt auch für die »Feenvisionen«.

22 Salamon 1975 (wie Anm. 18), 94.

23 Sammlung von József Gagyi in Atyha (Komitat Udvarhely, Ungarn in Rumänien), 1994.

24 Die unterschiedliche Bedeutung der Symbole wird in den kulturell unterschiedlichen Kontexten bestimmt. Die Bedeutung des Symbols hat mehrere unterschiedliche Schichten, diese sind nicht von primärer Signifikanz, außer in bestimmten Kontexten; vgl. Firth 1973 (wie Anm. 21), 18–22.

25 Das Erscheinen von Jenseits-Allegorien ist ein eindeutiges Zeichen dafür. Hier geht es nicht um ein mystisches Erlebnis, sondern »bloß« um Poe-

tik. Vgl. die Folgerung von H. R. Patch, The Other World. According to Descriptions in Medieval Literature, Cambridge (Mass.) 1950, 175: »The transition from myth to poetry is usually accomplished by means of allegory.«

26 Das »Entstehen« von irdischen Himmelreichen ist selbstverständlich nicht ausschließlich oder nicht in erster Linie das Ergebnis einer inneren Entwicklung. Es muß wenigstens mit zwei äußeren Einwirkungen gerechnet werden: einerseits mit der Einwirkung der Visionsliteratur und der daraus entstandenen literarischen Gattungen, wo ähnliche Prozesse der Konkretisierung und der Abstrahierung vor sich gegangen sind, andererseits mit Einwirkungen der internationalen, volkstümlichen Jenseits-Topoi. Vgl. Jacques le Goff, The Learned and Popular Dimensions of Journeys in the Otherworld in the Middle Ages, in: Steven L. Kaplan (Hg.), Understanding Popular Culture. Europe from the Middle Ages to the Nineteenth Century, Berlin/New York/Amsterdam 1984, 19–37; Günter Petschel, »Freunde in Leben und Tod« (AaTh 470), in: Fabula 12 (1971), 111–167; Patch 1950 (wie Anm. 25), 147; Dinzelbacher 1981 (wie Anm. 5), 30, 122–123; Benz 1969 (wie Anm. 5), 353–375, 506; Zaleski 1987 (wie Anm. 1), 89–90.

27 Wie Burkhart 1968 (wie Anm. 3), 480, ein wichtiges Sujet der serbisch-makedonischen Feenepik beschreibt: »Die Vila wird die Frau eines Helden, der ihr das Flügelkleid und damit ihre dämonische Macht geraubt hat, doch nach Wiedergewinnung des Flügelkleides erfolgt die Flucht der Fee.«

28 Anna Shturbanova, The Dance and the Nether World, in: Studies in Bulgarian Folklore, Sofia 1994, 87; Đorđević 1953 (wie Anm. 3), 72; Zečević 1981 (wie Anm. 3), 49.

29 Auch in dieser Region Europas wurden die volkstümlichen Mytholo-gien (auch die Feenmythologie) in das Glaubenssystem des Hexentums – im Laufe seiner Expansion im Mittelalter – integriert und vereinheitlicht. Die in diesen Regionen heimischen volkstümlichen Hexensabbat-Berichte sind oft nichts anderes als Adaptationen der Gruppenriten oder überiridischer Seelenausfahrten der Dämonen- und Zauberer-Hexenvorfahren ins Glaubenssystem des Hexentums. Zu dieser Frage siehe: Carlo Ginzburg, I Benandanti. Stregoneria e culti agrari tra cinquecento e seicento, Torino 1966; ders., Storia notturna. Una dezifrazione del Sabba, Torino 1989; Mircea Eliade, Some Observations on European Witchcraft, in: History of Religions 14 (1974), 149–172; Gábor Klaniczay, Shamanistic Elements in Central European Witchcraft, in: Mihály Hoppál (Hg.), Shamanism in Eurasia 2, Göttingen 1984, 404–422; Gustav Henningsen, The Ladies from Outside: Fairies, Witches and Poverty in Early Modern Sicily. Archaic Patterns of European Witchcraft, in: Bengt Ankarloo/Gustav Henningsen (Hg.), Early Modern European Witchcraft: Centres and Peripheries, Oxford 1990, 191–215; Pócs 1989 (wie Anm. 3); dies. 1991/92 (wie Anm. 3). Wie Ginzburg bestimmt: »the fundamental contribution of popular culture to the image of witches' sabbat [...] that is animal metamorphosis and magic flight is connected with the mythical journey into

the beyond« (The Witches' Sabbat. Popular Cult or Inquisitional Stereotype?, in: Kaplan 1984 [wie Anm. 26], 47).

30 Prozeß von Anna Hôs (Schram 1970 (wie Anm. 2), Bd. I, 48).

31 Prozeß von Katalin Baranyai, Kamocsa, 1727 (Gyula Alapi, Bûbájosok és boszorkányok Komárom vármegyében [›Zauberer und Hexen in Komitat Komárom‹], Komárom 1914, 25), und Prozeß von Kata Horváth, Nemeskér, Komitat Sopron, 1748 (Schram 1970 [wie Anm. 2], Bd. II, 355).

32 Schram 1970 (wie Anm. 2), Bd. II, 96–97, 725.

33 Prozeß von Kata Nagy, Nyék, Komitat Pozsony. László Koncsol, Kacsa, Kacsa, boszorkány vagy! (›Kacsa, Kacsa, du bist eine Hexe!‹), Pozsony (Bratislava) 1992, 66.

34 Prozeß von Katalin Baranyai, Alapi 1914, 25.

35 Z. B. Prozeß in Németújvár 1679 (Schram 1970 [wie Anm. 2], Bd. II, 725); in Szeged 1728 (János Reizner, Szeged története [›Die Geschichte von Szeged‹], Bd. IV, Szeged 1900, 376); in Simontornya 1741 (Schram 1970 [wie Anm. 2], Bd. II, 494)

36 Kisvárda 1737 (Schram 1970 [wie Anm. 2], Bd. II, 355); Szentes 1732 (Schram 1970 [wie Anm. 2], Bd. I, 239–240).

37 Komárom 1716, Prozeß von Zsuzska Aladosy (Archiv von Komitat Komárom, Büntetô perek).

38 Miskolc 1722, Prozeß von Éva Balogh (Archiv von Komitat Borsod, V. A. 501/a. 19. K. 519–525).

39 Die dämonischen Hexenvorfahren werden zu menschlichen Hexen, und die archaische Opposition »Lebendige – Tote« überläßt ihren Platz der Opposition »menschliche Welt – teuflische Welt« außerhalb der christlichen Moral (vgl. Robert Rowland, Fantastical and Devilishe Persons. European Witch-beliefs in Comparative perspective, in: Ankarloo/Henningsen 1990 [wie Anm. 29], 167–168). Die Schauplätze der Seelenfahrten ins Jenseits werden in das menschenfeindliche, teuflische, irdische »Jenseits« übertragen. Die Vermittlung zwischen Lebendigen und Toten erfährt eine Umdeutung und wird zur Initiation in die teuflische Welt.

40 Wie Dieter Harmening formulierte: »Die Teilnahme an dieser Versammlung setzt nun die Fähigkeit der Hexen voraus, fliegen zu können, um dorthin zu gelangen« (Hexenbilder des späten Mittelalters, in: Peter Segl (Hg.), Der Hexenhammer. Entstehung und Umfeld des Malleus maleficarum von 1487, Köln 1988, 182). Zusammenfassung der theologischen Meinungen über Hexenflug siehe z. B. Norman Cohn, Europe's Inner Demons. An Enquiry Inspired by the Great Witch-hunt, London 1975, 206–220; Harmening 1988 (wie Anm. 40), 180–182.

41 Wie Christina Larner den schottischen Hexenprozessen zufolge schreibt: »Peasant and lawyer combined to produce an agreed statement which had meaning for both« (Enemies of God. The Witch-hunt in Scotland, Baltimore 1981, 145). Vgl. Ginzburg 1984 (wie Anm. 29), 40: »the witches' sabbat was neither a learned myth (as Cohn argued) nor a popular myth, but a compromise formation.«

42 Csallóköznyék, 1725 (Koncsol 1992 [wie Anm. 33], 78).

43 Was Behringer im Hinblick auf das »Fliegen« von Chonrad Stoeckhlin schreibt, gilt auch für die Hexenprozesse der bei mir untersuchten mittelosteuropäischen Gebiete: »die Hexenfluggeschichten [...] sind nicht nur Produkt der christlichen Dämonologie oder der Folter, sondern hinter solchen Erzählungen, auch Aussagen in Verhörprotokollen, stecken zumindest in manchen Regionen Europas potentiell Erfahrungen ekstatischer Natur« (Wolfgang Behringer, Chonrad Stoeckhlin und die Nachtschar. Eine Geschichte aus der frühen Neuzeit, München 1994, 154).

44 Prozeß von Judit Varga, Megyaszó, Komitat Zemplén. Gábor Kazinczy, Megyaszói boszorkányok 1731-ben (›Hexen von Megyaszó in 1731‹), Hazánk, Történelmi Közlöny III (1885), 373–374.

45 Eine kurze Zusammenfassung über den »magischen Flug« der Zauberer: Ludwig Herold, Flug, in: E. Hoffmann-Krayer/H. Bächtold-Stäubli (Hg.), Handwörterbuch des deutschen Aberglaubens, Bd. II, Berlin/Leipzig 1928, 1670–1673.

46 Prozeß von Erzsébet Hampa (Schram 1970 [wie Anm. 2], Bd. I, 541).

47 Prozeß von Katalin Baranyai, Kamocsa, Komitat Komárom 1727 (Archiv von Komitat Komárom, Büntetô perek, XII/144).

Gustav Henningsen

Der Hexenflug und die spanischen Inquisitoren – oder: Wie man das Unerklärliche (weg-)erklärt

I

Die Hexerei ist im westlichen Denken immer umstritten gewesen, denn sie beinhaltet Unmögliches wie etwa den Flug, die Gestaltverwandlung oder das Sich-unsichtbar-Machen. Die mittelalterliche Kirche verdammte den Hexenglauben als heidnischen Aberglauben. »Wen gibt es«, fragt der sogenannte ›Canon Episcopi‹, »der nicht in Träumen und nächtlichen Erscheinungen seinen Körper verläßt und vieles im Schlaf sieht, was er wach noch nie gesehen hat?« Ferner fragt das berühmte Gesetzbuch: »Wer ist dumm und närrisch genug, zu glauben, daß all diese Dinge, die nur im Geiste geschehen, tatsächlich im Körper geschehen?«[1]

Später und aus noch unbekannten Gründen änderte die Kirche ihre Meinung und akzeptierte die Hexerei als teuflische Wahrheit. Dieser Wandel erfolgte in den Jahrzehnten um 1400 und machte den Weg frei für die gerichtliche Verfolgung von Hexen. Dies war der Ausgangspunkt der europäischen Hexenverfolgung, die in manchen Orten bis weit ins 18. Jahrhundert hinein fortdauerte. Jedoch wurde der Hexenglaube in gewissen Kreisen der intellektuellen Elite weiterhin mit Skepsis betrachtet; dazu gehörte die spanische Inquisition.

In Spanien entwickelte sich eine skeptische Tradition, die auf den Theologen Fray Lope de Barrientos zurückging, der 1469 als Bischof von Cuenca starb. Fray Lope übertraf den ›Canon Episcopi‹, weil er sogar der Vorstellung von rein geistigen Wanderungen widersprach: »Jeder muß überlegen«, schreibt er, »was mit den Körpern dieser Frauen eigentlich geschieht, wenn man sagt, daß sie zur gleichen Zeit an vielen Orten sein sollen und durch das winzigste Loch in ein Haus hineinfahren können. Verlassen sie ihre Körper, oder nehmen sie diese mit? Man darf nicht annehmen, daß sie ihre Körper verlassen, weil nämlich die Theologen und die Philosophen es für unmöglich halten, daß die Seele den Körper verlassen kann, wann immer sie will. Man darf auch nicht annehmen, daß sie ihre Körper mitnehmen, weil alle Körper nur drei Dimensionen haben: Größe, Breite und Weite, und sie können nur Räume passieren, die die gleichen Dimensionen haben wie sie. Also können sie auf keinerlei Weise durch winzige Löcher oder Risse in ein Haus hineinfahren. Und der Glaube, daß sie in der Gestalt von Gänsen in die Häuser hinein schleichen, um den Kindern das Blut auszusaugen, ist gleichermaßen absurd«[2]. Hier dachte der Bischof nicht an die Nachtschar im Gefolge Dianas, sondern an jene bösen, blutsaugenden Hexen, die anscheinend schon in der ersten Hälfte des 15. Jahrhunderts als furchtbare Kindstöter im Volksglauben der Kastilier bekannt waren.

1526 wurde vom spanischen Inquisitionsrat eine Reihe von Instruktionen für die Behandlung von Hexereifällen erlassen; doch enthielt diese so viele Ausnahmen, daß es im weiteren Verlauf des Jahrhunderts keine Hinrichtungen wegen dieses Verbrechens gab, bis auf einige Einzelfälle, die außer Kontrolle des Rates gerieten[3]. Angesichts der epochemachenden Instruktionen von 1526 erscheint ein Eintrag in den Annalen der spanischen Inquisition aus dem gleichen Jahr recht erstaunlich, der von einem Experiment mit dem Hexenflug berichtet. Dieser Bericht wird einem gewissen Inquisitor namens Avellaneda von Navarra zugeschrieben, der in einem Brief beschrieb, wie er selbst ein mit einer Hexe durchgeführtes Experiment gesehen habe, die von den Obrigkeiten eines Pyrenäendorfes festgenommen worden war: »An einem Freitag kurz vor Mitternacht ging ich ins Wirtshaus hinein, wo sie sich aufhielt«, berichtet er und erwähnt die Anwesenheit von Schreiber, Gerichtsdiener, zwanzig Soldaten und etlichen Männern aus dem Dorf. »Ich und der Schreiber [...] brachten sie in ein Zimmer«, fährt der Bericht fort, »wo sie sich in ihrer üblichen Art mit einer giftigen Salbe einschmierte [...] und auf ein Fenster zuging, das sehr hoch über einem riesigen Felsen gelegen war; jede Katze wäre bei einem Sturz hinab zerschmettert worden. Und dann rief sie den Teufel herbei, der nach seiner Art zu ihr kam und sie bis vor den Felsen hinunter trug. Um völlig sicher zu sein, ließ ich einen Unteroffizier mit einem seiner Soldaten draußen unter dem Fenster Wache halten. Einer von den Männern erschrak über das Geschehen so sehr, daß er sich bekreuzigte und Jesus Christus mit Namen anrief; daraufhin verschwand der Teufel, und die beiden entkamen. Am folgenden Montag entdeckte ich sie [die Hexe] drei Wegstunden entfernt auf einem Bergpaß zusammen mit sieben anderen in einer von tiefem Schnee umgebenen Hütte«[4].

Diese Quelle wurde von Historikern bis auf Julio Caro Baroja unkritisch zitiert. Meine eigenen Forschungen in den Registern der spanischen Inquisition beweisen aber, daß es in Navarra überhaupt keinen Inquisitor namens Avellaneda gab; die Glaubwürdigkeit dieses Berichts ist deshalb äußerst zweifelhaft[5].

Ein anderes Experiment mit dem Hexenflug wurde von dem spanischen Doktor Andres Laguna durchgeführt, der 1545 in Diensten des Herzogs von Lothringen in Metz stand; er bekam eine übelriechende Salbe von grüner Farbe in die Hände, die in der Hütte zweier angeklagter Hexen entdeckt worden war. Doktor Laguna testete die Salbe an einer Patientin, der Frau des städtischen Scharfrichters, die an Schlaflosigkeit litt. Sobald er sie mit der Salbe eingeschmiert hatte, fiel sie in einen tiefen Schlaf und träumte von vielerlei seltsamen Dingen. Wie er später in den Anmerkungen zu seiner Ausgabe des Dioscurides schrieb, brachte ihn dies zu dem Schluß, daß Hexen sich in Wirklichkeit nicht bewegen könnten, sondern nur in ihren Träumen zu den nächtlichen Zusammenkünften flögen[6]. Doktor Lagunas Experiment gehörte bald zu den Selbstverständlichkeiten in der Hexendiskussion der spanischen Inquisition.

Im Jahre 1610 wich der Inquisitionsrat jedoch von seiner üblichen Praxis ab, als er in dem berühmten Prozeß von Zugarramurdi die Todesurteile von sechs Hexen bestätigte. Anscheinend ließen sich die Inquisitoren von Logroño, das zu dieser Zeit Hauptsitz der Inquisition in den Baskenländern geworden war, von französischen Richtern beeinflussen, die damals jenseits der Pyrenäen mit einer gewaltigen Hexenjagd befaßt waren. Die spanischen Inquisitoren erhielten sogar einige Schreiben von dem französischen Hexenjäger Pierre de

Lancre, der keinen Augenblick lang an der Existenz von Hexen zweifelte.

Bald danach bemerkte der Rat, daß die Verbrennungen von 1610 ein großer Fehler gewesen waren, und kehrte zu seiner üblichen Verfahrensweise zurück. Nach Logroño gab es seitens der spanischen Inquisition keine weiteren Hexenverbrennungen mehr, und zwar weder in Spanien selbst noch in den abhängigen Ländern Italiens und der Neuen Welt. Dies bedeutete allerdings nicht das Ende von Hexerei- und Zaubereiprozessen; deren Zahl stieg sogar an. Während der neunzig Jahre zwischen 1610 und 1700 wurden – so schätze ich – von der spanischen Inquisition über 5000 Hexenprozesse durchgeführt[7].

Es ist in hohem Maße das Verdienst des Jüngsten der Inquisitoren von Logroño, Alonso de Salazar Frias, der kanonisches Recht an den Universitäten Salamanca und Sigüenza studiert hatte, daß Spanien nicht dem europäischen Trend der Hexenverbrennungen folgte. Nach den Todesurteilen von 1610 wurde Salazar vom Rat beauftragt, die Untersuchungen in den Baskenländern fortzuführen, um nach weiteren Hinweisen für die Existenz einer Hexensekte zu forschen. Nach neun Monaten »vor Ort« und Verhören von Hunderten der Hexerei Verdächtigter, lieferte er dem General-Inquisitor einen vollständigen und für diese Zeit überraschenden Bericht: (1) Er habe keinen Beweis für auch nur ein einziges Hexendelikt gefunden; und (2) habe es nirgendwo Hexen oder Verhexte gegeben, *bevor* man über dieses Thema gesprochen oder geschrieben habe.

Salazar widmete ein ganzes Kapitel seines Berichts »der Weise, wie die Hexen zum Sabbat ausfahren, an diesem teilnehmen und zurückkehren«. Es war nichts anderes als eine statistische Auswertung der Antworten der angeblichen Hexen auf einen vom Inquisitionsrat ausgearbeiteten Fragenkatalog. Salazar zufolge behaupteten 102 Personen, »es sei immer nach dem Einschlafen im eigenen Bett gewesen. Doch andere sagten, sie seien auch im wachen Zustand ausgefahren, bevor sie ins Bett gegangen und eingeschlafen seien.« Letzteres berichteten jedoch – nach Salazar – weniger als zehn. »Doch die Mehrheit in beiden Kategorien antwortete, daß sie unterwegs aufgewacht und daß sie während ihrer Ausreise, ihrer Anwesenheit beim Sabbat und ihrer Rückreise wach gewesen seien.« Weiterhin berichtete er, daß die meisten Hexen auf dem Hin- wie auch auf dem Rückweg durch die Luft geflogen seien, auch wenn einige zu Fuß gegangen seien und sogar eine behauptete, »daß sie sich in eine Fliege verwandelt habe, und eine andere sagte, daß sie in Form eines Raben unterwegs gewesen sei«. Auf die Frage, wie sie ihr Schlafzimmer verlassen hätten, gaben die meisten zur Antwort, daß sie durch ein Loch oder irgendeine Ritze, durch ein Fenster oder einen Kamin hinausgekommen seien; sieben sagten aus, daß sie durch die Schlafzimmertür oder über die Treppen aus dem Haus hinaus und ebenso bei ihrer Rückkehr wieder hineingelangt seien.

108 Hexen hatten darauf geantwortet, ob sie auf der Reise zum Sabbat jemanden getroffen oder gesprochen hätten – oder auf ähnliche Fragen. Die einstimmige Antwort war, daß sie auf ihrer Reise nie jemandem begegnet seien; weder hätten sie menschliche oder tierische Geräusche noch Glockenläuten vernommen und auch nicht irgendwelche Lichter gesehen. Ferner behaupteten sie, daß sie trotz Schnee und Regen niemals naß geworden seien. »Es ist merkwürdig«, schreibt Salazar, »daß in einem Dorf, in dem jedermann auf ein solches Ereignis acht gibt, [...] keinem je eine Hexe begegnet ist [...] Sogar Leute im selben Haus oder genau in dem Zimmer, von dem aus sie auf Reisen gingen, haben nichts bemerkt. Bis zum heutigen Tag ist mir noch keiner begegnet, der etwas Derartiges gesehen hat. Um so verwunderlicher ist es, daß zwei Menschen, die das gleiche Bett teilen und beide zum Sabbat gefahren sein sollen, von der Abfahrt oder Rückkehr des anderen nichts bemerkt haben sollen.« Die Schlußfolgerung Salazars am Ende seines Kapitels über den Hexenflug und die Reise zum Sabbat ist folgende: »Der Teufel betrügt diejenigen, [...] die glauben, daß sie weggewesen seien, ohne daß dies jemals geschehen ist; auch wenn solche Getäuschten mit voller Überzeugung davon reden und [...] möchten, daß man ihnen glaubt, wenn sie behaupten, andere Leute beim Sabbat gesehen zu haben, die sie dann nachträglich denunzieren«[8].

Auch Salazar untersuchte verschiedene Hexensalben, nicht weniger als zweiundzwanzig Töpfe, deren Inhalt sich aber als unwirksam erwies. Bei der näheren Befragung der Hexen, die mit solchen Präparaten ertappt worden waren, gaben alle schließlich zu, daß sie die Salben einfach aus wertlosen Zutaten zusammengemischt hätten, um ihre Verfolger zufriedenzustellen[9].

Bislang sind uns vier Theorien des Hexenfluges begegnet: (1) Hexen können mit Hilfe des Teufels tatsächlich fliegen; (2) sie imaginieren das Fliegen im Drogenrausch; (3) sie fliegen nur in ihren Träumen; (4) sie fliegen in Wirklichkeit mit der Seele und lassen den Körper als leere Hülle zurück. Letzteres wurde – wie wir gesehen haben – aus theologischen Gründen durch den Bischof von Cuenca, Lope de Barrientos, zurückgewiesen, entsprach aber dennoch immer allgemeiner Meinung. Wir haben auch gesehen, wie das Problem des Hexenfluges von spanischen Intellektuellen behandelt wurde und daß die Inquisition bereits von Anfang des 16. Jahrhunderts an eine skeptische Haltung gegenüber der Hexerei einnahm. Im zweiten Teil dieses Beitrags soll ein Sonderfall diskutiert werden, der den spanischen Inquisitoren viel zu denken gab und sich in der Tat als rätselhaft erweist. Es geht um die sizilianischen »Frauen von außerhalb« – *le donni di foura* oder *donas de fuera*, wie sie von den spanischen Inquisitoren genannt wurden, die mit ihrem Tribunal in Palermo residierten.

II

Ein Grund für die skeptische Haltung der Spanier gegenüber Hexerei dürfte die Tatsache sein, daß dieses Phänomen nur im Norden der iberischen Halbinsel vorkam. Im Süden des Landes fehlte das Hexereidelikt völlig; dort erklärte man Unglück im Rahmen von Zauberei. Die »bösen Leute« in Andalusien flogen nicht zu nächtlichen Zusammenkünften, verwandelten sich nicht in Tiere und suchten nicht die Häuser ihrer Nachbarn heim, um das Blut ihrer Kinder auszusaugen. Diese Nord-Süd-Trennung läßt sich auch in Italien feststellen, wo Hexerei und Zauberei ausschließlich im Norden vorkamen, im Süden aber nur Zauberei. Es gab aber einen entscheidenden

Unterschied im Vergleich zu Spanien. In Süditalien und Sizilien begegnen wir einem besonderen Typus von Magietreibenden mit der Fähigkeit, sich in Tiere zu verwandeln, zu fliegen, zu heilen und wahrzusagen. Diese Leute unterschieden sich jedoch wesentlich von jenen bösen Hexen, die aus anderen Teilen Europas bekannt sind. Sie genossen in der Bevölkerung große Verehrung, denn sie galten als Vermittler zwischen der Welt der Menschen und der Welt der Feen. In Sizilien wurde eine Fee auch »Frau von außerhalb«, *donna di fuora*, genannt, was zweierlei bedeuten konnte: (1) Fee oder (2) Feenheilerin.

Der sizilianische Feenglaube ist schon seit Mitte des 15. Jahrhunderts bezeugt – in einem volkssprachlichen Handbuch für Beichtväter, in dem alle Priester ermahnt wurden, ihre Beichtkinder danach zu fragen, »ob sie an die Frauen von außerhalb (*donni di fori*) glaubten und ob diese Frauen bei Nacht herumgingen (*e ki vayanu la nocti*)[10]. Doch erst ein Jahrhundert später wurde sich das Heilige Offizium des Phänomens bewußt. Im November 1587 schrieben die Inquisitoren von Palermo an den spanischen Inquisitionsrat, um ihn über die Geständnisse einer alten Frau, einer armen Fischersfrau aus Palermo, zu informieren. Ihr Name war Lauria de Pavia, und sie wurde verhaftet, weil sie damit geprahlt hatte, mit Genehmigung des Heiligen Offiziums kranke Menschen heilen zu können. Dies war jedoch nicht der Grund für das Schreiben des Tribunals an die Oberen in Madrid. Die Inquisitoren, darunter der berühmte Ludovico a Paramo, waren verblüfft über Laurias Geständnisse beim Verhör: »Wenn das, was diese Frau sagt, wahr ist«, schrieben sie in ihrem Brief, »dann ist eine neue Hexensekte entstanden«[11].

Die Schlußfolgerung der Inquisitoren ist erst dann verständlich, wenn man die Zusammenfassung des Geständnisses durchgelesen hat: Die Frau beschreibt nämlich eine Art Hexensabbat, allerdings ohne Teufel, ohne Schmerz, ja ohne all die ungeheuerlichen Dinge, die normalerweise berichtet werden – alles, wovon Lauria de Pavia erzählt, ist schön und vergnüglich. Sie beschreibt, wie sie und ihre ganze Schar, mit ihrem »Fähnrich« an der Spitze, auf Ziegenböcken sechs *palmos* (einen halben Meter) über dem Erdboden durch die Luft geritten seien – und zwar in:

»ein Land namens Benevent, das im Besitz des Papstes ist und im Königreich Neapel liegt. Dort befand sich eine riesige Ebene, worauf eine große Tribüne mit zwei Stühlen stand. Auf dem einen saß ein roter junger Mann, auf dem anderen eine schöne Frau; es wurde gesagt, sie seien König und Königin. Das erste Mal, als sie dort hinkam [...][12], sagten der Fähnrich und die übrigen Mitglieder ihrer Schar zu ihr, sie müsse niederknien und den König und die Königin verehren und alles tun, was sie verlangten, denn sie könnten ihr helfen und ihr Reichtum, Schönheit und auch junge Männer zum Liebesgenuß verschaffen. Und sie sagten ihr ferner, daß sie weder Gott noch Unsere Liebe Frau verehren dürfe. Der Fähnrich zwang sie, auf ein Buch mit großen Buchstaben zu schwören, sie würde die beiden anderen verehren [...], den König als Gott und die Königin als Unsere Liebe Frau, und diesen ihren Leib und ihre Seele versprechen [...] Nachdem sie sie in dieser Art verehrt hatte, stellten sie Tische auf, aßen, tranken und tanzten. Danach lagen die Männer bei den Frauen, auch bei ihr, und liebten sie mehrmals innerhalb kurzer Zeit.«

Die Fischersfrau erzählte den Inquisitoren, daß ihr dies alles wie ein Traum vorgekommen sei; nach dem Aufwachen befand sie sich in ihrem Bett. Sie sagte weiter aus, daß sie zunächst nicht gewußt habe, daß es Teufelswerk sei, bis ihr Beichtvater ihr erklärt habe, es sei der Teufel, und ihr verboten habe hinzugehen. Trotzdem habe sie bis zu ihrer Verhaftung weiter mitgemacht. Sie sagte sogar, daß sie wegen des fleischlichen Vergnügens mit größter Freude (*el gozo*) hingegangen sei, und auch, weil König und Königin ihr Heilmittel gegeben hätten, womit sie habe Kranke heilen und damit ein wenig Geld verdienen können, da sie immer sehr arm gewesen sei. Sie erzählte auch, daß sie manchmal ihre kleine Tochter zum Sabbat mitgenommen habe; weil es dem Mädchen aber nicht gefallen habe, habe sie später damit aufgehört.[13]

Leider wissen wir nichts über die Verhörpraxis der Inquisitoren – weder in diesem Fall noch bei den anderen »Feenheilerinnen«, die im folgenden Jahrhundert in Palermo angeklagt wurden. Im Jahre 1782 wurden alle Gerichtsakten verbrannt[14]; die einzigen uns noch erhaltenen Quellen sind die Gerichtsprotokolle und der Briefwechsel des Inquisitionsrats, die noch in den Archiven in Madrid vorliegen. Was aber das Geständnis der Fischersfrau betrifft, sind zwei Dinge festzuhalten: (1) Der Besuch des Sabbats bei Benevent war für sizilianische Feenheiler ziemlich untypisch, was auf einen Einfluß durch die Fragestellung der Inquisitoren hinweisen könnte; aber auch so vermittelt die Aussage der Frau (2) ein durchaus positives und vergnügliches Bild, das auch für andere Berichte charakteristisch ist.

Der typische Sabbat in Sizilien bestand aus einer Schar von Feen und Menschen, die nachts in der Stadt herumkreisten und dort unsichtbar in die Häuser hineinschlichen, »wie ein Luftzug«. In den Häusern der Reichen machten sie sich an die Schränke und zogen deren Kleider an. Waren dort Kleinkinder, nahmen sie diese aus der Wiege, spielten mit ihnen und legten sie mit einem Segen zurück. Hier sehen wir, daß die Feen und ihre menschlichen Begleiter im Unterschied zu den Hexen kinderfreundlich waren und ihnen nie Schaden zufügten.

Zuweilen ging die ganze Schar, angeführt von einer Feenheilerin, zum Haus eines Patienten, wo ein besonderes Mahl mit Delikatessen für Feen vorbereitet worden war, um sie dazu zu bewegen, ihren Fluch wegzunehmen und so den Patienten zu heilen. Wenn sie in ein Haus kamen, mit ihren Liedern und Musik und feinen Kleidern, lautete ihr Gruß: »Mit Gottes Segen, laßt den Tanz anheben!« Beim Verlassen des Hauses verabschiedeten sie sich mit dem Spruch: »Beendet den Tanz, und laßt Wohlstand anheben!« Vor ihrer Ankunft gab die Feenheilerin die Anweisung, daß das Haus aufgeräumt werden solle, da sie sonst während ihres nächtlichen Besuchs das Haus nicht segnen könne. Den Weg von einem Ort zum anderen oder in eine andere Stadt legten sie auf Ziegenböcken, durch die Luft reitend, zurück. Wie die Hexen trafen die Feen an bestimmten Wochentagen nachts zusammen, vermieden dies aber bemerkenswerterweise am Freitag, dem Tag, »da Unser Herr gestorben«, und am Sonntag; sie unternahmen ihre Reisen meist dienstags, donnerstags und samstags.

Bei der Beichte oder beim Inquisitionsverhör brachte man manche Angeklagten zu der Einsicht, daß der Feenkult Götzendienst sei; einige wurden auch dazu gebracht, einen Hexensabbat »authentisch« zu beschreiben. Dennoch mußte die Inquisition bei jeder enttarnten »Hexe« wieder von vorn beginnen. Wie die Fischersfrau von Palermo behaupteten die Angeklagten zunächst, daß sie dabei nichts Schlechtes empfunden hätten, bis sie von ihren Beichtvätern oder den Inquisitoren darüber aufgeklärt worden seien. Manche machten sogar den Versuch zu erklären, daß ihre Feen keine dämonischen Kreaturen wären, weil sie sich nicht vor dem Kreuz und dem Weihwasser fürchteten. Die Stellung dieser Frauen als Vermittler zur Feenwelt war im sizilianischen Brauch tief verwurzelt. Wütend stellten die Inquisitoren fest, daß die Frauen einen guten Ruf in der Gemeinde genossen und daß sie auch nach ihrer Inhaftierung im großen Spital von Palermo und ebenso nach ihrer Verurteilung weiterhin von Leuten besucht wurden, die sie um Rat und Hilfe baten[15].

Zur weiteren Diskussion des sizilianischen Feenkults sei auf meine früheren Arbeiten verwiesen[16]. In diesem Beitrag möchte ich auf einige Fälle näher eingehen, die im Rahmen meines sizilianischen Forschungsmaterials nicht nur ziemlich einzigartig, sondern auch problematisch sind, weil die Angeklagten alle Vorwürfe gewöhnlich zurückwiesen oder erst nach der Anwendung von Folter ein Geständnis ablegten. Wir können also nicht mit Sicherheit sagen, ob die Geschichten aus diesen Fällen tatsächlich die Erlebnisse der Angeklagten wiedergeben oder ob es sich nur um Erzählungen handelt, mit denen sie Freunde und Klienten beeindrucken wollten, um ihren Ruf als Mittler zur Feenwelt aufrechtzuerhalten.

Eine berühmte Feenheilerin war die vierzigjährige Klosterschwester Catarina Calandrino von Alcamo, eine Tertiarin des Franziskanerordens. Im Jahre 1624 wurde sie von achtzehn Zeugen bei der Inquisition denunziert, vermutlich wegen des Todes einer ihrer Patientinnen. Ich möchte hier nicht näher auf ihre Heilrituale eingehen, sondern mich vielmehr auf die Geschichten konzentrieren, mit denen sie ihre Klienten unterhielt.

»Wenn ich mit den Frauen von außerhalb gehe und weit entfernte Länder und Städte besuche«, so erzählte sie, »kleiden sie mich in goldene Tücher und ziehen mir Pantoffeln an, und wir treten nicht durch die Türen, sondern durch die Ecken der Häuser hinein. Und diese Frauen verehren einen Gott, und er [sic!] steht da mit entblößter Brust, und sie saugen an den Brüsten.« (NB: Eine bisexuelle Gottheit der Hexen gibt es in meinen Quellen sonst nirgends; vielleicht handelt es sich hier um einen Schreibfehler.)

Einmal sagte sie, sie habe zwei Zähne verloren, weil es während der Reise so kalt gewesen sei (dies darf man wohl als Märchen einstufen). Manche Zeugen erzählten, wie Catarina sie zum Mitfahren eingeladen habe: »Ich zeige dir so viele Länder wie du nur sehen möchtest«, versicherte sie ihnen, und auf die Frage, wie dies möglich sei, gab sie zur Antwort: »Ich werde dich auf einen Ziegenbock setzen, und du wirst dich festhalten müssen, der Schar folgen und dich nicht fürchten.«

Catarina berichtete auch von einer Salbe, die sie von den Feen bekommen habe und die sie zur Heilung von Kranken, besonders Kleinkindern, verwendet habe und daß ein gewisser Feenkönig, *el rey Cuco*, ihnen Geld gegeben habe, das sie an Frauen weitergegeben hätten, die ihre Kinder stillten.

Im Unterschied zu vielen anderen Angeklagten, fuhr Catarina auch in den Verhören fort, über ihre wunderbaren Erfahrungen zu berichten. Sie erklärte den Inquisitoren, daß sie von einer gewissen Vicencia in die Schar eingeführt worden sei (die auch verhaftet wurde; aber dazu später mehr). Vicencia nahm sie mit, so daß sie der Schar der Römer begegneten, und mit diesen reiste sie, in französischen Damast gekleidet und ein Tuch um den Kopf geschlungen, durch die Luft zu einigen Gärten. Nach der Rückkehr in ihr Haus nahmen ihr die Feen die Prachtgewänder ab und gaben ihr die Alltagskleidung zurück. Auf ihren nächtlichen Fahrten ging Vicencia, von der Schar *doña Inquanta* genannt, mit einer Fackel voraus, die unsichtbar für andere war, aber den Feen den Weg wies.

Bei einem der Verhöre erzählte die Ordensfrau von einer Nacht, als Vicencia zu ihr kam und sagte, daß die Schar der Römer mit anderen Leuten aus Malta auf einer Galeere bei Alcamo angekommen sei und daß sie und Vicencia dorthin

Abb. 17: Eine Hexe in Palermo, 1624; aus dem italienischen Skizzenbuch Anthonis van Dycks.

fahren sollten. Sie kamen auf einer Ebene an, wo sie eine Gruppe von Männern und Frauen in wunderschönen Kleidern erblickten, die in einer langen Kette zu Musik und Gesang Hand-in-Hand tanzten; leider ist die vollständige Beschreibung mit den Akten verlorengegangen und existiert nur in und lebte südlich von Palermo in einem Bergdorf, von wo aus sie geistig in die ganze Welt gereist sein wollte. »Beim Fliegen bleibt der Körper an seinem gewöhnlichen Ort, und nur der Geist fliegt davon« (*cio che vola è lo spirito*), erklärte sie uns und fuhr fort von einem großen Fest zu erzählen, das »sie« jeden Herbst in Indien zu ihren (d. h. der Frau) Ehren veranstalteten. Auf ihrem Weg nach Indien begegnete ihr üblicherweise bei der Überquerung der griechischen Felsenküste eine andere Frau, die auch im Geist unterwegs war.

Sie erklärte, daß die Mitglieder ihrer Familie ihr Schnarchen während ihrer Reisen hören könnten; normalerweise schnarche sie nicht. Ihre Angehörigen wagten nicht, sie während dieser Zeiten zu berühren, aus Angst, sie würde den Weg zurück nicht mehr finden. Bei unserem Gespräch wurde sie hin und wieder von Anfällen unterbrochen, die aber, wie sie erklärte, von ihrem Geist verursacht würden, der es nicht gern sehe, daß sie uns über ihre Reisen erzähle. Dennoch setzte sie das Interview mit uns fort.

Unter anderem berichtete sie von folgendem Erlebnis, das bemerkenswert ist, weil es in der menschlichen Welt anfängt, dann aber in der geistigen Welt seine Fortsetzung findet: Einmal hatte sie einen Streit mit einem jungen Nachbarn, der – wie sie glaubte – schwarze Magie betrieb und der zu ihr sagte: »Wenn ich dich bei Nacht auf einer Kreuzung treffe, werde ich dich in Stücke reißen!« Eines Nachts (einige Zeit später, als sie im Geist unterwegs war) traf sie diesen Mann zusammen mit seiner Schwiegermutter und einem anderen Geist. Der Mann machte sich bereit, sie anzugreifen. Aber seine Schwiegermutter hielt ihn zurück: »Siehst du nicht, daß wir zu dritt sein müssen, um ausfahren zu können; sie aber schafft es ganz allein« (ist also viel stärker).

Diese lebende magische Heilerin glaubte nicht an Feen, war aber selbstverständlich eine Nachtfahrende – und könnte möglicherweise zum Verständnis des Fluges der historischen Hexen beitragen. Mir ist immer noch nicht klar, unter welchen Bedingungen dieses umstrittene Phänomen erklärt werden kann. In solchen Fällen ist es übliche akademische Praxis, das, was nicht mit unserem gegenwärtigen Wissensstand übereinstimmt, zu ignorieren oder »wegzuerklären«. Ein anderer Weg, dieses Phänomen zu bewältigen, wäre, alles als Volksmärchen abzutun; denn im Königreich der Phantasie ist alles möglich. Ich muß aber eingestehen, daß ich solche rationalistischen Erklärungsmuster langweilig finde, weil dadurch immer die aufregendsten Aspekte des Phänomens verlorengehen. Bei meiner Rekonstruktion des sizilianischen Feenkultes habe ich versucht, eine möglichst ausführliche Beschreibung zu geben – wohl wissend, daß außerkörperliche Erfahrungen und kollektive Träume Phänomene sind, die viele noch für unmöglich halten und die deshalb streng unterdrückt werden. Dies alles wird vielleicht eines Tages als Teil einer psychischen Wirklichkeit anerkannt: eine virtuelle Realität im Menschen, die sich jeder Vorstellung entzieht.

Anmerkungen

1 Alan C. Kors/Edward Peters (Hg.), Witchcraft in Europe, 1100–1700: A Documentary History, Philadelphia 1972, 29–31.

2 Julio Caro Baroja, The World of the Witches, London 1964, Kap. 7, Anm. 11.

3 Gustav Henningsen, The Witches Advocate. Basque Witchcraft and the Spanish Inquisition, Reno 1980, 22 f., 378 f.

4 Baroja (wie Anm. 2), 146 (Kap. 11, Anm. 14).

5 Henningsen (wie Anm. 3), 464, Anm. 37. – William Monter ist unabhängig davon zur gleichen Schlußfolgerung gekommen: Frontiers of Heresy. The Spanish Inquisition from the Basque Lands to Sicily, Cambridge 1990, 262, Anm. 17.

6 Baroja (wie Anm. 2), 108 (Kap. 7, Anm. 31). Zu Lagunas Edition von Dioscurides siehe seine Materia Medica, Antwerpen 1555 (ICV XXV), 421 f.; Marcel Bataillon, Contes à la primière personne [...], in: Bulletin hispanique 58 (1956), 204 f.

7 Zwischen 1615 und 1700 sind 2520 Hexenprozesse seitens der spanischen Inquisition bekannt – s. Jaime Conteras/Gustav Henningsen, Forty-four Thousand Cases of the Spanish Inquisition (1540–1700), in: Gustav Henningsen/John Tedeschi (Hg.), The Inquisition in Early Modern Europe, Dekalb 1986, 119, Tafel 4. Hier habe ich die Zahl verdoppelt, weil wir aller Wahrscheinlichkeit nach nur über 50% der Fälle Bescheid wissen – s. G. Henningsen, The Database of the Spanish Inquisition. The ›Relaciones de causas‹. Project revisited, in: Heinz Mohnhaupt/Dieter Simon (Hg.), Vorträge zur Justizforschung. Geschichte und Theorie, Frankfurt a. M. 1993, Bd. 2, 82, Tafeln 1 u. 2.

8 Archivo Historico Nacional, Inquisicion (AHN, Inq.), legajo 1679, expediente 2.1, no. 21 a, f. 1 v–3 v, und die Glossare no. 6, f. 1 r–2 r.

9 Henningsen (wie Anm. 3), 297 f.

Sabbat abhielten; daß ich dort nie gemeinsam mit ihnen getanzt und mich dabei vermittels meines *Mangu* in eine Wildkatze verwandelt hätte; und daß ich auch nie in Gemeinschaft mit ihnen ein Stück des geraubten Menschenfleisches *Kawa* aus dem brodelnden Topf gegessen hätte, damit das Opfer anschließend sterben möge.

Diese Vorgänge im mystischen Bereich der Hexerei entzogen sich naturgemäß meiner direkten Beobachtung und Teilnahme. Dennoch gab es sie laufend – und so wurden sie auch zum täglichen Gesprächsthema:

Man fragte mich zwar des öfteren, ob ich sie nicht einmal fotografieren möchte – wenn sie sich des Nachts bei ihren orgiastischen Gelagen träfen, auf ihren Tanzplätzen im Busch, außerhalb der Siedlungen. Doch letztlich war niemand bereit, sich mit mir auf dieses gefahrvolle Unternehmen einzulassen und mit mir nach Mitternacht dorthin zu gehen.

Auch erhielt ich von den mir immer wieder vorgestellten Hexe(r)n niemals eine Einladung, mit ihnen gemeinsam zu ihren nächtlichen Treffen zu fliegen; wahrscheinlich traute man dem weißen europäischen Wissenschaftler des 20. Jahrhunderts nicht zu, nächtens als »Geheimwissenschaftler« in der Manier der Hexen ausfahren zu können – hatten doch die Missionare seit vielen Generationen alles mit dem Teufel gleichgesetzt, was mit Hexerei zu tun hatte und sich daher ihrer Kontrolle entzog.

Also war ich bei meiner Erforschung des Hexenwesens der Azande auf die wohlmeinenden Berichte meiner vertrauensvollen Freunde und Informanten angewiesen. Damit ich trotzdem einen zumindest bescheidenen visuellen Einblick in die mystischen Erfahrungen nächtlicher Hexenflüge – von denen ich kraft meiner kulturellen Herkunft ausgeschlossen war – vermittelt bekommen könne, fanden sich einige meiner afrikanischen Freunde liebenswürdigerweise bereit, für mich einige bunte Zeichnungen von Hexerei-Aktivitäten anzufertigen. Weil diese tatsächlich mein Verständnis für die Zusammenhänge in der esoterischen Welt der Hexen, Verhexten und Hexendoktoren entscheidend förderten, möchte ich hier dem interessierten Leser auch einige davon vorstellen.

Doch vorerst scheint es mir doch notwendig zu sein – über

die kulturelle Erfahrung bei den Azande in Zentralafrika hinausgehend –, auch einige allgemeine Feststellungen zum Phänomen nächtlicher Flüge von Hexe(r)n und Schaman(inn)en in anderen Kulturen zu treffen. Daher möchte ich nun kurz der Frage nachgehen, ob wir es hierbei nicht mit einem universalen Phänomen zu tun haben – mit einer ursprünglichen menschlichen Grunderfahrung, die vermuten läßt, daß die Fähigkeit zum Fliegen dem Menschen angeboren ist.

Werfen wir kurz einen Blick in diese allgemein menschlichen Erfahrungsbereiche, die seit Anbeginn der Menschheit von allen Kulturen berichtet werden. Dabei können wir sehr klar erkennen, daß es weltweit immer schon zumindest einige Spezialisten in jeder Gesellschaft gegeben hat, die kraft der Kultivierung ihrer außergewöhnlichen Bewußtseinsqualitäten in der Lage waren, Besonderes zu vollbringen und dadurch ihren meist vom profanen Treiben der Menschen gekennzeichneten Alltag zu überhöhen.

Zu diesen archetypischen Erfahrungen[5] der Menschheit zählen zweifelsohne eben gerade jene Erlebnisbereiche, die an der Grenze zwischen Tageswachbewußtsein und den anderen Dimensionen menschlichen Bewußtseins liegen. Bereits der Traum vermittelt uns schon erste Zugänge der unmittelbaren und nicht-materiellen Begegnung mit visionären Bilderwelten. Die Trance schließlich führt uns dann mitten in jenes überwältigende Erlebnisreservoir hinein, das die Berührung mit dem Unsagbaren zur Ekstase werden läßt[6].

Nächtliche Flüge afrikanischer Hexer gehören zu diesen Erfahrungswelten im Schnittpunkt zwischen Traum und Trance. Ob sie nun unbewußt oder bewußt inszeniert werden, ob sie mit Trommeln oder Drogen induziert werden – in allen Fällen eröffnen sie eine Welt ungeahnten sinnlichen Reichtums, bisweilen sogar ungezügelter Machtentfaltung.

Schamanen und Hexer verfügen demnach über ein Wissen, das ihnen nicht nur eine enorme persönliche »Erlebnisbereicherung«, sondern vor allem auch Macht über andere Menschen verleiht. Diese Macht ist aber auch davon abhängig, wie viele Menschen über dieses Wissen verfügen. Je weniger die anderen wissen, desto mehr wiegt das Wissen derjenigen, die darüber verfügen. Daraus wird verständlich, daß niemand, der

Abb. 18: Szene eines nächtlichen Hexenfluges in Tanzania: Besenreitende Hexen sprühen Feuer aus ihrem Munde und werfen ihre brennende Energie in die Häuser und auf ihre Opfer (*TINGA-TINGA*-Malerei der Makonde-Künstler »John« und »Peter« aus Tanzania).

über derartige Kenntnisse verfügt, leichtfertig andere Menschen einweihen würde.

Allerdings ist eine Voraussetzung dafür, daß diese Macht ausgeübt werden kann, daß das Kapital, welches dieses Wissen darstellt, auch in der Gesellschaft anerkannt wird. In den aus westlicher Sicht meist als »primitiv« bezeichneten Gesellschaften ist das auch der Fall. Hexen und Schamanen sind in diesen

Gesellschaften mächtige und zum Teil auch gefürchtete Personen, und die Kenntnis dieses geheimen Wissens kann sogar in ökonomisches Kapital umgesetzt werden. Aus diesem Grund habe ich bereits in meiner Dissertation das System der Hexerei bei den Azande als ein »Regulativ zur Stabilisierung sozioökonomischer Interaktionen interpretiert, welches auf der Basis suprasensitiver Interaktionen funktioniert«[7].

Hexen- und Schamanenflüge – eine menschliche Universalie?

Der Flug durch die Luft ist in erster Linie als der sogenannte »Seelenflug des Schamanen aufzufassen, der dabei gefährliche Abenteuer und Kämpfe mit feindlichen Geistern und Schamanen zu bestehen hat. Er konnte sich dabei ebensogut in den Himmel wie auch zur Unterwelt (Hölle) begeben. Gerade bei diesem Seelenflug kommt es häufig zu Tierverwandlungen, aber auch dann, wenn der Schamane den Angriffen von Feinden zu entgehen versucht. Der Ritt der Hexe auf einer Zaunlatte (oder einem Besen) findet seine Entsprechung bei vielen Schamanen Sibiriens (es handelt sich hier um einen Stab) wie auch bei australischen Medizinmännern, die mittels des Schwirrholzes zum Himmel aufsteigen.«[8]

Das Wissen um die »Seelenreise« reicht also weit zurück in der Menschheitsgeschichte. Als einer der frühesten bekannten Belege dafür kann eine Höhlenmalerei in Lascaux (der sog. »Strichmann«) angesehen werden, die mit 14 000 Jahren datiert wird. Felicitas Goodman arbeitet im Rahmen ihrer Erforschung ritueller Körperhaltungen mit dieser Darstellung und stellt fest, daß es sich dabei um eine Haltung handelt, »mit der wir trotz der kulturellen Kluft und der enormen Zeitspanne zwischen uns und jenen altsteinzeitlichen Jägern in die obere Welt, zu den Geistern der Luft, der Wolken, der Vögel hinauffliegen konnten«[9].

Eine Teilnehmerin eines Seminars von Felicitas Goodman schildert ihre Erlebnisse in besagter Haltung des Schamanen von Lascaux folgendermaßen: »Ein großer Vogel war über mir, der aber nicht ich war, und der mich in den Klauen gehabt hat und der eine ganze Weile mit mir geflogen ist; das war einfach toll, es war unheimlich schön. Dann wollte ich selbst fliegen, und der Vogel hat mich losgelassen. Ich war sehr klein, ich sehe aus wie ein Specht, und das Losgelassenwerden hat ungeheure körperliche Reaktionen hervorgerufen, ich bin in kleinen Kreisen immer weiter runter geflogen.«[10]

Aus diesen und anderen Beispielen wird klar ersichtlich, daß im Grunde genommen alle Menschen in der Lage sind, den magischen Flug zu vollziehen – was aber nicht bedeutet, daß alle Menschen Hexen oder Schamanen sind.

Mircea Eliade schreibt in seinem Standardwerk ›Schamanismus und archaische Ekstasetechnik‹[11], daß »die den Schamanen und Zauberern eigenen Mythen und Riten des magischen Fluges ein Hinauswachsen über den menschlichen Zustand verkünden [. . .]. Das Absinken der Menschheit versagt es seither den Menschen, zum Himmel aufzufliegen; nur der Tod stellt den Menschen (und nicht einmal allen!) ihre ursprüngliche Verfassung wieder her; erst dann können sie zum Himmel steigen und wie Vögel fliegen.«

Wahrscheinlich kommt es nicht von ungefähr, daß manche Grabmäler der Azande auch heute noch mit Darstellungen von anthropomorphen Gestalten dekoriert sind. Jeweils schwarz und weiß bemalt stellen diese die beiden Seinsformen der menschlichen Existenz dar – die diesseitige materielle und die jenseitige nicht-materielle. Zwischen diesen menschlichen Figuren sind Vögel gemalt, die diese beiden Welten vermittelnd überbrücken. Warum gerade Vögel? Warum tragen die alten Männer der Azande bei den Totentänzen Hüte, die mit zahlreichen Vogelfedern geschmückt sind? Warum geht der *Binza Avule* (oft auch als Hexendoktor bezeichnet) während der von ihm inszenierten therapeutischen Riten[12] mit einem Federhut auf dem Kopf in Trance, um entweder zu seinen Ahnen, oder auch in den mystischen Bereich der Hexerei zu reisen?

Salben, Besen, Trommeln, Rasseln, Körperrituale: Womit fliegen Hexen wirklich aus?

Nachdem seitens der kulturanthropologischen Forschung unzweifelhaft nachgewiesen werden konnte, daß es sich bei der Flugerfahrung von Hexe(r)n und Schaman(inn)en um ein – zumindest für die betroffenen Personen – unbestreitbares und real existierendes Erlebnisphänomen handelt, welches im Bereich erweiterter Bewußtseinszustände anzusiedeln ist (und dessen Verständnis daher lediglich vom Realitätsverständnis des Betrachters abhängt), bleibt nunmehr die Frage zu klären, womit sich Hexen auf ihre nächtlichen Aus-Flüge begeben.

Auf diese Frage gibt es unterschiedliche Antworten – dies wahrscheinlich deshalb, weil weltweit tatsächlich unterschiedliche Mittel dazu verwendet werden. Das Spektrum reicht von einer langen Reihe psychologischer Stimuli bis hin zu den sogenannten pharmakologischen Stimuli[13], die den jeweiligen »Nachtfahrenden« zur Verfügung stehen. Je nach kulturellem Geschmack und individueller Erfahrung werden diese von ihnen entweder einzeln oder auch in Kombination miteinander verwendet.

Im Zusammenhang mit den Berichten über die Nachtfahrenden tauchen immer wieder Nachrichten über sogenannte »Hexensalben« auf[14]:

Schon in der Antike, im 2. Jahrhundert, läßt Apuleius in seiner Zauberfabel ›Goldener Esel‹ seinen Hauptakteur Lucius davon berichten, wie er eines Nachts die Hexe Pamphile von einem Versteck aus beobachtet. »Zuerst zog sich Pamphile splitternackt aus. Dann sperrte sie eine Lade auf und nahm verschiedene kleine Dosen heraus. Eine davon öffnete sie und holte aus ihr eine Salbe, die sie so lange mit beiden Händen verrieb, bis sie völlig zergangen war. Sodann beschmierte sie sich damit von der Ferse bis zum Scheitel. Daraufhin hielt sie ein langes, heimliches Gespräch mit ihrer Lampe. Dann rüttelte und schüttelte sie ihre Glieder. Diese waren kaum in wallender Bewegung, als schon ein weicher Flaum aus ihnen hervorsproß. Im nächsten Moment schon waren auch starke Federn gewachsen, hornig und krumm war die Nase, und die Füße hatten sich in Krallen zusammengezogen. Und da stand Pamphile als Uhu«[15].

Ähnliche Schilderungen findet man in den Beschreibungen von Hexen. Hans Peter Duerr beginnt seine ›Traumzeit‹ mit einem Beispiel aus dem Jahre 1661 aus dem steirischen Gutenhag. Ursula Kollarin, die später zusammen mit einigen anderen Leuten erdrosselt und verbrannt wurde, gab zu Protokoll, daß die »alte Wollwerkthin« sie allesamt mit einer schwarzen Salbe unter den »Jaxen« angeschmiert habe, »auf welches allen der Leib fedrig geworden und alsbald am Rohitschberg gleichsam wie Storchen geflogen«[16].

Auch wenn der Gebrauch von Hexensalben zur Induktion des nächtlichen Fluges bekannt war, so findet man in den Akten der europäischen Hexenprozesse kaum Hinweise auf deren Bestandteile. Im ›Malleus Maleficarum‹ ist zwar von Hexensalben die Rede, mit denen die Hexen für die nächtliche Fahrt »irgend einen Sitz oder ein Stück Holz bestrichen, worauf sie sich sofort in die Luft erheben«[17]. Demnach sollen derlei Salben aus den gekochten Gliedern von Kindern, die noch vor der Taufe von der Hexe getötet wurden, hergestellt worden sein.

Alle überlieferten Rezepturen sind Kompositionen aus mehreren Zauberpflanzen: »Akonit, Alraune, Artemisa, Betel, Bilsenkraut, Brechnuß, Eisenkraut, Hanf, Kalmus, Knoblauch, Lattich, Mohn, Nachtschatten, Nieswurz, Orchideen, Safran, Seerose, Stechapfel, Teufelsdreck, Tollkirsche, Tollkraut, Wein, aber auch Schierling, Spanische Fliege, Weihrauch (Olibanum, Benzoe), Hauswurz, Petersilie, Sellerie, Brunnenkresse, Pastinak, Klatschmohn, Salat«[18]. Ein weiterer Bestandteil der Salben war Ruß. Von den sibirischen Schamanen ist bekannt, daß sie ihr Gesicht mit Ruß schwärzen, um so für die Geister als Lebender unerkannt zu bleiben, wenn sie »die Seele eines Abgeschiedenen ins Jenseitsland« begleiten[19]. Dies legt die Annahme nahe, daß die Beimengung von Ruß in den Hexensalben ebenfalls der Tarnung diente.

Auch im außereuropäischen Bereich findet man derartige Pflanzen, die im Zusammenhang mit Trancezuständen und Seelenreisen Verwendung finden. So nahmen die sibirischen Schamanen beispielsweise Fliegenpilze zu sich. Aus der Neuen

Welt sind Peyote, Psilocybin-Pilze, halluzinogene Lianen oder auch der Gebrauch des Stechapfels bekannt. Hans Peter Duerr betont in ›Traumzeit‹, daß der Stechapfel von »Indianern« seit langem benutzt wurde, »um ihnen die Begegnung mit den Geistern oder den Blick auf das Wesen der Dinge« etc. zu erleichtern; daß er aber heute zumindest »als bedrohlich für Leib und Seele« angesehen und sein Gebrauch den Hexen zugeordnet wird. Er stellt aber auch fest, daß der Stechapfel erst als Hexenkraut abgewertet wurde, nachdem der Gebrauch von Peyote aufgekommen war.

Hans Peter Duerr geht auch der Frage nach, weshalb die Inquisitoren sich derartige Mühe gaben, das Bekanntwerden der Existenz solcher halluzinogener Inhaltsstoffe zu verhindern. Entgegen den Wissenschaftlern war den Richtern daran gelegen, die Realität des Hexenfluges zu beweisen.

Da die Inquisitoren von der Annahme ausgingen, daß die Hexen tatsächlich flogen, und sie dafür die Mithilfe des Teufels nachweisen wollten, mußten sie jedoch jede »natürliche Erklärung ausschalten. Hätten sie die Existenz bewußtseinsverändernder Pflanzen zugelassen, wäre schon damals von der Hexe nicht viel mehr als das Bild einer durch Drogen verwirrten Frau übriggeblieben, die eher Mitleid als den Tod verdient hätte. Unter diesem Gesichtspunkt wäre dem Teufel – wenn überhaupt – nur eine geringe Bedeutung zugekommen.« Duerr stellt auch fest, daß der Teufel in Verbindung mit den Hexen zu Beginn der Hexenprozesse nicht aufscheint und daß er den Hexen im Laufe ihrer Vernichtung als »völlig fremdes Element aufgezwungen wurde«[20]. Man kann daher davon ausgehen, daß die Protokolle der Hexenprozesse viel eher den »Vorstellungen« und Erwartungen der Richter entsprachen, als denen der Befragten.

Ein anderes Extrem verkörperten und verkörpern jene Wissenschaftler, die den Versuch unternommen haben, die nächtlichen Flüge auf eine reine Halluzination unter Einwirkung von Drogen zurückzuführen. Sie gingen davon aus, daß die Nachtfahrenden nach dem Gebrauch der Salben für den Beobachter sichtbar im Raum blieben. Für sie war das, was sie sahen, die einzige Wirklichkeit – woraus sich ergab, daß es sich bei den Nachtfahrenden lediglich um durch Drogen Verwirrte handeln konnte, die nur von der Wirklichkeit ihrer Halluzination überzeugt waren.

In diesem Sinne waren die Inquisitoren vielleicht näher an dem, was es bedeutet, zu fliegen. Denn die Halluzinogene dienten den Nachtfahrenden zwar als Bedingung für den Flug – trotzdem war für das nächtliche Erlebnis sicherlich mehr notwendig, als die Einnahme von Drogen. »In der Realität wird nicht das Hersagen einer Formel ausschlaggebend gewesen sein, wohl aber das Wissen um die Art der gewünschten Traumvision. Nur wer innerhalb der geheimen Tradition steht, wird das zu erleben glauben, was der Gegenstand des Strebens ist«[21].

Auch Alexandra Rosenbaum schreibt, daß die durch Halluzinogene erlebten Rausch-Erfahrungen individuell unterschiedlich sind; daß die Substanzen zwar ausschlaggebend, aber nicht ausschließlich für die Wirkung auf die Psyche verantwortlich sind[22].

Weiters ist zu bedenken, daß es neben diesen durch Halluzinogene induzierten Formen des Seelenflugs auch solche Formen gibt, die durch Trommeln oder Rasseln eingeleitet werden, wie dies in den genannten Beispielen von Felicitas Goodman der Fall ist. Hier ist die Art der Körperhaltung das Ausschlaggebende für den Flug. Im ›Malleus Maleficarum‹ findet sich eine Stelle, die an diese Technik der Körperhaltung erinnert: »Hierher gehört jene [Hexe] aus Breisach, die, von uns befragt, ob sie nur in der Phantasie und Vorstellung, oder aber auch körperlich ausfahren können, antwortete, ›auf beide Arten‹. Wenn sie nämlich in einem Falle körperlich ausfahren, aber doch wissen möchten, was in der betreffenden Versammlung von ihren Genossinnen verhandelt würde, dann würde von ihnen die Weise beobachtet, daß sich die Hexe im Namen aller Teufel auf die linke Seite schlafen lege: dann führe etwas wie ein bläulicher Dampf aus ihrem Mund, und alles sähe sie ganz deutlich, was dort verhandelt würde.«[23]

Flugberichte afrikanischer Hexer

Wie aus allen anderen Teilen der Welt verfügen wir auch aus Afrika über zahlreiche Angaben zu nächtlichen Flügen von Hexen und Hexern, aus der sich allerdings keine einheitlichen Schlußfolgerungen bezüglich der verwendeten Techniken ableiten lassen[24].

Einige meiner afrikanischen Freunde und Fachkollegen haben mir folgende tatsächlichen Begebenheiten erzählt:

MESOMBI oder über den Fall eines nächtlichen Hexenfluges bei den mpyémo – ein Begebenheitszeugnis vor dem Bezirksgericht von Nola (Zentralafrikanische Republik) von Maurice Djenda[25]:

»Die *mpyémo* gehören zu den bantu-sprachigen Ethnien Afrikas südlich der Sahara und leben im Grenzgebiet zwischen der Zentralafrikanischen Republik und Kamerun. Das Hexenwesen ist ein wohl bekanntes, Männer und Frauen gleichsam betreffendes, altes Phänomen bei den *mpyémo,* zu dem folgende Termini der eingeborenen Sprache gehören: *alembo* oder die Hexensubstanz bzw. die Hexenkraft im Menschen, verkörpert in der Vorstellung der *mpyémo* durch eine Spinne; *lembo* oder der Träger bzw. die Trägerin dieser Kraft, also die Hexe oder der Hexenmeister; *asombi* oder die Hexerei (die Tätigkeit); *mesombi* oder der Ausbruch dieser Kraft aus dem menschlichen Leib. Die Hexerei ist grundsätzlich ein nächtlicher Umtrieb böser Menschen und wird in der Gesellschaft als böseste negative Kraft angesehen, weil man dadurch ausschließlich vielen Mitmenschen Schaden zufügen kann.

Die berühmte Geschichte begann im Februar der Trokkenzeit des Jahres 1993, als ein in einem der vielen *mpyémo*-Dörfer namens Ntomori lebender bekannter Kaffeeplantagen-Besitzer plötzlich starb – und zwar ohne jede erkennbare Krankheit. Die Verwandten des Verstorbenen ließen den berühmtesten Feticheur und Wahrsager der Gegend, Liki, kommen, um die Ursache des Todes ihres Familienoberhauptes festzustellen.

te – wie es von dieser Art von Lampen erzeugt wird, welche man von griechischen und arabischen Kaufleuten kaufen kann –, welches sich hinter der Hütte meines Dieners in Richtung auf das Gehöft eines Mannes namens *Tupoi* bewegte. Da mir dies einer Nachforschung wert zu sein schien, folgte ich seinem Weg, bis mir ein Windschutz aus Gras die Sicht verstellte. Ich rannte schnell durch meine Hütte zur anderen Seite, um zu sehen, wohin das Licht sich bewegte, konnte es aber nicht wieder erkennen. Ich wußte, daß nur ein Mann, ein Angehöriger meines Haushalts, eine Lampe hatte, die ein solch helles Licht hätte ausstrahlen können. Aber am nächsten Morgen sagte er mir, daß er weder spät nachts draußen war, noch daß er seine Lampe benutzt hätte; und auf keinen Fall ging er in dieser Richtung auf seine Hütte zu. Aber es mangelte nicht an eilfertigen und beunruhigten Informanten, die mir ängstlich versicherten, daß das, was ich gesehen hatte, zweifellos *Mangu* war. Kurz darauf, am gleichen Morgen, starb ein alter Verwandter von *Tupoi,* der in dessen Gehöft wohnte. Dieses Ereignis erklärte völlig das Licht, welches ich gesehen hatte, als *Mangu* auf dem Weg, um einen kranken und schwächer werdenden alten Mann zu erledigen. Ich entdeckte nie den wirklichen Ursprung dieses Lichtes. Möglicherweise bestand er in einer Handvoll Gras, das jemand auf dem Weg zu seiner Notdurft angezündet hatte; aber das seltsame Zusammentreffen der Richtung, in der das Licht sich bewegte, mit dem darauf folgenden Todesfall paßte gut zu den Ideen der Zande.«[32]

Mehrere meiner Informanten erklärten das Zustandekommen dieses Feuers der Hexerei *We Mangu*[33] auf folgende Art: Wenn eine Person mit Hexenkraft (dies kann sowohl ein männlicher Hexer bzw. Hexendoktor als auch eine weibliche Hexe sein) an jemanden denkt und ihm Böses wünscht – wenn sie also ihre bösen Absichten herausschleudert, um sie gegen diese Person zu werfen –, so tritt Feuer aus ihrem Munde heraus. Dieses Feuer kommt aus dem Inneren des Körpers der Hexe, und zwar rührt es direkt von der Hexerei-Substanz *Mangu* her. Diese brennt des öfteren selbst so heiß wie Feuer, so daß die

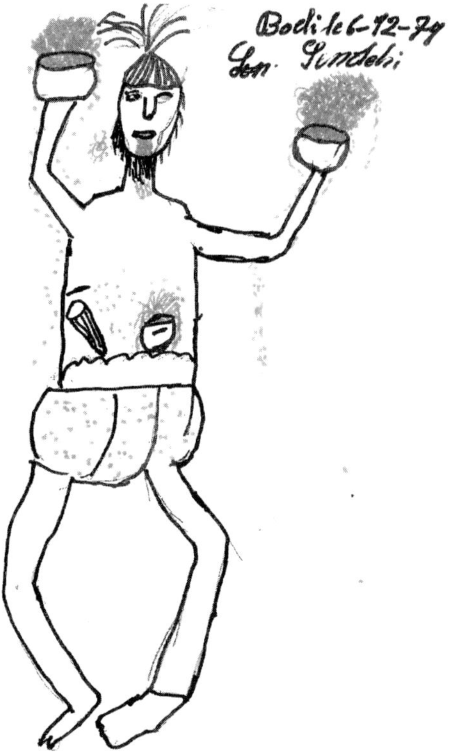

Abb. 20: Ein großer Hexer (*boro mangu*) der Azande mit Trommeln im Bauch, mit denen die übrigen Hexen zu den nächtlichen Gelagen einberufen werden; das Feuer der Hexenkraft tritt bereits aus dem Munde und den »Medizintöpfen« in den Händen aus (Zeichnung von Sendehi aus Zaire).

Hexe das Verlangen hat, es durch ihren Mund aus ihrem Körper ausströmen zu lassen. Dadurch entsteht eine Erleichterung und Befriedigung für die Hexe. Dieses Feuer im Inneren des Körpers ist angeblich mit dem Gefühl des Hasses, des Neides oder auch der Eifersucht vergleichbar. Es gilt immer einer gewissen Person, welcher man ein bestimmtes Unheil wünscht.

Der grundlegende Unterschied zwischen einer Hexe (*Boro Mangu*) und »normalen« Menschen (*Amokundu*) besteht nun darin, daß die Hexe oft gar nicht anders kann, als diesem inneren Druck nachzugeben und dem Feuer freien Lauf zu lassen, wohingegen die Menschen, die keine Hexen sind, dieses Feuer bändigen und es im Inneren des Körpers wieder abkühlen lassen. Es kommt aber auch vor, daß die Hexen dieses innere Feuer anschüren, um es schließlich durch Konzentration sowie durch intensives Denken auf die von ihnen verhaßte Person zu werfen und diese dadurch zu schädigen. Dies wird vor allem von Hexe(r)n während ihrer nächtlichen Versammlungen behauptet.

Wenn man also in der Nacht Feuerflammen durch die Luft fliegen sieht, so bedeutet dies, daß die seelische Substanz einer Hexe unterwegs ist – entweder auf dem Weg zum Versammlungsplatz oder zu ihrem Opfer. Wie man sich vor einem derartigen Angriff schützen kann und welche Folgen dies für den materiellen Körper der Hexe hat, schildert einer meiner Hauptinformanten auf sehr anschauliche Weise: »Manchmal kommt es vor, daß diese Feuerflammen unter dem Dach des Hauses oder auch im Freien herumkreisen. Wenn man gelegentlich in den späten Nachtstunden oder nach Mitternacht hinausgeht, kann man ebenfalls manchmal diese Flammen bemerken, wie sie so um den ganzen Hof herumkreisen. Dann kann man ein Stück Holz oder auch ein Stück Eisen in diese Richtung werfen. Sobald das Eisen einmal auf eine Flamme trifft, so bedeutet das, daß die Person auch getroffen wurde. Die Person, die dieses Feuer dort – also dieses *Mangu* – trägt, wurde getroffen. Und man kann am nächsten Tag in der Frühe automatisch sehen, daß eine gewisse Person verletzt worden ist. Das ist genau dieser Mensch mit *Mangu*, der um den Hof und in der Umgebung herumschlich.«

Aus den meisten Schilderungen dieser Art geht nicht immer eindeutig hervor, ob auch der Körper der Hexe an diesen nächtlichen Reisen beteiligt oder ob lediglich ihre seelische Substanz unterwegs ist. Für ersteres spricht das persönliche Erlebnis eines unserer zuverlässigsten Informanten: »Das war während der Nacht. Wir waren mit dem Auto unterwegs. Plötzlich haben wir in einiger Entfernung von uns – zirka fünf zig Meter – ein Feuer gesehen, welches nur so aus dem Nichts

Abb. 21: Die Hexenkraft *mangu* fährt durch den Mund aus dem Körper eines Hexers aus und fliegt in Form leuchtender Feuerbälle den Opfern entgegen (Azande-Zeichnung von Sendehi).

hervorkam. Es glich nicht einem natürlichen Feuer, auch keinem elektrischen Licht. Sondern das war folgendermaßen: zwischen dem natürlichen Feuer, welches vom Holz ausgeht, und dem Feuer, dem Licht der Elektrizität. Es gab also viel Licht – es machte sogar Funken. Aber als wir uns immer mehr dem Licht näherten, begann es sich ein wenig zu färben, und nach all dem sahen wir einen Mann, der vollkommen nackt war. Aber als wir bei ihm angekommen waren, hatte jeder Angst. Und niemand konnte ihn fragen, was er hier eben gemacht habe und wie die Flamme aus seinem Munde hervorgekommen sei. Das war der erste Tag, daß ich wirklich davon überzeugt war, daß das *Mangu* wirklich existiert.«

Zumeist heißt es, daß sich die Hexen des Nachts an abgelegenen und verborgenen Plätzen außerhalb der Ortschaften versammeln. Diese nur kärglich bewachsenen ebenen Flächen bzw. Lichtungen werden in der Regel *Munga* genannt – man beachte die Umkehrung der Selbstlaute in Gegenüberstellung zum damit assoziierten Wort *Mangu*: ein Indiz, welches bereits andeutet, daß sich auf derartigen Plätzen die Dinge umgekehrt zur gesellschaftlich gebilligten Norm verhalten. So sind z. B. die Hexen, die sich hier versammeln, nicht bekleidet, sondern nackt; sie tanzen nicht im Kreis entgegengesetzt zum Uhrzeigersinn, wie es normalerweise üblich ist, sondern im Uhrzeigersinn und bewegen sich dabei nach rückwärts, anstatt nach vorwärts; sie verspeisen menschliches Fleisch, anstatt tierische oder pflanzliche Nahrung, etc.

Die Tatsache, daß diese *Munga*-Flächen kaum mit Vegetation bewachsen sind, wird dem Umstand zugeschrieben, daß die Hexen immer darauf tanzen – und deshalb könne dort nichts gedeihen. Außerdem werden auf derartigen Plätzen meist auch Fährten von wilden Tieren vorgefunden – was als Beweis dafür angesehen wird, daß sich die nachtfahrenden Hexen während ihrer Tänze in wilde Tiere verwandeln. Unmittelbar neben dem *Munga* befindet sich immer ein großer Baum namens *Bogu*, welchen die Hexen besteigen, wenn sie jemanden verhexen wollen. Während meiner ca. 4000 km langen Radfahrten und Fußmärsche durch das Siedlungsgebiet der Azande und die dazwischenliegenden unbewohnten Gegenden wurde ich von den autochthonen Begleitern immer wieder auf diese charakteristischen Plätze aufmerksam gemacht.

Gelegentlich wird auch berichtet, daß sich die Hexen direkt im Gehöft ihres Opfers versammeln bzw. auf den Dächern und benachbarten Bäumen ihre Versammlungen abhalten. Dies geschieht vor allem dann, wenn sie sich bei ihrer Diskussion untereinander nicht einigen können und daher an Ort und Stelle ihren Kampf austragen. Einem sehr detaillierten Bericht eines traditionellen Azande-Chefs zufolge[34] sollen einmal große Mengen von Feuerflammen im Gehöft seines Vaters umhergekreist sein und einen Krieg untereinander ausgefochten haben. Obgleich es nur die »geflügelten Geister« der Hexen und nicht die Personen selbst waren, die den Krieg untereinander austrugen, gab es dennoch überall Blut zu sehen, welches wie ein Regen herniederkam. Die involvierten Hexen, die der Chef namentlich aufzählte, hatten allerdings nachher keine Wunden, denn sie waren nicht mit ihren Körpern, sondern nur mit ihren Seelen anwesend.

Abb. 22: Der Tanz der Hexen in der Nacht (*gbele mangu*) – rund um ein riesiges Feuer und die Trommeln der Hexerei; vom Baum aus wird ihr Opfer verhext (Azande-Zeichnung von Chef Zibili).

»Zande-Hexen fliegen aus, um menschliches Fleisch zu rauben«

Nach den eindrucksvollen Berichten, die vielleicht zur Klärung der Frage beitragen mögen, *wie* afrikanische Hexen nachts unterwegs sind, wollen wir nunmehr versuchen, auch die Motive zu ergründen, *warum* sie überhaupt auf Reisen gehen.

Das bringt uns zur zentralen Fragestellung der vorliegenden Abhandlung: zur Bewertung nächtlicher Hexen-Flüge bei den Azande. Sie kann natürlich nicht losgelöst vom gesellschaftlichen Ethos und von den Moralvorstellungen dieses zentralafrikanischen Volkes erfolgen – und sie fällt dementsprechend ambivalent aus.

Voraussetzung für ein diesbezügliches Verständnis ist der Umstand, daß gewisse zwischenmenschliche Konflikte, die durch keine anderen Lösungsstrategien bewältigt werden können, im Rahmen der Institution »Hexerei« ausgetragen werden. Wann immer das vom Gewohnheitsrecht vorgesehene Prinzip der Reziprozität einseitig verletzt wird, kann die dadurch ausgegrenzte Person mittels Hexerei öffentlich auf diesen Umstand aufmerksam machen, um ihr angestammtes Recht auf Reziprozität einzufordern. Dieser Aspekt der Hexerei ist gesellschaftlich legitimiert und gilt auch als notwendiges Regulativ zur Überwachung gesunder zwischenmenschlicher Interaktionen.

Anders jedoch verhält es sich mit den mutwilligen Übergriffen der sogenannten »Nachthexen«, die ihre Mitmenschen attackieren, ohne daß ein besonderer Grund dafür vorliegt. Diese verstoßen selbstsüchtig gegen die gesellschaftlich akzeptierten Normhaltungen, weil sie ihre nächtlichen Raubzüge bloß zum eigenen Lustgewinn und zur illegitimen Machtausübung über ihre Mitmenschen benutzen.

In diesem Zusammenhang ist immer wieder die Rede davon, daß sie nachts das Fleisch ihrer Opfer rauben, um es anschließend zu konsumieren. Fast könnte man geneigt sein, zu glauben, daß hier kannibalistische Praktiken vorliegen. Tatsächlich hat dieser Umstand vor allem seitens europäischer Berichterstatter immer wieder zu krassen Mißverständnissen geführt, welche wir im folgenden kurz durchleuchten wollen.

Über den sogenannten »Kannibalismus« der Azande, die im 19. Jahrhundert sinnigerweise »Niam-Niam« genannt wurden, habe ich bereits an anderer Stelle berichtet[35]. Hier wollen wir uns vielmehr auf die Beziehungen zwischen dem angeblichen »Kannibalismus« der Azande und den Vorgängen im mystischen Bereich der »Hexerei« konzentrieren. Zu diesem Zweck sei es erlaubt, die Perspektive des westlichen Betrachters zugunsten einer emischen (also sprachlich genau unterscheidenden) Perspektive in den Hintergrund treten zu lassen und eine Selbstdarstellung der Zusammenhänge zwischen Kannibalismus und Hexerei seitens der Betroffenen zu präsentieren. Dazu wollen wir einerseits das zur Bezeichnung dieser beiden Phänomene verwendete Vokabular untersuchen, andererseits einige authentische Zande-Texte analysieren, die uns die besagten Zusammenhänge plastisch und bildhaft vor Augen führen.

Das Schlüsselwort zur Erhellung der Zusammenhänge zwischen dem Verspeisen von Menschenfleisch im angeblichen Kannibalismus der »Niam-Niam« und dem Verspeisen von Menschenfleisch während der nächtlichen Gelage der Hexen heißt *kawa*. Demnach werden alle diejenigen Personen, welche Menschenfleisch essen, von den Azande selbst *alikawa* genannt (*a* = Plural-Präfix, *li* = essen, *kawa* = menschliches Fleisch), also »die Menschenfleischfresser« oder Kannibalen.

Eine Erwähnung des Wortes *kawa* in der Form von *kaua*, übersetzt als »Menschenfleisch« – gemeinsam mit dem Synonym *pussbe aborro* (Fleisch von Menschen) – finden wir bereits 1888 in den Aufzeichnungen des berühmten deutschen Forschungsreisenden Wilhelm Junker[36].

In den 1920er Jahren übersetzt der belgische Dominikanerpater und Missionar Mgr. C. R. Lagae in dem von ihm gemeinsam mit V. H. Vanden Plas herausgegebenen Werk ›La Langue des Azande‹[37] das Wort *kawa* mit »chair humaine« und gibt an, daß sich davon das Wort *alikawa* = »anthropophages« ableite.

Im ›Zande and English Dictionary‹ von Canon E. C. und Mrs. Gore wird das Wort *kawa* mit »human flesh« übersetzt,

In einer Anmerkung dazu zitiert Lagae einen Zande-Text und dessen Übersetzung ins Französische. Auf Deutsch könnten wir ihn folgendermaßen wiedergeben:

> »Die Besitzer des bösen Blicks gehen weg, um einen Menschen zu befallen, und nehmen wirklich das Fleisch des Menschen (*kawa*) und verstecken es an einem übersichtlichen Platz. Auf diese Weise ergreift ihn die Krankheit. Wenn sie wollen, daß selbiger stirbt, verspeisen sie das Fleisch, damit er auf keinen Fall überlebt. Damit die Leute mit dem bösen Blick das Fleisch des Menschen nicht verzehren und er nicht überlebt (Anm. Lagae: das heißt, es ist unmöglich, daß er überlebt, wenn sie das Fleisch konsumieren), haben sie vorerst ein Stück Fleisch nur versteckt – von demjenigen also, dessen Eltern sich nicht scheuen, offen zu sprechen; sie nehmen sein Fleisch und geben es zurück, er erholt sich. Das *kawa* ist das Fleisch des Menschen, die Leute mit dem bösen Blick haben es mittels des Mundes ihres bösen Blicks abgebissen und haben es versteckt, damit der Mensch es überhaupt nicht wisse.«

Wie viele andere Tätigkeiten im Bereich der Hexerei wird auch der Raub des Menschenfleisches von den Azande zumeist so plastisch dargestellt, als handle es sich dabei um einen materiellen Vorgang, bei dem tatsächlich ein Stück Fleisch aus dem Körper der verhexten Person gerissen wird. Daher waren derart plastische Schilderungen des Raubes von *kawa* in der Geschichte immer wieder Anlaß zu verschiedensten Spekulationen über die Menschenfresserei der Azande oder »Niam-Niam« (= »auf Fleisch gierige Menschen«) – diese Bezeichnung wurde oft auch als Synonym für Kannibalen verwendet. In den Berichten der Forschungsreisenden des 19. Jahrhunderts wurde also der symbolische Charakter des Wortes *kawa* im Hinblick auf Hexerei nicht deutlich von seiner zweiten Bedeutung als materielles Menschenfleisch unterschieden, weshalb es auch immer wieder zu derartigen Mißverständnissen gekommen ist.

Die Verständnisschwierigkeiten, denen materialistisch denkende Europäer im Hinblick auf eine Erklärung dieses Phänomens ausgesetzt sind, scheinen einem Angehörigen der

Azande-Kultur keine solchen Probleme zu bereiten. Denn für ihn besteht das Menschenfleisch *kawa* nicht nur aus der mit den Sinnen wahrnehmbaren physischen Substanz, sondern gleichzeitig auch aus der Kraft, die diese Substanz am Leben erhält. Der Verlust dieser Kraft bedeutet in weiterer Folge auch den Verlust der Substanz.

Wenn nun eine Hexe diese Lebenskraft dem Körper bzw. dem Fleisch ihres Opfers entzieht, so bedeutet dies gleichzeitig, daß die Substanz ebenfalls dahinschwindet. Somit hat sich die Hexe auch den materiellen Teil des Fleisches ihres Opfers angeeignet. Aufgrund dieser Konzeption empfindet es ein Zande im kolloquialen Sprachumgang meist gar nicht als notwendig, eine für ihn im Prinzip nicht gegebene Trennung zwischen dem materiellen Teil des Fleisches und seiner Lebenskraft vorzunehmen.

Obgleich der Raub des Menschenfleisches im Kontext der Hexerei rein spirituell vor sich geht, wird das geraubte *kawa* dennoch in Form einer materiellen Substanz dargestellt. Diese Substanz steht dann symbolisch für ein gewisses Stück menschlichen Fleisches, welches aus dem Körper der verhexten Person gerissen wurde. Mit diesem Stück Fleisch haben die Hexen gleichsam einen Teil ihres Opfers in ihren eigenen Händen, und sie können diesen Teil nun auf den Namen seines früheren Besitzers besprechen und dadurch eine Analogiehandlung ausüben, die sich für die beraubte Person in der Regel verhängnisvoll auswirkt. Denn diese kann nunmehr nicht mehr über den ihr geraubten Körperteil bestimmen. Es sind ausschließlich die Hexen, die die totale Kontrolle über deren weiteres Leben ausüben und auch ihren negativen Einfluß auf ihr Opfer fortsetzen. Der betroffene Mensch wird nun gleichsam von einem Stück seines eigenen Körpers verfolgt.

Nachdem das Menschenfleisch – entweder von einer einzelnen Hexe oder in Gemeinschaft mit anderen Hexen – gestohlen wurde, kann es hierauf entweder verspeist oder konserviert werden. Wird es verspeist, stirbt das Opfer. Im anderen Fall überlebt es.

Das Verspeisen von Menschenfleisch gilt im Kontext der Hexerei als eine rituelle Handlung der Hexen, bei der sie sich das *kawa* ihres Opfers im Sinne der ihm innewohnenden Lebenskraft – oft auch »Medizin« genannt – einverleiben. Dies geschieht fast ausschließlich während ihrer nächtlichen Versammlungen und in Gemeinschaft mit anderen Hexen[43]. Dabei sind es angeblich nur die besonders gierigen Hexen, die sich des Genusses des *kawa* nicht enthalten können und dieses meist frisch verspeisen. Andere bereiten es unter Begleitung von Trommeln und Tanz in einem speziellen Hexerei-Topf zu. Bei diesem *gbere mangu*, dem Tanz der Hexen in der Nacht, wird folgende Verbalformel auf der kleinen Schlitztrommel, bestehend aus dem Schienbein eines Menschen, geschlagen: *kpoto boro nzenze* - »die Haut [bzw. das Fleisch] eines Menschen ist zäh«[44].

Einem anderen Zande-Text zufolge wird die Verbalformel auf einer Konustrommel gespielt, die mit Menschenhaut bespannt ist, und von folgenden Handlungen begleitet[45]:

> »Hexen stehen auf und schlagen ihre Trommel der Hexerei. Die Membran dieser Trommel ist die menschliche Haut. Sie spannen menschliche Haut über sie, so daß sie darauf ihren Ruf ertönen lassen können, um die Mitglieder ihrer Körperschaft zusammenzurufen. Ihr Trommel-Ruf lautet: ›menschliches Fleisch, menschliches Fleisch, menschliches Fleisch.‹
>
> Sie gehen diesen Menschen verhexen, dessen ›Zustand‹ schlecht ist. Die Hexe, die ihn haßt, geht mit einer Begleitung von Hexen zu seinem Gehöft. Sie tanzen um seine Hütte herum. Die Hexe, die ihn haßt, öffnet sein Tor und nimmt ihn in einem Hexerei-Kampf aus seinem Bett und wirft ihn hinaus ins Freie. Alle Hexen versammeln sich um ihn herum und zerreißen ihn fast zu Tode. Sobald jede Hexe einen Teil seines Fleisches ergriffen hat, brechen sie auf und kehren zu ihrem Versammlungsplatz zurück.
>
> Sie nehmen einen kleinen Hexerei-Topf und beginnen, das Fleisch dieses Mannes darin zu kochen. Sie bringen die Fleischklumpen rund um die Kante des Topfes an. Sie sagen einem aus der Gesellschaft, er solle seinen Klumpen stoßen, damit er in den Topf hineinfalle. Alle von ihnen handeln in dieser Art; ein jeder stößt an seine Portion, so daß sie in den

Abb. 23: Zwei Hexer rund um den »Kannibalen-Topf«; am Baum hängt ein Stück *kawa* (Azande-Zeichnung von Sendehi).

Topf hineinfällt. Aber die Hexe, die für das Herbeirufen der Versammlung verantwortlich war, schwindelt mit ihrer Fleischportion und versteckt sie. Die anderen Hexen werden wegen des Todes dieses Menschen sterben, dessen Fleisch sie genommen haben; denn sie alle essen von diesem Fleisch. Aber die Hexe, welche die Versammlung zusammenrief, versteckt ihre Portion.

Der Mensch wird krank und bleibt krank fast bis zum Tode; und seine Verwandten konsultieren die Orakel über sein Wohlbefinden. Die Orakel enthüllen ihnen den Namen des Menschen, der die Versammlung einberufen hat. Sie konsultieren das Gift-Orakel, und es tötet ein Huhn auf seinen Namen. Sie nehmen den Flügel des Huhnes, geben ihn dieser Hexe und sagen ihr: ›So-und-So, du tötest diesen

Mann.‹ Sie erwidert: ›Gut, wenn ich es bin, der diesen Mann tötet, wird er sich von meiner Hexerei erholen.‹ Sie nimmt einen Schluck Wasser und bläst ihn aus und spricht also: ›Ich habe Wasser auf den Flügel des Huhnes geblasen.‹

Wenn die Dunkelheit eintritt bricht sie wieder auf als eine Hexe, und als Hexe (d.h. unkörperlich) nimmt sie das Fleisch dieses Mannes, und als eine Hexe bringt sie es zurück und bringt es wieder an seinem Körper an. Sie unterließ es, menschliches Fleisch in der Gesellschaft der Hexen zu essen und beschwindelte die anderen Hexen, damit sie nicht aus Rache für den Tod des Mannes getötet würde. Sie tat das so, damit sie das Fleisch wieder zurückbringen kann, so daß – wenn der Mensch sterben und seine Verwandten Magie betreiben würden – die Medizin kommen und sie bloß anschauen würde, ohne sie zu treffen. Diese würde sehen, daß sie nicht menschliches Fleisch gegessen hätte, und würde an ihr vorbeigehen, um die anderen Hexen zu töten, die das Fleisch des Mannes aßen.

Deshalb sprechen Azande so über diese Angelegenheit: Ein Mensch, welcher eine große Hexe ist, wird kaum wegen des Todes eines Menschen sterben, denn er verhext nicht Leute, um ihr Fleisch zu essen, sondern er verhext einen Menschen, um sein Fleisch zu verstecken. Aus diesem Grund lebt er weiter, denn wenn er menschliches Fleisch gegessen hätte, würde es nicht lange dauern, bis er durch die Magie der Rache sterben würde, die wegen des Todes von Menschen gemacht worden war.«

Aus diesen Zande-Texten, wie auch aus dem bisher Gesagten, scheint der offensichtliche Zusammenhang zwischen Hexerei und Kannibalismus (im Sinne »psychischer Menschenfresserei») unzweifelhaft hervorzugehen, wie bereits die Untersuchung des Wortes *kawa* im Kontext der Hexerei ergeben hat. »Seltsamerweise wird in Evans-Pritchards berühmtem Buch über die Hexerei bei den Zande weder das Wort *kawa* erwähnt, noch dieser wichtige Zusammenhang zwischen Hexerei und Kannibalismus untersucht«[46] – und dies, obwohl Evans-Pritchard immer wieder die genaue Wiedergabe und Übersetzung der Aussagen eingeborener Gewährsleute als den entscheidenden Punkt der anthropologischen Feldforschung angesehen hat. Vielleicht dürfte dies auch mit der Tatsache zusammenhängen, daß Evans-Pritchard unmöglich die Realität von Hexerei akzeptieren konnte[47]. Seine Prämisse für das Studium dieses Phänomens lautete: »Witches, as Azande conceive them, cannot exist«[48].

Meine afrikanischen Freunde waren über eine derartige Einschränkung ihrer Weltsicht empört. Daher habe ich es vorgezogen, meinen ethnographischen Feldforschungen bei den Azande die gegenteilige Prämisse zugrunde zu legen – also die *Realität* von *Mangu* anzuerkennen! Dies hatte beträchtliche Folgen für die weitere Beurteilung der untersuchten Phänomene; nicht nur die zahlreichen Berichte über den berüchtigten Kannibalismus der Azande erschienen plötzlich in einem ganz anderen Licht: »Kannibalismus, wie ihn sich die Weißen vorstellen, existiert bei uns nicht!« frohlockten meine afrikanischen Gastgeber[49]. »Aber die *Aboro Mangu* [also die Menschen mit Hexenkraft], sie fliegen tatsächlich jede Nacht zu ihren nächtlichen Gelagen – allerdings in der Manier der Hexen!« Und diese sei für uns westliche Menschen leider nicht sehr leicht nachvollziehbar.

Womit wir wieder am Ausgangspunkt unserer Betrachtungen angekommen wären.

Anmerkungen

1 Joachim Sterly, Kumo. Hexer und Hexen in Neuguinea, München 1987, 13. – Zu dem hier angesprochenen Problem der umgekehrten Perspektiven und des bewußtseinsspezifischen Wirklichkeitsverständnisses vor allem im Hinblick auf Hexenflüge nimmt erstmals Hans Peter Duerr in seinem bahnbrechenden Artikel ›Über die Grenzen einer seriösen Völkerkunde – oder: Können Hexen fliegen?‹ ausführlich Stellung, erstmals erschienen in: H. P. Duerr (Hg.), Unter dem Pflaster liegt der Strand, Bd. 3, Berlin 1976, 55–76; Wiederabdruck einer vom Verfasser stellenweise überarbeiteten Fassung dieses Artikels in: Wolfdietrich Schmied-Kowarzik/Justin Stagl (Hg.), Grundfragen der Ethnologie. Beiträge zur gegenwärtigen Theorie-Diskussion, Berlin 1980, 323–334.

2 Die klassische Methode der ethnographischen Feldforschung in der Völkerkunde heißt »teilnehmende Beobachtung«. Sie läßt sich – neben einer Vielzahl anderer beobachtungs- und befragungsorientierter Methoden der empirischen Datenerhebung – für die meisten Bereiche der Kultur

anwenden. Wenn wir allerdings in den mystischen und magischen Bereich eindringen wollen, dann sind der direkten *Beobachtung* und *Teilnahme* des »Wissenschaftlers« ohne Zweifel Grenzen gesetzt.

3 Siehe dazu meine Dissertation: Manfred Kremser, Hexerei (»MANGU«) bei den Azande: Ein Beitrag zum Verständnis kulturspezifischer Krankheitskonzeptionen eines zentralafrikanischen Volkes, Phil. Diss. Wien 1977.

4 Die Azande bezeichnen die Hexenkraft mit dem Wort *Mangu*. Menschen, die diese Kraft besitzen, werden als *Boro Mangu* bezeichnet, also »Menschen mit Hexenkraft(substanz)« bzw. »Besitzer von *Mangu*«. Diese Bezeichnung ist nicht geschlechtsspezifisch und bezieht sich auf Männer wie Frauen gleichermaßen. Tatsächlich überwiegen in der Zande-Gesellschaft die Männer, die mit derartigen Fähigkeiten ausgestattet sind. Aus diesem Grunde wird im weiteren Verlauf dieser Abhandlung das Wort »Hexe« geschlechtsneutral verwendet. Nur dort, wo ausdrücklich von Männern die Rede ist, wird das Wort »Hexer« benutzt.

5 Vergleiche dazu eine frühere Abhandlung von mir: Manfred Kremser, Archetypische Motive im Hexenwesen und ihre kulturspezifischen Formen bei den Azande in Zentralafrika, in: Mitteilungen der Anthropologischen Gesellschaft in Wien 111 (1981), 16–33.

6 In einem essayistischen Traktat mit eigenwilligem Titel habe ich dazu ausführlicher Stellung genommen: Berührungen des »M«. Meine Reise zu Kannibalen und Unseresgleichen, in: Andreas J. Obrecht/Mario Prinz/Angelika Svoboda (Hg.), Kultur des Reisens. Notizen, Berichte, Reflexionen. Wien 1992, 83–90,.

7 Siehe dazu auch Manfred Kremser, Zur Problematik der Interpretation des »MANGU«–Systems bei den Azande, in: Wiener Ethnohistorische Blätter 12 (1976), 27–45.

8 Engelbert Stiglmayr, Hexen, in: Die Religion in Geschichte und Gegenwart (RGG), 6 Bde., Tübingen 1957–65, Bd. 3, 1959, 307–308.

9 Felicitas Goodman, Trance. Der uralte Weg zum religiösen Erleben. Rituelle Körperhaltungen und ekstatische Erlebnisse, Gütersloh 1992, 39.

10 Felicitas Goodman, Wo die Geister auf den Winden reiten. Freiburg i.Br. 1989, 88.

11 Mircea Eliade, Schamanismus und archaische Ekstasetechnik. Frankfurt a. M. 1989 (orig. 1957), S. 443.

12 Für eine ausführliche Beschreibung eines derartigen Heilrituals siehe meinen Artikel: Avule – Zande Ritual Therapy, in: August Schmidhofer/Dietrich Schüller (Hg.), For Gerhard Kubik. Festschrift on the occasion of his 60th birthday, Frankfurt a. M. 1994, 161–178.

13 Siehe dazu Adolf Dittrich/Christian Scharfetter (Hg.), Ethnopsychotherapie. Psychotherapie mittels außergewöhnlicher Bewußtseinszustände in westlichen und indigenen Kulturen, Stuttgart 1987, insbes. 7–34.

14 Die Literatur zu diesem Thema ist inzwischen beinahe unübersehbar geworden. Ausführliche Darstellungen bieten vor allem Hans Peter Duerr, Traumzeit. Über die Grenze zwischen Wildnis und Zivilisation, Frankfurt a. M. 1978; Harold A. Hansen, Der Hexengarten, München 1983; Peter Haining, Hexen. Wahn und Wirklichkeit, Oldenburg/Hamburg 1977; Hans Sebald, Hexen, damals – und heute?, Frankfurt a. M. 1987. – Die zusammenfassenden Angaben in diesem Kapitel stammen großteils

aus der anläßlich meiner Vorlesung ›Grenzbereiche ethnologischer Forschung‹ im Sommersemester 1994 verfaßten Hausarbeit von Sonja Steffek: Der Traum vom Fliegen.

15 Hans Biedermann, Hexen. Auf den Spuren einer Phänomens. Tradition – Mythen – Fakten, Graz 1974, 4.

16 H. P. Duerr, Traumzeit (wie Anm. 14), 13.

17 Jakob Sprenger/Heinrich Institoris, Der Hexenhammer. München 1993 (orig. 1487), Teil II, 49.

18 Christian Rätsch, Lexikon der Zauberpflanzen, Graz 1988.

19 Vgl. H. Biedermann, Hexen (wie Anm. 15), 88.

20 Vgl. dazu auch Engelbert Stiglmayr, Hexen (wie Anm. 8), 307–308.

21 H. Biedermann, Hexen (wie Anm. 15), 79.

22 Alexandra Rosenbaum, Halluzinogene Drogen im Schamanismus. Mythos und Ritual im kulturellen Vergleich, Berlin 1991, 9.

23 J. Sprenger/H. Institoris, Der Hexenhammer (wie Anm. 17), Teil II, 52.

24 Die umfangreiche Literatur dazu wird von Hans Peter Duerr vor allem in der Fußnote 4 seiner ›Traumzeit‹ aufgelistet und kurz kommentiert (S. 163–165). Sehr lesenswerte Originaltexte in mehreren afrikanischen Sprachen wurden unter dem Titel ›The African Explains Witchcraft‹ in der Fachzeitschrift ›Africa‹ veröffentlicht: 8 (London 1935), 504–559, .

25 Maurice Djenda, Bräuche der Namensgebung bei den *mpyemo*, in: Ethnographisch-archäologische Zeitschrift 14 (1973), 675–678; Gerhard Kubik/Maurice Djenda, Traditions orales littéraires *mpyemo,* recueillies en Rép. Centrafricaine et au Cameroun en 1964, 1966 et 1969, in: Bulletin of the International Committee on Urgent Anthropological and Ethnological Research 13 (1971), 13–55.

26 Ein Verbrechen oder irgendeine Straftat, die auf Hexerei zurückzuführen ist, wird in der Zentralafrikanischen Republik seit 1985 im positivrechtlichen Strafrechtssystem des Staates geahndet. Vorher lag die rechtliche Zuständigkeit bei den sog. *Chefs Coutumiers* (»Dorfhäuptlingen«).

27 Memorandum von Maurice Djenda vom 29. September 1995.

28 Basilius Saprapason (1960–62), ›Dini za Kipangwa‹ (›Kipangwa-Glaubensvorstellungen‹), ›Nyumbani kwa mwachi‹ (›Im Haus eines Hexers‹) und andere Manuskripte, mit Farbstift-Zeichnungen, Kiswahili, unveröffentlicht – Privatarchiv Gerhard Kubik, Wien.

29 Memorandum von Gerhard Kubik vom 11. Juni 1995.

30 Edward E. Evans-Pritchard, Witchcraft (»MANGU«) Amongst the Azande, in: Sudan Notes and Records Nr. 12/2, Khartoum, 163–249, hier: 169.

31 Edward E. Evans-Pritchard, Witchcraft, Oracles and Magic Among the Azande, Oxford 1937. Eine von Eva Gillies gekürzte und eingeleitete deutsche Ausgabe erschien 1978: Hexerei, Orakel und Magie bei den Zande, Frankfurt a. M.

32 E. E. Evans-Pritchard, Witchcraft (»MANGU«) (wie Anm. 30), 168.

33 M. Kremser, Hexerei (wie Anm. 3), 168–175.

34 Ebd., 57–60.

35 Manfred Kremser, Das Bild der »menschenfressenden Niam-Niam« in den Berichten deutscher Forschungsreisender des 19. Jahrhunderts, in: Wiener Ethnohistorische Blätter 21 (1981), 77–111. – Eine umfassende Zusammenstellung aller historischen Berichte über den Kannibalismus

der Azande stammt von Edward E. Evans-Pritchard, Zande Cannibalism, in: Journal of the Anthropological Institute of Great Britain and Ireland 90/2 (1960).

36 Wilhelm Junker, Verzeichnis von Wörtern Zentralafrikanischer Sprachen, in: Zeitschrift für Afrikanische Sprachen 2/I (1888/89), 202.

37 C. R. Lagae/V. H. Vanden Plas, La Langue des Azande, 3 Bde., Ghent 1921–25, Bd. 3, 74.

38 Canon E. C. & Mrs. Gore, Zande and English Dictionary, London 1931, 65.

39 M. Kremser, Hexerei (wie Anm. 3), 183–194.

40 M. Kremser, Archetypische Motive (wie Anm. 5), 27–30.

41 C. R. Lagae, Les Azande ou Niam-Niam. L'Organisation Zandé, Croyances Religieuses et Magiques, Coutumes Familiales (Bibliothèque Congo XVIII), Bruxelles 1926, 109–110.

42 Der »böse Blick« ist die von Lagae durchwegs verwendete synonyme Bezeichnung für die Hexenkraft *mangu*.

43 Siehe M. Kremser, Hexerei (wie Anm. 3), 196–219.

44 Ebd., 210.

45 E. E. Evans-Pritchard, Witchcraft (wie Anm. 31), 35 f.

46 Ioan M. Lewis, Der Kochkessel der Kannibalen, in: Hans Peter Duerr (Hg.), Die wilde Seele. Zur Ethnopsychoanalyse von Georg Devereux, Frankfurt a. M. 1987, 376 f. Vgl. auch Ioan M. Lewis, Religion in Context. Cults and Charisma, Cambridge 1986, 71.

47 Siehe M. Kremser, Zur Problematik (wie Anm. 7), 35–38. Vgl. auch Vinci L. Grottanelli, Witchcraft – An Allegory?, in: Francis X. Grollig/Harold B. Haley (Hg.), Medical Anthropology, The Hague/Paris 1976, 321–329; sowie die ausgezeichnete Studie neueren Datums von Michael Schönhuth, Das Einsetzen der Nacht in die Rechte des Tages. Hexerei im symbolischen Kontext afrikanischer und europäischer Weltbilder, Münster/Hamburg 1992, insbes. 60–71.

48 E. E. Evans-Pritchard, Witchcraft (wie Anm. 31), 63.

49 Damit befinden sie sich in bester wissenschaftlicher Gesellschaft. Denn neuesten Untersuchungen zufolge gibt es tatsächlich keine Augenzeugenberichte darüber. Siehe dazu William Arens, The Man-Eating Myth. Anthropology and Anthropophagy, New York 1979; Erwin Frank, »Sie fressen Menschen, wie ihr scheußliches Aussehen beweist . . .«. Kritische Überlegungen zu Zeugen und Quellen der Menschenfresserei, in: Hans Peter Duerr (Hg.), Authentizität und Betrug in der Ethnologie, Frankfurt a. M. 1987, 199–224.

Andrew John Martin

Das Bild vom Fliegen, dokumentierte Flugversuche und das Aufkommen von Ansichten aus der Vogelschau zu Beginn der frühen Neuzeit

Um 1500 ist eine enge Verbindung zwischen drei Bereichen zu beobachten, die den »Traum vom Fliegen«[1] zu einem wichtigen Beweggrund für menschliches Denken und Handeln werden ließen. Diese Bereiche (und die mit ihnen verbundenen Fragestellungen) können folgendermaßen benannt werden:

(1) Die Vorstellung vom Fliegen und deren Umsetzung in bildliche Darstellungen. (Wie sieht eine menschliche Gestalt aus, die fliegt?)
(2) Die wissenschaftliche Beschäftigung mit der Möglichkeit zu fliegen und die Durchführung von Flugversuchen. (Wie kann es dem Menschen gelingen zu fliegen?)
(3) Die Wiedergabe von Stadt und Landschaft aus der sogenannten »Vogelschau« oder »Vogelflugperspektive«. (Was würde der Mensch sehen, wenn er fliegen könnte?)

In den im Mittelalter geführten Flugdiskussionen findet sich das eindrucksvolle Negativbeispiel des Simon Magus, der sich mit Hilfe von Dämonen in die Lüfte erhoben hatte. Den hieraus resultierenden Vorbehalten gegen das Fliegen, die einem »Flugverbot«[2] gleichkamen, wurde um 1500 gleichsam mit einem »Fluggebot« begegnet. Die bildende Kunst reagierte auf die neue Welterfahrung und vermittelte so ihrem Publikum – auch im Kontext religiöser Themen – ein neues Weltbild. So beginnt nun die Illustration des Alten Testaments mit der mächtigen Flugfigur Gottvaters, die Michelangelo in mehreren Darstellungen der Sixtinischen Decke (1508/12) besonders eindrucksvoll entworfen hat. Entsprechend wird das Neue Testament mit einer bewegten Verkündigungsszene eingeleitet, die ikonographische Vorgaben ohne weiteres vernachlässigen darf – so etwa bei den Malern Lotto, Pordenone und Tintoretto.

Eine völlig neuartige Auffassung ist besonders bei Himmelfahrtsdarstellungen zu beobachten. Vergleicht man Tizians berühmte ›Assunta‹ (um 1515/18) (Abb. 24) in der venezianischen Kirche I Frari mit einer Himmelfahrt Mariens von Alvise Vivarini (um 1478)[3], heute in der Mailänder Brera, so wird die statischere Auffassung des Bildes vor 1500 offenbar. Die Apostel sind dort um den leeren Sarkophag gruppiert und reagieren mit verhaltener Gestik auf die Handlung in der oberen Bildhälfte, wo die betende Maria, auf einer zur Plattform umgewandelten Wolke stehend, gen Himmel fährt. Tizians ›Assunta‹ ist hingegen von extremer Bewegung erfüllt. Der Künstler erreichte mit Hilfe von kompositionellen und farblichen Korrespondenzen eine enge Verbindung zwischen den Aposteln und Maria. Gleichzeitig hat sich die Erscheinung der oberen Bildzone aus der alltäglichen Wirklichkeitserfahrung herausgelöst. Man sieht den »irdischen« Himmel, dessen Blau von Wolken durchzogen wird, darüber aber die Vision eines »himmlischen« Himmels, dessen Glanz die rapide aufsteigende Figur Mariae hinterfängt. In dieser Bilderfindung vereinen sich eine neue Vorstellung des Himmels mit einer neuen Raumerfahrung, gepaart mit einer neuen Erfahrung von Geschwindigkeit.

Man könnte noch beliebig viele Gegensatzpaare von Bildern vor und nach 1500 anführen, die eine gesteigerte Bewegung und den Drang zur Darstellung des Zustandes vom Fliegen beziehungsweise Schweben illustrieren würden. Hier sollen lediglich noch zwei prominente Beispiele aus dem frühen 16. Jahrhundert erwähnt werden: Raffaels ›Verklärung Christi‹ (1516–20)[4] und Grünewalds sogenannte ›Auferstehung Christi‹ des Isenheimer Altars (um 1513–15) (Abb. 25). Wie Erwin Panofsky in seinem für die ikonologische Methode bahnbrechenden Aufsatz ›Zum Problem der Beschreibung und Inhaltsdeutung von Werken der Bildenden Kunst‹ dargelegt hat, handelt es sich bei Grünewalds Darstellung, für die sich in den Evangelien keine direkte Vorlage findet, letztlich um »eine hochkomplizierte Verbindung von eigentlichem Aus-dem-Grabe-Steigen, Himmelfahrt und sogenannter Transfiguration«[5].

An dieser Stelle muß man sich fragen, wie sich das allerorts dargestellte Aufsteigen in die Lüfte legitimieren ließ und wie gerade das traditionsgebundene Kirchenpublikum auf die neuartigen Bilder reagierte[6]. Die Behandlung dieses Komplexes würde eine eigene Untersuchung erfordern, doch sollen zwei Beispiele zeigen, daß die Initiative von den Malern ausging, die in der virtuosen Darstellung von Flugfiguren einen Ausweis ihrer künstlerischen Fähigkeiten sahen.

Der erste Fall betrifft die bereits behandelte ›Assunta‹. Nach Carlo Ridolfi seien die Franziskanermönche mit Tizians Bilderfindung zunächst nicht einverstanden gewesen. Man hatte insbesondere die zu groß dimensionierten Apostel bemängelt, und diese Kritik ist sicherlich im Zusammenhang mit der Flugdarstellung zu sehen. Erst als der kaiserliche Botschafter Interesse anmeldete und sich erbot, das Bild gegen hohes Entgelt für Karl V. zu erwerben, hätten die Mönche eingesehen, »daß dies nicht ihr Metier war und sich der Umgang mit dem Brevier doch sehr von der Kennerschaft auf dem Feld der Malerei unterscheide«[7]. Mag diese Geschichte stark an die von Plinius überlieferte Anekdote von Apelles und dem Schuster erinnern (»Schuster, bleib bei Deinen Leisten!«), so verdeutlicht sie vor allem, daß nun auch ein Altarbild nach seinem »Wert« als effektvolles Kunstobjekt beurteilt werden konnte.

Der zweite Fall betrifft eine für die Augsburger Kirche Sankt Moritz vorgesehene ›Auferstehung Christi‹, die Hans Fugger im November 1567 bei seinem venezianischen Agenten David Ott bestellte[8]. Nach Erhalt des Bildes zeigte sich der Auftraggeber höchst unzufrieden: *Aber die aufferstehung ist nit gemacht, wie sie sein soll, denn unser herrgott soll vom grab auffersteen, und nit also fliegend gemacht sein.* Ferner charakterisierte er das Bild als *a la italiana frech* und bemängelte, *das einer nit waiß, der vor dem altar stet, was ist.* Hans Fugger verlangte nicht nur *vil Kunst*, sondern auch *vil andacht*, wofür ihm die wohl sehr dynamische Komposition mit der fliegenden Christusfigur nicht die nötige Würde ausstrahlte.

Überleitend zum zweiten Bereich, der um 1500 durchgeführte Flugversuche zum Thema hat, sollen hier noch die im 15. Jahrhundert populären Automaten und Theatermaschinen angesprochen werden, die im Bewußtsein der Bevölkerung sicherlich einen nachhaltigen Eindruck hinterließen. So sind wir aus verschiedenen Quellen über die Erfindungen Filippo Bru-

Abb. 24: Tizian, Assunta, um 1515/18.

Abb. 25: Matthias Grünewald, Christus in der Glorie, um 1513/15.

nelleschis für Florentiner Kirchen informiert. Der Architekt brachte hier seine Erfahrungen mit Lastenaufzügen und Sicherheitsvorkehrungen für die Arbeiten an der Domkuppel ein. Die Aufführungen fanden aus Anlaß hoher kirchlicher Feiertage und wichtiger Besuche statt. Die perfekte Abstimmung von technischen Apparaturen, kunstvoller Dekoration sowie Schauspielern, Sängern und Musikern wird besonders detailliert durch Abraham von Susdal geschildert, der als Teilnehmer des 1439 in Florenz tagenden Konzils das Himmelfahrtsfest in Santa Maria del Carmine miterlebte:

> »Man hört ein Donnergeräusch, Christus erscheint auf dem Berggipfel, der Himmel öffnet sich, und man sieht den Himmlischen Vater, wie er auf wundersame Art und Weise in der Luft schwebt, eingehüllt in blendendes Licht, das von unendlich vielen Lichtquellen ausgeht. Die Knaben, die die Engel darstellen, bewegen sich um ihn herum, während von fern harmonische Musik und süßer Gesang erklingt. Die größeren Engel, die auf die Scheibe gemalt sind, drehen sich ebenfalls, um wie lebendig zu scheinen. Vom Himmel, wo sich Gottvater befindet, kommt an sieben Seilen eine sehr schöne und erfindungsreich geformte Wolke herab. Sie ist rund und von sich drehenden Scheiben umgeben; rechts und links sieht man zwei Knaben als Engel mit goldenen Flügeln verkleidet. Während die Wolke noch niedersteigt, nimmt Jesus zwei goldene Schlüssel und spricht zu Petrus: Du bist Petrus, und auf diesen Felsen will ich meine Kirche bauen. Und während er ihn segnet, übergibt er ihm die Schlüssel. Unterdessen steigt er mit Hilfe von sieben Stricken zu der Wolke empor und segnet Maria und die Apostel – ein wunderbarer, unvergleichlicher Anblick. Die Stricke werden durch unsichtbare, höchst kunstreiche Mechanismen in Bewegung gesetzt, während die Person, die Jesus darstellt, wirklich selbständig nach oben zu schweben scheint und ohne zu wanken eine große Höhe erreicht.«[9]

In der frühen Neuzeit versuchten viele Inventionsfreudige und Wagemutige, den menschlichen Traum vom Fliegen wahrzumachen. Leonardo, dessen Wirken auf eine besonders enge

Verbindung von Theorie und Praxis, von Kunst und Technik zielte, wird dabei gerne als Protagonist angeführt. Seine bereits in den 1480er Jahren nachweisbare Beschäftigung mit Fallschirmen und Flugapparaten (darunter ein Helikopter), die er in zahlreichen, leider nicht immer genau kommentierten Zeichnungen festhielt, gipfelte in dem Werk ›Sul volo degli uccelli‹ (1505), das in Verbindung mit der Konzeption einer vom Menschen steuerbaren Tragflächenkonstruktion zu sehen ist. Doch werden die Quellen zu den Flugversuchen, die Leonardo in Fiesole durchgeführt haben soll, in der aktuellen Literatur ebenso skeptisch beurteilt wie die Flugtauglichkeit der von ihm skizzierten Projekte[10]. Im folgenden wird von zwei weniger erforschten, im Zusammenhang unseres Themas aber wichtigen Flugpionieren zu sprechen sein.

Um 1490 soll in Nürnberg ein spektakulärer Flugversuch stattgefunden haben, von dem allerdings erst drei Autoren des 17. Jahrhunderts berichten. Bei Burggravius erfährt man von dem erfolglosen Experiment eines gewissen Senecio, der mit künstlichen Flügeln abstürzte und sich Arme und Beine brach[11]. Flayder orientierte sich an der Überlieferung, wobei Senecio nun als »Vorsinger« bezeichnet wird[12]. Francisci schließlich spricht von einem »Lobsinger«[13]. Es brauchen aber kaum Zweifel darüber angebracht zu sein, daß die drei Autoren denselben Fall beschreiben, denn Francisci rekurriert bei der Erwähnung technischer Details eindeutig auf Burggravius (»mit seinen zwei hölzernen Flügeln, die er mit Rädern zugerichtet und an seinen Schultern festgemacht hat«).

Die Geschichte scheint trotz der großen Abhängigkeit der Autoren voneinander und dem Fehlen früherer Quellen auf ein tatsächlich stattgefundenes Ereignis zurückzugehen. Gerade Nürnberg bot zur damaligen Zeit wichtige Voraussetzungen für die Erforschung des Raums. Die Stadt stellte nicht nur einen humanistischen und künstlerischen Brennpunkt dar, sondern war auch Zentrum des Buchdrucks (besonders die ›Schedelsche Weltchronik‹ mit ihren Stadtansichten ist hier zu nennen) und der Kartographie (der »Behaim-Globus« entstand in den Jahren 1492–1493/94)[14].

Zu einem Flugschauspiel in Perugia, das ebenfalls in den neunziger Jahren des 15. Jahrhunderts stattgefunden haben soll, sind die schriftlichen Quellen ausführlicher, wenn sie auch in Einzelheiten erheblich differieren.

Giacinto Vincioli zitierte und kommentierte in einem 1740 in Venedig erschienenen Buch[15] zwei Quellen des 16. und 17. Jahrhunderts, die sich auf die Taten des Mathematikers und Flugpioniers Giovanni Battista Danti beziehen, dem die Peruginer den Beinamen »Dedalo« verliehen hatten. Dieser soll am nahen Trasimenischen See mehrere Flugversuche unternommen haben, um sich schließlich – aus Anlaß der Hochzeit der Schwester von Gian Paolo Baglioni mit dem Söldnerführer Bartolomeo d'Alviano – mitten in Perugia einem größeren Publikum zu präsentieren.

Der Lokalhistoriker Alessi beschrieb den Vorgang folgendermaßen:

> »Als [...] eine große Menschenmenge zusammenströmte und das Volk in großen Scharen zum Lanzenspiel auf dem großen Platz sich versammelte, siehe, da flog Danti plötzlich von einem Turme unserer Stadt mit gewaltigem Zischgeräusch, eingehüllt in mannigfache Federn und mit einem großen Flügelsteuer über den Platz durch die Luft dahin [...] Aber während er nach Verlassen des Erdbodens mit hinaufstrebendem Körper in die freie Luft zu streben trachtete, zürnte das Geschick wegen eines so großen Wagnisses: das Eisen womit der linke Flügel gesteuert wurde, brach, und da Danti mit Hilfe des anderen Flügels die Masse seines Körpers nicht schwebend halten konnte, flog er auf ein Dach an der Kirche Santa Maria, stürzte ab und beschädigte sich das Kreuz.«[16]

Versucht man, die geschilderten historischen mit den heutigen Örtlichkeiten in Verbindung zu bringen, so ist zunächst die Absturzstelle mit dem Areal zu identifizieren, auf dem sich ehemals die Kirche Santa Maria delle Vergini befand (Abb. 26, A)[17]. Der genaue Startpunkt wird im Bericht nicht angegeben, bei dem großen Platz oder der großen Straße (*magna Platea*) handelte es sich aber wohl um die unbebaute Zone zwischen den ehemaligen Häusern und Geschlechtertürmen der Baglioni (B) – ab 1540 wurde hier die gewaltige Rocca Paolina errichtet

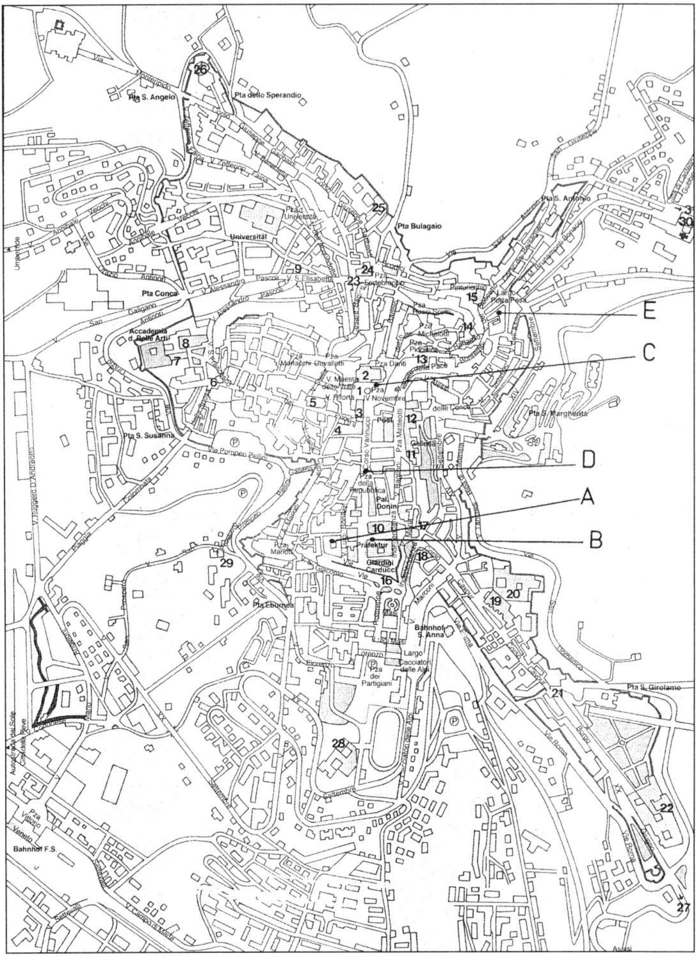

Abb. 26: Stadtplan von Perugia.

(1860 geschleift) – und dem Domplatz (C), was etwa dem heutigen Corso Vanucci (D) entsprechen würde.

Cesare Crispolti versuchte später den Bericht Alessis etwas wahrscheinlicher zu gestalten:

> »Während sich eines Tages in Perugia viele hohe Herrschaften eingefunden hatten, um die Hochzeit des Giovanni Paolo Baglione zu feiern, und auf einer großen, unterhalb seines Palazzo befindlichen Straße ein Lanzenspiel aufgeführt wurde, da erhob er [Danti] sich unerwartet mit Hilfe eines Ruderwerks, das mit im Verhältnis zu seinem Körpergewicht berechneten Flügeln ausgestattet war, von der Höhe eines nahegelegenen Turmes. Unter einem schrecklichen Zischen flog er glücklich über die von unzähligen Menschen bevölkerte Piazza Grande. Aber [...] nachdem er kaum 300 Schritt [*passi*] zurückgelegt hatte und noch bevor er den festgelegten Landeplatz erreichen konnte, geschah es, daß das Eisen brach, mit dem der linke Flügel gesteuert wurde. Da er sich allein mit dem verbliebenen rechten Flügel nicht in der Luft halten konnte, war er gezwungen, sich auf ein an die Kirche Santa Maria delle Vergini [...] anstoßendes Dach fallenzulassen, wobei er sich einige geringfügige Verletzungen zuzog.«[18]

Laut Crispolti startete Danti also nahe der Häuser der Baglioni (B), flog zum Domplatz (C), kam dann in Schwierigkeiten und stürzte wiederum bei der durch Alessi überlieferten Kirche (A) ab, was aber bedeuten würde, daß er vorher unfreiwilligerweise fast die gleiche Strecke wieder in Gegenrichtung zurückgelegt hätte. Dieser Umstand und auch das Einbringen der Entfernungsangabe von umgerechnet 450 Metern[19] haben dann wohl Vincioli dazu veranlaßt, den Startpunkt des Schauspiels ohne Kommentar auf den Monte di Porta Sole zu verlegen (E)[20]. Dadurch wird der Streckenverlauf zwar logischer, doch ist unwahrscheinlich, daß Danti den extremen Abwärtsflug überlebt hätte.

Vielleicht kommt deshalb eine andere Möglichkeit der Realität näher. Danti wählte als Startpunkt einen Turm in der Nähe der Hochzeitsgesellschaft (B), vermochte sich aber nur kurze Zeit in der Luft zu halten und stürzte – hier sind sich alle Chronisten einig – bei Santa Maria delle Vergini (A) ab. Ob das Steuereisen bereits in der Luft oder erst beim unrühmlichen Aufprall auf dem nahegelegenen Dach entzweiging, bleibt dabei die Frage. Doch sollte der überlieferte Flugversuch nicht grundsätzlich angezweifelt werden.

Die 1497 vollzogene Trauung von Pantasilea Baglioni mit Bartolomeo d'Alviano ist historisch verbürgt[21]. Der Condottiere trat noch im gleichen Jahr in den Dienst der venezianischen Republik und sollte sich besonders als Sieger von Cadore (1508) einen Namen machen. Deshalb ist m. E. auch einem Hinweis Alessis Glauben zu schenken, wonach sich Danti in Venedig aufgehalten habe, wo alle mit Fingern auf ihn zeigten, da er bewiesen hatte, daß auch die Menschen fliegen können[22].

Der dritte Abschnitt dieser Studie beschäftigt sich mit dem veränderten Blick auf das tägliche Umfeld, der dadurch ermöglicht wurde, Stadt und Landschaft aus der Perspektive eines Fliegenden zu sehen.

Eine Ansicht von Florenz, die auf einen Kupferstich von ca. 1490 zurückgeht, zeigt die Stadt von einem stark erhöhten Punkt aus[23], doch macht der in der rechten unteren Ecke zu sehende Mann mit Zeichenblock deutlich, daß die Vedute von einem Berg aus erfaßt wurde. Das gleiche gilt für Naturstudien Leonardos und Werke Dürers, bei denen hoch über der Landschaft befindliche Bildfiguren den Betrachter zunächst dazu aufzufordern scheinen, sich gedanklich in ein fliegendes Wesen hineinzuversetzen[24]. In der Malerei erfolgte der endgültige Durchbruch der sogenannten Vogelflugperspektive mit Altdorfers ›Alexanderschlacht‹ (1529)[25] – als Urbild einer technisch ausgereiften Darstellung aus der Vogelschau hat jedoch die Ansicht Venedigs aus dem Jahre 1500 zu gelten (Abb. 27)[26].

Das aus sechs Holzschnitten zusammengesetzte Ensemble übte eine nachhaltige Wirkung auf spätere Stadt- und Landschaftsdarstellungen aus. Dies liegt zum einen an den beeindruckenden Ausmaßen (134,5 x 281,8 cm), mit denen eine außerordentliche Genauigkeit und Detailfreudigkeit verbunden ist (Abb. 28), zum anderen an der Reproduzierbarkeit und den damit gegebenen Verbreitungsmöglichkeiten.

Abb. 27: Venedig im Jahre 1500, Gesamtansicht: Holzschnitt von Jacopo de' Barbari.

Konzeption, Produktion und Vertrieb der Venedigansicht lagen in der Hand des Nürnberger Kaufmanns Anton Kolb, der für die drei Jahre währenden technischen und künstlerischen Arbeiten auch den venezianischen Maler und Stecher Jacopo de' Barbari verpflichtet hatte (weshalb der Riesenholzschnitt in der deutschsprachigen Literatur auch »Barbari-Plan« genannt wird). Die Beweggründe für das Unternehmen sind meines Erachtens im damaligen wirtschaftlichen und politischen Verhältnis zwischen Venedig und Oberdeutschland zu suchen[27],

doch darf daneben nicht der hohe künstlerische Anspruch des Werkes vergessen werden, der der neuartigen Präsentation Venedigs zu großer Aussagekraft und Erfolg verhalf. Kolb, der in Italien die Schedelsche Weltchronik vertrieb[28], hatte sicherlich über eine Perfektionierung der darin noch oftmals zur Schablone geratenen Stadtveduten nachgedacht. Am Ende dieser Überlegungen stand die Ansicht von 1500, bei der Venedig wie aus der Luft portraitiert erscheint.

In diesem Zusammenhang sei an die Flugdarstellungen und

27 Martin, Anton Kolb und Jacopo de' Barbari (wie Anm. 23), bes. 91–94.

28 Ebd., 89.

29 Siehe hierfür Dieter Kimpel/Robert Suckale, Die gotische Architektur in Frankreich. 1130–1270, München 1985, 31.

30 Vgl. Martin, Anton Kolb und Jacopo de' Barbari (wie Anm. 23), 94.

31 Eine bekannte Verbildlichung dieses Themas findet sich als Miniatur in der Este-Bibel (Ferrara, vor 1434[?]), fol. 4 r – Farbabb., in: Biblioteca Apostolica Vaticana. Liturgie und Andacht im Mittelalter (Austellungskatalog), Köln/Stuttgart 1992, 313.

32 Zitiert nach Behringer/Ott-Koptschalijski (wie Anm. 1), 238.

Justin Stagl

Die Entdeckung des Fliegens und Schwebens im Rahmen der ramistischen Wissenschaftskonzeption des 16. Jahrhunderts

Pierre de la Ramée wurde 1515 in eine völlig verarmte, verbauerte Adelsfamilie im Norden Frankreichs geboren. Er hungerte sich durch sein Studium und konnte als Famulus eines reichen Studenten das berühmte Collège de Navarre der Pariser Universität besuchen. Dort erwarb er 1536 den Grad eines Magisters Artium. Dabei verteidigte er die These *Quaecumque ab Aristotele dicta essent, commentitia esse* (»Alles, was Aristoteles gesagt hat, ist erkünstelt«). Dieser Angriff auf Aristoteles spricht für ein ungeheuer übersteigertes Selbstvertrauen des damals einundzwanzigjährigen Studenten. Die Logik des Aristoteles war seit dreihundert Jahren der Königsweg europäischen Denkens, und die Universität von Paris, die Sorbonne, war das Zentrum der auf ihr begründeten scholastischen Philosophie. Trotz dieser Kühnheit wurde Petrus Ramus – er hatte seinen Namen, humanistischem Brauch folgend, latinisiert – der Magistergrad verliehen. Er lehrte dann Logik in kleineren Kollegien der Sorbonne. 1543 veröffentlichte er ein Lehrbuch der Logik, das, immer wieder neu aufgelegt und revidiert, unter dem Titel ›Institutiones Dialecticae‹ zum »einflußreichsten Lehrbuch des 17. Jahrhunderts wurde«[1].

Die Logik des Ramus war, wie nicht anders zu erwarten, von Anfang an heftig umstritten. Eine Zeitlang war sie sogar verboten, Ramus mußte währenddessen in die Lehre der Mathematik und der Rhetorik ausweichen. Doch 1547 wurde er rehabilitiert und 1551 zum königlichen Professor am Collège de France ernannt, wodurch er der Autorität der Sorbonne entzogen wurde. Sein internationaler Ruhm wuchs. 1561 konvertierte er heimlich zum Protestantismus. Das machte ihn verwundbar gegen die Angriffe seiner Feinde von der Sorbonne. Schließlich machte der religiöse Bürgerkrieg seine Lage unhaltbar. Ramus entzog sich diesem durch eine ausgedehnte Reise nach Deutschland, auf der er Anhänger für seine Denkmethode warb und schließlich in Heidelberg öffentlich zur Reformation übertrat. Die Reise wurde zum »Triumphzug«[2]. Den Winter 1568/69 verbrachte Ramus in Basel, das noch immer Hauptzentrum des Humanismus und des Buchdruckergewerbes war. Schließlich kehrte er zu seinem Unheil wieder nach Paris zurück, wo er 1572, vermutlich auf Betreiben seiner Feinde von der Sorbonne, in den Massakern der Bartholomäusnacht umkam.

Mit seiner Grundthese, die Logik des Aristoteles sei *commentitia*, d. h. »unnatürlich« oder »erkünstelt«, verwarf Ramus diese zwar nicht in Bausch und Bogen, trat aber doch mit dem Anspruch auf, ihr Reformator zu sein. Aus einer »unnatürlichen« wolle er sie zu einer »natürlichen« Denkmethode umgestalten, sie also, wie nachmals Marx es mit jener Hegels tat, »vom Kopf auf die Füße stellen«. Diese Parallele ist nicht so weithergeholt, wie es scheint. Für die Scholastiker war die aristotelische Logik ein Instrument zur Klärung der Gedanken und Disziplinierung der Diskussionen gewesen. Ramus wollte sie aus der Sphäre der Kontemplation in die der Aktion verpflanzen und aus ihr ein Instrument zur Gewinnung, Verarbeitung und Vermittlung nützlichen Wissens machen. Er wollte, daß mit ihrer Hilfe die Welt nicht bloß interpretiert, sondern verändert werde. Damit stand Ramus der humanistischen Lebens- und Erziehungsreform nahe, begünstigt durch seine nordfranzösische Herkunft und seine Laufbahn als Selfmademan. Denn die Vorläufer, auf die er sich vor allem berief, gehörten dem Bürgerhumanismus der Niederlande an: der Friese Rudolph Agricola, Universalmensch und Wissenschaftstheoretiker, und der in Löwen ansässige Spanier Juan Luis Vives, der die Wissenschaften durch Einbeziehung der praktischen Künste und Handwerke reformieren wollte.

Das Hauptcharakteristikum der Logik des Ramus war die Aufwertung und Neufassung der Lehre von den »Örtern« des Denkens (griech. *tópoi*, lat. *loci*). Diese Lehre, die Topik, behandelte die allgemeinen und allgemein anerkannten Gesichtspunkte, nach denen man bestimmte Themen »erörtern«, d. h. aus solchen »Örtern« des Denkens ableiten, konnte. Die Topik bildete einen Zwischenbereich zwischen der Logik im engeren

Abb. 29: Petrus Ramus.

Sinne, deren Kernstück die Syllogistik, die Lehre von der Schlußfolgerung, war, und der Rhetorik, der Lehre von der kunstgerechten Rede. In der aristotelischen Logik hatte sie gegenüber der Syllogistik eine untergeordnete Rolle gespielt. Ramus rückte sie, darin Agricola und Vives folgend, in das Zentrum seiner Wissenschaftslehre. Fragt man, warum die Topik im 16. Jahrhundert solche Bedeutung gewann, liegt die Antwort nahe, daß damals, im Zeitalter der Entdeckungen und des Buchdruckes, das verfügbare Wissen geradezu explosionsartig angewachsen war. Die Topik ermöglichte es, dieses »neue« Wissen mit dem bereits anerkannten in systematische Beziehung zu setzen, also geistig zu »verorten«. Ramus erneuerte die Topik, weil es ihm auf die Nutzbarmachung dieses neuen Wissens ankam. Metaphysische Spekulation um ihrer selbst willen lehnte er scharf ab. An ihre Stelle setzte er ein aus der aristotelischen Logik und der Rhetorik Ciceros, die sich gleichfalls auf »Örter« stützte, zusammengeschmiedetes Einheitsinstrument des Denkens und Sprechens, das der Forschung zu gesicherten und nützlichen Erkenntnissen und zu deren klarer, übersichtlicher Darstellung verhelfen sollte.

Dieses Instrument gliederte er in zwei Teile, die er mit rhetorischen Begriffen als *inventio* und *iudicium* bezeichnete. *Inventio* bedeutete das systematische Abschreiten der »Örter« eines geistigen Raumes, in dem die Beweise oder Argumente für die zu untersuchende These vorzufinden waren (*invenio* = »ausfindig machen, finden«). Ramus nahm an, daß es vierzehn »Örter« gäbe, an denen die relevanten Aussagen für jedes beliebige Thema zu »finden« wären: Ursachen, Wirkungen, das dem Untersuchungsgegenstand Zugrundeliegende, das zu ihm Hinzutretende, das nicht mit ihm Übereinstimmende, seine Gattung, Art, Namen und Charakteristika, das mit ihm Gepaarte, die Beweise für ihn und Vergleiche mit ihm sowie seine Unterteilung und Definition. Diese vierzehn »Örter« erlaubten es, in Form von Standardfragen an den Gegenstand der Untersuchung herangebracht, relevante Aussagen, sog. »Sätze«, zu »finden«, deren Gesamtheit den »Diskurs« über den betreffenden Gegenstand ergab.

Der zweite Teil des ramistischen Erkenntnisgewinnungsinstrumentes war das *iudicium*, die kunstgerechte Beurteilung der Sätze und Strukturierung der Diskurse. Diesen Prozeß gliederte Ramus in drei Abschnitte:

(1) Die Überprüfung der Wahrheit oder Falschheit der Sätze mit Hilfe der Syllogistik. Ihr maß Ramus nur geringe Bedeutung bei und entwertete damit das Kernstück der aristotelischen und scholastischen Logik. Statt ihrer betonte er

(2) jene Denkoperationen, die sich mit der Verbindung einzelner Sätze zu größeren Ganzheiten befassen. Diese nannte er »Methode«. Sie wurde zum bekanntesten Teil seiner Logik. Die ramistische Methode bestand in der Auslotung der im Diskurs über ein Thema vorkommenden Begriffe mit Hilfe von Definitionen und Unterteilungen. Jeder Begriff wurde zunächst definiert, dann in seine Unterbegriffe zerlegt, dann wurden diese definiert und zerlegt und so weiter, bis nichts mehr zu definieren und zu zerlegen übrig blieb. Die damit in ihren Bestandteilen explizit gemachten Begriffe konnten durch Verbindungslinien und Klammern zu Übersichtstabellen zusammengefaßt werden, die Begriffe als vom Allgemeinen zum Besonderen sich verzweigende Begriffsstammbäume visualisierten[3]. Ramus stellte diese Methode folgendermaßen dar: »Methode ist die Erkenntnis verschiedener Axiome, welche zusammengehören und aufgrund der Klarheit der Natur dieser Erkenntnis vorangestellt werden; ausgehend von diesen wird dann die Übereinstimmung aller Begriffe untereinander beurteilt und dem Gedächtnis eingegliedert«[4]. Unter »Axiomen« verstand Ramus dabei, anders als Aristoteles, nicht erste Prinzipien der Erkenntnis, sondern schlicht Aussagen, die aufgrund ihrer Allgemeinheit jedermann einleuchten. Diese Axiome des Ramus waren also im Grunde das, was Aristoteles »Örter«, *tópoi*, nannte. Freilich nicht jene vierzehn allgemeinen »Örter«, die auf jedes beliebige Thema anwendbar waren, sondern besondere, für die Struktur eines bestimmten Themas grundlegende »Örter«.

(3) Der letzte Teil des ramistischen *iudicium* bestand darin, alle Diskurse, Sätze und Begriffe miteinander zu verbinden

– heute würde man sagen: zu »vernetzen« (*coniunctio artium omnium et ad Deum relatio*). Alle schon vorhandene und noch mögliche Erkenntnis war also dazu bestimmt, Teil eines einzigen umfassenden Begriffssystems zu werden, welches von der allgemeinsten denkbaren Wesenheit, Gott, herabstieg zu den allerbesondersten Wesenheiten, den singulären Dingen und Ereignissen.

Die ramistische Wissenschaftslehre war ungemein erfolgreich. Schon zu Lebzeiten des Ramus war sie durch dessen eigene Propaganda und die seiner oftmals monomanischen und fanatischen Anhänger zu einer internationalen Bewegung geworden. Seine Ermordung in der Bartholomäusnacht machte ihn zum Märtyrer der protestantischen Sache und besiegelte den Erfolg dieser Bewegung. Ihr Einfluß erstreckte sich auf alle Wissensgebiete, die in zahllosen Lehrbüchern »methodisiert« wurden, sowie über ganz Europa und Amerika. Ihr Schwerpunkt lag in den calvinistischen Gebieten, und hier besonders in Deutschland, dem ursprünglichen Missionsgebiet des Ramus. Wie gesagt, bestand die Hauptattraktion seiner topischen Methode darin, daß sie es erlaubte, alles wie auch immer heterogene Wissen in derselben Weise zu strukturieren und das im 16. Jahrhundert massenhaft hereinbrechende neue Wissen dem anerkannten alten zuzuordnen. Die calvinistischen Gebiete waren zugleich Zentren des aufstrebenden Bürgertums, der wirtschaftlichen Aktivität und des demokratischen Bewußtseins, mit welchen der Ramismus vortrefflich harmonierte. Überdies hatte er eine gewisse Wahlverwandtschaft zur Buchdruckerkunst[5].

Am besten erkennt man ramistische Werke an den schon erwähnten Begriffsstammbäumen. Diese wurden gleichsam zum »Leitfossil des Ramismus« (Höltgen). Die graphisch-tabellarische Darstellungsform intensivierte die schon in der antiken Topik angelegte räumliche Projektion abstrakten Denkens. Dieses gewann dadurch Tiefenschärfe und strukturelle Raffinesse. Ich sehe darin den Hauptvorteil des Ramismus.

Der Ramismus hatte aber auch ernste Mängel, die schließlich zu seinem Niedergang führten. Er setzte stillschweigend voraus, daß die Ordnung der Welt jener des menschlichen

Geistes genau entspräche. Zu Beginn seiner Laufbahn sprach Ramus dies auch deutlich aus: »Eine richtige Lehre des Sprechens ist ein Abbild und eine Beschreibung der Natur«[6]. Später war er hier in Anbetracht der sich daraus ergebenden Probleme zurückhaltender, gab aber diese Grundannahme niemals auf[7]. Der Ramismus glaubte demgemäß, durch die bloße Klärung und Ordnung des Sprachgebrauchs die Wirklichkeit adäquat erfassen zu können. Seine Kompetenz erstreckte sich auf alles, was in der Sprache ausgedrückt werden konnte, auf Wissenschaften und Kunstlehren ebenso wie auf Beschreibungen, Erzählungen und Dichtungen. Da er aber von den Allgemeinbegriffen ausging, also deduktiv verfuhr, hatte er Schwierigkeiten, die Welt jenseits der Sprache, also die konkreten Dinge und Ereignisse zu erfassen. Die Ramisten halfen sich damit, diese in Gestalt von Beispielen (*exempla*) einzuführen, wobei sie stillschweigend unterstellten, daß diese die zugehörigen Begriffe repräsentierten, das aber freilich nicht bewiesen. Das ging gut in der Didaktik, also bei Lehrbüchern, Kompendien und Enzyklopädien. Es funktionierte nicht in der Forschung. Die Ramisten haben zwar viel von Forschung gesprochen, im Grunde aber doch nur fremdes Wissen durchgearbeitet und geordnet. Unberücksichtigt blieb dabei vor allem das Experiment, also die Grundlage der modernen Wissenschaft. Bei dieser wird ja nicht die Erfahrung einem vorgegebenen Begriffssystem untergeordnet; diese soll vielmehr über die Auswahl und Verwendung der Begriffe entscheiden. Die ramistische Logik war also keineswegs, wie ihre Anhänger meinten, »natürlicher« als die des Aristoteles. Da sie der Sprache unbegrenzt vertraute, gab sie unwillkürlich die traditionell eingebürgerten Denkschablonen als die »natürlichen« *tópoi* aus, die sich ihr dann vor die Dinge selbst schoben. Der Ramismus blieb im Zauberkreis der Sprache befangen. Er hat eigentlich nur schon einmal Gestaltetes neu gestaltet.

Doch als eine auf jeden Gegenstand anwendbare Universalmethode verlieh er seinen Anhängern eine trügerische geistige Sicherheit, wie dies nachmals der dialektische Materialismus, der Strukturalismus oder die Systemtheorie taten und tun. Francis Bacon, der bedeutendste Wissenschaftstheoretiker der Enkelgeneration, bemerkt hierzu etwas höhnisch:

»Es ist allzusehr der Brauch geworden, aus ein paar Axiomen oder Beobachtungen über irgendein Gebiet eine pompöse formale Kunstlehre zu machen, indem man sie mit etwas Diskurs anreichert, durch Beispiele veranschaulicht und zu einer expliziten Methode verarbeitet«[8].

Im 17. Jahrhundert schwand die Attraktion des Ramismus; am längsten hielt er sich noch im Bereich des höheren Schulwesens.

Dennoch hat der Ramismus zur modernen Wissenschaft geführt. Er hat vorhandenes Wissen gesammelt, geordnet und verfügbar gemacht und damit seine Verwendbarkeit gefördert. Eben darin entsprach er ja auch dem Geist des Bürgertums. Das Konzept der Methode ist demokratisch. Es anerkennt keine privilegierte Erkenntnisquelle wie die Kirche, die Bibel, die Antike oder die geniale Persönlichkeit. Jeder, der die gleiche Methode auf die gleiche Situation anwendet, muß zu den gleichen Ergebnissen kommen. An die Stelle des Geistesaristokratismus tritt damit die Zusammenordnung der Arbeit vieler Gleichstrebender auf unterschiedlichen Wissensgebieten.

Die ramistische Tiefenschärfe und strukturelle Raffinesse hat auch dem Fliegen und Schweben einen systematischen Ort zugewiesen. Das geschah im Rahmen der Analyse des Begriffs »Reise« (griech. *apodemía*, lat. *peregrinatio*) durch den Arzt und Universalgelehrten Theodor Zwinger.

1533 in der Humanistenstadt Basel geboren, entstammte Zwinger einer aus dem Handwerkerstand aufgestiegenen Familie von Buchdruckern und Gelehrten reformierter Konfession, die mit der Universität, dem Verlagswesen und der Regierung der Stadt eng verbunden war. Einen prägenden Einfluß übte sein Stiefvater Conrad Lycosthenes (1515–1561) aus, der eine Sammlung von Exempeln aus der antiken, christlichen und modernen Literatur zu allen erdenklichen menschlichen Lebenssituationen anlegte, darüber jedoch, offenbar aus Überarbeitung, starb. Zwinger rebellierte gegen die hochgespannten Erwartungen seiner Familie, indem er von zu Hause ausriß. Er führte das Leben eines fahrenden Scholaren und brachte sich eine Zeitlang als Buchdruckerlehrling durch. Dann ging er, an-

THEODORVS ZVINGERVS
BASIL. MEDICVS.

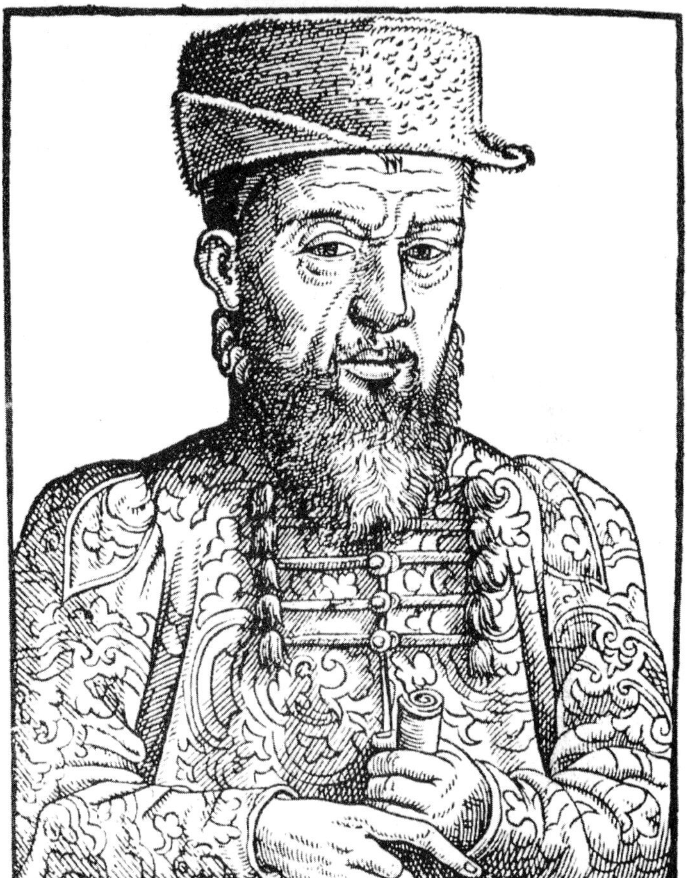

Quæ mihi Zuingeri mentem, quæ pectoris artes
Pinget, & ô terras pinget & astra manus.
V. T. L.

TRINV.

Abb. 30: Theodor Zwinger.

gezogen von der Universalmethode des Ramus, als dessen Schüler nach Paris. Dort schlang er, wie er später klagt, wahllos unterschiedlichen Wissensstoff in sich hinein, darunter auch orientalische Sprachen und die Kabbala. Dann scheint eine Aussöhnung mit der Familie stattgefunden zu haben. Zwinger ging als Student der Medizin nach Padua.

Wegen der religiösen Toleranz der Republik Venedig war Padua der bevorzugte Studienort deutscher Studenten in Italien. Der dort gelehrte Aristotelismus war seit jeher empiriebezogener als in Paris (Randall). Zwingers Interesse an einer Wissenschaft vom gesamten Menschen wurde hier geweckt. Nach der Promotion kehrte er heim nach Basel und machte eine glänzende Karriere an der Universität, an der schon sein Stiefvater gelehrt hatte. Er starb 1588 in Ausübung seiner ärztlichen Pflicht bei der Betreuung Pestkranker.

Zwinger gehört zu den bedeutenden Gelehrten des 16. Jahrhunderts. Daß sein Name heute wenig bekannt ist, rührt daher, daß er den Hauptteil seiner Arbeit auf Enzyklopädien und Editionen verwandte, die zwar viel benutzt, aber wenig zitiert und im Laufe der Zeit überholt wurden (Gilly). Doch stammen mehrere richtungweisend gewordene Ideen von ihm. Ein systematischer Kopf von schier unbegrenzter Arbeitskraft, wußte sich Zwinger selbst die verlorenen Jahre seiner Jugend zunutze zu machen. Neben seiner medizinischen Arbeit blieb er dem Druck- und Verlagswesen verbunden, edierte unter anderem Hippokrates und Galen und befaßte sich mit Fragen der Erziehung und der Wissensverarbeitung.

Sein bekanntestes Werk wurde die von ihm überarbeitete und vollendete Exempelsammlung seines Stiefvaters Lycosthenes, die er 1565 im Verlag seines Onkels Oporinus unter dem Titel ›Theatrum vitae humanae‹ veröffentlichte. Nach Sachgebieten gegliedert, wobei neben den Exempla auch die zugehörigen Autoren und Werke angeführt waren, wurde diese »erste neuzeitliche Enzyklopädie in praktischer Hinsicht«[9] zu einem der großen Bucherfolge ihrer Zeit. Sie beschäftigte Zwinger für den Rest seines Lebens. Die Erstausgabe war ein Folioband von immerhin 1426 Seiten. Die zweite Ausgabe (Basel 1571) hatte den dreifachen und die dritte Ausgabe (Basel 1586) den vierfachen Umfang. Wer die prachtvoll gedruckten Bände in

Händen hält, kann sich kaum vorstellen, daß ein einzelner Mensch sie erarbeitet haben soll. Diese enorme Wissensmasse war von Zwinger zu einem doppelten Zweck bestimmt: als Grundlage für eine menschliche Naturgeschichte (*historia naturalis humana*) und als Anweisung für richtiges, der menschlichen Natur gemäßes Handeln. Ihre vermittels Definitionen und Begriffszerlegung vom Allgemeinen zum Besonderen absteigende topische Ordnung wurde von der ersten zur dritten Auflage kontinuierlich erweitert und verfeinert[10].

Ein zweites hier in Betracht zu ziehendes Werk Theodor Zwingers ist seine 1577 in Basel erschienene Methodik des Reisens ›Methodus apomedica‹. Sie ist organisch aus dem ›Theatrum vitae humanae‹ hervorgewachsen und bedient sich, wie gezeigt werden soll, aus dessen Exempelschatz. Den ursprünglichen Anstoß für dieses Werk scheint der erneuerte Kontakt zu Ramus gegeben zu haben. Wie erwähnt verbrachte dieser den Winter 1568/69 in Basel. Er nahm dort Kontakt mit seinem prominent gewordenen Schüler Zwinger auf, hob dessen Sohn aus der Taufe und feierte öffentlich dessen ›Theatrum‹[11]. Zwinger selbst führt die Idee einer Methodik des Reisens auf damals im Ramistenkreis geführte Gespräche zurück (Methodus apodemica, Praefatio). Sie erneuerten sein Interesse an der Erziehung und Wissensverarbeitung.

Die Bildungsreise hing mit beidem zusammen. Ihre Methodisierung gab Zwinger Gelegenheit, die verlorenen Jugendjahre durch geistige Gestaltung einzuholen, die eigenen Irrtümer wiedergutzumachen und auch andere hiervon profitieren zu lassen. Dem praktisch orientierten Humanismus des Ramus gemäß verfolgte die ›Methodus‹ – wie schon das ›Theatrum‹ – einen doppelten Zweck: Sie wollte

(1) das Reisen aus einem plan- und nutzlosen Umherschweifen zu einem Mittel der Persönlichkeitsbildung machen und

(2) die Reisenden anleiten, besser zu beobachten und präzisere Fragen zu stellen, damit reichere, besser strukturierte Reiseberichte die *historia naturalis humana* voranbringen könnten. Zu beiden Zwecken schien ihm eine eingehende Analyse des Begriffes des Reisens nötig. Die ›Methodus

apodemica‹ besteht demgemäß – neben der autobiographisch geprägten ›Praefatio‹ – aus einer Exposition des Begriffes des Reisens nach Unterarten, Zielsetzungen und Verfahrensweisen sowie aus der systematischen Beschreibung vierer Städte, des klassischen Athen, Basels, Paris und Paduas, die künftigen Reiseberichten als beispielgebende Schemata dienen sollten[12]. Im übrigen enthält die ›Praefatio‹ noch die Idee eines Forschungs- und Dokumentationszentrums. Dieses sollte nicht nur Reiseberichte sammeln und auswerten, sondern auch selbst Reisende aussenden, um Wissenslücken zu füllen und die über die Welt verstreuten »Schätze der Weisheit und Tugend« an einem Ort zusammenzubringen und dort zum allgemeinen Nutzen zu Verhaltensmaximen zu komprimieren. Dieses Projekt kommt aus dem neuplatonisch-kabbalistischen Denkansatz einer »Harmonie zwischen Makro- und Mikrokosmos«. Es bereitete die später von Campanella, Andreae und Bacon weitergedachte Utopie eines von einem Forschungs- und Dokumentationszentrums aus rational geleiteten Staatswesens vor, die so bedeutende Auswirkungen auf die »wissenschaftliche Revolution« des 17. Jahrhunderts haben sollte[13].

In der Erstausgabe des ›Theatrum‹ von 1565 konnte ich ein Stichwort »Fliegen« nicht finden, wohl aber in der zweiten Ausgabe von 1571 (*Homines volantes per area*). Darunter werden folgende Exempla angeführt: die Flucht von Daedalus und Ikarus aus dem Labyrinth mittels selbst verfertigter Flügel, die Flügelschuhe, die Perseus von Hermes erhält, die Luftreise des Skythen Abaris auf einem Pfeil, der Flug des Dichters und Sehers Musaios mit Hilfe des Windgottes Boreas sowie eine Art Drachenflug bei Zirkusspielen im kaiserlichen Rom. Das Stichwort erscheint im Zusammenhang mit dem Menschen unnatürlichen Fortbewegungsweisen; als nächstes kommen die *Urinatores*, die Taucher. Zu diesen Beispielen ist folgendes zu sagen:

(1) Sie handeln, wie ja schon die Überschrift sagt, nicht vom Fliegen der Tiere oder übernatürlicher Wesen wie der En-

DISCVRRENDO.

ORION Neptuni filius ex Euryale Minois filia natus fuit, cui conceſſum eſt, vt ſuper fluctus curreret, perinde ac in terra ſuper ariſtas ferretur, nec eas comminueret. Hyginus.

IPHICLVS, inquit Apollonij interpres, Phylaci creditur & Clymenes filius. Eum cecinit Heſiodus tanta fuiſſe corporis agilitate, ac pedum celeritate, vt curreret ἐπὶ πυρίνων ἀθέρων, hoc eſt, ſuper triticeas ariſtas, nec oblæderet. Demaratus verò etiam per mare inceſſiſſe prodidit. Inde natum adagium, vt

vectus, & purpurea regiaq; veſte ornatus proceſſit. In medio autem campo vt artem equeſtrẽ oſtentaret, equum vario modo calcaribus cõcitando in orbem freno agiliter egit, obequitandoq; telum in auras aptè diuerberauit, & ipſum id rurſum ad terram delatum, momentoq; temporis exceptum vibrauit, & idem alternatim per manus tranſtulit, & ſe ſuper equũ ſupinauit, & viciſſim ad terram, & in latera inclinauit, atq; hæc ludicra peragendo à prima luce ad multum diei dedita opera tempus extraxit, donec equitum duo millia venerunt, quæ expectabat. Sigonius lib. 19. Imp. occid.

VOLATVS. PER AERA VECTI. ΑΙΘΡΟΒΑΤΑΙ.

Poëtæ fabulantur, DAEDALVM incluſum Labyrintho, propter liberatum Theſeum, quum iudicium capitis expaueſceret, alas ſibi confinxiſſe, eoq; remigio vnà cum filio Icaro periculum euaſiſſe. Vergilius lib. 6. Aeneidos:

Dædalus (vt fama eſt) fugiens Minoia regna,
Præpetibus pennis auſus ſe credere cœlo,
Inſuetum per iter gelidas enauit ad Arctos.

PERSEVS in Meduſam certaturus, accepit à Mercurio talaria & enſem, quibus adminiculis per aërem ferebatur.

ABARIS Scytha αἰθροβάτης dictus, quòd emiſſa ſagitta, quam ab Apolline acceperat, cum ea vnà ferretur. Herodotus & Iamblichus.

MVSAEVS poëta, Boreæ dono volitaſſe perhibetur. Pauſanias in Atticis.

Romæ ſub Cæſaribus inter ſpectacula populo exhibita productus eſt, QVI per aduerſum parietem felis modo reptando ſcanderet: & qui fabrefactis ſibi alis, altiuſculè terra volans, per aërem auis modo veheretur. Sabel. lib. 10. cap. 9.

NATATIO. NATANDI STVDIVM, VSVS.

PERITIA NATANDI.

ACQVISITA, VEL

Natura.

EOS, qui ſub Piſcium aſtro, certo curſu ſtationibusq; ſideribus conſtitutis, editi eſſent, nãdo plurimũ valuiſſe, naturalium rerum perſcrutatores tradiderunt. Iiſdem quoque lienis defectus plurimùm prodeſſe creditur. Alexan. lib. 2. cap. 21.

Arte, Inſtitutione.

GRAECI cùm ſuos adoleſcentes in omni diſciplinarum genere liberaliter erudirent, non minore etiam ſtudio primæ adoleſcentiæ iuuenes imbuebant gymnaſticis diſciplinis, iuxta Ariſtotelis præceptum: quo ad reliqua munia firmiores eſſent, & etiam natare diſcerent. Alex. ab Alex. cap. 25. In pugna nauali ad Salaminẽ contra Xerxem, Græcorum pauci periêre. Quippe qui periti natandi, cùm ſuæ naues corruptæ eſſent, atq; in pugna periſſent, ad Salaminem enatabant: cuius rei quia imperiti erant, Barbarorum pleriq; in mari periêre. Herodotus lib. 8.

ROMANA iuuentus, quæ ad belli deſtinabatur munera, inter alias exercitationes bellicas, quibus aptiores & agiliores reddebantur tyrones, nandi quoq; ſtudio ſummopere operã dedit. Alex. ab Alex. lib. 1. cap. 20. Hinc prouerbium in adoleſcentem nullius frugis, Neq; natare neq; literas didicit.

Octauius Auguſtus CAIVM & LVCIVM, quos ſibi filios aſciuerat, ſcientiſſimè poſt literas natare docuit. Alexan. ab Alexandro libro 2. cap. 25.

POSSESSA.

Natatores, Vrinatores.

Fuit GLAVCVS vrinator Bœotus, Anthedonius, qui ſpectantibus

Abb. 31: Abschnitt aus ›Theatrum vitae humanae‹.

gel oder des Pegasus, sondern ausschließlich von fliegenden Menschen.

(2) Außer Betracht bleibt auch das mit ekstatischen Zuständen verbundene Fliegen und Schweben, das Zwinger in Form des Hexenfluges, der schamanistischen Seelenreise oder der Levitation bekannt sein mußte. Zwar waren der Skythe oder »Hyperboräer« Abaris und der dem orphischen Mysterienkult zugehörende Musaios schamanenhafte Wundermänner[14], doch dies scheint Zwinger nicht gekannt zu haben.

(3) Seine Exempla handeln statt dessen vom Fliegen und Schweben mittels magischer und technischer Hilfen.

(4) Die Reihe der Beispiele führt aus der mythischen Zeit, die Zwinger mit vorsichtiger Skepsis behandelt, in die historische Zeit.

All dem zufolge hatte Zwinger mit den von ihm angeführten Exempeln die Kompensation des menschlichen Nicht-fliegen-Könnens durch die menschliche Vernunft im Sinn.

Daß ihm das Fliegen und Schweben gerade zwischen 1565 und 1571 in den systematisierenden Blick geriet, mag mit der Verfeinerung der topischen Ordnung des ›Theatrum‹ zwischen dessen erster und zweiter Ausgabe zu tun haben. Doch ist auch möglich, daß Diskussionen im Kreise des Ramus in Basel im Winter 1568/69, die ihn ja auch zur Methodisierung des Reisens führten, dazu beitrugen. Denn auf Seite 26 der ›Methodus apodemica‹ findet sich die Tabelle, die auf der nächsten Seite abgebildet ist (Abb. 32).

Zwinger klassifiziert hier menschliche Fortbewegungsweisen nach ihrem Medium. Dazu führt er drei Möglichkeiten an: Erde, Wasser und Luft. Das sind drei der traditionellen vier Elemente. Das vierte, das Feuer, ist, als für die menschliche Fortbewegung nicht geeignet, weggelassen. Diese Klassifikation ist ein Beispiel für das unwillkürliche Eindringen hergebrachter Denkschablonen in die ramistische Begriffsanalyse. Die Bewegung auf der Erde und dem Wasser muß hier außer Betracht bleiben. Bemerkt sei nur, daß das Wasser Zwinger offenbar wenig interessiert: neben den Schiffen und Kähnen hätte hier ohne weiteres noch das Schwimmen und Tauchen angeführt werden können. Was ihn jedoch interessiert ist die Luft.

Wenn Begriffe auf einer ramistischen Tabelle durch eine Klammer zusammengefaßt werden, gelten sie als logisch gleichrangig. Sie lassen sich aber noch nach anderen Gesichtspunkten ordnen. In Abbildung 32 ist es der Fortschritt von natürlicheren zu künstlicheren Bewegungsformen. Auf der Erde bewegt sich der Mensch natürlicher als im Wasser und als in der Luft. Analog auch bei der weiteren Zergliederung des Begriffs *Motus*: die Fortbewegung *per se*, mit dem eigenen Körper, ist natürlicher als die *ab alio partim*, teilweise mit fremder Hilfe. Da es in der Luft überhaupt nur diese letztere gibt, führt Zwinger hier ein weiteres, gleichfalls vom Natürlicheren zum Künstlicheren führendes Differenzierungsprinzip ein: das Fliegen *ope Mechanica* und *ope Angelica spiritum*. Zum Fliegen mit mechanischen Mitteln nennt er drei Exempla,

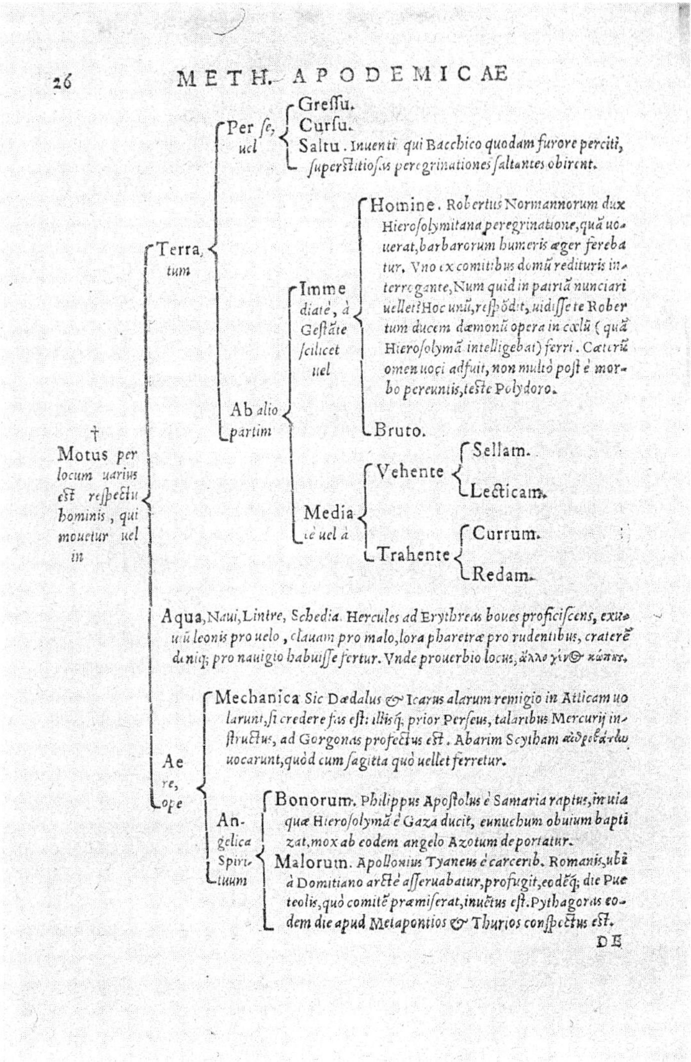

26 METH. APODEMICAE

- † Motus *per locum uarius eſt reſpectu hominis, qui mouetur uel in*
  - Terra, *tum*
    - Per *ſe, uel*
      - Greſſu.
      - Curſu.
      - Saltu. *Inuenti qui Bacchico quodam furore perciti, ſuperſtitioſas peregrinationes ſaltantes obirent.*
    - Ab *alio partim*
      - Imme*diatè, à Geſtãte ſcilicet uel*
        - Homine. *Robertus Normannorum dux Hieroſolymitana peregrinatione, quã uouerat, barbarorum humeris æger fereba tur. Vno ex comitibus domũ redituris interrogante, Num quid in patriã nunciari uellet? Hoc unũ, reſpõdit, uidiſſe te Robertum ducem dæmonũ opera in cœlũ (quã Hieroſolymã intelligebat) ferri. Cæterũ omen uoci adfuit, non multò poſt è morbo pereuntis, teſte Polydoro.*
        - Bruto.
      - Media*tè uel à*
        - Vehente
          - Sellam.
          - Lecticam.
        - Trahente
          - Currum.
          - Redam.
  - Aqua, *Naui, Lintre, Schedia. Hercules ad Erythreas boues proficiſcens, exuuiũ leonis pro uelo, clauam pro malo, lora pharetræ pro rudentibus, craterẽ deniq; pro nauigio habuiſſe fertur. Vnde prouerbio locus, ἄλλο γἰν⊛ κώπης.*
  - Ae*re, ope*
    - Mechanica *Sic Dædalus & Icarus alarum remigio in Atticam uolarunt, ſi credere fas eſt: illisq; prior Perſeus, talaribus Mercurij instructus, ad Gorgonas profectus eſt. Abarim Scytham αἰθροβάτην uocarunt, quòd cum ſagitta quò uellet ferretur.*
    - An*gelica Spirituum*
      - Bonorum. *Philippus Apoſtolus è Samaria raptus, in uia quæ Hieroſolymã è Gaza ducit, eunuchum obuium baptizat, mox ab eodem angelo Azotum deportatur.*
      - Malorum. *Apollonius Tyaneus è carcerib. Romanis, ubi à Domitiano arctè aſſeruabatur, profugit, eodẽq; die Puteolis, quò comitẽ præmiſerat, inuctus eſt. Pythagoras eodem die apud Metapontios & Thurios conſpectus eſt.*

DE

Abb. 32: Abschnitt aus ›Methodus apodemica‹.

die er auch schon im ›Theatrum‹ gebracht hatte: Dädalus, Perseus und Abaris. Daß er den Pfeil des Abaris als mechanisches Flugmittel einstuft, untermauert meine These, daß er das Schamanentum dieses Skythen nicht erkannt hat. Denn sonst hätte er ihn ja in die zweite Kategorie eingeordnet, die man frei als Fliegen »mit Hilfe übernatürlicher Kräfte« übersetzen kann. Diese unterteilt er dann noch einmal, nach dem Wesen des Fliegenden und der ihn dabei unterstützenden übernatürlichen Kräfte, in den Flug *Bonorum* und *Malorum*. Den Flug der Guten exemplifiziert der Apostelschüler Philippus in Apg 8,39–40, den Flug der Bösen veranschaulichen zwei schamanenhafte antike Weise von der Art des Abaris, nämlich Pythagoras und Apollonios von Tyana. Da Apollonius in frühchristlicher Zeit als Wundertäter in Konkurrenz zu Jesus Christus gestellt wurde, ist es verständlich, daß Zwinger dessen Fliegen wie die Luftreisen des Pythagoras – im Gegensatz zur Entrükkung des Philippus – als Werk widergöttlicher Kräfte, als böse, betrachtete. Hierfür hätte er leicht auch das Beispiel des Hexenfluges wählen können, das im 16. Jahrhundert in aller Munde war. Daß er dies nicht tat, spricht meiner Ansicht nach dafür, daß er als Rationalist und Freigeist an den Hexenflug nicht glaubte.

Die Zwinger kongenialere Form des Fliegens ist ganz offensichtlich jene *ope Mechanica*. In noch roher, skizzenhafter Form bereiten die Tabelle in Abbildung 32 und die Beispielsammlung in Abbildung 31 eine Geschichte der menschlichen Bemühungen um die Eroberung des Luftraumes mit Hilfe von Maschinen vor. Eine solche konnte nur den einen Sinn haben, das schon in dieser Richtung Versuchte und Getane zu inventarisieren, um den technischen Fortschritt vor Sackgassen zu warnen und ihm den rechten Weg zu weisen.

Damit hat Zwinger, stimuliert durch die Bemühung des Ramistenkreises um das Reisen, dem Fliegen seinen systematischen Ort im System nützlichen Wissens zugeteilt. Das geschah um 1570. Es geschah in praktischer Absicht und zugleich in utopistischer Fortschreibung des »Zeitalters der Entdeckungen« über die Erde und das Wasser hinaus in die Luft.

Ob dies die erste Verortung des Fliegens in einem Denksystem war, wage ich nicht zu entscheiden. Es lag im Geist der Epoche der Entdeckungen und des Buchdruckes. Ulrich Schulz-Buschhaus schreibt:

> »unter den Bedingungen der Renaissance [schafft] [...] die ›sektorale Beschränkung‹ oder mit anderen Worten: die Ausdifferenzierung von Spezialdiskursen, die Voraussetzung dafür, [...] daß in solchen Spezialdiskursen neue Sachverhalte produziert werden, die im Diskursuniversum des Mittelalters schlechterdings nicht existent waren«[15].

Außer an den Ramismus knüpft Zwingers Programm des technisch-moralischen Fortschritts an andere, gleichgerichtete Denktraditionen der Renaissance an, etwa an den erkenntnistheoretisch-technologisch-pädagogischen Reformismus des eingangs genannten Juan Luis Vives und an die Geschichte der Erfindungen (»Inventionen«) des von ihm im ›Theatrum‹ (Abb. 31) zitierten Marcantonius Coccius Sabellicus. Ob Zwinger nun wirklich der erste war, der das Fliegen und Schweben ver-ortete – jedenfalls bilden das ›Theatrum vitae humanae‹ und die ›Methodus apodemica‹ Meilensteine auf dem Wege vom praktisch-didaktischen Humanismus zur »history of trades« Francis Bacons (Houghton) und schließlich zur modernen, wissenschaftsgeleiteten Technik.

Anmerkungen

1 Schmidt-Biggemann, 41.
2 Desmaze, 89.
3 »in synoptischen Tabellen«, Höltgen.
4 Dialectica, 1572, 87, meine Übersetzung.
5 Ong, Ramist Method and the Commercial Mind.
6 Aristotelis Animadversationes, 1543, fol. 81 (meine Übersetzung).
7 Schmidt-Biggemann, 44 ff.
8 Francis Bacon, Advancement of Learning, 1605, 499, meine Übersetzung.
9 Schmidt-Biggemann, 62.
10 Ong, Commonplace Rhapsody; Gilly II, 148 ff; Schmidt-Biggemann, 59 ff.
11 Ramus, Basilea.
12 Stagl, Ars apodemica.
13 Stagl, History of Curiosity, III, 5.
14 Meuli II, 865 ff.; Eliade, 43 ff.
15 Ulrich Schulz-Buschhaus, 379.

Literatur

Bacon, Francis, The Two Books of Francis Bacon of the Proficience and Advancement of Learning Divine and Human (1605), in: Works, London 1740, Bd. II, 411–547.

Desmaze, Charles, P. Ramus, Professeur au Collège de France, Paris 1864.

Eliade, Mircea, Von Zalmoxis zu Dschingis-Khan, Köln/Löwenich 1982.

Gilly, Carlos, Zwischen Erfahrung und Spekulation. Theodor Zwinger und die religiöse und kulturelle Krise seiner Zeit, in: Basler Zeitschrift für Geschichte und Altertumskunde 77 (1977), 57–137; 79 (1979), 125–223.

Höltgen, Karl Josef, Synoptische Tabellen in der medizinischen Literatur und die Logik Agricolas und Ramus', in: Sudhoffs Archiv für Geschichte der Medizin und der Naturwissenschaften 48/4 (1964), 371–390.

Hooykaas, R., Humanisme, Science et Réforme. Pierre de la Ramée (1515–1572), Leiden 1958.

Houghton, Walter Edward, The history of trades: in relation to seventeenth century thought as seen in Bacon, Petty, Evelyn, and Boyle, in: Journal of the History of Ideas 2 (1941), 33–60.

Lochner, W., Fliegen, das große Abenteuer der Menschheit, München 1970.

Maier, Friedrich, Ovid, Dädalus und Ikarus (Reihe AUXILIA), Bamberg 1981.

Meuli, Karl, Gesammelte Schriften, Thomas Gelzer (Hg.), Basel/Stuttgart 1975.

Ong, Walter, J., Ramist Method and the Commercial Mind, in: Studies in the Renaissance 8 (1961), 155–172.

Ong, Walter J., Commonplace Rhapsody. Ravisius Textor, Zwinger and Shakespeare, in: R. R. Bolgar (Hg.), Classical Influences on European Culture A. D. 1500–1700, Cambridge 1976, 91–126.

Ong, Walter J., Ramus and Talon Inventory. A short-title inventory of the published works of Peter Ramus (1515–1572) and of Omer Talon (ca. 1510–1562) in their original and in their variously altered forms, Cambridge (Mass.) 1958 (dort eine Bibliographie der Schriften des Ramus).

Ong, Walter J., Ramus. Method, and the Decay of Dialogue. From the Art of Discourse to the Art of Reason, Cambridge (Mass.) 1958.

Ramus, Petrus (Pierre de la Ramée) Aristotelis Animadversationes (Paris 1543), Reprint: Stuttgart-Bad Cannstatt 1864.

Ramus, Petrus (Pierre de la Ramée), Dialecticae Institutiones (Paris 1543), Ausgabe letzter Hand: Dialecticae libri duo, Paris 1572.

Ramus, Petrus (Pierre de la Ramée), Basilea ad Senatum Populumque Basiliensem (1569), hg. v. Hans Fleig, Basel 1944.

Randall, John Herman Jr., The Development of Scientific Method in the School of Padua, in: Journal of the History of Ideas 1 (1940), 177–206.

Reallexikon für Antike und Christentum, Art. »Engel«, Bd. 5, 53ff., und Art. »Flügel (Flug) der Seele«, Bd. 8, 30ff.

Schmidt-Biggemann, Wilhelm, Topica Universalis. Eine Modellgeschichte humanistischer und barocker Wissenschaft, Hamburg 1983.

Stagl, Justin, Ars apodemica. Bildungsreise und Reisemethodik von 1560 bis

1600, in: Xenja v. Ertzdorff/Dieter Neukirch (Hg.), Reisen und Reiseliteratur im Mittelalter und in der Frühen Neuzeit, Amsterdam/Atlanta 1992, 141–189.

Stagl, Justin, A History of Curiosity. The Theory of Travel 1550–1800, London 1995.

Zwinger, Theodor, Theatrum vitae humanae. Omnium fere eorum, quae in hominem cadere possunt, Bonorum atque Malorum EXEMPLA historica, Ethicae philosophiae praeceptis accomodata et in XIX LIBROS digesta, comprehendens: Ut non immeritò Historiae PROMPTUARIUM, Vitaeque humanae SPECULUM nuncupari poßit. A Conrado Lycosthene [...] iam pridem inchoatum: nunc vero Theodori Zwingeri [...] studio et labore, eo usque deductum, ut omnium ordinum hominibus ad vitam praeclare instituendam, maiorem in modum utile et iucundum sit futurum, Basel ^{1}1565, ^{2}1571, ^{3}1586.

Zwinger, Theodor, Methodus apodemica in eorum gratiam qui cum fructu in quocunque tandem vitae genere peregrinari cupiunt, a Theodoro Zwingero Basiliense typis delineata, et cum aliis, tum quator praesertim Athenarum vivis exemplis illustrata, Basel ^{1}1577, Straßburg ^{2}1594.

Clive Hart

Erotische Implikationen in der Flugdarstellung von der Hochrenaissance bis zum Rokoko

I. Einleitung

Obgleich es meinem Anliegen keineswegs völlig entspricht, möchte ich hier doch eine Aussage Karl Toths voranstellen, der 1924 meinte: »Im Blickpunkt der Rokokokultur steht das Weib«[1]. Über Toths Feststellung noch hinausgehend, vertrat zuvor schon Wilhelm Hausenstein die Ansicht, die barocke Kunst sei so realistisch, daß sie an Schamlosigkeit grenze; sie schrecke auch nicht vor Obszönität zurück. Die Sinnlichkeit der Stuck-Heiligen mit ihren entblößten und gebauschten Schenkeln und Schultern verführe den Kirchenbesucher, der den Blick selbst von den Nasenlöchern, »die ein frecher Finger modelliert hat«, nicht mehr abwenden könne, während die träge ruhenden Engel »süße Kreaturen der Lust« seien[2]. Hausenstein spricht vom »kecken Wind« des Barock – wobei er offensichtlich in erster Linie den Spätbarock im Auge hat – und fragt sich, ob wir dessen Ursprung beim Heiligen Geist oder vielleicht eher bei einem Zephir aus Zypern vermuten sollten. Öffnet diese mit lieblichen Farben dargestellte Heiligkeit das Tor zum Himmel oder die Tür zum Boudoir der Magdalena vor ihrer Rettung[3]?

Heutzutage dürften uns diese Kommentare von Toth und Hausenstein etwas altmodisch vorkommen: Produkte einer früheren Phase der deutschen Kunstgeschichte, in der die Betonung auf intensiven Emotionen und einem Hauch von Lüsternheit liegt. Immerhin finde ich, daß sie aufschlußreich sind in bezug auf einen wichtigen Aspekt meiner neueren Forschungen und daß ihre Ansichten genauer zutreffen als die nüchternen Ansätze unseres Zeitalters. Der andere Aspekt meines Themas ist weniger kontrovers: die Besessenheit der Kunst des Barock wie des Rokoko, weltlich wie geistlich, von Himmelfahrtsvorstellungen – »empor zum Himmel«. Bei meiner Erforschung der engen Zusammenhänge zwischen diesen beiden Aspekten habe ich mich hauptsächlich auf den letzten Teil der im Titel angegebenen Zeit konzentriert, nämlich den Höhepunkt des Rokoko. In dieser kulturellen Phase läßt sich sowohl ein wachsender Drang erkennen, die Möglichkeit darzustellen, daß sexuelle Lust im Himmel erfahren werden wird, als auch eine allmähliche Annäherung der Pole »Diesseits« und »Jenseits«: eine Entwicklung, die der romantischen Verinnerlichung der Flugvorstellung den Weg bereitete. Je mehr sich Fleischliches und Himmlisches aneinander anglichen, desto mehr Spannung wird in der Flugdarstellung spürbar. Dabei bin ich mir der Tatsache bewußt, daß ich mit dieser Aussage den üblichen Ansichten über die Tendenzen des Rokoko, speziell des geistlichen Rokoko, widerspreche. Beispielsweise behauptet William Park in seinem neuesten Werk, daß in Rokokokirchen »die religiöse Kunst nicht versucht, die Grenzen zwischen Natürlichem und Übernatürlichem niederzureißen, sondern gerade den Unterschied zwischen diesen beiden betont«[4]. Park hebt eine Distanzierung hervor, die durch eine Steigerung mit Hilfe bewußter Künstlichkeit geschaffen werde. Meine eigenen Studien zahlreicher Stuckarbeiten und Fresken des Rokoko führen mich aber zu einem anderen Verständnis dieser Werke; insbesondere erkenne ich in vielen von ihnen Anzeichen für ein wachsendes Streben, das Fleischliche dem Himmlischen anzugleichen – mittels eines Kunststils, der diese auf ein und dieselbe Wirklichkeitsebene stellt; vielleicht sollte man allerdings hier besser von Unwirklichkeitsebene sprechen, denn die Verzerrungen der dargestellten Realität im geistlichen Rokoko zeigen manchmal ein Streben, den Unterschied zwischen Natur und Kunst auszulöschen, indem die Welt selbst als künstlich verstanden wird. Obwohl der Besucher wohl nicht mehr von der Illusion getäuscht wird, zu denken, daß er reale physische Wesen vor sich hat, lädt ihn die Rokokokirche in eine Traumwelt ein, die die Lücke zwischen dem Himmel und seinem eigenen irdischen Dasein schließt. Der scheinbare »Verlust des Transzendenten«, so Park[5], wird ersetzt durch den Hinweis, daß die Transzendenz bereits erreicht ist, wenn der Kirchgänger das Innere des Schiffs betritt. Das offen ausgedrückte Streben nach einer Einheit von Erde und Himmel, charakteristisch für den Barock, führt in Rokokobauwerken hin zu einer subtileren Weise, den Kirchgänger daran zu erinnern, daß er selbst ein Element in Gottes Kunstwerk ist.

Frühe Entwürfe von Flugmaschinen, mit denen meine Erforschung der Vorgeschichte des Fliegens anfing, vermitteln wichtige Erkenntnisse darüber, wie Flug verstanden wurde und warum die Vorstellungswelt so davon beherrscht war[6]. Ergänzend dazu, aber in ganz anderer Weise, ermöglicht die Darstellung von Zum-Himmel-Auffahrenden in der Kunst der späten Renaissance, des Barock und des Rokoko den Blick auf einen anderen Aspekt des menschlichen Verlangens zu fliegen. Die technischen Zeichnungen der Renaissance wurden in der Absicht entworfen, dem Konstrukteur selbst das Fliegen zu ermöglichen – oder wenn nicht ihm, dann einem Stellvertreter. Fliegen wurde in der ersten Person konzipiert, also für das Subjekt. Das Luft-Kunstwerk des Barock oder des Rokoko geht hingegen fast immer von der Darstellung des Fliegens einer anderen Person aus, auch wenn dies gewiß eine starke Hoffnung für die Zukunft des Betrachters mit einschließt. Sofern der Künstler oder der Betrachter an der Hoffnung zu fliegen festhält, ist dies bestenfalls bloß ein Versprechen. Dem Künstler wie seinem Publikum bleibt in der Zwischenzeit das Nachdenken über das Beispiel anderer – Marias, der Heiligen oder der Engel. Die erstgenannte Art des Fluges bedeutet ein privates, gar egoistisches Streben. Ungeachtet vieler Bemerkungen, die über dessen phallische Implikationen und Andeutungen männlicher Dominanz gemacht worden sind, ist doch wesentlich die Aktivität eines einzelnen dargestellt. Dies findet offensichtlich auch Ausdruck in der Häufigkeit, mit der diejenigen, die Versuche durchführten – nicht zuletzt Leonardo selbst – ihre Arbeit im geheimen ausführen wollten. Jene Erfinder – soweit ich sehe, und nicht überraschend, alle männlich – scheinen die erotischen Implikationen in dem, was zu tun sie sich bemühten, nicht wahrgenommen zu haben, obgleich doch etliche zeitgenössische Kommentatoren den Zusammenhang deutlich herausstellten[7]. Die andere (spätere) Darstellungsart ist grundsätzlich weniger privat, mehr gemeinschaftsorientiert: Sie drückt ein bewußtes Verlangen aus, sich mit anderen zu verbinden – eine Verbindung, die sehr körperlich vorgestellt wurde.

Die erste Einladung zur hier dokumentierten Tagung zitierte eine beiläufige Bemerkung von Peter Burke, der moderne Aviatiker entspreche dem früheren Himmelsboten. Ich möchte mich hier nicht mit dem modernen Flieger beschäftigen, aber doch feststellen, daß die mir persönlich bekannten Privatpiloten sich in zwei unterschiedliche Gruppen einteilen lassen: diejenigen, die am liebsten allein fliegen, von keinem anderen Wunsch beseelt, als zu fliegen aus Spaß am Fliegen; und diejenigen, die die Möglichkeit des Fluges mit großer Begeisterung nutzen, um irgendwohin zu gelangen und Verbindungen zwischen Menschen und Orten herzustellen[8]. Aber mein Thema hier ist die ganz andere Erfahrung früherer Be-obachter, die aufgefordert waren, sich einen Aufstieg vorzustellen, der unter den gegebenen physikalischen Bedingungen damals praktisch unmöglich schien. In diesem Zusammenhang interessieren uns nicht die Boten oder Reisenden *vom* Himmel, sondern die Aufforderungen, sich vorzustellen, ein Reisender *in* den Himmel zu sein. Engel, die nach den ersten Jahrhunderten unserer Zeitrechnung fast immer geflügelt waren[9], bilden das ideale Symbol für dieses zuletzt genannte, anders gerichtete Verlangen zu fliegen. Die Art des Aufstiegs, die ihnen in der Rokokokunst zugeschrieben wird, mag auf den ersten Blick konventionell erscheinen; tatsächlich gibt es hier jedoch halbverborgene Feinheiten in vielen Ausprägungen. Ich habe die Zeitspanne zwischen der späten Renaissance und der Entstehung der Romantik ausgewählt, weil sich hier nicht nur die Fortentwicklung des uralten Strebens, eine Verbindung mit dem Himmel herzustellen, zeigt, sondern auch eine Entwicklung im Bemühen, eine Ikonographie zu entwerfen, die die vollständige Einheit von Körper und Seele zum Ausdruck bringt.

Der Umgang mit unseren Körpern war immer ein Hauptanliegen – ja, ein Ärgernis – für die christliche Kirche. Im 17. und 18. Jahrhundert verbanden sich etliche gesellschaftliche und kulturelle Kräfte, um die radikale Ablehnung des Körpers zu mäßigen, die für die meisten asketisch lebenden frühen Wüstenväter wie für die noch strengere Zurückweisung der

Fleischlichkeit im Mittelalter charakteristisch war. Diese neue Denkweise ist wenigstens zum Teil (und paradoxerweise) ein Vermächtnis des Trienter Konzils (1545–1563); dessen Neubestimmung der Transsubstantiation und erneute Betonung der körperlichen Realität in der christlich-neutestamentlichen Erzählung ermutigten mittelbar zu einer unverhüllten Verherrlichung der profanen physischen Welt in der Kunst der katholischen Länder.

Der offene, weit ausgreifende Kunstgeschmack Maffeo Barberinis, der 1623 als Urban VIII. zum Papst gewählt wurde, trug dazu bei, die fortschreitende Aufweichung nachtridentinischer Strenge zu beschleunigen[10]. Katholische Barockkünstler aus dem Norden wie aus dem Süden Europas entwickelten einen Darstellungsstil von weitaus unmittelbarerer Körperlichkeit, als sich dies die kirchlichen Autoritäten im vorhergehenden Jahrhundert je hätten vorstellen können[11]. Diese Künstler prägten nicht nur ihre Darstellung von Körperlichkeit der Psyche des Betrachters ein, sie malten auch Szenen mit ausdrucksvoll sinnlichen Strukturen. Ungeachtet der Beschwerden des Konzils und seiner späteren Kommentatoren, malten sie immer wieder voller Gefühl die charakteristischen Merkmale des menschlichen Körpers.

Das hier für meine Zwecke bezeichnendste Ergebnis dieser Entwicklung ist, daß ein vorsichtiges Mißtrauen gegenüber dem Fleischlichen ersetzt wird durch eine Vielzahl von Spekulationen, wie man alles haben und den Körper auf dem Weg zum Heil mitnehmen könne. Es war eine ungemein tröstliche Idee, die Hoffnung auf Fortsetzung sinnlicher Freuden mit der Idee der Himmelfahrt zu verbinden und diese Verbindung in der Vorstellung vom Flug Gestalt annehmen zu lassen. Diese Vorstellung war subtil beeinflußt von der vorausgesetzten Natur himmlischer Erfahrung und – in Beziehung dazu – dem physischen Leib des gläubigen Betrachters. Denn die Seele wurde zwar für unkörperlich gehalten, die Verheißung einer Auferstehung im Fleische warf aber zwangsläufig die Frage nach der Beziehung der Seele zum Himmlischen auf, was auch immer das sein mochte. Sollte man sich eine absolute Trennung von Irdischem einerseits und von Geist andererseits vorstellen, oder hatten diese einige Eigenschaften gemeinsam, und in letzterem Fall, worin sollten diese Gemeinsamkeiten bestehen? War ein unversehrter Körper notwendig, um den auferstandenen Toten die Herrlichkeit Christi und der Heiligen schauen zu lassen[12]? Viele gelehrte Abhandlungen und Predigten waren nicht nur der Natur der Seele und der Beschaffenheit des Himmls gewidmet, sondern auch der sinnlichen Erfahrung der Seligen im Himmel[13]. Was erwartet uns am Ende unseres Aufstiegs, und wie weit wird sich die Erfahrung nach dem Tod von der auf Erden unterscheiden? Hatte Robert South, Doktor der Theologie, recht, wenn er vermutete, daß wir nach dem Tod nicht mehr an irdischen Freuden interessiert sein würden? Denn, wie er geltend machte: »jede Änderung des Zustands eines Menschen führt unfehlbar zu einer Änderung seiner Freuden«[14]. Oder sollten wir eher John Dobson, Fellow of Magdalen College, Oxford, zustimmen, der Trauernden bei einer Bestattung Trost spendete, indem er sie an die Verheißung der Auferstehung im Fleische erinnerte »die *Seele* [...] hat ein *natürliches Verlangen* und eine *Neigung*, *vereint* zu sein mit dem *Körper*, von dem sie beim *Tod unfreiwillig getrennt* wurde«[15]? Im einen Extrem dürften Materie und Geist völlig verschiedenen Seinsordnungen zugeordnet werden, während man sie sich im anderen Fall als so eng beieinander vorstellen dürfte, daß ein Mensch sich selbst für einen Teil des Göttlichen halten könnte. Die Barockzeit ist besonders reich an Diskussionen über himmlische Sexualität – ein Gedanke, der sich natürlich in der Darstellung des Fluges zum Heil widerspiegelt. Henry More beispielsweise, ein ausgesprochener »Synkretist« meinte, der Mensch sollte nicht daran zweifeln, daß

> »er imstande sein wird zu Liebe, Freude, Kummer oder Ärger [...] Denn das *animalische Leben* ist so wesentlich für die Seele wie die Vereinigung mit dem Leib, von dem sie niemals frei ist; daraus folgt, daß es für dieses auch eine angemessene Erfüllung geben wird in der anderen Welt«[16].

Mores Aussage vermittelt den Eindruck, daß das Leben im Himmel – obgleich ungetrübt durch sinnliche Begierde – gegenseitige Sehnsucht in Vollkommenheit mit einschließen wird. Plotin übersetzend, sagt er, der Geist erfahre »Liebe und wohliges süßes Verlangen [griechisch: *hímeros*]« und genieße

> »die rechtmäßigen Freuden gerade des *animalischen Lebens* in einem höheren Grade, als uns dies in dieser Welt möglich ist [...] Weshalb aber sollen die Seelen nicht voneinander hingerissen sein, während sie einander betrachten in ihrer vollkommenen Schönheit und anmutigen Haltung, bei graziösem Tanzen, melodischem Singen und beim Spielen?«[17]

Am besten könnte Erotik legitimiert werden, wenn sie im Leben der Engel vorkäme. Milton war keineswegs der einzige Schriftsteller des Barock, der sich vorstellen konnte, daß die Engel »es« besser tun: Sie lieben sich, und zwar mit unendlich viel mehr Vergnügen, als dies Menschen zustande bringen. Obwohl von vielen bestritten, war himmlische Erotik eine Selbstverständlichkeit im Post-Renaissance-Denken und in der Barock- wie in der Rokokokunst ein immer gegenwärtiges Element.

Das Vorhaben der »Synkretisten« – nämlich Fleisch und Geist miteinander zu verbinden – erforderte, mit Hilfe der Vorstellungskraft eine Kluft zu überwinden; das begann in der vertrauten Sicherheit des Hier und Jetzt und endete in einem unbekannten geistigen Reich mit unbestimmten Eigenschaften. Um dies zum Ausdruck zu bringen, erforschten die Künstler des Hochbarock mit Eifer die Vorstellungen vom Flug. Die Reise zum Himmel war entschieden, aber oft auch ängstlich und unsicher. Die Künstler des Rokoko, weniger skrupulös, eher gelassen, wenn auch ironischer und manchmal skeptischer, schufen Bilder, die auf eine größere Geschlossenheit der Erfahrung hindeuten – einem Weg folgend, der gleichmäßiger ansteigend und weniger mühevoll erschien. Die bekannten Versuche, in der Kirchenausstattung des Rokoko ein Gesamtkunstwerk zu sehen, haben nicht nur die Harmonie des Bauwerks im Blick, auch nicht nur die Vereinigung von göttlicher und menschlicher Erfahrungswelt, sondern auch die Vereinigung von schicklichen und unschicklichen Aspekten menschlichen Lebens. In dieser Hinsicht steht der Geist des Rokoko im Gegensatz zu dem des Barock, für den himmlische Sinnlichkeit nur möglich ist als eine vollständige Umwandlung irdischer Sinnlichkeit: Die barocke Sehnsucht auszubrechen, zu entkommen, wird im Rokoko durch die Erkenntnis ersetzt, daß das Hier und Jetzt fast schon der Himmel selbst ist.

II. Beispiele

Ich möchte einen kurzen Blick werfen auf Beispiele der Flugdarstellung in der Freskomalerei und der Plastik des Rokoko sowie auf eine Skizze vom Ende der Epoche. Alle zeigen eine fortschreitende Entwicklung hin zur Akzeptanz der Vorstellung von himmlischer Erotik. Ich werde dann kurz auf die Degeneration dieser Vorstellung in der Kunst am Ende des 18. Jahrhunderts eingehen. All diese Beispiele verbinden die Vorstellung von himmlischer Erotik mit Darstellungen, die, wenn auch indirekt, das Verlangen verraten, in Regionen zu fliegen, in denen erotische Freuden erfahren werden können.

Die Beziehung zwischen der Darstellung erotischen Fluges und dem Betrachter bereitet oft Unbehagen. Die Sehnsucht zu fliegen mag zwar gleichsam universal sein, manche Künstler und Mäzene wünschten sich aber einfach aus Gründen politischer und gesellschaftlicher Dominanz, daß die Flugvorstellung einer ausgewählten Gruppe vorbehalten sein sollte – und mit ihr die Verheißung erotischer Erfüllung in der künftigen Welt. Oder es sollte wenigstens gewährleistet sein, daß die erotischen Triebe des Betrachters unter emotionaler Kontrolle bleiben. Verschiedene Techniken wurden benutzt, um den Betrachter in respektvoller Distanz zu halten. Ein einfaches, allgemein übliches Beispiel dafür ist die bekannte theaterartige Ausstattung von Barock- und Rokokokirchen, in denen die Geschehnisse auf der sakralen Bühne von der Gemeinde zwar beobachtet werden können – doch ohne jede Möglichkeit direkter Teilhabe. Die leibliche Aufnahme Marias in den Himmel und der Flug der sie umringenden Engel wird von Kirchgängern beobachtet, die zunächst erdgebunden bleiben; deren eigener Flug ist ein bedingtes Versprechen für die Zukunft. Es gibt aber auch wesentlich subtilere Techniken, um Distanz zu schaffen.

Betrachten wir beispielsweise den berühmten Asam-Altar in Rohr (Abb. 33, ca. 1720): Die Statue Marias scheint geradezu in der Luft zu schweben, und wir werden eingeladen, am Erstaunen der um das leere Grab versammelten Jünger teilzuhaben. Das ist alles sehr theatralisch. Es gibt aber eine noch deutlichere Schranke für unsere unmittelbare Teilnahme. Man muß nur auf die Erscheinung und die Anordnung der Engel achten: Sie haben menschliches Fleisch angenommen, wie es der Aufgabe, bei Marias Himmelfahrt zu helfen, angemessen ist, und erscheinen in dieser Szene als sehr körperliche Wesen. Unsere Aufmerksamkeit wird auf ausgebreitete ausdrucksvolle Flügel gelenkt, deren ungewöhnlich große und reichverzierte Schwungfedern den Eindruck kraftvoller Flugfähigkeit vermitteln. Die Engelserscheinungen schweben, umsichtig plaziert, zwischen Himmel und Erde. Obwohl sie mit goldenen Tüchern bekleidet sind, sind wir uns dennoch des nackten Fleisches darunter bewußt. Unmittelbar von vorne fällt besonders das wohlgestaltete entblößte Gesäß des unteren Engels auf. Daß die Engel überhaupt bekleidet sein sollten, ist vor allem eine Sache künstlerischer Schicklichkeit, entspricht jedoch auch ihrem augenblicklichen irdischen Auftreten. Parallel zur Erdoberfläche liegend, verherrlichen ihre Leiber das Vergnügen, lebendig im Fleisch zu sein, und die verheißene Freude leiblicher Auferstehung. Für die Gemeinde gibt es diese Freude trotzdem nicht jetzt, sondern erst in Zukunft. Der Ausdruck des Vergnügens bei den Engeln in Bewegung ist dementsprechend gedämpft durch die Anstrengungen, die unternommen werden müssen, und durch ein Gefühl von Abschließung und Beherrschung, hervorgerufen durch ein anderes wichtiges Detail der Kleidung: die Riemen ihrer Sandalen. Barock- und Rokokokünstler übernahmen die mittelalterliche Auffassung vom Körper als einem hierarchischen System, in dem der Kopf die potentielle Göttlichkeit des Menschen repräsentiert, die Füße aber seine physische Gegenwart. Beine und Füße, die sonst die Freiheit des nackten Körpers ausdrücken, die Erfüllung aller sinnlichen Möglichkeiten auszuloten, sind hier mit Bändern gefesselt, um dem praktischen Zweck der

Abb. 33: Egid Quirin Asam, Mariä Himmelfahrt: Zentrale Szene des Hochaltars in der Klosterkirche von Rohr, ca. 1720.

Fortbewegung zu dienen. Der Betrachter wird aufgefordert, die Sinnlichkeit der Engelskörper zu erkennen und damit die Möglichkeit zur Himmelfahrt, um Anteil an den Freuden zu haben, die solche himmlischen Leiber versprechen, aber auch zu erkennen, daß er selbst ohne Flügel ist und dies zunächst auch bleiben wird. Sandalen werden in der Bibel nur viermal erwähnt (die apokryphen Bücher eingeschlossen). Zweimal deuten sie auf einen tatkräftigen praktischen Lebenswandel hin (Mk 6,9; Apg 12,8). Die beiden anderen Stellen sagen mehr aus (Jdt 10,4; 16,9): Judith zieht die Sandalen zusammen mit ihrer Festkleidung an, als sie sich in Vorbereitung des Mordes an Holofernes prachtvoll herausputzt. Er ist von ihrem ganzen Aussehen hingerissen, aber die Sandalen ziehen seine Aufmerksamkeit besonders auf sich. Die Sandalen der Engel im Rohrer Altarbildwerk deuten in erster Linie darauf hin, daß der Flug eine verwandelte Form des Gehens ist: die für die Gemeinde gegenwärtig einzig mögliche Art der Fortbewegung. Sie warnen aber auch den sündigen Betrachter davor, sich dem körperlichen Reiz der Engelserscheinung hinzugeben. Fehlten die Sandalen, so würde die körperliche Beschaffenheit noch mehr Aufmerksamkeit auf sich ziehen und zum uneingeschränkten Gebrauch erotischer Einbildungskraft ermutigen.

Eine weltliche Entsprechung aus der gleichen Zeit kann man in Tiepolos Gemälde ›Triumph der Wahrheit‹ finden – in einer der verschiedenen Ausführungen (Abb. 34, ca. 1743). Die Figur der Wahrheit wird, wie von Ripa vorgegeben, als *una bellissima donna ignuda* dargestellt, mit der Sonne in einer Hand und, wie von Ripa als eine mögliche Alternative angegeben, mit einem Spiegel in der anderen[18]. Ripas Beschreibung sinngemäß aufnehmend, zeigt Tiepolo die Wahrheit als eine etwas schmollende, doch erotisch begehrenswerte Frau. Auf ihre Sexualität wird durch das Zusammentreffen zweier Kurven hingewiesen, von denen die eine durch den um ihren rechten Schenkel drapierten Stoff gebildet wird, die andere durch die tiefe Fleischfalte zwischen Oberschenkel und Unterleib auf ihrer linken Seite – weit auffälliger als die sonstigen Hautfalten. Wie im Fall der Wassernymphe im Deckenfresko des Kaisersaals zu Würzburg (von dem noch die Rede sein

Abb. 34: Giambattista Tiepolo, Triumph der Wahrheit, ca. 1743.

wird) und auch bei anderen weiblichen Akten Tiepolos wird ihre sinnliche Anziehungskraft durch die Umarmung eines rauhen männlichen Begleiters noch verstärkt, hier der Personifikation der Zeit. Das Auge des Betrachters, das von der Seite her aufwärts an der Wahrheit locker ausgestrecktem Bein entlanggleitet, wird gleich zu Beginn angehalten durch die kräftige Beschaffenheit der Sandale, die eine deutliche Schranke zwischen Blick und Fleisch errichtet. Sandalen sind ein übliches Merkmal halbbekleideter Gestalten in Barock- und Rokokobildern, religiösen wie weltlichen. Zwar können sie viele Bildfunktionen haben, dienen aber oft dazu, wie beim Asam-Altar, Freiheitsgefühl und fleischliche Anziehungskraft von Nacktheit zu mäßigen, die etwa bei Boucher und anderen erotischen Malern der Zeit uneingeschränkt erforscht wird. Am anderen Körperende der Wahrheit verweigert die majestätische Frisur, auf protokollarische Strenge hinweisend, wiederum wirksam den Zugang zu ihr. Obgleich ein ausgeprägtes Charakteristikum des Bildes, steht ihre Sexualität dem Betrachter nicht zur Verfügung. Die himmlischen Eigenschaften werden in Form körperlicher Schönheit dargestellt, und die sexuelle Anziehung des Nackten hat etwas Aufreizendes, wenn sie über uns fliegt – physisch wie psychisch außer Reichweite.

Die sexuellen Verlockungen sind beim Asam-Altar hinreichend gedämpft, um die Frömmigkeit nicht zu bedrohen. Dasselbe trifft zweifellos auch auf Tiepolos Fresko im Kaisersaal der Würzburger Residenz zu, wo er auf Verlangen seines Mäzens ein Werk schuf, das die Geschichte des fürstbischöflichen Hofes verherrlicht. Immerhin schmeichelt er dem Hofstaat in subtiler Weise mit der an Blasphemie grenzenden Bildaussage, daß die Ankunft Beatrix' von Burgund in der Absicht, Friedrich Barbarossa zu heiraten, gleichgesetzt werden kann mit der Himmelfahrt Marias vor ihrer Hochzeit mit Christus, ihrem himmlischen Bräutigam (Abb. 35, 1751). Wie bei der Verherrlichung der Vereinigung von Christus und Maria üblich, wird die Braut von musizierenden Engelwesen begleitet. Von vier starken Pferden gezogen, eilt Beatrix über den Himmel; ihr Benehmen, ihre Kleidung und die Haltung ihrer Arme zeigen deutlich, daß ihre Reise als horizontale Version des vertikalen Fluges Marias bei deren leiblicher Aufnahme in den Himmel konzipiert wurde. Die Analogie zwischen säkularer und himmlischer Hochzeit wird durch eine weitere ikonographische Beziehung unterstrichen: Beatrix ist in ihrem Triumphwagen in einer Art dargestellt, die darauf schließen läßt, daß sie nicht nur als Verkörperung Marias gedacht ist, sondern auch der Venus, die sich in einem von Tauben gezogenen Gefährt durch die Luft bewegt. Mit größerer Gelassenheit als Dantes Beatrice vereint diese Beatrix leicht die Prinzipien himmlischer und profaner Liebe in sich – angemessen für die Gemahlin des Kaisers des Heiligen Römischen Reiches.

Die Distanzierung des Betrachters, die ihn davon abhalten soll, sich mit dem glücklichen Flieger zu identifizieren, nimmt manchmal die Form recht direkter Zurückweisung an. Das Bild der Hochzeit von Beatrix und Barbarossa, über der Rückwand des Kaisersaales, ist eingerahmt von einem Stuck-Vorhang; dessen eine Seite wird von einem nackten Putto gehalten[19], der mit völlig entblößtem Genital- und Analbereich über dem Kopf des Betrachters schwebt (Abb. 36, 1752). Als Betrachter dieser Teile der menschlichen Anatomie ist an einen

Abb. 35: Auschnitt aus dem Deckenfresko von Giambattista Tiepolo im Kaisersaal der fürstbischöflichen Residenz in Würzburg, 1751.

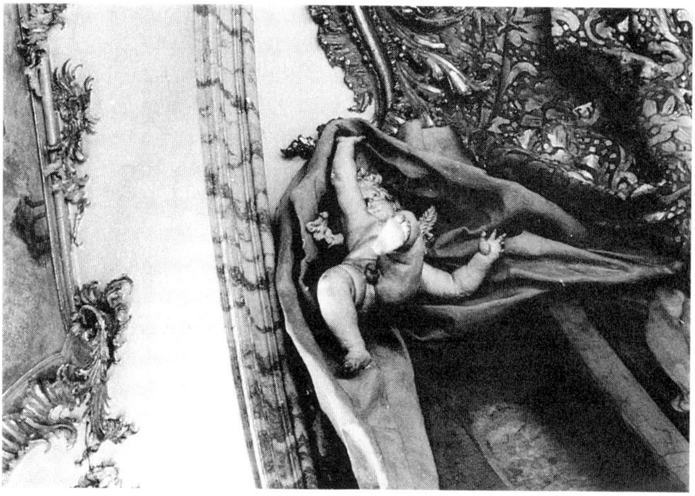

Abb. 36: Stuck-Putto von Antonio Bossi im Kaisersaal der fürstbischöflichen Residenz in Würzburg, 1752.

zu können. Wie beim Asam-Altar und vielen anderen Himmelfahrtsszenen sind die Zentralfiguren von fröhlichen Putti umgeben. Völlig nackt und entblößt, verkörpert Venus in herausfordernder Weise ein profanes Gegenstück zu Maria, ja ersetzt diese sogar. Es gibt besonders auffällige Übereinstimmungen mit der Komposition von Piazettas berühmtem riesigem Himmelfahrtsbild (Abb. 39, 1735), doch sind die Unterschiede weitaus interessanter als die Ähnlichkeiten. Anstatt schwärmerisch zum Himmel hinaufzuschauen, scheint Venus vor Freude zu jubeln. Statt einen Streifen leeren Bodens am unteren Bildrand zu betonen, malt Boucher eine anziehende junge Nymphe mit herausfordernd gespreizten Schenkeln. Obwohl etwa ein Jahrzehnt später entstanden, ähnelt ›Die Geburt der Venus‹ in Format und Stil anderen erotischen Werken Bouchers, die für das Schlafzimmer Ludwigs XV. bestimmt waren – vielleicht auf Wunsch der Pompadour, die den Auftrag zu solchen aufreizenden Werken erteilte, um den König zu erregen. Alle kommentieren auf witzige Weise die Sexualität von Herrschern – Kommentare, die für einen Künstler von geringerem Rang als Boucher unter Umständen gefährlich witzig gewesen wären. Jean-François Marmontel merkte zu Recht an, Boucher, im Wissen um Ludwigs Vorliebe für recht gewöhnliche Geliebte, scheine Venus wie auch die Heilige Jungfrau gemalt zu haben, als ob sie kleine Tänzerinnen wären[21]. Obwohl die Gestalten in ›Die Geburt der Venus‹ fliegen, werden diesmal zur Fortbewegung keinerlei Flügel benötigt. Die körperliche Realität der Himmelfahrt Marias, durch Erklärungen des Konzils von Trient unterstrichen, gab Anstoß zu Spekulationen über die Möglichkeit eines echten körperlichen Fluges in den Himmel, wenn auch zu einem späteren Zeitpunkt. In Bouchers säkularer Rokokowelt wird dieser Gedanke abgelöst von einer unwirklichen Phantasievorstellung, in der himmlisches Fliegen von der Realität der physischen Existenz des Betrachters abgetrennt und in eine erotische Metapher verwandelt wird.

In der Wallfahrtskirche Birnau unternahm Gottfried Bernhard Göz einen weiteren kühnen Schritt mit seiner Darstellung von Maria als *Maria Gravida* mit dem Christkind in ihrer durchsichtigen Gebärmutter (Abb. 40, 1748/49)[22]. Lichtstrah-

Abb. 40: Gottfried Bernhard Göz, Maria Gravida: Ausschnitt aus dem Dekkenfresko im Chor der Wallfahrtskirche Birnau am Bodensee, 1748/49.

len, die vom Kind ausgehen, fallen auf das heilige Herz, das von einer lächelnden Frauengestalt weiter unten gehalten wird. Das Herz wiederum strahlt Licht auf einen echten Spiegel ab, der an der Decke befestigt ist und scheinbar von einem nackten Putto gehalten wird. Wenn sich der Kirchgänger der Altarschranke nähert, kann er sich selbst im Spiegel betrachten und sich vorstellen, daß sein Abbild hinauf zur Decke gezogen wird, um in die frohe Gruppe, die das Bild ausmacht, aufgenommen zu werden. Die Form des ovalen Spiegels, in dem er sich selbst erkennen kann, gibt das hell erleuchtete Oval von Marias Bauch wieder, in dem sie das Christkind trägt. Der Rahmen des Spiegels, der das Bild des Kirchgängers umschließt, findet auch – als verkleinertes Gegenstück – seine Entsprechung in der Kirche selbst. Nachdem der Betrachter zunächst das Innere der irdischen Kirche betreten hat, wenn er das Schiff durch den ungewöhnlich schmalen Gang und den Vorraum der Kirche betritt, ist er nun aufgefordert, sich vorzustellen, daß er selbst einen entsprechenden Platz in der himmlischen Kirche einnimmt. Weil ihm die Gnade einer christusgleichen Stellung gewährt worden ist, erwartet er seine Wiedergeburt. In der Birnau, wie in anderen, weniger entfalteten Rokokokirchen, beginnt daher der Weg zum Himmel mit einem Hinweis auf sexuelles Eindringen in ganz wörtlichem Sinne[23]. Der Aufruf, an den Freuden des Erdenlebens teilzuhaben, ist in der gesamten Kirche deutlich spürbar. Deren »Freundschaft zur Natur« anmerkend, geht Norbert Lieb so weit, festzustellen, daß er darin »eine gewisse Profanität« sehe[24]. Ganz allgemein kann wohl gesagt werden, daß mit dieser Konzeption endlich ein Element erotischen Verlangens geistig verarbeitet wurde, das in zahlreichen profanen Werken schon seit dem späten Mittelalter zu finden ist: die Phantasievorstellung einer vollständigen Verwandlung in einen Penis – wie etwa bei Pacifico Massimi[25]. Dies ist eine für das Rokoko ganz charakteristische Entwicklung. Erotisches aus dem alltäglichen Leben wird in die Himmelfahrtsthematik aufgenommen – in verschleierter Form zwar, aber wirkungsvoll präsent.

Obwohl alles vollständig, wenn auch zurückhaltend erleuchtet ist, um so zu garantieren, daß die Reise freudevoll beginnt, weisen die Birnauer Fresken auch unterschwellige Bezüge zum weiblichen Bauch auf. In seinem Kommentar zum ›Hohenlied‹ verglich Alain de Lille (1114–1202) den Sitz männlicher und den Sitz weiblicher Begierde miteinander:

> »Wie beim Mann der Sitz der Kraft des Begehrens in den Lenden ist, so ist bei der Frau die Kraft der Begehrens im Nabel. Der Nabel ist auch noch in der Mitte des Bauches. Unter dem Nabel der [Heiligen] Jungfrau versteht man daher die Kraft des Verstehens, durch die sie Freude an Gott, also Liebe, erlangte«[26].

Die Erfahrung des Kirchgängers in der Birnau, völlig aufgenommen zu sein im Bauch der *Ecclesia* und dann in etwas, das der Gebärmutter Marias entspricht, bildet einen Höhepunkt der Flugdarstellung des Rokoko. Wie bei Boucher, jetzt aber aus geistigen Gründen, sind Flügel unnötig geworden. Der Kirchgänger bemerkt, daß er selbst mühelos schwebt, gemeinsam mit den Heiligen und den Engeln – eine Erfahrung, die, wie verbreitete Traummuster deutlich machen, mit der Vorstellung vollkommenen Aufgenommenseins in eine Gebärmutter gänzlich übereinstimmt.

Die intensive Konzentration auf den Innenraum in dieser und in anderen Rokokokirchen bereitete der Verinnerlichung der Romantik den Weg, um etwa in die Traumwelt von John Keats' »Poetic Romance« ›Endymion‹ (1818) mit ihren Flugvorstellungen zu gelangen. Der neuen Phase künstlerischen Ausdrucks ging jedoch eine Reihe von Werken voraus, in der die extreme himmelfahrtsbezogene Sinnlichkeit des Rokoko weitergetrieben wird – bis zur Parodie, wie beispielsweise bei Charles Borde, der in ›Parapilla‹ (1776) einen fliegenden Penis darstellt; – oder bis zur Sentimentalität, wie bei dem süßlichen Verlangen nach erotischem Abheben in Greuzes Serie von sexuell erregten jungen Damen (spätes 18./frühes 19. Jahrhundert); – oder ganz obszön, wie in den Gedichten von Giorgio Baffo (1694–1768). Die Werke aller drei sind von Flugvorstellungen durchdrungen. Zum Abschluß möchte ich auf den Letztgenannten noch eingehen.

Ein begabter Sonettier, Madrigalist und Verfasser von *canzoni*, war Baffo einer der schamlosesten Dichter, die je geschrieben haben – in mancherlei Hinsicht obszöner als Piron oder selbst Aretino. Stark antiklerikal und grundsätzlich antireligiös, repräsentiert Baffo die letzte Stufe in einer Entwicklung hin zur derben, weltlichen, patrizisch geprägten Sinnlichkeit des Barock. Seine elegant geschriebenen und reich ausgeschmückten Gedichte sind offen häretisch und unverblümt sinnlich. Das poetische Ich, das hier spricht, hat keinerlei Sympathie für irgendwelche Einschränkungen sexuellen Verhaltens, hält Kopulieren für das größte aller Vergnügen und glaubt, daß ein Himmel ohne andauernden Geschlechtsverkehr nicht erstrebenswert sei[27]. In lockerer chronologischer Reihenfolge zusammengestellt, enthält die vierbändige, erst nach seinem Tod veröffentlichte Sammlung (1789) gegen Ende eine Folge von ergreifenden und unterhaltenden Gedichten über Alter, Impotenz und Tod. Unter anderem findet sich da das Sonett ›Vorteil beim Weltgericht‹, worin Baffo darüber nachdenkt, wie er Rechenschaft ablegen würde über all seine auf Erden erlebten sinnlichen Freuden, insbesondere über die Anzahl der Gelegenheiten, die weiblichen Geschlechtsteile zu berühren. Er stellt sich vor, daß beim Durcheinander am Jüngsten Tag sein Penis zufällig mit dem Geschlechtsteil einer Heiligen in Kontakt kommen könnte: »Und wenn es vielleicht bestimmt gewesen wäre, daß ich hinuntergehen müßte in die Tiefe, so würde diese heilige Frau mich fickend hinauftragen ins Paradies«[28].

Das Sonett wird illustriert durch eine Sepia-Federzeichnung eines unbekannten Künstlers, der den Stil des großen schwedischen Bildhauers und Zeichners Johan Tobias Sergel imitiert (Abb. 41, 1790)[29]. Die Zeichnung bezieht sich auf die letzten Verse des Gedichts. Während die Ereignisse am Tag des Gerichts weitergehen, fährt der Sprecher in einer gnadenspendenden geschlechtlichen Umarmung zum Himmel auf. Der Teufel, eine Hand fest auf einen Band von Baffos Werk gelegt, zeigt durch sein überraschtes Antlitz, daß ihm genau in dem Moment ein Strich durch die Rechnung gemacht wird, als er sich – wegen des Dichters zügellosen Charakters – seines Erfolges eigentlich schon sicher war. Trotzdem gelingt es dem Zeichner nicht, das entscheidende Ereignis, dem Baffo so große Aufmerksamkeit schenkt, darzustellen – den zufälligen

Abb. 41: Imitator von Johan Tobias Sergel, Illustration zu Giorgio Baffos ›Vantaggio del giudizio universal‹, 1790.

Kontakt des männlichen und des weiblichen Geschlechtsteils: ein geheimnisvoller und, in diesem Zusammenhang, sakramentaler Augenblick, aus dem alles andere hervorgeht. Baffo konzentriert sich auf den Prozeß des Heils durch sexuelle Vereinigung; die Dynamik des Gedichts ignorierend, stellt der Illustrator statt dessen einen unerklärten Tatbestand vor Augen.

Das Miteinbeziehen eines weiblichen Rokokoengels, in Baffos Szene nicht ausdrücklich enthalten, trägt zum Witz wie auch zum antireligiösen Ton bei. Ohne Wissen um die wahre Natur der Ereignisse, zu denen sie ungewollt beiträgt, zieht die Engelsfrau die Heilige gen Himmel, wobei diese, im Zustand der Entrückung, keinerlei Anstrengung unternimmt, ihren Fluggast abzuschütteln. Baffos Gedicht sagt überhaupt nichts aus über die Reaktion der Frau auf dieses Erlebnis hin. Ist sie sich dessen nicht bewußt? Gefällt es ihr etwa insgeheim? Weder Baffo noch sein Illustrator scheinen daran interessiert, dies zu kommentieren. Obwohl vom Mann als Mittel zu seiner Erfüllung benützt, ist die Frau körperlich überlegen und wird als moralisch höherstehend behandelt, wie sich an der auf sie hin verwendeten Sprache zeigt, aber auch an der gewissenhaften Aufmerksamkeit des Engels. Die Anordnung der Komposition unter Einschluß des Engels und beigegebener Putti, die Strahlen himmlischen Lichts von oben und die bloße Erde weiter unten zeigen, daß die Szene als Parodie der Himmelfahrt wie auch der Apokalypse vorgestellt wird (diese sind in der Rokokokunst häufig einander angeglichen). Die Niederlage des Teufels wird am unteren Bildrand ironisch und respektlos behandelt. Ebenso, vielleicht, wie das Thema »Hochzeit im Himmel«.

Der Ton am Hof Gustavs III. von Schweden, der im Werk Sergels und seines Nachahmers widerhallt, erhielt seine kulturelle Prägung vom Hof Ludwigs XV. Beide Höfe reagierten auf sexuelle Anregung mit unsentimentaler Direktheit und oft derbem Geschmack. Obgleich an keinem von beiden die Einschränkungen der Kirche besonderen Einfluß auf das Sexualverhalten der Oberschicht hatten, fanden christliche Moral und das künftige Ziel der Auffahrt zum Himmel weiterhin öffentliche Zustimmung. In ihrem ausdrücklichen Verwerfen von beidem repräsentieren Baffo und sein Illustrator den

Höhepunkt der Leiblichkeit des Rokoko. Wenn Baffos Gedichte oft Gott und den Himmel anrufen, geschieht dies nur satirisch oder um einen ikonographischen Effekt zu erzielen.

Die männliche Figur in dem Sonett, in der Zeichnung sehr maskulin dargestellt, ist bereits im einzigen Himmel, in den er je gelangen wollte. Die Kluft zwischen dem Jetzt und dem Jüngsten Tag hat sich in der Vorstellung geschlossen. Dem fleischlichen Menschen sind keine Flügel gewachsen wie einer platonischen Seele. Statt dessen begnügt er sich damit, andere die Zeichen der Gnade erwerben zu lassen und von diesen zu profitieren – aus zweiter Hand. Seine Himmelfahrt ist mühelos und bedarf auch keiner Verwandlung.

III. Zusammenfassung

Was also verstanden die hier vorgestellten Rokokokünstler unter der von ihnen entwickelten Flugvorstellung? Vor allem hatten die meisten von ihnen mehr das Fliegen als das Schweben im Sinn, hatten kraftvoll-dynamische Fortbewegung lieber als Stehen, Hängen oder Segeln in der Luft. Der ersehnte Endpunkt war ein orgastischer Höhepunkt, den sie durch ihre Kunst kaum erreichten; im Bewußtsein, daß das Ziel noch weit entfernt ist, konzentrierte sich ihre Aufmerksamkeit auf den Prozeß des Hinübergehens. Die Visionen vom erreichten Ziel bleiben gemeinsam, früher wie später – früher, zum Beispiel, in den großartigen illusionistischen Decken des italienischen Barock; später, zum Beispiel, in den luftgetragenen erotischen Umarmungen von Keats' ›Endymion‹, wo gegen Ende Diana die Vereinigung mit ihrem jetzt unsterblichen Geliebten feiert und zu ihm sagt: »Laß uns schwebend einander umschlingen!«[30] In Keats' ungenau dargestellter Traumwelt ist die Unterscheidung zwischen Fleisch und Geist unklar – vielleicht gar nicht existent. Bei dieser Art von Romantik bedeutet Flug weder ein Entkommen *aus* noch ein Streben *nach* etwas, vielmehr ein recht beliebiges Herumdriften im freien Raum; denn das Ziel ist schon erreicht. In der Barockwelt und im nachfolgenden Rokoko gibt es im Gegensatz dazu ein bestimmtes Hier, ein fast ebenso klares Dort – und ein deutliches und dringliches Bedürfnis vom einen zum anderen zu gelangen. In diesen beiden sehr unterschiedlichen Kunstrichtungen – Barock und Rokoko auf der einen, Romantik auf der anderen Seite – entspricht die Funktion des Flugs genau dem Unterschied zwischen einer erotischen Begegnung mit einem anderen Menschen bei vollem Bewußtsein und einem erotischen Traum – und damit will ich mehr zum Ausdruck bringen als nur eine rhetorische Metapher. Die Flugdarstellung in Werken des Barock und des Rokoko, die ich untersucht habe, befaßt sich mit der Beförderung des realen Leibes, der festen, körperlichen Person – wenn nicht jetzt, dann bestimmt einmal später. Es finden sich keine Bilder von geflügelten Seelen – es gibt nur geflügelte oder fliegende Leiber, in der Hoffnung auf physischen Aufstieg in eine Region, wo körperliche Lust bewahrt werden kann, auch wenn sie sich zunächst einer Art Verwandlung unterziehen muß. Es ist gerade diese Nähe zu un-seren eigenen leiblichen Interessen, die ihnen solch doppeldeutige Wirkung verleiht.

Anmerkungen

1 Karl Toth, Weib und Rokoko in Frankreich. Aus dem Erleben eines Zeitgenossen: Charles Pinot Duclos, Zürich u. a. 1924, 353.

2 Wilhelm Hausenstein, Vom Geist des Barock, München [3–5]1921, 114 u. 118.

3 Ebd., 119.

4 William Park, The Idea of Rococo, Newark 1992, 90. Siehe auch Karsten Harries, The Bavarian Rococo Church, New Haven 1983, 150–155.

5 Ebd., 91.

6 Clive Hart, The Dream of Flight, London 1972; ders., The Prehistory of Flight, Berkeley 1985.

7 Siehe z. B. Hart, The Prehistory of Flight (wie Anm. 6), 120 f.

8 Ich gehöre zur erstgenannten Kategorie.

9 Siehe Gunnar Berefelt, A Study on the Winged Angel: the Origin of a Motif, Stockholm 1968.

10 Eine Zusammenstellung aller Bildwerke unter Urban gibt Ellis Waterhouse, Roman Baroque Painting, London 1976, 15–26.

11 Über die Auswirkungen auf die Kunst im Norden: John B. Knipping, Iconography of the Counter Reformation in the Netherlands – Heaven on Earth, 2 Bde., Nieuwkoop 1974.

12 In seinen ›Loci theologici‹, Bd. 8, Jena 1621, 1161, besteht der energische

lutherische Theologe Johann Gerhard (1582–1637) darauf, daß es so sein würde. Der himmlische Leib würde alle seine normalen Teile, einschließlich der Geschlechtsteile haben, zur Vollkommenheit erhöht (S. 1160–63). Der Unterschied zwischen den Geschlechtern würde fortbestehen (S. 1170–72): *Nuptias in coelo Christus futuras negat, non foeminas.* Neben verschiedenen Argumenten führt Gerhard auch den Analogieschluß an, daß ja auch eine alte Frau, die weder gebären noch stillen kann, dennoch weder der Brüste noch der Fortpflanzungsorgane beraubt würde (S. 1163).

13 Dazu allgemein Robert Hughes, Heaven and Hell in Western Art, London 1968, bes. 109–150. Ausführlicher zur Diskussion: Clive Hart/Kay Gilliland Stevenson, Heaven and the Flesh, Cambridge 1995.

14 Robert Smith, A Sermon Preached Before the Court at Christ-Church Chappell in Oxford, Oxford 1665, 10.

15 John Dobson, A Sermon Preacht at the Funeral of the Honourable The Lady Mary Farmor, London 1670, 5.

16 Henry More, The Immortality of the Soul, London 1659, 415, 418.

17 Ebd., 419 ff.

18 Cesare Ripa, Iconologia, Padova 1611, 529 f.

19 Von Antonio Bossi.

20 Theogonia, 176–206.

21 Jean-François Marmontel, Mémoires (1804), Bd. 1, hg. v. John Renwick, Clermont-Ferrand 1972, 168: »Boucher avoit du feu dans l'imagination, mais peu de vérité, encore moins de noblesse; il n'avoit pas vu les grâces en bon lieu; il peignoit Vénus et la Vierge d'après les nymphes des coulisses; et son langage se ressentoit, ainsi que ses tableaux, des moeurs de ses modèles et du ton de son atelier.«

22 Der sonst ausgezeichnete Kirchenführer beschreibt, das Kind sei auf Marias »Herz«: Hugo Schnell, Birnau am Bodensee. Basilika zu unserer lieben Frau (1938), bearb. Neuaufl. München o. J. [nach 1980], 15. Die Fresken sind wegen der angesprochenen Beziehung zum Kirchenbesucher eher bemerkenswert als wegen der Sichtbarkeit des Ungeborenen; im Spätmittelalter wurde das Christkind oft in der Gebärmutter Marias abgebildet. Dazu David M. Robb, The Iconography of the Annunciation in the Fourteenth and Fifteenth Centuries, in: Art Bulletin 18 (1936), bes. 523–526. – Zu einem erstaunlichen Beispiel in der Plastik siehe Gail McMurray Gibson, The Theater of Devotion. East Anglian Drama and Society in the Late Middle Ages, Chicago 1989, 9.

23 Ganz allgemein meint William Park, daß »the interior spaces of the rococo, both secular and religious, can be seen as glorified wombs, every surface of which is equally alluring and desirable«. Park, The Idea of Rococo (wie Anm. 4), 32.

24 Norbert Lieb, Barockkirchen zwischen Donau und Alpen (1953), München [3]1969, 134 f.

25 Pacifico Massimi, Hecatelegium ou les cent élégies satiriques et gaillardes (1489) (mit einer anonymen französischen Übersetzung), Paris 1885, Bd. 3, 148–153: ›De mentula‹. Siehe auch die anonyme Sestine in: Collected Works of John Wilmot Earl of Rochester, hg. v. John Hayward, London 1926, 120 – mit einer obszönen Szene von sexueller Aufnahme und Wiedergeburt.

[26] Alanus de Insulis, Elucidatio in cantica canticarum VII, J. P. Migne (Hg.), Patrologia latina 210, 98: *Sicut in viro vis concupiscendi sedem habet in lumbis, sic in femina vis concupiscendi in umbilico. Umbilicus etiam est in medio ventris. Per umbilicum igitur Virginis, intelligitur vis intelligendi, qua Deum dilexit scilicet charitas.*

[27] Siehe z. B. das Sonett ›El paradiso no val senza la mona‹ (›Das Paradies ist wertlos ohne Möse‹), in: Giorgio Baffo, Raccolta universale delle opere, 4 Bde., Cosmopoli (= London?) 1789, neu hg. v. Elio Bartolini, 2 Bde., Milano 1971, Bd. 2, 601.

[28] ›Vantaggio del giudizio universal‹ – ebd., 569 (Verse 9–14):

In quella confusion strabuzarona
Forse me toccarave all' improviso
A qualche Santa de pettarlo in Mona;
E se a caso per mi fusse deciso
D'andar abbasso, quella santa Dona
Me portarìa chiavando in Paradiso.

[29] Die Zeichnung wurde früher Sergel selbst zugeschrieben.

[30] Endymion. A Poetic Romance (1818), in: John Keats, The Poetical Works and Other Writings, hg. v. H. Buxton Forman, bearb. v. Maurice Buxton Forman, Bd. 2, New York 1956, 817.

[Aus dem Englischen übersetzt – auch, was die im Ausgangstext englisch wiedergegebenen Zitate aus anderen Sprachen angeht]

Richmod Bollinger

Fliegen und Fließen, Schwimmen und Schweben

Beobachtungen zur Bedeutung der Flugmetapher in der Kultur Japans

Fliegen zu können zählt in Japan wie in anderen Kulturen auch zu den Eigenschaften übernatürlicher Wesen, deren Zahl der Überlieferung nach auf acht Millionen geschätzt wird[1]. Viele der einheimischen Erscheinungsformen sind sehr alt, ihrem Ursprung nach ungeklärt und im übrigen so zahlreich und vielfältig, daß letztendlich jeder Versuch einer Kategorisierung scheitern muß. Trotzdem lassen sich grobe Unterscheidungen treffen. Manche Dämonen verkörpern beispielsweise Naturgewalten wie Wind oder Schnee, aber auch Tiere, Pflanzen oder Gegenstände können unter bestimmten Umständen als »Wandel-wesen« Gestalt annehmen. Außerdem kennt Japan eine Vielzahl phantastischer Ungeheuer, die sich mit Vorliebe in Grenzzonen wie Gebirgspässen oder Flüssen aufhalten.

Die Vorstellung von Gespenstern als umherirrenden Totengeistern wurde dagegen erst im 6. Jahrhundert mit dem Buddhismus aus China eingeführt. Extreme Gefühle wie Haß oder Liebe, aber auch ungesühntes Unrecht oder ein plötzlicher Tod werden dafür verantwortlich gemacht, daß sich der Verstorbene nicht von der Erde lösen und daher im Jenseits keine Ruhe finden kann. Als besonders heikel gilt die Frist von sieben Wochen nach dem Tod, in der die Seele nach buddhistischer Vorstellung zwischen Diesseits und Jenseits schwebt. Während dieser Zeit müssen die Angehörigen bestimmte Regeln einhalten, um dem Toten zu helfen, diese kritische Phase zu überwinden; mangelhafte rituelle Betreuung kann dazu führen, daß sich der Geist des Toten in ein Gespenst verwandelt.

Doch auch den Seelen lebender Personen wird unter bestimmten Voraussetzungen die Fähigkeit zugeschrieben, den Körper zu verlassen. Zum Beispiel wird in dem um die Jahrtausendwende von der Hofdame Murasaki Shikibu verfaßten

›Genji monogatari‹ die Eifersucht einer noch lebenden Rivalin der Gattin des Prinzen Genji zum Verhängnis[2]. Daß Geister nicht aufzuhalten sind, macht sich einer der beiden Freunde aus der berühmten, im 18. Jahrhundert von Ueda Akinari[3] verfaßten Erzählung ›Kikka no chigiri‹ (›Verabredung zum Chrysanthemenfest‹) zunutze: Um als Totengeist pünktlich zum verabredeten Treffen am Tag des Chrysanthemenfestes erscheinen zu können, entzieht er sich seiner Gefangenschaft durch Selbstmord[4].

Neben Seelenwanderungen, die aus noch nicht abgeschlossenen Beziehungen resultieren, gibt es aber auch eine reguläre Reisezeit für Geister. Alljährlich im August pflegen die Seelen der Verstorbenen zum Totenfest (*obon* oder *urabon*) ihre Familien zu besuchen, die sie willkommen heißen und bewirten. Der Sommer ist auch die Jahreszeit, in der Gespenstergeschichten beim Kabuki Hochsaison haben, angeblich der angenehm kalten Schauer wegen, die den Zuschauern dabei über den Rücken laufen. Die heutige klischeehafte Vorstellung von Geistern als fußlosen, in ein weißes, manchmal blutbeflecktes Gewand gehüllten Gestalten mit schlaff vor sich hergetragenen Händen und wirr herabhängendem Haar ist maßgeblich durch das Kabuki geprägt worden. Populäre Kabuki-Schauspieler in Geisterrollen und Spukerscheinungen allgemein waren besonders im 19. Jahrhundert ein sehr beliebtes Motiv in der Kunst.

Es mag überraschen, daß trotz der beschriebenen Vielfalt an Erscheinungsformen die für uns besonders interessante Frage, ob und wie japanische Geister und Gespenster fliegen, nur unbefriedigend beantwortet werden kann. Gerade der Umstand, daß der technische Aspekt ihrer Fortbewegungsart nicht erläutert wird, scheint zur Rätselhaftigkeit der Erscheinung beizutragen: Geister haben offenbar nicht einmal eine Erklärung nötig. Allerdings stellt dies Künstler vor gewisse Schwierigkeiten, wenn sie das Unirdische an einer Spukgestalt bildlich darstellen wollen. Das Problem findet sich ganz unterschiedlich gelöst – beispielsweise, indem das Gespenst als ganz oder teilweise durchsichtige, nebulöse Erscheinung abgebildet wird, deren untere Leibeshälfte sich häufig ins Nichts verliert[5]. Andere Gespenster steigen wie der Geist aus Aladins Wunderlampe als Rauchgebilde auf; oft dient auch der bis über den

Bildrand hinaus verlängerte Kimonosaum als eine schlauchartige Herleitung[6]. In der Luft flackerndes magisches Feuer kann ebenfalls dazu eingesetzt werden, den Übergang zwischen einer unwirklichen Erscheinung und der realen Umgebung zu kaschieren[7]. Einer besonders originellen Lösung des Problems, wie man einen Geist auf Papier bannt, begegnen wir in der Darstellung von Gespenstern, deren Gewänder nach unten hin in Schriftrollen auslaufen[8], oder in der ironischen Skizze eines allzu lebendig gelungenen Gespensterbildes, das sich vor den entsetzten Augen des Künstlers plötzlich aus dem Papier aufbäumt[9].

Der Vergleich zweier Darstellungen, die beide das Motiv der Okiku zum Thema haben, macht deutlich, wie wenig man sich über das Wie einer Geistererscheinung einig war und wieviel Spielraum der künstlerischen Freiheit blieb. Okiku, so will es die Legende, zog sich den Haß eines verschmähten Liebhabers zu. Er vertraute ihr zehn kostbare Teller an, ließ dann aber einen verschwinden, um sie des Diebstahls zu beschuldigen und zu Tode zu foltern; ihre Leiche warf er in einen Brunnenschacht. Nach einer anderen Version zerbrach Okiku einen der Teller und beging daraufhin Selbstmord, indem sie sich im Brunnen ertränkte. Noch heute wird auf dem Schloß Himeji den Touristen der Brunnen gezeigt, aus dem lange Zeit der Geist Okikus erschienen sein soll, um mit klagender Stimme die Teller zu zählen und bei »neun« jedesmal in verzweifeltes Schluchzen auszubrechen[10]. Während Okikus Geist von Tsukioka Yoshitoki[11] in der zweiten Hälfte des 19. Jahrhunderts als halbdurchsichtiges Fräulein im Kimono in klassischer Kabuki-Pose neben einem Brunnen dargestellt wird[12], wirkt dasselbe Motiv bei Hokusai[13] in einem Holzdruck aus dem Jahr 1830 verblüffend modern[14]. Hier reckt sich aus dem Brunnen ein aus Tellern zusammengefügter Schlangenleib, über den das lange, schwarze Haar wellenförmig hinabfließt, und aus dem Mund des melancholisch blickenden Hauptes steigt ein winziges weißes Wölkchen wie ein gefrorener Seufzer in den intensiv blauen Nachthimmel.

Als genaues Gegenteil eines Geistes, der aufgrund seiner mangelhaften Loslösung von dieser Welt sozusagen zwischen Diesseits und Jenseits hängengeblieben ist, erweist sich ein

Mensch, der dank außergewöhnlicher Tugenden die Grenze zwischen einer irdischen und einer überirdischen Existenz schon zu Lebzeiten überwinden kann. Als ein solcher Grenzfall gilt beispielsweise der *sennin*, der Einsiedler in den Bergen, der durch esoterische Praktiken übersinnliche Kräfte erlangt hat, darunter die Unsterblichkeit und die Fähigkeit, fliegen zu können. Die frühesten Hinweise auf japanische *sennin* finden sich bereits im 8. Jahrhundert, doch stammt die Gestalt des mit übernatürlichen Fähigkeiten begabten Bergasketen ursprünglich aus China und wurde mit dem Taoismus in Japan eingeführt. Parallelen zu hinduistischen Sehern, die ebenfalls in den Wäldern lebten, übersinnliche Fähigkeiten besaßen und fliegen konnten, lassen vermuten, daß Indien letztendlich als die geistige Heimat des *sennin* gelten muß. Der Begriff *sennin* (wörtlich: »Unsterblicher«) wurde später von Buddhisten übernommen und gelegentlich als Beinamen für Buddha gebraucht, bezeichnet jedoch häufiger ein prominentes Mitglied einer anderen Religionsgemeinschaft. Es liegt nahe, Legenden von einer Persönlichkeit, die imstande ist, über physikalische und biologische Naturgesetze zu triumphieren, als Verkörperung eines uralten Menschheitstraumes zu deuten.

Zu den Wesen, die gleich dem *sennin* in den Bergen hausen und ebenfalls eine Art Mittelstellung zwischen Mensch und Fabelwesen einnehmen, gehört auch der *tengu*, eine besonders unheimliche Kreatur, teils Mann und teils Vogel, mit langem Schnabel, Flügeln und funkelnden Augen[15]. In älteren Schilderungen wird er aber häufig als kräftiger Mann in der Tracht eines in den Bergen lebenden Mönches dargestellt, bärtig, mit weißem Haar, rotem Gesicht, langer Nase und einem Federfächer als einzigem Attribut seiner Vogelnatur[16]. Zwiespältig wie das Erscheinungsbild ist sein Charakter. Einerseits gilt er als launischer, arroganter Geselle, als böser Geist, der Kinder entführt, die Schwächen der Menschen ausnutzt und besonders buddhistischen Priestern übel mitspielt, andererseits schildern ihn viele Erzählungen als gütigen Beschützer und Lehrmeister übernatürlicher Künste. Viele der Legenden, die sich um diesen Vogelmenschen ranken, haben als Vorlage für Bühnenwerke des Nō und des Kabuki gedient[17]. Jedes Kind könnte einen *tengu* zeichnen, und manche der ihm zugeschrie-

Abb. 42: Ōhara Donshū (gest. 1857), Tengu.

benen Eigenschaften haben Eingang in die japanische Umgangssprache gefunden; ein plötzlicher Windstoß beispielsweise ist ein *tengu*-Wind, und wenn man von jemandem sagt, er werde zum *tengu*, so ist damit gemeint, er sei ein aufgeblasener Kerl.

Obwohl der *tengu* zu den ältesten und bekanntesten Wesen zählt, die das japanische Pantheon bevölkern, weiß man wenig über den Ursprung und die Bedeutung dieser mythologischen Gestalt. Aufgrund der langen, an der Spitze leicht nach oben gebogenen Nase und der roten Gesichtsfarbe liegt es nahe, den *tengu* als phallisches Symbol zu deuten, das in Japan als Zeichen der Fruchtbarkeit noch immer an einigen Orten verehrt wird. Im allgemeinen wird der *tengu* jedoch gemäß der shintoistischen Vorstellung, daß auch unbelebter Materie eine Seele innewohnen kann, als Verkörperung eines bestimmten Berggottes gesehen, der, unberechenbar wie die Natur selbst, für unerklärliche Phänomene in der Wildnis verantwortlich ist. Es gibt auch Deutungsversuche, die den *tengu* mit realen Personen in Verbindung bringen, jenen Ureinwohnern, die bei der Besiedlung der japanischen Inseln durch das Volk der Yamato assimiliert oder in den Norden oder in Gebirgsregionen abgedrängt worden waren. Die Merkmale ihrer Rasse, besonders der starke Bartwuchs und die hervorspringende Nase, durch die sie sich von den Neuankömmlingen unterschieden, hätten bei den seltenen und unvermuteten Zusammentreffen mit den Vorfahren der heutigen Japaner einen starken Eindruck hinterlassen, und der Glaube, ein *tengu* könne fliegen, lasse sich aus ihrer für die Dorfbewohner unbegreiflichen Fähigkeit erklären, plötzlich auftauchen und wieder in den Bergen verschwinden zu können, die ihnen zur zweiten Heimat geworden waren[18].

Doch nicht alle flugtauglichen Wesen in Japan sind so grimmig wie der *tengu*, mit dem man unartige Kinder schreckt. Nicht weniger rätselhaft, doch sanfter und lieblicher ist die *tennyo*, die »Himmelsfrau«, Gegenstand zahlreicher Legenden und Märchen[19]. Zu den populärsten gehört das ›Taketori monogatari‹, die ›Erzählung vom Bambussammler‹[20], auch bekannt unter dem älteren Titel ›Kaguyahime no monogatari‹, ›Erzählung von Kaguyahime‹. *Kaguya* hängt mit *kaga-*

yaku zusammen, was mit »leuchten« oder »glänzen« übersetzt werden kann, *hime* ist ein verbreiteter Bestandteil weiblicher Adelsnamen; *Kaguyahime* bedeutet demnach soviel wie »strahlende Prinzessin«[21]. Der Autor der Erzählung ist nicht bekannt, und ob ihr ein Volksmärchen zugrunde liegt oder ob sie vom Verfasser aus Märchenmotiven komponiert wurde, ist ebenfalls ungewiß. Auch eine exakte Datierung ist nicht möglich, doch darf aufgrund stilistischer Vergleiche und der Tatsache, daß das ›Taketori monogatari‹ in anderen literarischen Werken der Heian-Zeit[22] erwähnt wird, davon ausgegangen werden, daß es in der zweiten Hälfte des 9. Jahrhunderts oder Anfang des 10. Jahrhunderts entstanden ist.

Kaguyahime wird von einem alten Bambussammler als winziges Menschlein in einem Bambussproß gefunden. *Ito osanakereba ko ni irete yashinau*: »Und weil sie gar so klein war«, heißt es, »tat man sie in einen Bambuskorb und zog sie auf.« Da *ko* eigentlich »Käfig« bedeutet, darf man hier eine Anspielung auf das vogelähnliche Wesen des Findlings vermuten. Kaguyahime wächst binnen kurzem zu einer bezaubernden Schönheit heran, weist jedoch alle Freier ab. Selbst die hartnäckigsten Bewerber scheitern an den ihnen gestellten Aufgaben. Nachdem sie sich als himmlisches Wesen zu erkennen gegeben hat, kehrt sie schließlich mittels eines Federkleides auf den Mond zurück; doch zeigt sie ihre Dankbarkeit, indem sie ihren Pflegevater immer wieder in Bambusstämmen Kostbarkeiten finden läßt. Die Erzählung weist verschiedene Motive auf, die auch aus anderen japanischen Märchen bekannt sind, wie etwa das Findelkind aus einer Pflanze oder die durch übermenschliche Aufgaben erschwerte Brautwerbung; doch interessiert uns in diesem Zusammenhang vor allem das himmlische Federkleid, durch das Kaguyahime überirdische Kräfte zurückgewinnen und dieser Welt entfleuchen kann. Aufschlußreich ist eine Variante des Märchens, die im ›Kaidōki‹ enthalten ist, einem Reisetagebuch aus dem frühen 13. Jahrhundert. In dieser Erzählung ist es das Ei einer in einem Bambusgehölz nistenden Nachtigall, das sich in die Gestalt eines Kindes verwandelt. Dieser Umstand stützt die These, der Text müsse als ›Die Erzählung vom Vogelfänger (*takatori*)‹ interpretiert werden.

Dem überirdischen Vogelwesen, das nur vorübergehend die Gestalt einer Frau annimmt, begegnen wir wieder in ›Tsuru nyōbō‹, ›Die Kranichfrau‹[23]. Ein junger Mann hilft einem verletzten Kranich und schenkt ihm die Freiheit. Wenige Tage später besucht ihn eine schöne Fremde und bittet ihn, sie zur Frau zu nehmen. Unter der Bedingung, daß niemand ihr bei der Arbeit zusehen dürfe, zieht sie sich nach der Hochzeit zurück und webt in tagelanger Arbeit einen herrlichen Stoff, der schließlich einen hohen Preis erzielt. Abermals schließt sie sich ein, doch ihr Mann, überwältigt von Sorge und Neugier, mißachtet ihr Verbot. Als er ins Zimmer späht, entdeckt er einen Kranich, in Japan Symbol des Glücks und des langen Lebens, der sich selbst die Federn auszieht und diese zu einem herrlichen Stoff verarbeitet. Der Zauber ist gebrochen, und in ihrer wahren Gestalt fliegt die schöne Fremde davon.

In dem Märchen ›Tennin nyōbō‹, ›Die Himmelsfrau‹, findet sich sowohl das Motiv der Heirat eines irdischen Mannes mit einem überirdischen Wesen, das ihm schließlich davonfliegt, als auch das des Federkleides[24]. Ein junger Mann entdeckt am Ufer eines Sees einen wunderschönen Kimono. Als er ihn an sich nimmt, erscheint die Besitzerin und bittet ihn, ihr das Gewand wiederzugeben, da sie ohne dieses nicht in den Himmel zurückkehren könne; doch er weigert sich, so daß der himmlischen Besucherin nichts anderes übrigbleibt, als ihn zu heiraten, ihm Kinder zu gebären und sein Erdenleben zu teilen. Eines Tages findet sie ihren zauberkräftigen Kimono wieder und steigt in den Himmel auf. Ihr Mann folgt ihr und hat eine Reihe von Prüfungen zu bestehen, doch zuletzt verhindert die Mißgunst des Schwiegervaters, daß das Liebespaar wieder glücklich vereint wird. Der Schluß des Märchens verknüpft die Erzählung mit einer chinesischen Legende, deren Elemente sich bereits im ›Man'yōshū‹ nachweisen lassen, der ältesten, vermutlich Mitte des 8. Jahrhunderts kompilierten Sammlung japanischer Gedichte: Die beiden Liebenden verwandeln sich in Sterne, werden also buchstäblich dieser Welt entrückt – sie ist die Wega im Sternbild Leier, er Atair im Sternbild Adler, getrennt durch den Strom der Milchstraße. In Japan wird der 7. Juli, an manchen Orten auch der 7. August, als Tanabata gefeiert, als der Tag, an dem sie den »Himmelsfluß« überqueren und zueinander gelangen können.

Als eine der schönsten und bekanntesten Bearbeitungen des Motivs »Federkleid« gilt das Nō-Spiel ›Hagoromo‹, das Zeami[25] zugeschrieben wird und inhaltlich teilweise an das Märchen ›Tennin nyōbō‹ erinnert[26]. Ein Fischer findet am Strand von Mio ein wundersames Gewand und nimmt es an sich. Darauf erscheint dessen Besitzerin und fleht ihn an, ihr das Federkleid (*hagoromo*) zurückzugeben. Der Fischer läßt sich erweichen, bedingt sich jedoch aus, daß sie ihm einen himmlischen Tanz vorführt, und tanzend kehrt sie schließlich in den Himmel zurück.

Auffallend ist, daß flugtüchtigen überirdischen Wesen in Japan keine so klar definierte und auf den Menschen bezogene Funktion zugeschrieben wird wie beispielsweise Engeln in der christlichen Überlieferung. Sie sind keine Götterboten, keine Mittler zwischen den Welten, keine Schutzpatrone. Ihre Begegnungen mit Menschen sind häufig vom Zufall bestimmt, und selten bleiben sie freiwillig auf Erden zurück. Vor diesem Hintergrund scheint es weniger befremdlich, daß Shimada Masahiko[27] in seiner 1988 erschienenen Erzählung ›Sabaku no iruka‹ (›Ein Delphin in der Wüste‹)[28], zu der ihn Dantes ›Divina Commedia‹ inspiriert haben soll, Engel (*tenshi*) als hilflose Fremdlinge charakterisiert, die es auf die Erde verschlagen hat und denen nun keine andere Wahl bleibt, als sich anzupassen. Selbst das irdische Erscheinungsbild dieser im wörtlichen wie im übertragenen Sinn gefallenen Engel ist ein Produkt des Zufalls, zusammengewürfelt aus den Physiognomien derjenigen, die bei ihrer Landung zugegen waren. Zehn Jahre nach seinem Sturz begegnet der Ich-Erzähler einem jüngeren »Kollegen«, den er in die Geheimnisse der menschlichen Existenz einweiht: »Weißt du, was Träume sind? Das ist ein Phänomen, das es nur auf Erden gibt, aber es ermöglicht himmlische Erfahrungen. [...] Im Traum sind die Menschen frei wie die Luft, die einen Willen besitzt«[29]. Da der Neuankömmling noch einen Namen haben muß, schlägt ihm der Ich-Erzähler vor, sich Dolphin Sunakawa zu nennen. *Sunakawa* heißt »Sandfluß« und erinnert an *amanogawa*, die Milchstraße, wörtlich: »Himmelsfluß«; »Sand« (*suna*) verweist möglicherweise auf die Wüste im Titel der Erzählung, die unwirtliche Gegend, in der die beiden Ex-Engel gestrandet sind. Der Delphin (englisch: *dolphin*) ist in der griechischen Mythologie ein Bote der Götter, und der Himmel nach Shimadas Worten »wie das Meer. Engel sind Delphine, die nicht schwimmen können«[30].

Der Vergleich zwischen fliegenden und schwimmenden Wesen mag auf den ersten Blick überraschen. Und doch ist beiden gemein, daß sie in ihrer Bewegungsfreiheit über die dritte Dimension verfügen, also in ihrem Element der Schwerkraft trotzen können. Bezeichnenderweise »finden« sich himmlische Frauen oft am Strand oder am Ufer eines Sees. Auch in der Poetik spielt Wasser direkt oder indirekt eine bedeutende Rolle. Das Verb *uku*, das je nach Kontext mit »schweben« übersetzt werden kann, aber auch »auf dem Wasser treiben« bedeutet, ist in zahlreichen Wendungen vertreten. Selbstverständlich kann diese Art von »schweben« nicht mit »in der Luft schweben« gleichgesetzt werden, doch evoziert der metaphorische Sprachgebrauch von *uku* Assoziationen, die sehr wohl mit häufig anzutreffenden symbolischen Bedeutungen von »in der Luft schweben« vergleichbar sind. Die Häufigkeit, mit der man Wasser in der japanischen Mythologie und in der Dichtkunst begegnet, ließe sich wohl daraus erklären, daß für ein Inselvolk nicht so sehr das Firmament als vielmehr der Horizont, die Linie, die Meer und Himmel trennt, zur natürlichen Grenze zwischen der irdischen und der überirdischen Welt wird.

Vorstellungen von Freiheit und Flüchtigkeit spiegeln sich beispielsweise in dem Begriff *ukiyo*, der im allgemeinen mit »fließend-vergängliche Welt« wiedergegeben wird. Im mittelalterlichen buddhistischen Kontext wurde das *uki* von *ukiyo* allerdings noch mit einem homophonen Schriftzeichen geschrieben, das »Kummer« oder »Trauer« bedeutet: *Ukiyo* stand also ursprünglich für die »traurige Welt«, die Vorstellung von der Erde als Jammertal. Der entscheidende Bedeutungswandel vollzog sich erst in der Edo-Zeit[31], als der wirtschaftliche Aufschwung den Kaufleuten in den großen Städten ermöglichte, sich trotz ihrer niedrigen Stellung in einer starren, konfuzianisch geprägten Hierarchie genügend Wohlstand und Selbstbewußtsein anzueignen, um sozusagen eine Gegenkultur zum herrschenden aristokratischen Ideal zu entwerfen. Mit dem Zeichen für »schweben« oder »treiben« geschrieben verlor *ukiyo* seine düsteren Konnotationen und bezeichnete nun das Ideal der »fließend-vergänglichen Welt«, einer Welt des Hic et Nunc, des Reichs der zeitgemäßen Eleganz und Lustbefriedigung, der volkstümlichen Unterhaltung und der Mode. In diesem Sinn ließe sich *ukiyo* auch als »heutige Welt« oder »Gegenwart« übersetzen. Da innerhalb der Vergnügungsviertel nicht die Standeszugehörigkeit, sondern einzig Geld und Savoir-vivre den gesellschaftlichen Status bestimmten, könnte man die »fließend-vergängliche Welt« auch als klassenlose Gesellschaft interpretieren, als eine Art Freiraum innerhalb rigider sozialer Normen, der sogar Angehörigen des Adels offenstand, sofern sie nicht auf ihre Privilegien pochten. Das literarische Genre *ukiyo zōshi*, ein Überbegriff für die populären »Bücher aus der fließend-vergänglichen Welt«, die zwischen 1680 und 1770 in Kyōto und Ōsaka herausgegeben wurden, beschäftigt sich mit dieser zeitgenössischen Alltagskultur. Auch die sogenannten *ukiyo e*, »Bilder aus der fließend-vergänglichen Welt«, die beliebte Motive aus dem Bereich des Freudenviertels oder aus dem Kabuki aufgreifen, vermitteln einen lebendigen Eindruck von der städtischen Unterhaltungskultur der Edo-Zeit.

Das Verb *uku* begegnet uns noch in anderen Kombinationen, zum Beispiel in der Bezeichnung *ukikusa* für ein Gewächs mit dem lateinischen Namen Spirodela polyrhiza. Obwohl die Wurzeln dieser Pflanze, einer Art Wasserlinse, normalerweise im Boden verankert sind und tatsächlich nur die Blätter auf der Wasseroberfläche treiben, spricht man von einem Beruf als *ukikusa kagyō* (»Schwimmpflanzen-Gewerbe«), wenn man andeuten will, daß man ohne feste Existenzgrundlage von der Hand in den Mund lebt. Im ›Kokin wakashū‹, einer Gedichtanthologie aus dem frühen 10. Jahrhundert, finden sich folgende Verse, an einen Freund gerichtet, der sich lange nicht gemeldet hat:

Mizu no omo ni	»Was zerreißt du die Bande
Ouru satsuki no	und driftest
Ukikusa no	aus meinem Leben
Ukikoto are ya	wie Schwimmpflanzen im Mai,
Ne o taete konu.[32]	die auf dem Wasser treiben?«[33]

Ukikusa steht hier für Passivität; der Prozeß der Entfremdung ist eine unvermeidliche Konsequenz, nachdem die Bande zerrissen sind, die Beziehung abgebrochen ist.

Treiben auf dem Wasser und Schweben in der Luft haben miteinander gemein, daß man in diesem Zustand keinen festen Boden unter den Füßen hat; man hat sich buchstäblich von der Erde gelöst und wird zum Spielball der Elemente – einerseits frei, andererseits aber auch jeder Strömung ausgesetzt. Ein schönes Beispiel für die Überlagerung und Ambivalenz der widerstreitenden Konnotationen von Freiheit einerseits und Flüchtigkeit andererseits findet sich in dem poetischen Ausdruck *nio no ukisu*, »das auf dem Wasser treibende Nest der Taucher«. Die Tatsache, daß ein bestimmter Wasservogel schwimmende Nester baut, dient hier als Sinnbild für Flexibilität und Freiheit, aber auch für die Unbeständigkeit und Vergänglichkeit des Menschenlebens. Das Nest, eine naheliegende und häufige Metapher für das Zuhause oder die Familie, bietet zwar vorübergehend einen Fixpunkt in einem vergleichsweise riesigen Universum, kann jedoch nirgendwo festmachen und treibt dem Zufall überlassen ins Ungewisse. *Samidare ni nio no ukisu o mi ni yukan*, lautet ein Haiku des Dichters Bashō[34] aus dem 17. Jahrhundert[35]: »Laßt uns im Mairegen nach dem schwimmenden Nest der Taucher sehen.«

Eine besonders dichte poetische Formel, in der die Signifikanten von *uku* durch weitere eindrucksvolle Sprachbilder verstärkt werden, ist der Ausdruck *yume no ukihashi*, »schwimmende Traumbrücke«, der bereits im ›Shin kokin wakashū‹ nachgewiesen ist, einer Gedichtanthologie aus dem frühen 12. Jahrhundert[36]. *Ukihashi* ist zwar eine durchaus gebräuchliche Bezeichnung für eine Pontonbrücke, also eine Brücke, die buchstäblich auf dem Wasser treibt. »Brücke« steht aber auch für den Übergang in eine andere Welt; die Kombination mit *uku* betont noch die Vorstellung eines flüchtigen

Zustandes jenseits alltäglicher Erfahrungen. »Traum« weckt ähnliche Assoziationen und ist ebenso wie *uku* eine Metapher für die Vergänglichkeit des menschlichen Lebens, das gern mit einem flüchtigen Traum gleichgesetzt wird.

›Yume no ukihashi‹ lautet die Überschrift des letzten Kapitels des ›Genji monogatari‹[37]. Die letzten vierzehn Kapitel handeln von der Zeit nach dem Tod des Prinzen Genji und sind dem Prinzen Kaoru und dessen Freund und Rivalen Prinz Niou gewidmet. Besonders die Figur Kaorus zeugt von so viel Unentschlossenheit und Niedergeschlagenheit, daß er als erster Antiheld der Weltliteratur apostrophiert worden ist. Nachdem Kaoru lange den Tod einer geliebten Frau betrauert und vergeblich versucht hat, sich mit ihrer Schwester zu trösten, begegnet ihm durch Zufall deren Halbschwester, die ihn aufgrund ihrer Ähnlichkeit zu seiner ersten unerfüllten Liebe sofort für sich einnimmt. Er versteckt die junge Frau mit dem vielsagenden Namen *Ukifune* (»Schiff auf dem Wasser«)[38] in derselben Villa, mit der ihn so viele Erinnerungen verbinden; doch werden seine heimlichen Besuche von Niou entdeckt, der ebenfalls anfängt, ihr den Hof zu machen. In der Zwangslage, sich zwischen den beiden Verehrern entscheiden zu müssen, sieht Ukifune keinen Ausweg mehr, und als sie eines Tages spurlos verschwindet, glaubt alle Welt, sie habe sich im Fluß ertränkt. In diesem letzten Kapitel erfährt Kaoru, daß Ukifune noch am Leben ist; sie hat sich jedoch für das Leben einer Nonne entschieden und sich ihm damit für immer entzogen.

In einer 1959 geschriebenen Erzählung[39], die ebenfalls den Titel ›Yume no ukihashi‹ trägt, bezieht sich Tanizaki Jun'ichirō unmittelbar auf das ›Genji monogatari‹. Auch bei Tanizaki führt die »schwebende Traumbrücke« zurück in die Vergangenheit, in die Kindheit des Ich-Erzählers, der in seinen Erinnerungen seine leibliche, früh verstorbene Mutter und seine Stiefmutter nicht auseinanderhalten kann, nicht einmal dem Namen nach: Denn sein Vater hat sich alle erdenkliche Mühe gegeben, die Unterschiede zwischen den beiden Frauen zu verwischen, so daß die geliebte erste Gattin und Mutter seines Sohnes auf heimelig-unheimliche Weise wieder zum Leben erweckt wird. In dieser Reprise der Vergangenheit ist kein Platz für Veränderungen. Das Kind, das aus der zweiten Ehe her-

Fumiko[50] erschienen, das auf früheren autobiographischen Erzählungen ihres harten und unsteten Lebens basiert und die trostlose Reise einer Frau schildert, die in Südostasien arbeitet und dann auf der Suche nach ihrem früheren Geliebten durch das vom Krieg verwüstete Tōkyō irrt[51]. Wieder stehen die ziehenden Wolken für Unbeständigkeit und Resignation. *Ningen to iu mono no kanashisa ga, ukigumo no yō ni tayorinaku kanjirareta*, heißt es in Hayashis Erzählung[52]: »Die Traurigkeit der Menschen kam ihr hilflos vor wie ziehende Wolken.«

Wind ist es, der die Wolken vorantreibt, und auch Wind kann als Sinnbild menschlicher Gefühle dienen, wie das folgende Beispiel aus dem ›Ise monogatari‹ belegt, einer Sammlung von rund hundert kurzen Episoden aus dem 10. Jahrhundert, in denen Gedichte eine zentrale Rolle spielen. Zu jener Zeit war es Brauch, daß sich Damen von Rang hinter einer Jalousie aus fein gespaltenem Bambus vor neugierigen Blicken verbargen. Ein solcher Vorhang veranlaßte einen schmachtenden Liebhaber zu folgendem poetischen Seufzer:

Fuku kaze ni	»Oh, könnte ich mich
Wa ga mi o nasaba	in einen Windhauch verwandeln!
Tamasudare	Ich fände den Weg,
Hima motometsutsu	durch Euren Bambusvorhang
Irubeki mono o.[53]	hineinzuschlüpfen zu Euch!«[54]

Die Antwort ließ nicht auf sich warten:

Toritomenu	»Und wärt Ihr auch
Kaze ni wa ari tomo	der unaufhaltsame Wind –
Tamasudare	niemand hat Euch erlaubt,
Ta ga yurusaka ka	an meinem Bambusvorhang
Hima motomubeki.[55]	die Ritzen auszuforschen«[56].

Wenn sogar die unbelebte Natur als Metapher dienen kann, um wieviel mehr dann Vögel, die tatsächlich und aus eigener Kraft fliegen können! Der Kranich (*tsuru*) ist uns bereits in dem Märchen ›Tsuru nyōbō‹ begegnet. Als Sinnbild des Glücks und des langen Lebens sind Kraniche in Japan ein beliebtes Motiv auf Hochzeitskimonos und Glückwunschkarten, und lange Ketten aus aufgefädelten bunten Papierkranichen schmücken in Hiroshima die Denkmäler für die Opfer der Atombombe.

In der 1933 geschriebenen Erzählung ›Shunkin shō‹[57] (›Porträt der Shunkin‹) von Tanizaki Jun'ichirō spielen Vögel, vor allem Nachtigallen (*uguisu*) und Lerchen (*hibari*), eine wichtige Rolle im Leben der schönen und herrischen blinden Musiklehrerin Shunkin. Für die Pflege ihrer Vögel werden keine Kosten und Mühen gescheut, stundenlang kann sie ihrem Gesang lauschen. Isoliert durch ihre Blindheit, in der ihr nur die Musik vorübergehend Erleichterung verschafft, gleicht sie selbst einem gefangenen Vogel. Eines Tages, als sie ihre Lieblingslerche wie gewohnt frei aufsteigen läßt, kehrt diese nicht mehr in den Käfig zurück. Wenig später wird Shunkin krank und stirbt – fast scheint es, als habe sie mit der Lerche auch ihre Lebenskraft verlassen.

In einem Vers aus dem ›Kokin wakashū‹ ist es dagegen der Austernfischer (*miyakodori*), der zum Träger geheimer Wünsche wird, vielleicht weniger aufgrund seiner Vogelnatur als aufgrund eines Wortspiels. *Miyakodori* bedeutet wörtlich »Hauptstadtvogel«; Hauptstadt war damals Kyōto. Als einige Edelleute fern von Kyōto auf diesen Vogel stoßen und seinen Namen erfahren, verleiht einer seinem Heimweh mit folgendem Gedicht Ausdruck:

Na ni shi owaba	»Wenn es denn wahr ist,
Iza koto towamu	was dein Name verheißt –
Miyakodori	sag, Hauptstadtvogel:
Wa ga omou hito wa	wie mag es ihr ergehen,
Ari ya nashi ya to.[58]	lebt sie noch, die ich liebe?«[59]

Einer der vielen Vögel, die in der japanischen Dichtkunst einen festen Platz haben, ist die Wildgans, die nicht zuletzt wegen ihres klagenden Rufes sehr häufig als Metapher für eine junge Frau Verwendung findet[60]. ›Gan‹ (›Die Wildgans‹) wählte Mori Ōgai[61] als Titel für eine in mehreren Teilen in den Jahren 1911 bis 1915 erschienene kurze Erzählung, in deren Mittelpunkt die junge Otama steht[62]. Ein Lichtblick in ihrem bedrückenden Leben als Nebenfrau eines Wucherers ist der Student Okada, ab. Die Abstraktheit und Unbestimmtheit des Begriffs, der anfangs eine wirtschaftlich und emotional unabhängige berufstätige Frau bezeichnet, läßt eine Vielzahl an Deutungen und Assoziationen zu, ein Umstand, den sich die Werbung durch die geschickte Kombination mit entsprechendem Bildmaterial zunutze machte. Dabei impliziert »fliegen« stets eine Vorstellung von Selbständigkeit und Ungebundenheit, manchmal erweitert um eine erotische Komponente.

Interessanterweise wird der metaphorische Gebrauch von »fliegen« schon früh mit der Vorstellung einer Frau verknüpft. Das scheint nicht weiter verwunderlich, wenn wir davon ausgehen, daß dem Traum vom Fliegen ein Gefühl der Eingeschränktheit zugrunde liegt und sich derartige Entgrenzungsphantasien folglich um so machtvoller entfalten müssen, je stärker sich ein Mensch in seiner Freiheit beeinträchtigt fühlt. Dazu paßt, daß der Wunsch, auch einmal »fliegen« zu können, gerade unter japanischen Hausfrauen besonders verbreitet sein soll. Die Ursache dafür, daß sich Frauen generell häufig isoliert und eingesperrt fühlen, mag in ihrer besonderen Lebenssituation zu suchen sein; in der Literatur wird das Leben einer Frau jedenfalls gern mit dem eines Vogels im Käfig gleichgesetzt[67], ein Motiv, das sich übrigens auch in der Kunst findet[68]. Die japanischen Bezeichnungen *nyōbō*, *kanai* oder *okusan* für eine Ehefrau, die eigene Gattin bzw. die eines anderen, und der Ausdruck *hakoiri musume* (wörtlich: »Tochter im Kasten«) für ein wohlbehütetes Mädchen reflektieren ebenfalls die Auffassung, daß eine Frau ins Haus gehöre[69].

Schon wenige Jahre nach Erscheinen des Begriffs *tonderu onna* ist eine allmähliche Bedeutungsverschiebung in der Entwicklung der »fliegenden Frau« zu beobachten. Während anfangs eine interessante Berufstätigkeit als das wesentlichste Merkmal gilt, wird die ursprüngliche Bedeutung später erweitert und verallgemeinert: Jetzt »fliegt« eine Frau, wenn sie ein aktives, ausgefülltes Leben führt. Parallel dazu zeichnet sich in den japanischen Massenmedien ein öffentlicher Meinungsumschwung ab: »Fliegen« wird nun als egoistischer Akt gedeutet und als Angriff auf grundlegende gesellschaftliche Werte interpretiert. Was einer Frau passieren kann, die nicht auf dem Boden der Tatsachen bleibt, sondern allzu hoch hinaus will, wird deutlich an einer scherzhaften Variante der Flugmetapher: Eine *tobisokone onna* ist eine Frau, die »sich verflogen« hat bzw. einen Fehlstart hatte.

Nach all den Bildern des Schwebens und Schwimmens, Fliegens und Fließens schwirrt Ihnen, verehrter Leser, hoffentlich nicht schon der Kopf (auf Englisch könnten Sie übrigens auch sagen: *my head swims!*). Sie ahnen vielleicht, daß der metaphorische Reichtum damit keineswegs erschöpft ist. Doch kehren wir an den Ausgangspunkt zurück: zur Frage nach der Bedeutung der Flugmetapher in der japanischen Kultur. Zum einen fällt auf, daß Vorstellungen von Ungebundenheit nicht mit einem bestimmten Element gekoppelt sind: Nicht nur Luft, auch Wasser kann auf der metaphorischen Ebene als Sinnbild, Medium oder Vehikel menschlicher Gefühlsregungen fungieren. Zum anderen läßt sich feststellen, daß Metaphern des Fliegens oder Schwebens keineswegs immer für einen Menschheitstraum, für Freiheit und Entgrenzung stehen. Während man in aktivem Fliegen den Ausdruck einer bewußten Entscheidung vermuten darf, den Wunsch, dieser Welt zu entfleuchen und sich zu Höherem aufzuschwingen, charakterisiert das Bild des passiv Treibenden oder Schwebenden dagegen häufig einen alptraumhaften Zustand der Einsamkeit und Hilflosigkeit, eine melancholische, flüchtige Welt, in der zwischenmenschliche Beziehungen keinen Bestand haben.

Selbstverständlich werden Verallgemeinerungen schon allein durch die formale Vielfalt und die unterschiedliche Wertung der hier angeführten Beispiele erschwert. Doch eines haben die frivole »fließend-vergängliche Welt« und die ziehenden Wolken, die Karpfenflaggen und die klagenden Wildgänse, der japanische *sennin* aus dem 8. Jahrhundert und die »fliegende Frau« aus den siebziger Jahren gemeinsam: die Fähigkeit, ob sie nun als Freiheit oder Fluch verstanden wird, sich aus dem Alltag zu lösen, willentlich oder widerstrebend die gewohnte Umgebung hinter sich zu lassen und zu neuen Ufern, neuen Horizonten aufzubrechen.

Anmerkungen

Die hier vorgetragenen Überlegungen zur Bedeutung der Flugmetapher in Japan verstehen sich als erste Annäherung an einen ebenso faszinierenden wie komplexen Themenbereich. Die Verfasserin ist Japanologin mit Schwerpunkt Literatur, z. Zt. tätig als wissenschaftliche Mitarbeiterin an der Berlin-Brandenburgischen Akademie der Wissenschaften; beflügelt haben sie besonders die Anregungen von Frau Prof. Dr. Irmela Hijiya-Kirschnereit, Frau Dr. Yoriko Yamada-Bochynek, Herrn Sumio Suga und Herrn Dr. Reinold Ophüls-Kashima von der Freien Universität Berlin und von Herrn Prof. Dr. Clive Hart von der University of Essex.

1 Die folgenden Angaben beruhen auf Lewinsky-Sträuli, Japanische Dämonen und Gespenster.
2 Vgl. Murasaki Shikibu, Aoi.
3 Ueda Akinari, 1734–1809.
4 Die Erzählung ›Kikka no chigiri‹ beruht auf einer chinesischen Vorlage.
5 Vgl. z. B. Graf, Japanisches Gespensterbuch, Abb. 32 und 129 (o. S.). Ein Paar Flügel sind dagegen eher die Ausnahme; eine dieser selteneren Darstellungen findet sich in Abb. 20.
6 Vgl. z. B. ebd., Abb. 113 und 116 (o. S.).
7 Vgl. z. B. Illing, The Art of Japanese Prints, 124, Abb. 141.
8 Vgl. Graf, Japanisches Gespensterbuch, Abb. 110 (o. S.).
9 Vgl. ebd., Abb. 138 (o. S.).
10 Siehe dazu auch Lewinsky-Sträuli, Das Tellerhaus von Harima, in: dies., Japanische Dämonen und Gespenster, 248–260. Die Erzählung basiert auf einem Rakugo-Vortrag von Tsuyuno Gor (geb. 1932).
11 Tsukioka Yoshitoki, 1839–1892.
12 Vgl. Addiss, Japanese Ghosts and Demons, 44, Abb. 11.
13 Hokusai, 1760–1849.
14 Vgl. Kondō, Japanische Gespenster, Abb. 10 b (o. S.). Eine ähnliche Darstellung von Takehara Shunsen, in der die Teller wie die Rippen eines Schlangenkörpers aneinandergefügt sind, findet sich in Graf, Japanisches Gespensterbuch, Abb. 79 rechts (o. S.).
15 Vgl. Graf, Japanisches Gespensterbuch, Abb. 49 (o. S.)
16 Diese Form des *tengu* wird manchmal als ranghöher eingestuft; eine Darstellung ist z. B. abgedruckt in Graf, Japanisches Gespensterbuch, Abb. 19 (o. S.). Auch die Kombination mit Elementen eines *tengu* in Vogelgestalt ist denkbar; vgl. ebd., Abb. 19 und 50 (o. S.)
17 Siehe z. B. Iwanami, Kurama tengu. Eine französische Übersetzung von Gaston Renondeau ist unter demselben Titel erschienen.
18 Vgl. Kusano, Tengu in Noh Plays.
19 Vgl. Seki, Tennyo otome.
20 Iwanami, Taketori monogatari.
21 Die folgenden Angaben beruhen auf Lewin, Taketori-monogatari.
22 Heian-Zeit, 794–1185.
23 Seki, Tsuru nyōbō. Eine englische Übersetzung findet sich z. B. in Seki, The Crane Wife. Eine knappe Nacherzählung in deutscher Sprache ist enthalten in Asaoka, Die Kranichfrau.

24 Seki, Tennin nyōbō. Eine englische Übersetzung findet sich z. B. in Seki, The Woman Who Came Down from Heaven. Eine knappe Nacherzählung in deutscher Sprache ist enthalten in Asaoka, Die Himmelsfrau.

25 Zeami Motokiyo, 1363–1443.

26 Iwanami, Hagoromo. Eine englische Übersetzung findet sich z. B. in Chamberlain, The Robe of Feathers. Eine deutsche Nacherzählung der dem Nō-Stück zugrundeliegenden Geschichte liegt vor in Brauns, Das Federkleid.

27 Shimada Masahiko, geb. 1961.

28 Shimada, Sabaku no iruka. Die Erzählung wurde zum ersten Mal 1988 in der Zeitschrift ›Shinchō‹ veröffentlicht.

29 Das Zitat wurde mit freundlicher Genehmigung von Herrn Dr. Reinold Ophüls-Kashima seiner noch unveröffentlichten deutschen Übersetzung entnommen, die anläßlich einer Schriftstellerlesung am 10. September 1993 in Berlin in Ausschnitten vorgetragen wurde.

30 Shimada, Sabuku no iruka. Wer japanische Burgen kennt, fühlt sich vielleicht an die in luftiger Höhe an beiden Enden des Dachfirsts angebrachten stilisierten Delphine erinnert, die gegen Feuer schützen sollen.

31 Edo-Zeit, 1600–1868.

32 McCullough, Kokin Wakashū, 213 (Nr. 976).

33 Eigene Übertragung ins Deutsche.

34 Matsuo Bashō, 1644–1694.

35 Vgl. Ōtani, Nihon koten bungaku taikei, 71 (Nr. 217).

36 Vgl. Kokugo daijiten, 2155 (Stichwort: *yume*).

37 Eine englische Übersetzung ist erschienen als Murasaki Shikibu, The Floating Bridge of Dreams.

38 Der Name *Ukifune* leitet sich aus einem Gedicht ab, in dem sie sich selbst als »Schiff auf dem Wasser« bezeichnet; vgl. Kokugo daijiten, 991.

39 Tanizaki, Yume no ukihashi. Eine englische Übersetzung liegt vor als ›The Bridge of Dreams‹. Auch Kurahashi Yumiko (geb. 1935) wählt für eine 1971 entstandene Erzählung den gleichen Titel.

40 Nakayama Yoshihide, 1900–1969.

41 Vgl. Nakamura, Hiyu hyōgen jiten, 135 (Nr. 427). Die Metapher stammt aus der 1939 von Nakayama Yoshide geschriebenen Kurzgeschichte ›Ishibumi‹ (›Das steinerne Denkmal‹).

42 Kompilator des ›Wamyo ruiju shō‹ (oft kurz ›Wamyō shō‹ genannt) war Minamoto no Shitagau (auch: Shitagō), 911–983.

43 Minamoto no Tametomo, 1139–1177.

44 Auch Kakinoki Kinsuke. Manche Quellen nennen Ishikawa Goemon; vgl. z. B. Hart, Kites, 38, und Culin, Games of the Orient, 20.

45 Diese beliebte Legende bildet die Handlung des 1782 von Namiki Gohei (1747–1809) geschriebenen Kabuki-Stücks ›Keisei kogane no shachihoko‹.

46 Vgl. Streeter, The Art of the Japanese Kite, 157.

47 Das von Yoshifuji Utagawa gestaltete Würfelspiel ›Drachensteigen‹ zeigt als Drachen u. a. einen Tintenfisch, einen Oktopus und einen Fisch, der einem Kabeljau ähnelt; vgl. Japanese Board on Books for Young People (Hg.), The Early History of Children's Books in Japan. Stories and Pictures from three Centuries. 1600–1900, Tokyo 1986, 37.

48 Futabatei Shimei, 1864–1909.

49 Futabatei, Ukigumo. Eine englische Übersetzung ist unter demselben Titel erschienen.

50 Hayashi Fumiko, 1903–1951.

51 Hayashis Erzählung wurde 1955 unter demselben Titel von Naruse Mikio verfilmt.

52 Vgl. Nakamura, Hiyu hyōgen jiten, 420 (Nr. 6551).

53 McCullough, Tales of Ise, 111.

54 Schaarschmidt, Das Ise-monogatari, 60.

55 McCullough, Tales of Ise, 111.

56 Schaarschmidt, Das Ise-monogatari, 60.

57 Tanizaki, Shunkin shō. Eine englische Übersetzung liegt vor als ›A Portrait of Shunkin‹.

58 McCullough, Kokin Wakashū, 98/99 (Nr. 411).

59 Dasselbe Gedicht findet sich auch im ›Ise monogatari‹. Die deutsche Übersetzung stammt aus Schaarschmidt, Das Ise-monogatari, 16.

60 Siehe z. B. McCullough, Kokin Wakashū, 54 (Nr. 206), 113 (Nr. 481), 132 (Nr. 585) und 170 (Nr. 776).

61 Mori Ōgai, 1862–1922.

62 Mori Ōgai, Gan. Eine deutsche Übersetzung liegt vor als ›Die Wildgans‹.

63 McCullough, Tales of Ise, 101.

64 Schaarschmidt, Das Ise-monogatari, 47.

65 Als Gegengewicht zu der in vielerlei Hinsicht problematischen Darstellung von Puccinis ›Madame Butterfly‹ möchte ich auf das Theaterstück des amerikanischen Autors David Henry Hwang mit dem Titel ›M. Butterfly‹ hinweisen. Die Handlung beruht auf einem authentischen Spionageskandal, in den ein französischer Diplomat und ein Darsteller von Frauenrollen an der Peking-Oper verwickelt waren, den ersterer jahrelang für eine Frau und seine Geliebte gehalten hatte.

66 Die folgenden Angaben beruhen auf Hijiya-Kirschnereit, Flugmetapher und Frauenemanzipation.

67 Siehe z. B. die bereits erwähnten Erzählungen ›Shunkin shō‹ von Tanizaki Jun'ichirō von 1933 und ›Gan‹ von Mori Ōgai aus den Jahren 1911 bis 1915 oder den in den Jahren 1924 bis 1926 entstandenen autobiographischen Roman ›Nobuko‹ der Schriftstellerin Miyamoto Yuriko.

68 Siehe z. B. die parodistische Darstellung ›Vögel im Käfig und im Flug‹ von Nakajima Yoshiume aus der zweiten Hälfte des 19. Jahrhunderts; vgl. Addiss, Japanese Ghosts and Demons, 162, Abb. 94. Das Motiv einer Frau in einem Vogelbauer findet sich auch bei dem Künstler Koga Harue in einem Werk aus dem Jahr 1929; vgl. Vera Linhartova, Dada et Surrealisme au Japon, Paris 1987, 54.

69 Auch das deutsche »Frauenzimmer« steht in diesem Zusammenhang.

Literatur

Addiss, Stephen, Japanese Ghosts and Demons. Art of the Supernatural, New York 1985.

Asaoka Yasuko (Hg.), Die Kranichfrau, in: ders. (Hg.), Japanische Märchen, Frankfurt a. M. 1991, 42 f.

Asaoka Yasuko (Hg.), Die Himmelsfrau, ebd., 45 f.
Brauns, David (Hg.), Das Federkleid, in: ders. (Hg.), Japanische Märchen und Sagen, Leipzig 1885, 349–350.
Chamberlain, Basil Hall, The Robe of Feathers, in: ders., Things Japanese. Being Notes on Various Subjects Connected with Japan, London 1905, 468–474.
Culin, Stewart, Games of the Orient. Korea, China, Japan, Rutland/Tokyo 1958.
Futabatei Shimei, Ukigumo, in: Futabatei Shimei zenshū, Bd. 1, Tokyo 1937, 1–246.
Futabatei Shimei, Ukigumo (übers. v. M. G. Ryan), in: Marleigh Grayer Ryan, Japan's First Modern Novel. Ukigumo of Futabatei Shimei, New York/London 1967, 191–356.
Graf, Oscar/Graf, Cäcilie, Japanisches Gespensterbuch, Stuttgart/Berlin/Leipzig 1925.
Hart, Clive, Kites. An Historical Survey, London 1967.
Hayashi Fumiko, Hayashi Fumiko zenshū, Bd. 16: Ukigumo, Tokyo 1951.
Hijiya-Kirschnereit, Irmela, Flugmetapher und Frauenemanzipation. Beobachtungen zum Sprachgebrauch in den japanischen Massenmedien, in: dies., Das Ende der Exotik, Frankfurt a. M. 1988, 44–61.
Hwang, David Henry, M. Butterfly, New York 1989.
Illing, Richard, The Art of Japanese Prints, London 1980.
Iwanami Yūjirō (Hg.), Taketori monogatari, in: ders. (Hg.), Nihon koten bungaku taikei, Bd. 9, Tokyo 1957, 25–67.
Iwanami Yūjirō (Hg.), Kurama tengu, in: ders. (Hg.), Nihon koten bungaku taikei, Bd. 41, Tokyo 1963, 25–67.
Iwanami Yūjirō (Hg.), Hagoromo, ebd., 326–329.
Kokugo daijiten, Tokyo 1982.
Kondō Eiko (Hg.), Japanische Gespenster. Holzschnitte, Alben und Handzeichnungen des 18. und 19. Jh. aus der Sammlung Felix Tikotin (Ausstellung des Museums für Ostasiatische Kunst), Köln 1980.
Kusano Eisaburō, Tengu in Noh Plays, in: ders., Stories Behind Noh and Kabuki Plays, Tokyo 1962, 60–64.
Lewin, Bruno, Taketori-monogatari, in: ders., Japanische Chrestomathie von der Nara-Zeit bis zur Edo-Zeit. Kommentar, Wiesbaden 1965, 82–86.
Lewinsky-Sträuli, Marianne, Japanische Dämonen und Gespenster. Geschichten aus zwölf Jahrhunderten, München 1989.
McCullough, Helen Craig (Hg.), Tales of Ise. Lyrical Episodes from Tenth-Century Japan (übers. v. H. C. McCullough), Stanford 1968.
McCullough, Helen Craig (Hg.), Kokin Wakashū. The First Imperial Anthology of Japanese Poetry (übers. v. H. C. McCullough), Stanford 1985.
Miyamoto Yuriko, Nobuko, Tokyo 1967.
Mori Ōgai, Gan, in: Gendai Nihon bungaku zenshū, Bd. 7: Mori Ōgai shū, Tokyo 1953, 303–348.
Mori Ōgai, Die Wildgans (übers. v. Fritz Vogelsang), Frankfurt a. M. 1962.
Murasaki Shikibu, Genji monogatari, in: Nihon koten bungaku taikei, Bd. 14–18. Tokyo 1958–1963.

Murasaki Shikibu, Aoi (übers. v. Oscar Benl), in: Die Geschichte vom Prinzen Genji, Bd. 1, Zürich 1966, 263–309.
Murasaki Shikibu, The Floating Bridge of Dreams (übers. v. Edward G. Seidensticker), in: The Tale of Genji, London 1976, 1081–1090.
Nakamura Akira (Hg.), Hiyu hyōgen jiten, Tokyo 1980.
Ōtani Takuzō/Nakamura Shunjō (Hg.), Nihon koten bungaku taikei, Bd. 45: Bashō kushū, Tokyo 1962.
Renondeau, Gaston (Hg.), Kurama Tengu (übers. v. G. Renondeau), in: Nō. Deuxième Fascicule, Tokyo 1954, 449–475.
Schaarschmidt, Siegfried (Hg.), Das Ise-monogatari. Kavaliersgeschichten aus dem alten Japan (übers. v. S. Schaarschmidt), Frankfurt a. M. 1981.
Seki Keigo (Hg.), The Woman Who Came Down from Heaven (übers. v. Robert J. Adams), in: ders. (Hg.), Folktales of Japan, London 1963, 63–69.
Seki Keigo (Hg.), The Crane Wife (übers. v. Robert J. Adams), ebd., 77–80.
Seki Keigo (Hg.), Tennyo otome, in: ders. (Hg.), Mukashibanashi no rekishi, Tokyo 1966, 161–250.
Seki Keigo (Hg.), Tsuru nyōbō, in: ders. (Hg.), Nihon mukashibanashi shusei, Bd. 2, Tokyo 1970, 145–149.
Seki Keigo (Hg.), Tennin nyōbō, ebd., 172–176.
Shimada Masahiko, Sabaku no iruka, in: Arumajiro ō, Tokyo 1991, 37–61.
Streeter, Tal, The Art of the Japanese Kite, New York/Tokyo 1985.
Tanizaki Jun'ichirō, A Portrait of Shunkin (übers. v. Howard Scott Hibbett), in: Seven Japanese Tales, London 1964, 3–84.
Tanizaki Jun'ichirō The Bridge of Dreams (übers. v. Howard Scott Hibbett), ebd., 95–159.
Tanizaki Jun'ichirō, Yume no ukihashi, in: Tanizaki Jun'ichirō zenshū, Bd. 18, Tokyo 1974, 145–211.
Tanizaki Jun'ichirō, Shunkin shō, in: Gendai Nihon bungaku zenshū, Bd. 18: Tanizaki Jun'ichirō shō, Tokyo 1954, 322–347.
Ueda Akinari, Verabredung zum Chrysanthemenfest (übers. v. Oscar Benl), in: Unter dem Regenmond. Phantastische Erzählungen, Stuttgart 1980, 109–125.

Helmut Reinicke

Zeppelin, Karl May und die deutschen Auffahrten nach Dschinnistan

Räume

Die Inseln, die Schatzhöhlen, die Eldorados, selbst das innere dunkle Afrika waren ausgemittelt. Wohin sonst sollten die Hoffnungen noch hinaus als in die Lüfte?

Technische Erfindungen bargen noch unlängst viel Geheimnisvolles; die fortschreitende Beherrschung der Elemente könnte ungeahnte Möglichkeiten eröffnen, neue Zeiten könnten sich auftun. So hefteten sich große Hoffnungen an neue Maschinen; und es kam vor, daß sie enthusiastisch gefeiert wurden. In dieser Geschichte der Verquickung von Begeisterung und Technik nahmen die Luftmaschinen einen hervorragenden Platz ein. Bedenkenswert bleibt die deutsche Variante in der Mentalitätsgeschichte der Begeisterung. Sie kulminiert in einer eigenen Luftmaschine, dem »Zeppelin«; sie exponiert ein besonderes Anerkennungsritual, das »Deutschlandlied«; und sie beschreibt einen gattungsgeschichtlich höchst spektakulären Kultus des Opferns. Vieles davon ließ sich dann weitertreiben, namentlich der Opferkult für eine nationale Flugspende einsetzen, für eine erneute Luftschiffspende nach dem Kriege; er ließ sich für die Winterhilfe fruktifizieren, für Brüder und Schwestern, für Rußland usw. Sonderliche Ausfahrten!

Karl May und Hegel – alles andere ist eine unreine Mischung. So Ernst Bloch über jene Lektüre, die seinen Bildungsgang bestimmt hatte. Etwas gegerbt mag diese Schlußformel klingen; auch scheint Marx noch nicht entscheidend hindurch. Gleichwohl, da reitet einer aus, um das Fürchten zu verlernen. Die Dialektik kündigt sich an als Abenteuer, als detektivisches Spurenlesen durch das Tal des Todes, den Llano Estacado oder Dschinnistan. Philosophie ist immer eine Odyssee der menschlichen Erkenntnis. So stimmt die Formel; zumal –

sie trifft Hegel. Freilich gerät wiederum Karl May zu einer höchst honorablen Figur. Eine schöne Subversion und abenteuerliche Logik gleichermaßen, denn sie macht andere Ausfahrten kenntlich als jene des herrschenden Diskurses in der Zeit der Blochschen Jugendlektüre. Es war eine wagnerianische Ära des Aufbruchs, so fühlten die Deutschen. Plüsch und Schwulst kitteten den Alltag. Schließlich das weihevolle Abenteuer: der »Zeppelin«.

Die Erfindung des lenkbaren Luftschiffs, des Dirigeablen, hatte während des ganzen 19. Jahrhunderts in der Luft gelegen. Die Realisierung der Projekte war freilich an Motoren gebunden; Dampf- und Elektrokraft bestimmten die Versuche, schließlich der Daimler-Motor. Lilienthal hatte seine Verwendung erwogen. Santos-Dumont gelangen um die Jahrhundertwende die ersten Fahrten mit einem Lenkbaren, Weisskopf konnte 1901 in den USA dann mit einem Aeroplan fliegen, 1903 folgten die ersten Flüge der Wrights. In Deutschland verunglückten 1897 das Schwarzsche und das Wölfertsche Luftschiff. Graf Zeppelin hatte der Probefahrt des Schwarzschen Luftschiffes beigewohnt. Seine Versuche wiederum (1900, dann 1906/07) werden einen eigenen Luftfahrt-Diskurs in Deutschland konstituieren, zudem den Aviatik-Diskurs bis zu Beginn des Krieges beherrschen.

Der Aerostat, der Luftball, hatte die Menschen in eine neue Zeit gehoben: »Wir sind Bürger dieser Welt« war das Losungswort. Die Aufstiege, ab 1783, waren Feste; sie nehmen jene Massenveranstaltungen vorweg, die im ersten und zweiten Jahre der Revolution die Nation konstituierten. Nach einem Prozeß der Entzauberung und Entleerung des Himmelreiches kann nunmehr das Luftmeer erobert werden. Eine utopische Technikbegeisterung greift um sich. Die neue Luftmaschine fährt republikanisch. Der Luftschiffer schwimmt, schwebt im Luftmeer, über Zollschranken und Bastillen.

Vor den ersten Aufstiegen der Montgolfièren und Charlièren stand die Entzauberung des Himmelreichs: ein Abstraktionsprozeß der Aufklärung. Die folgende Geschichte von Maschinen leichter und schwerer als Luft vollzieht sich ebenso innerhalb einer Genealogie immer abstrakter werdender Räume; dem Luftmeer folgt das Luftreich, ihm der Luftraum, schließlich der Weltraum. Neue Gefühle und Hoffnungen heften sich an Räume und Maschinen; die alten werden als Reprise fruktifiziert. Wenn imperiale Planspiele dann das Luftreich militärisch einzirkeln, ist der Hölderlinsche Äther ungleichzeitig geworden. Doch ist die elysische Sinnlichkeit des Ballonzeitalters damit nicht weggekehrt; der Zeppelin-Diskurs knüpft ideologisch als Reprise an jene vollere Sinnlichkeit wieder an.

Auch der Aviatik-Diskurs, der dem »Zeppelin« auf dem Fuße folgt, beschwört noch jenen göttlichen Raum, so Stefan Zweig in ›Der Flieger‹:

»Und er steigt
Höher auf in die heilige Leere.«

Luftmaschinen besetzen nun dieses Heilige; der Himmel ist – so der aviatik-begeisterte Gabriele D'Annunzio – »zum Dritten Reich« geworden.

Eroberungen

Die ersten Dokumente über Aufstiege in das Luftmeer – von Pilatre de Rozier mit einer Montgolfière und Professor Charles mit einem Gasballon – hatten 1783 an den befreienden Flug des Dädalus erinnert. Ein ungeheurer Enthusiasmus war um die Welt gegangen über diese neue Luftschwimmkunst; die Feste der Auffahrten stifteten eine bewegende Erhabenheit, eine Weltveränderung kündigte sich an. Erste Zweifel am ungestümen Fortschritt durch die neue Luftmaschine kamen dann auf mit dem tödlichen Absturz von Pilatre de Rozier bei dessen Versuch, den Kanal von Frankreich aus am 13. Juni 1785 zu überqueren. Die Waghalsigkeit von Ikarus bot nun das Bild, um eine sensible Dialektik des Fortschritts zu erwägen. Die Eroberung des Luftmeeres konnte kein eiliges Hinwegschreiten über die Regeln der Natur sein; daran erinnerten nun diese beiden Unglücksfälle. In Allianz mit der Natur galt es, sich dem Luftmeer anzuschmiegen; man schwamm und schwebte. Den Gefühlen dieser Luftfahrtkunst lag Leichtigkeit und Heiterkeit inne; die Zeit mußte nur selber noch so erhaben werden, wie man sich fühlte und die Natur erlebte.

Im 19. Jahrhundert verschob sich diese Diskursebene des Erhabenen: W. de Fonvielle betonte in seinem Buchtitel über Ballonfahrten die ›Aventure Aériennes‹ (1876). Der Zeppelindiskurs wiederum setzte nach der Jahrhundertwende andere Stimmungen; ein anderes Sensorium drückte sich aus. Die Abenteuer weichen nunmehr der Eroberung, und die Mythologie kommt aus einer anderen Ecke: dem grimmen Norden. Die Götterwelt wird dumpfer, ihre Gestalten griesgrämiger. Wieland der Schmied befreite sich aus der Gefangenschaft des grausamen Königs Nidung durch den Flug mit aus Vogelfedern gefertigten Flügeln. Zu Wielands Rückkehr in seine Heimat Seeland folgert Rudolf Martin[1], Regierungsrat und Lufttheoretiker: »Das Genie des Menschen unterwirft ihm die Natur, verleiht ihm die Herrschaft auch über die Luft und gibt ihm so die Mittel zum Fortschritt und zur Freiheit. Beherrschung der Natur und Befreiung des Menschen ist das Wesen und Ergebnis der Motorluftschiffahrt.« Dem Dädalusschen Flugapparat unterlag ein handwerklicher, sokratischer Eros: eine Kunst, die das Gute hervorbringen will. Der Wielandsche Flug in der Interpretation des Zeppelindiskurses thematisiert Befreiung durch Herrschaft: Die Beherrschung des Luftreiches konstituiert die Logik, innerhalb welcher »Fortschritt« und »Freiheit« sich bestimmen. Auch der Rekurs auf die germanische Götterwelt gibt sich vorerst fortschrittlich zum Besten der Menschgattung – der Kultur. Wo indessen die Natur, die Lüfte zumal, beherrscht werden, da ist auch die Freiheit krebsgängig.

Die deutschen Ausfahrten treten an als Rekogniszierungen für Eroberungsfeldzüge. Die »Ära der Zeppeline« – der deutschen »Flugschiffe« (Graf Zeppelin) oder »Luftkreuzer« (Sozialdemokraten) – erhebt sich mit der sogenannten Zwölfstunden- oder Schweizerfahrt am 1. Juli 1908; die Begeisterung hat keine Grenzen, das Deutschlandlied wird zur Identifikationsweise dessen, was in der Luft liegt. Die Natur ist das erste Opfer dieses ungeheuren Feldzuges in das Luftreich, als hätte sie darauf gewartet, daß der Mensch nun auch noch überirdisch Hand an sie legt. »Im Frühlingsschein waren wir gen Westen aufgestiegen«, so der Dichter der Schweizerfahrt in der hinteren Gondel des Luftschiffes LZ 3, Emil Sandt[2],

> »jetzt stiegen wir von Osten kommend wieder zu Tal, und während hinter uns die Nacht ihr Traumnetz wob, grüßten wir noch einmal das in einem Meer von streifigem Dunst versinkende Tagesgestirn. Mit einem warmen Dank. Denn es war uns den ganzen Tag treu geblieben. Zum Lohne dafür hatte es aber auch gesehen, wie der Mensch sich eine neue Souveränität errungen hatte. Es hatte die Schwelle zu jenem Zeitalter beleuchten dürfen, in dem für den Menschen der Begriff ›Die Erde sollst du dir untertan machen!‹ zur Wahrheit wird. Der Mensch, dieses Lebewesen, dieses Nervenbündel, dessen Fleisch weich, dessen Haut dünn ist; der den Hammer erfinden mußte, um schlagen, – die Lanze, um stechen, – den Bogen und Pfeil, um über die Muskelkraft hinaus schleudern zu können, – dieser Mensch, der dem Einzeltier gegenüber sich Waffen anheften muß, – er hat als Waffe gegen die Gesamtheit nur das ungeheure Gehirn. Es ist in ein knöchernes Haus eingekleidet, für seine Strahlen und seine Energie hat es aber keine Grenzen. Es hat seinen Träger von einem Ufer an das andere geführt, es hat ihn Brücken schlagen lassen über Abgründe, es hat ihm geholfen, die granitenen Herzen von Bergriesen zu durchstechen, und es hat ihn instand gesetzt, schwimmende Häuser zu bauen, die von gebändigter Kraft über den Ozean getrieben werden. Das Kriechen auf der Erde war der Beginn; das Kriechen hinein in die Erde war nur eine Erweiterung. Nun sind wir auf dem Wege, das Größte und Letzte zu erringen: das Fliegen in der Luft [...] Der wichtigste Augenblick, den die neue Erfindung, dieser Vorstoß auf dem Wege zur letzten Kultur, uns bietet, ist, daß er uns freimacht auf der Erde.«

Diese irdische Befreiung wird sogleich kenntlich: Im erhabenen Standpunkt des »Zeppelin« kommt die Götterwelt der Geschichte zu sich. »Von dieser Stelle aus«, so räsoniert der mitfahrende Meteorologe und Geheimrat Hergesell, »hatte ich schon Zürich aus dem Luftmeer erblickt, 5 Jahre vorher hatte mich eine Ballonfahrt [...] von Straßburg nach Zürich geführt. Der gleiche Blick, und doch wie anders heute. Damals steuerlos dahintreibend, durchfurchten wir heute stolz, als souveräne Herrscher, die Luft«[3]. Es ist eine Siegespositur; der Blick wird imperial.

Die Schauer der Gehobenheit

Es folgt die Vierundzwanzigstundenfahrt am 4./5. August 1908 – eine Bedingung des Reiches zur Übernahme des Luftschiffes für das Heer – vom Bodensee über Straßburg und Mannheim nach Mainz, dann zurück. Ein nationaler Begeisterungssturm begleitet den Luftgiganten. Und das nationale Unglück: Echterdingen. Das LZ 3 wird nach der Landung bei Stuttgart vom Winde weggetrieben und explodiert. Dem »nationalen Festtag«, so nahezu alle Tageszeitungen, folgt »ein Tag nationaler Trauer«. Doch der Zeppelin erweist sich als materiell-symbolischer Identifikationsapparat. »Alldeutschland« steht auf – »wie ein Mann« – die »Volksseele«, die nicht nur mitjauchzt, sondern auch mitgeweint, [...] mitgehandelt hat«[4]. »Da erhob sich«, so E. H. Bethge[5], »das deutsche Volk in Liebe und Vertrauen zu seinem großen Meister der Lüfte; galt es doch, dem Ruhmeskranze deutscher Arbeit ein neues Lorbeerblatt mit dem Namen Zeppelin einzuflechten.« Die »scheinbare Katastrophe«, so der Journalist, Zeppelinpilot und Reichspräsidentschaftskandidat von 1932, Hugo Eckener, die »scheinbare Katastrophe schlug aus zum höchsten Triumph«[6]. Über Nacht waren Hunderttausende beim Grafen eingegangen; es wurden alsbald sechs Millionen Mark. Ein nationaler Opfergang brach sich Bahn. Deutsche – aus Hütten und Palästen, wie überall hervorgehoben –, Deutsche vereinten sich im Opfern zur Nation. Es war ein Fest des Opferns; der Graf wurde »Volksgenosse«. Es gab nur noch Volksgenossen, oben und unten. Nicht nur Zeppelin, der »Urdeutsche« steht auf,

Abb. 45: »Graf von Zeppelins historische Luftfahrten«: Bilderfolge in Form eines Triptychons, um 1905.

der »Edelmensch«: ganz Deutschland – wie der Phönix aus der Asche.

Über das »nationale Unglück« und den Opfergang, dieses »Ehrenblatt deutscher Treue«[7], konstituierte sich die Nation. Der Zeppelin-Diskurs expliziert schließlich einen eigenen Betroffenheitsjargon, der dieses Nationale zum naturwüchsigen Diskurs projiziert. Damit wird der Alltag der Opfernden eingeholt und erfährt seine Weihe. Die Nation gerät zu einer ganz außerordentlichen. Im Eigentlichkeitsjargon jener Tage raunt Hugo von Hofmannsthal vom »Schauer der Gehobenheit«.

Es war Wendezeit; im Zeppelin wird sie kenntlich. »Nach so viel Jahren«, so Eckener[8], »darf der früher hart verspottete, jetzt wie ein Held vom ganzen Volk, ja von der ganzen Welt gefeierte Schöpfer sich endlich seines vollen Sieges über die spröde Mitwelt freuen.« Freiherr von Rummel bedenkt die kathartische, synthetisierende und erhebend-schaurige Funktion der in den Mythos hineinreichenden Katastrophe. Auch ihn schauert es[9]:

> »Wie glühte nach Echterdingen freudiger Trotz in allen Herzen auf! Und das große Bewußtsein flammte empor, daß trotz allen Haders und mancher Zerrissenheit, wenn es drauf und dran kommt, alles, was deutscher Zunge ist, eins wird, als starkes, festes Volkstum sich fühlt. Die Flamme, die aus dem Luftschiff brach und züngelnd ein Meisterstück vernichtete, hat wie ein von Riesen geschichteter Holzstoß bis zum Bogen des Firmamentes geloht, das ganze Land hat den Schein geschaut. Ein Blitz, und es war Tageshelle. Ein Zittern, ein Schauer ging durch die deutschen Gaue. Warm und wach wurden die Herzen, blinde Augen sehend. Zusammengeballte Hände empfanden es als Seligkeit, zu schenken, zu opfern. ›Zeppelin‹, schrie einer, schon riefen es Tausende, schon rief es ein Volk.«

Kronprinz Heinrich, von H. G. Wells als imperialer Haudegen und Raubritter charakterisiert[10], hatte in seinem zu Wasser, zu Lande und in der Luft sportiven Ton Zeppelin nach dem Unglück telegraphiert: »Halte ihnen nach wie vor die Stange.« Ein deutsches Blatt sekundierte[11]:

»Und ist auch ein Ballon zerschellt,
Alldeutschland bleibt dir hold –
Die Stange, die dein Volk dir hält,
ist eine Stange Gold.«

Nebenbuhler

Die Aviatik – Aeroplane, Drachenflieger oder Flugzeuge – begann sich mittlerweile stürmisch fortzuentwickeln. Auch hier kam es zu Unfällen, die mit der Zunahme des Fliegens und der verschiedenen Konstruktionen sich häuften. So verunglückte 1910 der beliebte Rennfahrer Robl bei einem Landemanöver mit seinem Aeroplan. Aufsehenerregender blieben jedoch die Unfälle der mit nationalen Sentiments besetzten Zeppelin-Luftschiffe. Den Unfällen bei Weilburg (1910) und im Teutoburger Wald (28. Juni 1910) folgte der schwere Unfall am 13. September 1913 bei Helgoland, dann die Explosion des L II am 17. Oktober 1913. Viktor Silberer, ein theoretisch ausgewiesener österreichischer Luftschiffer, zog gegen Zeppelin zu Felde unter dem Titel ›Warnende Stimmen‹[12]:

»Der Zeppelin-Ballon ist die größte technische Verfehlung, die die Welt je gesehen, der technische Unsinn in Kolossalität [...] Lieber eine Tragödie des Grafen, als eine Tragik des Volkes. Lieber ein von Enttäuschung niedergebrochenes Leben, als noch einmal dieser gellende Ruf des im Flammenring zuckenden Soldaten: ›Schlagt mich tot!‹«

Das ›Neue Wiener Journal‹ – Zeppelin hatte in diesem Blatt selbst kommentiert – konstatiert: »Und nunmehr hat es mit dem geräuschvollen Zeppelin-Rummel hoffentlich ein definitives Ende. Von allem Anfang an haben wir in diesen Blättern mit unverbrüchlicher Überzeugung festgehalten, daß das System Zeppelins ein aussichtsloses sei«[13]. Am bündigsten freilich kontert Karl Kraus den Rummel um das Zeppelinsche Luftschiff. In einem offenen Brief an sein Publikum erklärt er 1908 in ›Die Fackel‹: »Den Weltuntergang aber datiere ich von der Eröffnung der Luftschiffahrt.«

Mitten im Taumel der Zeppelinbegeisterung, am 25. Juli 1909, überfliegt Blériot mit seinem Eindecker den Ärmelkanal: ein Höhepunkt der internationalen Aviatikbegeisterung, der nur noch vom Lindberghschen Atlantikflug 1927 übertroffen werden sollte. Der omnipräsente Machtanspruch des Zeppelinschen Systems, an dem ein ganzes Volk als Mitproduzent beteiligt war, hatte die Entwicklung des Aeroplans in Deutschland verdrängt. In Frankreich dagegen bestimmten die Aeroplane den Aviatik-Diskurs. Das Flugzeug übernahm das Fest des Sports und rief Begeisterungswellen hervor. Es überholte die Bedeutung der Automobil-, Motorrad- und Fahrradrennen, warb diesen Fahrer ab und erhielt durch Sportler-, Künstler- und Lebemänner-Piloten hohen gesellschaftlichen Status. So tritt das Fliegen in Frankreich als Gentlemen-Sport auf. Der Flieger knüpft – wiederum als Reprise – an die ozeanische Glückseligkeit der Aerostaten an. Die Lilienthalsche Kunst des Gleitens oder noch das ätherische Blau, das der Alpenflieger Chavez besingt, tradieren den Ballondiskurs[14]. Wie beim »Zeppelin« meldet sich freilich mit der Reprise eine neue Mentalitätsform. Mit dem »Rausch«, durch »die Luft hindurchzuschweben«, so der Militärflieger Rittmeister Hans von Umlauf[15], kontrastiert der knatternde Motor, mit der »wundervollen Weite« die Sicht eines »Spähers über einer feindlichen Festung«. Der französische Flugpionier Ferber[16] schwärmt, die Flieger gewönnen gegenüber fortschreitenden Einschnürungen der Zivilisation verlorene Freiheiten zurück, und im Verweis auf den abenteuernden Flugutopisten Cyrano de Bergerac, der »in dem ganzen von seinem Degen beherrschten Raum [...] ein freier Mann« gewesen sei, im heutigen Frankreich dagegen ein freudloses Dasein führen müßte, kündigte sich bereits eine neuritterliche Seite des Fliegens an, welches neue Höhen erkämpfte: nach dem Luft*reich* den Luft*raum*.

Die Flugbegeisterung artikulierte sich in einer eigenen Öffentlichkeitsform, dem »Meeting«. Das erste große Meeting fand vom 21. Juli bis 19. August 1909 bei Reims statt. Bis zu 200 000 Zuschauer wurden täglich gezählt. Champagnerfirmen waren die Sponsoren. Das »Meeting der Champagne« hatte schließlich auch die Geschäftsführer der neu gegründeten Berliner »Deutschen Flugplatz-Gesellschaft« inspiriert, die dann eine »Internationale Flugwoche« vom 26. September bis 3. Oktober 1909 auf dem Johannisthaler Flugplatz inszenierten. Zu Beginn dieser Flugwoche strömten 150 000 Menschen – es wurden Sonderdampfer eingesetzt – zum Johannisthaler Flugplatz. Es herrschte Volksfeststimmung. Kinder schwenkten Fähnchen mit der Aufschrift: »Unsere Zukunft liegt in der Luft.«

Göttliches

Jener Vorstoß zur »letzten Kultur«, wie Emil Sandt gefordert, hatte in die »Ära Zeppelin« geführt[17]. Zeppelin holte den »Ruhmestitel für das deutsche Volk«, rang der »Erdenhülle« ab, »was sie gutwillig nicht hergeben will«. Derart haudegenhaft sieht es auch A. W. von Herwarth[18] in einem offenen Brief an den Vorsitzenden des – »stolzen« – Deutschen Luftfahrer-Verbandes, »Seine Exzellenz den kgl. preuß. Generalleutnant z. D. Herrn Stephan von Nieber, Ritter höchster Orden«, und warnt: »Achtung vor unserer Flotte auf freiem Meer! Und ungehemmte Entfaltung für die Eroberung des freien erdbeschirmenden Luftozeans!«

Diese Warnung kann sich auf eine immense Trägerschaft stützen, nicht allein auf die sieghaften Gefechte Zeppelins mit den Luftgewalten; die Götterwelt mischt sich ein in diesen letzten Kulturkampf. Ein Schauer ergreift einen vor der Enormität dieser Ära. In seinem offenen Brief bebt auch von Herwarth angesichts der dabei mitspielenden Allgewalt jener Mächte, die Garanten dieses großen Sieges sind[19]:

> »Wie die germanischen Götter in grandioser Erfüllung ihres Schicksals über den vielfarbigen Glanz des Regenbogens den Wolken entgegenschritten und einzogen als unsere Vorläufer in Walhalls ›ragende Burg‹, so werden und so müssen die

Völker Europas unter Wotans wiedererwarteter Führung einziehen in das Reich der dritten Dimension. So müssen, von Walküren geleitet, die kriegerischen Scharen den Sturm durchschreiten, so werden sich sammeln in Walhalls luftigem Reich die Streiter, auf daß sie bereit sind, wenn da kommt der große Weltbrand.«

Ein Göttliches hatte schließlich den Grafen immer schon umweht. Bereits in seinen Knabenjahren zeigten sich seine technischen Anlagen; er wirkte im Garten und bastelte in der Werkstatt. Er trieb auch Buchbinderei und Schreinerei – ja, ein Erzieher besaß gar noch ein Gestell, vom Knaben gebaut, das seine Bücher hielt. Auch Vögel stopfte er aus[20]. Sonst wurde er bescheiden gehalten in Kost und Kleidung: Vor allem Mandeln waren verpönt. Weihnachten gab es deshalb kein Backwerk. Hinzu kam, daß er sich von Kindesbeinen an »auf Feld und See offnen Auges getummelt hatte und mit den Kräften der Elemente und dem, was darin sich bewegt und regt, auf vertrautem Fuße stand«. So kam es zu seinem »eminent praktischen Scharfblick für technische Projekte und Möglichkeiten«[21].

In seinem 14. Lebensjahr wollte der Graf dann Missionar werden. Von diesem Vorhaben blieb eine tiefe Gläubigkeit bestehen[22]. Wohl hatte sich Zeppelin das Wort Bismarcks zu eigen gemacht: »Wir Deutsche fürchten Gott und sonst nichts in der Welt.« Ein Zeuge berichtet später[23]:

»Während ich 1875/76 in Ulm diente, ist mir öfter im Militärgottesdienst ein Offizier aufgefallen, der, wenn er seinen Platz eingenommen, andächtig ein stilles Gebet verrichtete und nachher aufmerksam der Predigt zuhörte. Das machte immer einen tiefen Eindruck auf mich und war mir eine besondere Freude. Das war der Grund, warum ich mich nach dem Namen dieses Offiziers erkundigte, und ich erfuhr, daß es der Graf Zeppelin sei. Seit jener Zeit habe ich diesen Mann ins Herz geschlossen und ihn verehrt und mich immer aufrichtig gefreut, wenn ich später Gelegenheit hatte, ihn zu sehen.«

August Vömel, dem christlichen Pilger durch das Leben des Grafen Zeppelin, verdanken wir manche Details über den Krieger, über dessen Seele und auch über den Ehestand. Gerade währte dieser ein Jahr, als der Graf in Feindesland hinausziehen mußte, wobei er »auch im heißesten Kampf nur an die Ehre seines Vaterlandes dachte«. Freilich wollte sich der junge Krieger und Gatte auf allen Fronten bewähren; so hatte er schon als Bräutigam zu seiner Braut von seinem Bestreben gesprochen, »mit dem Pfund wuchern zu wollen, das Gott ihm gegeben«[24].

Auch ließ der Graf die Soldaten an Sonntagen zum Gottesdienst kommandieren. Er hatte ein religiös verwahrlostes Regiment angetroffen, und »er verließ es gehoben«[25]. Als am Abend des 2. Juli 1900 das erste Luftschiff vor dem Start war, eröffnete der Graf mit einem laut gesprochenen Gebet die Jungfernfahrt. So hat Zeppelin »seine Lebensaufgabe aus Gottes Hand genommen und hat sie mit ihm und für ihn gelöst«[26]. Schon nach jenem Aufstieg befand der Graf, »Gott ist der Künstler, und ich bin sein Werkzeug«[27], hatte nicht auch das Losungsbüchlein der Brüdergemeinde an diesem Tag das Losungswort: »Die auf den Herren harren, kriegen neue Kraft, daß sie auffahren mit Flügeln wie Adler, daß sie laufen und nicht matt werden, daß sie wandeln und nicht müde werden« (Jesaja 40,31). Als Anführer der Vorsehung sah er sich; das betont er auch noch beim Huldigungsakt der Tübinger Professoren und Studenten zu seinem Geburtstag am 18. Juli 1908 in Friedrichshafen; er fühle sich nicht nur als Werkzeug[28]. Der Graf mußte wissen, was er sagte, denn er »hat so tief in das Wesen der Natur, der Wissenschaft und der Technik hineingeschaut, daß es ihm ein Rätsel bleibt, wie unsre Modernen Gott im Universum und in all den wunderbaren Vorgängen der irdischen Schöpfung nicht finden können«[29]. Mit Gott zumal hatte es der Graf immer gut gehalten. Er war ja vom Vikar Moser erzogen worden, der ihn mit Mut und Gottvertrauen ausgestattet hatte. »Die apostolisch-reformatorische Lehre vom sündigen Menschen, der des Ruhmes vor Gott mangelt, aber in Christo gerechtfertigt und beseligt ist, ist auch des Grafen religiöse Überzeugung«[30].

Dieses »herrliche Vorbild« erweist »Herzensgüte gegen jedermann«[31] – ausgenommen indessen die mittellose Witwe des Luftschiffkonstrukteurs David Schwarz (dessen Schiff war nach dem Start 1897 verunglückt) oder den Ingenieur Kübler. Der hatte 1894 die ›Denkschrift an den Verein Deutscher Ingenieure‹ verfaßt und den ersten Zeppelin gebaut. Am Aufstieg nahm er allerdings nicht teil. Dies hatte seinen Grund in der Besoldungspolitik des Grafen. Ingenieur Kübler konnte nämlich die Prämie für seine Lebensversicherung nicht mehr bezahlen. Deshalb blieb er auf dem Boden, kündigte nach der Probefahrt und ging nach Argentinien. Der Graf hat ihm dies nie verziehen[32].

Denn der Graf war auch gestreng. Dies als Kammerherr des Königs von Württemberg, als Gutsherr und als Fabrikant. Dann als Mitglied des »Reichsverbandes gegen die Sozialdemokratie«. Nach einem – heimlichen – nächtlichen Ausflug im Boot wurden den Arbeitern am Zahltag 5 Mark abgezogen. »Er hat immer Spaß verstanden«, versetzt der Werkzeugmacher Prieß unterdessen[33]. Bei einer Fahrt auf der »Württemberg« von Friedrichshafen nach Manzell gab der Graf Befehl zum Singen – wie beim »Rührt Euch!« Die Arbeiter stimmten dann »Wohlauf, die Luft geht frisch und rein!« an.

Außerdem waren bei Graf Zeppelin, wie Geschäftsführer Colsmann[34] erinnert, die »schwäbischen Eigenschaften keineswegs zu kurz gekommen«. Dies mochte sich im Familiensinne des Grafen bemerkbar machen, denn der »kühne Luftschiffer« hatte oft ausgesprochen, daß er »ohne den Trost und Halt in seinem engsten Familienkreise sein großes Werk nicht habe vollenden können«. Weiter mag zu dieser Seite ein Traditionszusammenhang im schwäbischen Pietismus gerechnet werden; denn als der Graf die Oberprima der Oberrealschule von Konstanz nach Manzell einlud, bewirtete er sie und redete »zu ihnen Worte der Liebe«[35].

Überhaupt die Liebe. Mit ihr – mit der Liebe in Gott – war Zeppelin schon wappenhistorisch verbunden. Das Wappen zeigt nämlich einen Esel, und dieser deutet auf das Christentum: »Der Esel, auf welchem der Herr seinen Einzug in Jerusalem hielt, die Krippe, in welcher das heilige Kindlein lag.«[36] Etymologisch trifft es sich auch gut, denn Zepelin (der alte Familienzweig beließ es bei einem »p«) soll sich von *Capla*, »Storch«, ableiten, was auf den Überwinder der Lüfte hindeutet.

Abenteurer und Haudegen

Auch in Amerika war der Graf dann gewesen. Er ritt auf seiten der Yankees gegen die Südstaaten im Bürgerkrieg, als diplomatischer Beobachter. Ein Empfehlungsschreiben an die Südstaaten hatte er gleich mit dabei, was freilich bei Autoren unter den Tisch fällt, die seinen Reitermut mit der Abschaffung der Sklaverei verbinden. Er hat dort sogar einen Aufstieg im Fesselballon mitgemacht. Dieser »Kriegsmann«, dieser »Held«, war nicht nur ein kriegerischer Haudegen. Er besaß auch alles Zeug für einen großen Abenteurer und Forscher. Der junge Oberleutnant bildete nämlich einmal mit zwei Russen und zwei Indianern »eine Expedition, um den Quellen des Mississippi« nachzuspüren. Die Forschungsreise verzögerte sich länger, als zu erwarten war. Da ging ihnen der Proviant aus. In einsamer, wilder Gegend, fern von aller menschlichen Kultur, litten sie ernstlich Hunger. »Das einzig Eßbare waren Wasserratten, die sie anfangs [!! H. R.] kochten«[37]. Wahrhaftig ein eigenes Abstinenzlerstückchen, denn in der geschilderten Gegend sind Biber wesentlich einfacher zu jagen – von Stockenten und Hühnern abgesehen – denn Ratten.

Überall hätte so der Tod unseren Helden ereilen können. Selbst im Main. Im Kriege von 1866 warf sich der Graf – »in voller Uniform und Ausrüstung«[38] – in den starkes Hochwasser führenden Main, um eine Meldung rechtzeitig überbringen zu können, und er »erreicht unter Aufbietung aller seiner Kräfte, einer Ohnmacht schon nahe, das linke Ufer«[39].

Immerhin, der ritterliche Krieger – Eckener[40] rühmt noch die »Ritterlichkeit« Zeppelins – hatte einiges in diesem Krieg mit den Yankees gelernt. Im Jahre 1867 besuchte er nämlich ein bayerisches Manöver auf dem Lechfeld bei Augsburg. Mit einem Verwandten, dem späteren Generalmajor C. von Zeppelin tat er sich zusammen.

> »Bei einem gemeinsamen Ritt kamen sie an einen sehr breiten und tiefen Moorgraben, den unser Held in Erinnerung an Reitabenteuer in Amerika nicht umreiten wollte, wie ein wackeres, dabeistehendes Bäuerlein ihm riet, sondern den er überspringen wollte. Das Pferd erreichte aber nur mit den Vorderfüßen das jenseitige trockene Land, und der Graf wäre vielleicht ertrunken, wenn er nicht in Nachahmung eines Cowboys sich über den Kopf des Pferdes nach vorn auf das Trockene geworfen hätte. Die Zügel ließ er nicht los und hielt an ihnen das Pferd über Wasser, so lange bis Hilfe kam. Und dann ritt er lachend weiter«[41].

Dann vor allem der vielfach ausgemalte Patrouillenritt vom Juli 1870; dabei zerstörte er mit acht Begleitern telegraphische Verbindungen mit Straßburg, schlug eine französische Kavallerieabteilung in die Flucht, schließlich noch einen Lancier vom Pferd. Nach einer Übernachtung im Forst von Hagenau ging am nächsten Tag der Rekognoszierungsritt weiter. Man machte schließlich Rast im Schirlenhof, einem Weiler. Die Offiziere begaben sich nach dem Tränken der Pferde in die Wirtsstube. Zwei Schwadronen Chasseurs à cheval umzingelten die Deutschen, ein deutscher Offizier fiel, ein anderer und mehrere Reiter wurden verwundet und mußten sich ergeben. Nach einigen Quellen war jener Offizier, William Winsloe, der erste Offizier, der in diesem Kriege zu Tode kam; nach anderen wieder der erste Soldat. Zeppelin entriß jedenfalls einer Magd ein gesatteltes französisches Pferd – »Es war wohl das des Unteroffiziers der Chasseurs, den er selbst erschossen hatte«[42] –, konnte entkommen und schließlich die Meldung überbringen. Dieser Patrouillenritt wurde berühmt, dann ins Legendäre gehoben. »Und mit goldenem Griffel ist sein Patrouillenritt, am 24., 25. und 26. Juli 1870 in Feindesland ausgeführt, auf den Blättern der deutschen Geschichte verzeichnet«[43].

Zeppelin – der »kühne« Aeronaut[44], ist geradezu noch ein leidenschaftsloses Epitheton. Aus dem Inbegriff »Zeppelin« erwuchs geradezu ein Imperium von Epitheta und epochalen Zurüstungen. Der kühne Aeronautiker wurde zum totalen Individuum: zu Hause, als Mann der Arbeit, als Regimentskommandeur, an der Arbeitsstätte, Zeppelin und die Jugend, Zeppelin als Mensch, Zeppelin als Christ, Zeppelin als Erzieher. »Denn unser Volk interessiert sich nicht nur für seine geniale Erfindung, sondern auch für seine edle Persönlichkeit«[45]. Diese ist ein »herrlich Vorbild«, denn der Graf hat einen »aufrichtigen Charakter«, »Herzensgüte«, ist eine »edle Persönlichkeit« mit »goldenem Herz, edlem Sinn« und »Friedensliebe«; er hat »ein junges Herz und eine jugendliche Spannkraft«, der »Nimmermüde«. Seinen Arbeitern ist er ein »Vater«, er hat »warme, treue Liebe«, einen »frischen, fröhlichen Sinn und ein kindliches frommes Gemüt«, »Geistesgröße«; auch »Mut und Gottvertrauen« oder »große Wahrheitsliebe«. Er ist ein »zäher, kühner, weißhaariger Mann« (Thurgauische Zeitung), zugleich »ein Mann der Tat«. – »Der kühne Mut, das energische Schaffen, der geniale Gedanke, der bedeutende Erfolg – das alles mußte ihn ja in hohem Maße zum Freund der Jungmannschaft machen«; überall hieß es unter dem jungen Geschlecht: »Er ist unser!«[46] – »Er kann nicht ›alt‹ werden; denn er ist ein Baum, gepflanzt an den Wasserbächen«[47].

Es wird überirdisch. Denn der Graf hatte gar sein eigenes Wunder: den 24. Juli. Bei Gelegenheit des deutschen Vorgriffs auf die Eroberung des Nordpols durchs Luftmeer, jener Herren-Dampferfahrt 1911 mit der »Mainz« nach Spitzbergen in Anwesenheit von Prinz Heinrich, im »herrlichen Glanz der afrikanischen Abendsonne«, erzählte der Graf von diesem Wundertag. Zumal war es der Abend des 24. Juli. An eben diesem Julitag im Jahre 1863 – der Graf kämpfte auf der Seite der Abschaffung der Sklaverei – hatte er sich, während die Schlacht am Potomac tobte, zu weit vorgewagt und entging wie durch ein Wunder »dem Tode des Erschießens«[48]. Am 24. Juli 1866 führte er eine Offiziers-Patrouille und wagte sich wiederum zu weit vor, so daß er von der preußischen Infanterie stark beschossen wurde. Seine Begleiter zogen sich unter Deckung zurück; er aber wollte nicht absteigen. So kam es zu einer wundervollen Feuereinstellung, die Hugo Eckener[49] wiederum im Kontext eines völlig harmlosen Spazierrittes durch die Weinberge bei Tauberbischofsheim erwähnt. Und weiter: Am 24. Juli 1870 erfolgte dann jener Rekognoszierungsritt im Elsaß[50]:

> »Wir erblickten den Grafen dann, wie er, nachdem sein Pferd getötet war, kurz und entschlossen den französischen Wachtmeister hinunterschoß, dessen Pferd ergriff und davonsprengte. Wir sahen ihn endlich im Walde tief versteckt; mit klopfendem Herzen entdeckt er die französischen Gendarmen, die sich suchend nähern, und nur wenige Schritte entfernt an dem schützenden Gebüsch vorbeigehen.
>
> Alle diese Ereignisse stiegen vor unseren Augen lebendig empor, und jetzt befanden wir uns mit demselben Manne hoch oben in den nordischen Gefilden, um ein neues Unternehmen mit demselben Mute und hoffentlich auch mit demselben Glücke in Angriff zu nehmen. Von den Erzählungen des Grafen begeistert, dachten wir daran, auch diesem Tage ein dauerndes Andenken zu geben. Der Vorschlag, das Seental, das wir heute durchzogen und so erfolgreich durchforscht hatten, Zeppelintal zu nennen, fand begeisterte Aufnahme; der See, auf welchem wir die Verankerung der Luftschiffe vornehmen wollten, erhielt den Namen des Sees vom 24. Juli. Möge ein weiterer 24. Juli die Luftschiffe wirklich in die Buchten Spitzbergens fahren sehen.«

Fast wundert es, daß ein vulgärmaterialistisches Element herangezogen wird, nämlich »eine unversehrte, kraftstrotzende Lebensfähigkeit« als »physiologische Grundlage« für diesen »Zauber«, der »von einem solchen Mann der Tat« ausgeht[51]. Diesen Zauber sieht im Rückblick noch der spätere Weltfahrer Lehmann[52]. Dem »Zauber« der charaktervollen Persönlichkeit« Zeppelins ist auch Hugo Eckener[53] erlegen. Nach jenem »Wundersamen viel« wundert somit nicht, wenn Eckener den Grafen zum »Messias der Lufteroberung«[54] erklärt.

Das Konstrukt »Zeppelin« liefert so in geradezu klassischer Weise Elemente für eine Soziopathologie der Deutschen. Huldigungsschreiben und Gedichtchen von allen Ständen und Klassen an Zeppelin bezeugen dieses Schwärmen, jene Form von Begeisterung, die nach Kant »Wahnsinn« ist. Eine der wenigen analytischen Zeugenschaften findet sich im ›Kladderadatsch‹ vom 19. September 1909[55]:

»Der Sultan Muley Hafid von Marokko unterwerfe seine gefangenen Feinde so scheußlichen Grausamkeiten, daß die Schreckenstaten eines Nero dagegen liebevolle Zärtlichkeiten seien. Bisher ließ er ihnen lediglich eine Hand abhacken und den blutenden Stumpf in siedendes Pech tauchen; eine Nachricht, die das Blut in den Adern des Kulturmenschen zu Eis erstarren lasse. Aber das sei noch nicht alles. Das Untier in Menschengestalt habe diese Qual noch für zu mild gehalten und für zwei gefangene Führer eine gräßlichere ersonnen. Einer mußte dem anderen sämtliche Gedichte an Zeppelin vorlesen, die in den letzten Wochen fabriziert worden seien. Beide Gefangene seien wahnsinnig geworden.«

Kriegsmaschinen

Auch die Entwicklung des Aeroplans ist von Begeisterungswellen getragen. Indessen können Preise und Wettbewerbsrummel nicht darüber hinwegtäuschen, daß namentlich die deutsche Flugentwicklung hinter der französischen hinterherhinkt. Sieht man sich die internationalen Rekorde im Wettbewerb der Flugmaschinen an, so verbuchen deutsche Flieger nur Nebenerfolge, die Franzosen halten nahezu alle Rekorde. Die hektisch inszenierten deutschen Flugtage, Schauflüge oder Überlandflüge konnten daran noch nichts ändern, obwohl sie einander auf dem Fuße folgten, zuungunsten der Piloten. Die Zeitschrift ›Flugsport‹[56] sprach explizit von einer »Überland-Ausbeuterei«. Absturz und Tod – 1911 gab es 100 Todesopfer –

gehörten zum Alltag der neuen Lufteroberung. Doch wurde der zurückgebliebene Drachenflug zudem durch nationalistisches Pathos kompensiert. Darüber hinaus – »Z 11« und die »Viktoria Luise« waren gerade auf Probefahrt – galten die deutschen Zeppelin-Luftschiffe immer noch als die kriegstüchtigsten Luftfahrzeuge. Immerhin nahmen sich die Herrscherhäuser verstärkt des Luftsports an: Prinz Heinrich hatte bei Euler seinen Flugschein gemacht; er unternahm Flüge auch in Begleitung seiner Gattin. In dieser Flugbegeisterung folgte Prinz Sigismund, der älteste Sohn des Prinzen Leopold von Preußen. Er hatte das Tischlerhandwerk erlernt und entwarf zwei Flugmodelle, deren Holzteile er selbst schreinerte. Hatten sich nicht auch – ganz in der Hegelschen Dialektik von Herr und Knecht – die niederen Klassen der kaiserlichen Familie am Fortschritt beteiligt? Schon der Leibkoch Wilhelms I. ermöglichte mit der Erfindung der Erbswurst als leichtlösliches Konzentrat für den Tornister den Blitzkrieg gegen Frankreich. Nun wies der Automobilchauffeur des Enkels, Wilhelms II., die Marschroute: Er stellte auf der »Internationalen Luftschiffahrt-Ausstellung« (ILA) 1909 in Frankfurt ein selbstgebasteltes Flugzeug vor.

Der Kaiser stiftete noch 50 000 Mark zur Förderung der Luftfahrt, Prinz Heinrich wiederum den »Prinz-Heinrich-Preis der Lüfte«. Zudem beteiligte sich das Großkapital an der Förderung der deutschen Luftfahrt. Die Kellereibesitzer Otto und Karl Henkel stifteten 100 000 Mark zur Anschaffung von Flugzeugen für das deutsche Heer: eine Spende, die offen gegen die französischen Fortschritte in der Luftfahrt gerichtet war. Patriotische Gesten sollten derart nachhelfen. Der populäre Flugpionier August Euler begann die Produktion von 30 Maschinen in seiner Fabrik unter dem Schlagwort des »nationalen Erwachens«. Prinz Heinrich eröffnete dann am 3. April 1912 die »Allgemeine Luftfahrzeug-Ausstellung« in Berlin, die zeigen sollte, daß »die Leistungen der deutschen Flugindustrie nicht, wie irrtümlich angenommen, hinter denen Frankreichs zurückstanden«[57]. Zu überzeugen schien diese Ausstellung nicht, denn Prinz Heinrich markierte die Situation mit einem forschen »Luftfahrt tut not« und erließ am 21. April den »Notruf zu einer Nationalspende«.

Am 31. Oktober 1912, nach sechsmonatiger Sammeltätigkeit waren 7,65 Millionen Mark zusammengeopfert. 7 Millionen gingen an die Flugzeugrüstung. Ende 1912 arbeiteten 90% der Flugzeugindustrie im Auftrag des Heeres. Die Zeitschrift ›Flugsport‹[58] mußte alsbald feststellen, daß die Fortschritte der Offiziersflieger auffallend seien, doch die »Zivilseite« vernachlässigt werde. Das Blatt forderte: »Wir brauchen jungen Nachwuchs!« Die Begeisterung für den Flugsport sei nicht wachgehalten worden. Kurz, die Aviatikbegeisterung ist abgelöst durch militärstrategisch forcierte Überlandflüge, die Produktion von Kriegsmaschinen und Feldpiloten. Vor Kriegsbeginn waren dann – mit Ausnahme des Geschwindigkeitsrekords – alle Flugweltrekorde in deutscher Hand. In diesem Sinne exponierte sich der Flugzeugdiskurs in dem Buch ›Deutschlands Eroberung der Luft‹, zu dem Hellmuth Hirth ein Vorwort schrieb[59]:

»›Über alles in der Welt!‹
So ziehen deutsche Flugzeuge und Luftschiffe hoch über dem Erdball ihre Kreise. Deutsche legen in der Luft von einem Erdteil zum anderen Strecken zurück, wie keine andere Nation zuvor: Deutsche überfliegen die höchsten Gebirgszüge und weitesten Wasserflächen.

Auf in den Kampf, deutscher Aar, schüttle im Zorn dein Gefieder, recke die Flügel zur Sonne empor, zum Licht, zur Freiheit! Nun ist es Zeit! Nimm in die Fänge das Schwert, halte durch gegen Sturm und Ungewitter, und dein wird sein der Sieg der Luft!«

Dschinnistan

Der Zeppelin erweckte Begeisterung am Ende des Ballonzeitalters einerseits als Reminiszenz und andererseits als ein von neuen Maschinen übernommener Sieg der Technik. Diese Zwischenstellung verquickte Begeisterungspotentiale von »leichter« und »schwerer« als Luft, von bürgerlicher Subjektivität,

Ingenieurswissen und proletarischen wie kleinbürgerlichen Hoffnungen auf eine die soziale Frage transzendierende Technologie – als imperiale Ideologie.

Deutschland brauchte Heroen. Die Zeppelinomanie bringt dieses Heldische hervor; die Götterdämmerung ist allüberall zu spüren. Die Presse apostrophiert Zeppelin als Edelmenschen. Eine große Zeit scheint angebrochen.

Am 30. März 1912 stirbt Karl May; er hatte sich gelegentlich eines Vortrages am 22. März 1912 in Wien eine Erkältung zugezogen. Der Vortrag, ›Empor ins Reich der Edelmenschen‹, war ausverkauft; die Presse registrierte im Sofiensaal über 3000 Personen. Bertha von Suttner saß in vorderer Reihe. Sie war 1905 mit dem Friedensnobelpreis ausgezeichnet worden. Irgendwo hinten soll Adolf Hitler gelauscht haben. Ein Teil des Reinerlöses fiel dem Asyl für Obdachlose zu. Die Menschheit, so Karl May, müsse »empor in das Reich der Edelmenschen und jeder Einzelne ebenso«[60]. Empor »auf dem Pfade der Kunst, der Poesie«[61] – hier nimmt Karl May die Flugmethapher auf:

> »Ja, können wir denn fliegen? Endlich, ja, endlich! Aber wir können nicht nur, sondern wir sollen, ja, wir müssen fliegen, wenn wir die Aufgaben dieses Jahrhunderts erfüllen, die Rätsel der Zukunft lösen wollen. Der Versuch des Menschen, zu fliegen, ist uralt. Aber ich meine hier weniger den körperlichen als den seelischen Flug, obwohl beide enger zusammenhängen, als man gewöhnlich meint. Das Volk, welches nach einem Corps von leiblichen Fliegern strebt, muß schon vorher kühne und erprobte geistige Flieger haben. Als in Frankreich die Mongolfière und Charlière zu steigen begannen, hatte sich vorher schon eine ganze Reihe berühmter geistiger Aeronauten in die freien Lüfte gewagt. Dann kamen die beiden großen deutschen Ballons: Goethe, Schiller, einige kleinere hinterher, doch mit geringem Erfolg. Man blieb darum noch an der Erde, aber man vervielfältigte die bisherigen Bewegungsweisen: man erfand die Draisine, das Einrad, Drei- und Zweirad, das Motorrad, das Auto. Vor allen Dingen die Lokomotive. Auch in der Dichtkunst wird Rad-, Auto- und Bahngefahren [Beispiele]. Da kommt

plötzlich Graf Zeppelin, ein Major Parseval. Sie bauen Luftschiffe. Das Volk jubelt ihnen zu. Hierauf folgen die verwegenen Ein- und Zweidecker, die Aviatiker. Ihnen jubelt man noch mehr zu. Aber jubelt man auch den geistigen Aviatikern zu, die sich mit wenigstens ebenso großer Kühnheit hoch über die alt hergebrachten Mauern, Zäune und Schranken der Wissenschaft und Kunst erhoben?«

Dieses »Paradies«, zu dem wir emporzusteigen haben, liegt, »oben, im herrlichen Dschinnistan«[62]. »Dort sind ungeheure Gebiete zu entdecken, auf denen die bisherigen Bahnen und Verhältnisse vollständig andere werden. Wer nach diesen Höhen kommen will [...] muß fliegen lernen. Die Zeit der auch geistigen Aeroplane ist da. Einige Wenige fliegen schon. Andere werden es lernen«[63].

Das ›Neue Wiener Journal‹ vom 23. 3. 1912 kennzeichnet Karl May als einen »etwas hageren Greis mit merkwürdig scharf geprägten Zügen und einem martialistischen Schnurrbart, der ihm das Aussehen eines alten Haudegens gibt«[64]. Dem mehr als zwei Stunden dauernden Vortrag, in dem Karl May sich mit Vorliebe – so die ›Neue freie Presse‹ vom 23. 3. 1912 – »als geistigen seelischen Aviatiker« bezeichnete, folgte das Publikum »mit kaum ermüdetem Enthusiasmus«[65]. In ihrem Nachruf vermerkt Bertha von Suttner, wie »weihevoll« jener Vortrag gewirkt hatte: »In dieser Seele lodert das Feuer der Güte«[66].

Apokalypse

Die Geschichte der Aeronautik und Aviatik – so läßt sich zusammenziehen – expliziert sich als fortlaufende Entzauberung des Himmels. Die Formen des Raumes werden abstrakter. Dieser Geschichte von Aufklärung liegt eine Genealogie von Flugmaschinen und Luftschiffen zugrunde, die an bestimmte technische Innovationen gebunden sind. Hinter der Abstraktion des Raumes liegen Motoren: durch Hand (bei Meusnier

1793), dann durch Dampf (Giffard 1852), durch Gas (Haenlein) oder durch Elektrokraft (die Brüder Tissandier), schließlich durch Benzin (Wölfert). Diese Entzauberung und Entleerung der Luft erfolgt – gemessen an der Entwicklung dieser Motoren und den sie konstituierenden Wissenschaften – in progressiver Linie. Doch die Aviatikbegeisterung ist, gemessen an den sie jeweils tragenden Raumformen, regressiv.

So folgt den erhabenen Schauspielen der Aszensionen der Luftbälle und dem Enthusiasmus des Ballondiskurses die Zeppelin-Begeisterung als Kultus. Die Revolution, dieser wahnsinnige Taumel der Vernunft, hat sich pervertiert in ihre deutsche Besonderheit: obrigkeitlich zersetzt zu werden, als Kompensat aufzutreten. Nach der Klassik kommt die Komödie von 1848 und schließlich die Farce des nationalistischen Opfertaumels; mentalitätsgeschichtlich der Übergang vom Enthusiasmus zur Schwärmerei.

Die Maschinen, welche die Lüfte erobern, lassen immer wieder Raumformen entstehen, die ungeahnte – national verschiedene – Emotionen freisetzen. Diese Mentalitätsströme folgen der Genealogie der Formen: aus dem Luftmeer wird ein imperiales Luftreich, dann der Luftraum der Aviatiker; der Kapitän als faustischer Volksheld und der einsam fliegende Ritter lösen den sinnenden Luftschiffer ab. Die Begeisterungsformen, welche solche Vorstellungen besetzen und die Diskurse konstituieren, artikulieren sich als feste, als erhabene Schauspiele, dann Weihefeste, schließlich als Vorkriegsspektakel: »Konkurrenz ist Krieg«, so Hellmuth Hirth. Die Veralltäglichung des Festes in den Dauerwettflügen bedeutet dessen Einholung durch konkrete Arbeit; die Maschinen fliegen, die ökonomische Konjunktur setzt ein. Die Ritterlichkeit der Arbeit konstituiert sowohl die Mythisierung der Maschine wie die des Piloten zum Vogelmenschen; zugleich erhöht sie noch die Veralltäglichung der Arbeit. Die Einheit von Beute und Freiheit kann sich gelungen an die Stelle des »Imperialen« des Zeppelindiskurses setzen. Technikbegeisterung münzt sich um zur Kriegsbegeisterung. Aus dem Vogelmenschen erwächst die neue Rasse aus Stahl: Stahlgewitter sind die Folge.

Im Ballondiskurs, jenem citoyenhaften Enthusiasmus, war das Erhabene die erkenntniskonstitutive Form gewesen. Die imperiale Zeppelin-Begeisterung gibt allen Deutschen die nationale Weihe. Das heroische Aeroplan-Spektakel vollzieht sich als Rausch. Die Vogelperspektive transformiert sich in die Raubvogelperspektive des fliegenden Ritters: Der Übermensch meldet sich als Todgeweihter.

Mit dem Flugzeug beginnt die Apokalypse alltäglich zu werden: Der Segen kommt nicht mehr von oben. Das Luftreich – als ideologische Lösung sozialer Konflikte der Jahrhundertwende – hat sich zu einem neuen Terrain verkehrt, jener Erde ähnlich, über die der Ballon sich erheben wollte. Der Krieg selbst entheroisiert die Maschine; sie wird zur bloßen Flugmaschine: zum Heideggerschen Gestell.

Anmerkungen

1 Martin 1908, 3.
2 Sandt 1910, 25.
3 Hergesell/Bassus/Eckener 1908, 57.
4 Vömel 1908, 92.
5 Bethge, 1913,10.
6 Eckener 1938, 1.
7 Neumann 1910, 1.
8 Eckener 1938, 1.
9 Von Rummel 1908, 33.
10 H. G. Wells, The War in the Air, 1908.
11 Zacharias 1979, 150.
12 Zit. in Bröckelmann 1909, 216.
13 Oskar Wilke, in: Hildebrandt 1925, 149; vgl. Supf 1953, 58.
14 Reinicke 1988.
15 Rittmeister Hans von Umlauf, in: Tanus 1911, 26 f.
16 Ferber 1910, 198.
17 Vgl. Hoogh 1911, 169.
18 Von Herwarth 1912, 10.
19 Ebd.
20 Vgl. Ludwig Fischer, in: Hildebrandt 1925, 39.
21 Zit. in Bröckelmann 1909, 370.
22 Vgl. Eckener 1938, 22.
23 Zit. in: Vömel 1908, 29.
24 Zit. ebd., 31.
25 Zit. ebd., 29.
26 Zit. ebd., 64.
27 Zit. ebd., 84.
28 Vgl. A. Schützinger, in: Hildebrandt 1925, 228.
29 Vgl. Vömel 1908, 85.
30 Vgl. ebd., 83.

[31] Vgl. A. Schützinger, in: Hildebrandt 1925, 209.
[32] Vgl. Lehmann 1936, 129.
[33] Vgl. ebd., 83.
[34] Colsmann 1933, 30.
[35] Vgl. Vömel 1908, 69.
[36] Vgl. Ludwig Fischer, in: Hildebrandt 1925, 5.
[37] Vgl. Vömel 1908, 21.
[38] Bethge 1913, 8.
[39] Von Rummel 1913, 4.
[40] Eckener, in: Hildebrandt 1925, 231.
[41] Vgl. Franz C. Endres, in: Hildebrandt 1925, 87.
[42] Vgl. ebd., 103.
[43] Vgl. Bethge 1913, 8.
[44] Vgl. z. B. Vömel 1908, 69.
[45] Vgl. z. B. ebd., Vorrede.
[46] Vgl. Eckener 1938, 50.
[47] Vgl. Vömel 1908, 68 f.
[48] Hergesell/Miethe 1911, 243.
[49] Eckener 1938, 50.
[50] Ebd., 244.
[51] Vgl. Hoffmann, in: Hildebrandt 1925, 255.
[52] Lehmann 1936, 128.
[53] Eckener 1909, 270.
[54] Ebd., 281.
[55] Clausberg 1979, 142
[56] Flugsport 1 (1912), 2.
[57] Hackenberger 1915, 13.
[58] Flugsport 9 (1913).
[59] Vgl. Hackenberger 1915, 22.
[60] Bartsch 1972, 52.
[61] Ebd., 54 f.
[62] Ebd., 62.
[63] Ebd., 68.
[64] Ebd., 70.
[65] Ebd., 72.
[66] Ebd., 80.

Literatur

Bartsch, E., Karl Mays Wiener Rede, in: Karl-May-Jahrbuch 1972.

Bethge, E. H., Die Eroberung der Luft, Leipzig 1913.

Bröckelmann (Hg.), Wir Luftschiffer. Die Entwicklung der modernen Luftschifftechnik in Einzeldarstellungen, Berlin/Wien 1909.

Clausberg, K., Zeppelin. Die Geschichte eines unwahrscheinlichen Erfolges, München 1979.

Colsmann, A., Luftschiff voraus!, Berlin 1933.

Eckener, Hugo, Mit Graf Zeppelin 1900–1908, in: Bröckelmann (Hg.), Wir Luftschiffer. Die Entwicklung der modernen Luftschifftechnik in Einzeldarstellungen, Berlin/Wien 1909.

Eckener, Hugo, Graf Zeppelin. Sein Leben nach eigenen Aufzeichnungen und persönlichen Erinnerungen, Stuttgart 1938.
Ferber, F., Die Kunst zu fliegen. Ihre Anfänge – ihre Entwicklung, Berlin 1910.
Hackenberger, W., Deutschlands Eroberung der Luft. Die Entwicklung deutschen Flugwesens anhand von 315 Wirklichkeitsaufnahmen dargestellt, Siegen/Leipzig/Berlin 1915.
Hergesell, H./Bassus, C. von/Eckener, H., Graf Zeppelins Fernfahrten. Schilderungen in Wort und Bild, Stuttgart 1908.
Hergesell, H./Miethe A., Mit Zeppelin nach Spitzbergen. Bilder von der Studienreise der deutschen arktischen Zeppelin-Expedition, Berlin 1911.
Herwarth, A. W. von, Unser Luftreich – Unsere Zukunft, Berlin 1912.
Hildebrandt, H. (Hg.), Zeppelin-Denkmal für das deutsche Volk, Stuttgart 1925.
Hoogh, P., Die Eroberung des Luftmeers, Leipzig 1911.
Lehmann, E. A., Auf Luftpatrouille und Weltfahrt. Erlebnisse eines Zeppelinführers in Krieg und Frieden, Berlin 1936.
Martin, Rudolf, Von Ikarus bis Zeppelin. Ein Luftschifferbuch für die Jugend, Berlin/Leipzig 1908.
Neumann, P., Luftschiffe, Bielefeld/Leipzig 1910.
Reinicke, Helmut, Aufstieg und Revolution. Über die Beförderung irdischer Freiheitsneigungen durch Ballonfahrt und Luftschwimmkunst, Berlin 1988.
Rummel, W. Freiherr von, Graf Zeppelin, Bielefeld 1908.
Rummel, W. Freiherr von, Graf Zeppelin bei der Arbeit (1913), in: H. Pankow, Vom Felde der Arbeit, Leipzig 1920.
Sandt, Emil, Eine Fahrt ins Reich der Lüfte mit dem Grafen Zeppelin, in: W. Köhler (Hg.), Im Luftschiff. Erlebnisse und Abenteuer, Minden 1910.
Supf, P., Die Eroberung des Luftreiches, Stuttgart 1953.
Tanus, Die Luftschiffahrt und was man von ihrer Geschichte wissen muß, in: J. L. Stern (Hg.), Die junge Welt 5, Wien 1911.
Vömel, August Graf Ferdinand von, Zeppelin. Ein Mann der Tat, Konstanz 1908.
Zacharias, M., Empor zu Wind und Wolken, Zürich 1979.

HELMUTH TRISCHLER

Utopie und Realität. Flugvisionen in der Ära der technischen Verwirklichung des Fliegens

Der in seinem Kern überzeitliche und interkulturelle Traum vom Schweben und Fliegen ruht auf anthropologischen Konstanten: auf der Flucht vor den realen, beengenden Raum-Zeit-Strukturen, auf religiöser Transzendenz, auf der Utopie von der individuellen oder kollektiven Freiheit, auf dem Wunsch nach absoluter Erkenntnis, kurzum: auf dem universalen menschlichen Streben nach dem höchstmöglichen Glück.

Das ist die Grundthese dieses Sammelbandes, die von den Einzelbeiträgen mit einer eindrucksvollen Fülle von Belegen untermauert wird. Unser Essay liegt etwas quer zu dieser These. Er thematisiert – in Verbindung mit dem folgenden von Hans-Liudger Dienel – die sich seit dem späten 18. Jahrhundert, jener »Sattelzeit der Moderne« (Reinhart Koselleck), vollziehende Realisierung des Fliegens durch den Einsatz von Technik und deren Bedeutung für die kulturelle Verarbeitung des universalen Flugtraumes. Dabei geht es nicht darum, die spezifische Ausformung des Flugtraumes in den industrialisierten Gesellschaften darzustellen, was ein durchaus lohnendes, weil so gut wie nicht behandeltes Thema wäre. Vielmehr gilt es zu fragen, welche historische Wirkungsmächtigkeit der archaische Flugtraum im Vergleich zu anderen Wirkungsfaktoren im komplexen Gefüge der modernen Gesellschaft gehabt hat.

Mit der Technisierung des Fliegens verbunden ist dessen tendenzielle Entmythologisierung: Denn das Fliegen in seiner modernen Form geht nicht auf in dem, was sich die Menschen jahrhundertelang in ihren Träumen vorgestellt haben. Die imaginierte Erfahrung des Fliegens und Schwebens, d. h. das Streben nach Entgrenzung, und das Flugerlebnis, das wir auf dem Weg in den Urlaub oder zu beruflichen Terminen realisieren, deckt sich nur sehr partiell mit dem, was die verschiedenen Kulturen unter dem Traum vom Fliegen in der Vergangenheit verstanden haben und teilweise noch verstehen. Nicht

Lautlosigkeit, sondern Motorenlärm, nicht Entgrenzung, sondern Enge, nicht Befreiung von der Raum-Zeit-Struktur, sondern Terminhatz und Verspätung bestimmen dieses trivialisierte Erlebnis.

Gleichwohl lassen sich in der Ära der technischen Verwirklichung des Fliegens immer wieder Tendenzen ausmachen, die nach einer größeren Deckungsgleichheit zwischen realem und imaginärem Flugerlebnis suchen. Den Hängegleiter, den Gleitschirm und jüngst die Hipp-Hopp-Tendenzen im Fallschirmspringen, die auf ein Wellenreiten in der dritten Dimension hinauslaufen, könnte man hier nennen. Doch auch der Privatpilot, der mit seiner Cessna abseits der genormten Flugrouten der Verkehrsluftfahrt nach eigenem Gutdünken den Himmel durchpflügt, scheint sich nach vielerlei Aussagen von Piloten der Vision von der völligen Freiheit und Entgrenzung recht nahe zu fühlen.

Die anthropologische, damit gleichsam ahistorische Interpretation des Fliegens und Schwebens hat vieles für sich. Die gesellschaftliche Wirkungsmächtigkeit des Traumes vom Fliegen in Zweifel ziehen zu wollen, widerspräche der vollen Evidenz der Belege, die in diesem Band vorgelegt werden. Und dennoch gilt es, diese Interpretation zu relativieren. Der uralte Menschheitstraum vom Fliegen hat im Zeitalter der Industrialisierung seine technische Realisierung gewonnen, zwar nicht ganz – der Mensch kann eben nicht vogelgleich nur mit der Kraft seiner Muskeln fliegen, sondern er ist auf technische Hilfsmittel angewiesen –, aber doch zumindest so weit, daß nicht nur die Brüderpaare Montgolfier, Lilienthal und Wright, sondern auch ihre Zeitgenossen dieses Bild von der Verwirklichung des Traumes immer wieder bemüht haben. Technik ist aber nun gerade nicht ahistorisch. Sie gehorcht nicht, wie vielfach immer noch fälschlicherweise angenommen wird, einer überzeitlichen, immanenten Logik. Im Gegenteil. Sie wird von Menschen gemacht, das heißt: sie ist das Produkt von sozialen, ökonomischen und politischen Einflüssen[1].

Kaum ein Zweig der modernen Luftfahrt eignet sich besser als der Segelflug, um die hier beabsichtigte Rückbindung des Flugtraumes an konkrete gesellschaftliche und damit historisch identifizierbare Interessen zu verdeutlichen. Den Segelflug können wir unbesehen in die Reihe derjenigen Flugtechniken einreihen, die dem Streben nach Freiheit sehr nahe kommen. Zu Beginn der zwanziger Jahre unseres Jahrhunderts, als sich der Segelflug zu einer breiten Bewegung formierte, war er diejenige Luftfahrttechnik, die dem archaischen Flugtraum des vogelgleichen Schwebens am ehesten entsprach. Der Segelflieger gleitet lautlos durch die Luft, schraubt sich wie von unsichtbaren Kräften gezogen ikarusgleich der Sonne entgegen, die irdische Begrenztheit für Minuten oder auch Stunden unter sich lassend.

Man könnte das Segelflugzeug mithin als logische Konsequenz des menschlichen Strebens nach einer maximalen Annäherung an das jahrhundertelang imaginierte Flugerlebnis interpretieren. Und man wird nicht völlig in Abrede stellen wollen, daß ein solches Moment bei der Entwicklung des Segelflugzeuges als Leitmotiv eine Rolle gespielt haben mag. Wir können es zumindest vermuten. Was wir jedoch wissen, ist folgendes: Der Bau von Segelflugzeugen war bis 1918/19 das Hobby von einigen Jugendlichen, die unbeachtet von der Gemeinschaft der Flugtechniker und natürlich auch der Öffentlichkeit geblieben waren. Entdeckt im eigentlichen Sinne und technisch umgesetzt wurde das Segelfliegen erst nach dem Ersten Weltkrieg in Deutschland[2].

Warum nicht früher, und warum gerade in Deutschland? Die Antwort auf diese naheliegende Frage ist einfach: Der Versailler Vertrag und die darauffolgenden luftfahrtrelevanten Bestimmungen verboten dem Deutschen Reich die Entwicklung und den Bau von Luftfahrzeugen. Luftfahrt war jedoch nach zeitgenössischem Verständnis gleichbedeutend mit Motorluftfahrt. Der Gleitflug bzw. Segelflug wurde als archaische Reminiszenz an die Zeiten Otto Lilienthals nicht ernstgenommen. Sondierungen der deutschen Reichsregierung ergaben demzufolge, daß eine rechtliche Grauzone, eine Lücke in den alliierten Bestimmungen, existierte. In diese Lücke stieß die deutsche Luftfahrt in den Jahren nach 1919 mit aller Macht hinein[3].

Die Entwicklung und der Bau von motorlosen Gleitflugzeugen sicherte der deutschen Luftfahrt ein Residuum praxisbezogener aerodynamischer Forschung, technischer Umsetzung und fliegerischer Betätigung. Ausgehend von den Hochschulen, an denen sich seit 1920 allenthalben sogenannte »Akademische Fliegergruppen« bildeten, entstand eine breite Segelflugbewegung, die sämtliche Teile des Gesamtsystems »Luftfahrt« umfaßte: Auf den jährlich an der Wasserkuppe, der höchsten Erhebung der Rhön, abgehaltenen Treffen gaben sich Wissenschaftler, Industrielle, Studenten, Flugbegeisterte und prominente Politiker ein Stelldichein. Seit 1922 pilgerten trotz der offiziellen Verbote der Alliierten und des Boykotts der deutschen Forschung auch Wissenschaftlergruppen der Ententemächte in die Rhön.

Nicht nur Wissenschaft und Wirtschaft, sondern gerade auch die Staatsorgane waren sich der Bedeutung des Segelflugs als Motor der wissenschaftlich-technologischen Entwicklung wie auch der Wiedereingliederung Deutschlands in die internationale Staatengemeinschaft bewußt. Auf der Wasserkuppe wurden Jahr für Jahr aufs neue von der deutschen Luftfahrt vor den Augen der interessierten Weltöffentlichkeit Flugweltrekorde erzielt. Wissenschaft und Technik wurden zu Kompensationsträgern für den Verlust an nationaler »Macht-Staatlichkeit«. Reichspräsident Friedrich Ebert, der 1922 die Sieger des Rhönwettbewerbs höchstpersönlich in seinem Palais empfing, ließ denn auch keinen Zweifel daran, daß der Staat es an Interesse und Förderung des Segelfluges nicht fehlen lassen wolle[4].

Der Segelflug hatte jedoch noch eine weitere, unmittelbarer machtstaatliche Dimension. Die Ausbildung von Segelfliegern sicherte dem Reich einen Grundstock von fliegerischem Personal, auf dem sich für den Fall der Aufhebung des Verbots der deutschen Militärluftfahrt unmittelbar aufbauen ließ. Diese militärpolitische Relevanz des Segelflugs machten sich nach 1933 die Nationalsozialisten in extensiver Weise zunutze. Die freiheitsstiftende Dimension des Segelflugs wurde in ihr Gegenteil verkehrt. Die »Akademischen Fliegergruppen« wurden 1933 flugs gleichgeschaltet; paramilitärische Ausbildung, die Vorbereitung des kommenden Krieges stand im Mittelpunkt. Deutschland entwickelte sich zu einer Nation von Fliegern, die wenig später der Welt ihre destruierende Kraft beweisen sollte[5].

Nicht Destruktion, sondern Konstruktion hatte am Beginn der Flugtechnik gestanden. In Deutschland wurde 1991 mit nicht geringem Aufwand das 100jährige Jubiläum des Menschenflugs gefeiert. In den Anzeigen der bundesdeutschen Luftfahrtindustrie konnte man lesen, daß der Menschenflug seinen Anfang genommen habe, als an einem Sommertag des Jahres 1891 Otto Lilienthal in Derwitz bei Potsdam mit einem selbstgebauten Gleitflugapparat mehr als 15 Meter weit geflogen sei. Die krisengeschüttelte Industrie versprach sich von diesem vollmundigen Rekurs auf die historische Tradition wohl nicht zu Unrecht einen beträchtlichen Werbeeffekt. Mit dem französischen Flugpionier Ferdinand Ferber konnte sie einen unverdächtigen Zeugen ins Feld führen. Dieser hatte die mittlerweile klassische Formulierung geprägt, er fasse besagten Tag des Jahres 1891 als den Augenblick auf, »an dem die Menschheit das Fliegen gelernt« habe[6].

Auch das Deutsche Museum hat sich an den Jubiläumsfeierlichkeiten des Jahres 1991 beteiligt, freilich weniger vollmundig argumentierend. Die Sonderausstellung ›Otto Lilienthal: Flugpionier – Ingenieur – Unternehmer‹ präsentierte wichtige Teile des in den Archiven des Deutschen Museums verwahrten Nachlasses von Lilienthal, wobei sie die vielen, nur scheinbar disparaten Facetten der Gesamtpersönlichkeit Otto Lilienthal in den Blick nahm[7].

In der Tat läßt sich am Beispiel Lilienthals eine Vision vorstellen, die das technologische Schaffen vieler Protagonisten der technischen Realisation des Fliegens integral begleitete. In einem zweiten Schritt werden wir im folgenden die visionären Vorstellungen Lilienthals zu den kulturellen Folgen der Flugtechnik mit der mittlerweile »vergangenen Zukunft« vergleichen; um einen modischen Begriff zu benutzen: wir werden eine retrospektive Technikfolgenabschätzung vornehmen.

Die Suche nach dem »wirklichen Erfinder« einer technischen Neuerung beschäftigt nicht selten Generationen von Historikern; so auch in der Luftfahrt: Gelang die Erfindung des Flugzeugs dem Briten George Cayley, den Franzosen Jean-Marie le Bris bzw. Clément Ader, dem Russen A. F. Moshaiski, dem

Abb. 46: »Münchner Eindecker«, Pilot: Karl Koller, Rhön 1921.

Deutschen Otto Lilienthal, dem Deutsch-Amerikaner Gustav Weißkopf (Whitehead) oder dem amerikanischen Brüderpaar Orville und Wilbur Wright? Diese mit viel nationalem Pathos beladene Frage in letzter Konsequenz beantworten zu wollen, hat sich als wenig sinnvoll erwiesen.

Wichtige Aufschlüsse gewinnt man dagegen, wenn man die konkreten Errungenschaften dieser Pioniere mit Blick auf die Entwicklung des modernen Flugzeuges analysiert. Hierbei kommt Lilienthal eine Bedeutung zu, die seine Würdigung im Ehrensaal des Deutschen Museums gerechtfertigt erscheinen läßt: »Mit scharfem Geist und kühner Tat vermittelte er erstes gesichertes Wissen über den Menschenflug.«

Auslöser und Ausgangspunkt für Lilienthals flugtechnische Arbeiten waren seine Beobachtungen zum Flug der Vögel. Schon als Kind faszinierte ihn der Flug der Störche seiner vorpommerschen Heimat. Das utopische Verlangen, es den Vögeln gleichtun zu wollen, war ein starker Impetus, von dem er sich zeitlebens leiten ließ. Durch systematische Beobachtungen, zu denen sich der Zufall gesellte, entdeckte er, daß das

Geheimnis des Vogelfluges in der Wölbung des Tragflügels liegen müsse.

Lilienthal führte über Jahre hinweg systematisch Luftkraftmessungen durch. Die auf einen Tragflügel wirkenden Kräfte stellte er in Form eines Diagrammes dar, aus dem Auftrieb und Widerstand des Flügels abhängig von dessen Winkel zur anströmenden Luft abgelesen werden können. Diese »Polardiagramme« sind bis heute in der Aerodynamik gebräuchlich. Die Versuchsapparate und Meßeinrichtungen konstruierte und baute er durchweg selbst. Seine Luftkraftmessungen waren von einer Güte, »die erst durch die moderne Arbeit am Windkanal hat übertroffen werden können«, wie ihm der weltberühmte Aerodynamiker Ludwig Prandtl Jahrzehnte später bescheinigte[8].

1889 veröffentlichte Lilienthal das seinerzeit wenig beachtete, heute jedoch als der flugtechnische Klassiker schlechthin geltende Buch ›Der Vogelflug als Grundlage der Fliegekunst‹. Erst nach diesem vorläufigen Abschluß seiner wissenschaftlichen Untersuchungen begann er mit dem Bau von Gleitflugzeugen. Bei ersten Stehübungen im Wind entdeckte er die Bedeutung des Leitwerks für die Stabilisierung eines Flugzeugs. Es folgten Schritte, kleine Sprünge und schließlich die ersten Flüge. Die Ergebnisse dieser Versuche flossen in die Weiterentwicklung seiner Apparate ein.

Eines der Charakteristika des europäischen Sonderwegs in die Moderne ist es, daß sich hier spätestens seit der durch Galileo Galilei und Francis Bacon eingeleiteten wissenschaftlichen Revolution des 16./17. Jahrhunderts viele Phantasien auf die technische Verwirklichung des Fliegens konzentrierten. Lilienthal hebt sich von der langen Reihe seiner Vorgänger und vielen seiner Nacheiferer durch die Systematik seines Vorgehens ab. Die vielfältigen Probleme der Verwirklichung des »Menschenfluges« wurden von ihm stufenweise gelöst. Wissenschaftliche Systematik anstelle von empirischem »trial and error«, Wiederholbarkeit anstelle von Zufälligkeit sind tragende Momente seines relativen Erfolges.

Es gibt jedoch eine weitere Voraussetzung des Erfolgs von Otto Lilienthal, die meist viel zu wenig berücksichtigt wird. Lilienthal erkannte, daß sich eine grundlegende Innovation,

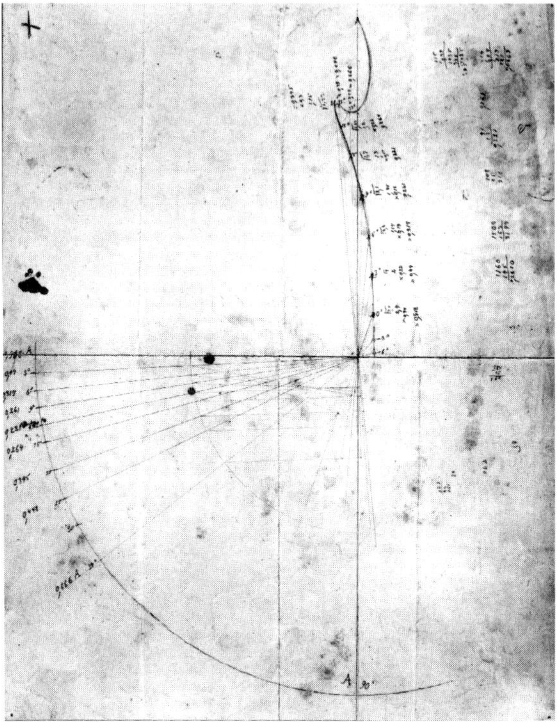

Abb. 47: Grafische Darstellung der Auftriebs- und Widerstandskräfte eines Tragflügels in Polarenform von Otto Lilienthal, um 1874/75.

wie sie die Flugtechnik im ausgehenden 19. Jahrhundert darstellte, durch vereinzelte Demonstrationen ihrer Leistungsfähigkeit allein nicht durchsetzen konnte. Die neue, einstweilen noch visionäre Technik mußte sich in die bestehende Gesellschaftsordnung integral einfügen, sofern sie sich auf breiter Front durchsetzen wollte. Lilienthal war daher seit dem Ende der 1880er Jahre unablässig darum bemüht, ein Bild von der Bedeutung der Flugtechnik für die künftige Entwicklung von Politik, Wirtschaft und Gesellschaft zu entwerfen und dieses in der Öffentlichkeit zu verbreiten.

1886 trat Lilienthal dem »Deutschen Verein zur Förderung

der Luftschiffahrt« bei. Die Bedeutung der Bündelung der Interessen der Flugenthusiasten im Rahmen des in der zweiten Hälfte des 19. Jahrhunderts stürmisch expandierenden bürgerlichen Vereinswesens kann für die Entwicklung der Luftfahrt nicht hoch genug eingeschätzt werden. Wie die »Société des aéronauts« in Paris zu Beginn der 1860er Jahre und die »Aeronautical Society of Great Britain« von 1866, so entwikkelte sich auch der 1881 gegründete Verein rasch zum nationalen Sammelbecken der Luftfahrtexperten und interessierten Laien in Deutschland. Als zeitweiliges Vorstandsmitglied, ständiges Mitglied der Technischen Kommission des Vereins und des Redaktionsausschusses der ›Zeitschrift für Luftschiffahrt‹ versuchte Lilienthal, dem Übergewicht der Anhänger der Luftfahrt nach dem Prinzip »leichter als Luft« – gemeint sind die Ballone bzw. Luftschiffe – entgegenzuwirken. In seinem Kampf um die Verbreitung des »Kunstfluges«, den er als »unwillkürliches Fliegen eines Menschen mittelst eines an seinem Körper befestigten Flugapparates« definierte, stand er zunächst noch fast allein auf weiter Flur[9]. Wie so viele Techniker, für deren Erfindungen das wirtschaftlich-gesellschaftliche Umfeld noch nicht bereit ist, sah er sich in endlose Auseinandersetzungen mit einer Schar von Gegnern verstrickt.

Das Jahr 1890 markiert eine Zäsur in der Innenpolitik des deutschen Kaiserreichs und auch in Lilienthals Leben. Reichskanzler Otto von Bismarck wurde entlassen. Der junge Monarch Wilhelm II. wollte sich als sozial gesinnter Kaiser profilieren und kündigte Reformen an. Die vielfältigen Initiativen der bürgerlichen Sozialreform erhielten durch diesen »Neuen Kurs« (1890–1896) kräftigen Aufwind: Friedensbewegung, Frauenemanzipation, Theaterreform, Mitbestimmung der Arbeitnehmer, genossenschaftlicher Wohnungsbau[10].

Lilienthal war vom Elan der Reformer tief beeindruckt und schloß sich ihnen sofort an. Er beteiligte die Beschäftigten seiner 1883 gegründeten Maschinenfabrik mit 25 Prozent am Gewinn des Unternehmens, schaffte die Akkordarbeit ab und führte den Achtstundentag ein. Er setzte sich für die Gründung eines Volkstheaters ein und schrieb das sozialkritische Theaterstück ›Moderne Raubritter‹. Gemeinsam mit seinem Bruder Gustav wirkte er beim Aufbau der genossenschaftli-

Abb. 48: Otto Lilienthal auf einem Gleitflug in den Rhinower Bergen, 1893.

chen Wohnungsbaugesellschaft »Freie Scholle« mit. Durch die christliche Erneuerungsbewegung Moritz von Egidys (1847–1898) wurde er auf den Pazifismus und dessen Ideal einer friedlichen Weltordnung aufmerksam. Letzteres beeindruckte ihn deshalb besonders stark, da es ihm den Schlüssel für die Einordnung seiner visionären Technik in die bestehende Gesellschaftsordnung bot: eine Einordnung, die einstweilen jedoch noch quer zur herrschenden Optik lag.

Werfen wir einen kurzen Blick zurück: Die Luftfahrttechnik war seit ihren utopischen Anfangstagen militärisch ausgerichtet. Der Jesuit Francesco di Lana-Terzi hatte 1670 die sozialen Auswirkungen seines eigenen Projektes eines Luftschiffes, bestehend aus luftleer gepumpten Kupferkugeln, visionär vorausgesehen, wenn auch als Theologe letztlich nicht recht wahrhaben wollen; Gott werde die Realisierung einer solchen Maschine wohl nicht zulassen, weil dadurch die herrschende Ordnung zusammenbrechen müsse. Keine Stadt wäre mehr

Abb. 49: Bombardement von Venedig, 1849: Kupferstich, 1876.

vor der Eroberung durch feindliche Soldaten aus der Luft sicher[11].

Weniger von Zweifeln geplagt war der brasilianische Pater Bartholomeo Laurenco de Gusmao, der 1709 dem portugiesischen König Johann V. wohl eine Art von Luftschiff vorschlug und in der begleitenden Denkschrift die militärtechnischen Vorzüge des Projektes pries.

Die durch die Französische Revolution erst konstituierte bürgerliche Ordnung wurde durch die an deren Vorabend von den Gebrüdern Montgolfier erfundenen Ballone tatsächlich in Unordnung gebracht. Während die einen, wie Jean Paul und Georg Christoph Lichtenberg, die Fliegekunst als finalen Triumph der Aufklärung priesen, machten sich die anderen daran, deren bereits im 17. Jahrhundert diskutierten militärischen Wert zu erproben. 1794 gründete das revolutionäre Frankreich in Meudon bei Paris die erste Luftschiffer-Einheit[12]. Von da an wurde der Ballon zu einer festen Größe in der Strategie des europäischen Militärs. 1849 warf die österreichische Armee aus Heißluftballonen Brandbomben auf Venedig, und im Krieg 1870/71 spielten Ballone bei der Belagerung von Paris eine wichtige Rolle. Die Gründung des ersten preußisch-deutschen Luftschiffer-Bataillons 1884 war eine Reaktion auf französische Erfolge beim Bau von Luftfahrzeugen. Mit Argusaugen wachte man diesseits und jenseits des Rheins darüber, technische Erfolge des »Erzfeindes« umgehend kontern zu können. Das Wettrüsten zur Luft beschleunigte sich. Diesem erdrückenden Übergewicht des Militärischen in Definition und Anwendung der Luftfahrt setzte Lilienthal zu Beginn der 1890er Jahre seine Vision der gesellschaftlichen Folgen des Fortschritts in der Flugtechnik entgegen. Am Ende seines Buches über den Vogelflug hatte er 1889 noch vage von einer neuen Kulturepoche gesprochen, die der Flug des Menschen einleiten werde. Angeregt durch die bürgerlichen Sozialreformer wurde er zu Beginn der 1890er Jahre konkreter: Er habe sich »die Beschaffung eines Kulturelementes zur Lebensaufgabe gemacht, welches länderverbindend und völkerversöhnend wirken« solle, schrieb er 1894 an Moritz von Egidy. Und weiter[13]:

> »Die Grenzen der Länder würden ihre Bedeutung verlieren, weil sie sich nicht mehr absperren lassen, die Unterschiede der Sprache würden mit der zunehmenden Beweglichkeit der Menschen sich verwischen. Die Landesverteidigung,

weil zur Unmöglichkeit geworden, würde aufhören, die besten Kräfte der Staaten zu verschlingen, und das zwingende Bedürfnis, die Streitigkeiten der Nationen auf andere Weise zu schlichten als dem blutigen Kämpfen um die imaginär gewordenen Grenzen, würde uns den ewigen Frieden verschaffen.«

Als die reformerische Aufbruchstimmung zur Mitte der 1890er Jahre abebbte und sich die Rückkehr zu einem konservativen politischen Kurs ankündigte, wurde Lilienthal mit seinen Prognosen zurückhaltender. In einer Vielzahl von Veröffentlichungen aus den Jahren 1893 bis 1896 entwarf er eine Fortschrittsprognose mittlerer Reichweite. Der »Segelflug« wurde nun als Sport definiert. Neben dem rein sportlichen Reiz des Kräftemessens mit Gleichgesinnten hob er wiederum die kulturpolitischen Wirkungsmöglichkeiten des Fliegens hervor[14]:

»Sollte es dahin kommen, daß das Durchsegeln der Luft auch vorläufig nur als interessante Belustigung und angenehme Körperübung sich einbürgert, so wäre in einem derartigen Fliegesport wohl die gesundeste aller Erholungen im Freien geschaffen und dadurch die Reihen der Mittel zur Bekämpfung moderner Culturkrankheiten um eine der wirkungsvollsten vermehrt.«

Lilienthal sah den »Fliegesport« im Bunde mit den Turner- und Radfahrervereinen, deren Ideal »Licht, Luft und Sonne« er teilte und tagtäglich zu verwirklichen suchte. Sozialer Fortschritt durch die freiheitlichen, emanzipatorischen Wirkungen sportlicher Betätigung: dies war Lilienthals Fortschrittsidee kurz vor seinem tödlichen Absturz im August 1896.

Lilienthals Hoffnung auf die Überwindung des Krieges durch den grenzüberschreitenden, friedenstiftenden Luftverkehr kehrte sich in ihr Gegenteil. Im Zeitalter der sich verschärfenden internationalen Spannungen in Europa und des weltweiten Imperialismus verlief die Luftfahrttechnik bis zum Ersten Weltkrieg fast ausschließlich in militärischen Bahnen. Spätestens nach der Jahrhundertwende erkannten auch die konservativsten Militärs, daß dem Luftschiff und insbesondere dem Flugzeug in künftigen Kriegen eine bedeutende Rolle zukommen würde. Rüstung wurde durch Gegenrüstung beantwortet. Die Luftfahrt – trotz »imaginär gewordener Grenzen« – machte den Krieg keineswegs unmöglich; sie erleichterte ihn, und sie verfestigte die Grenzen. Von den Aufklärungs- über die Jagd- bis zu den Bombenflugzeugen reichte die Stufenfolge der militärtechnischen Eskalation im Ersten Weltkrieg[15].

Aufbauend auf den Erfahrungen der Kriegsjahre entwickelte der italienische General Guglielmo Douhet nach 1918 eine Militärdoktrin, die selbständigen Luftstreitkräften die Schlüsselstellung in jedem künftigen Krieg zumaß (»Douhetismus«). Der Ausgang des Zweiten Weltkriegs und der Verlauf vieler Konflikte der jüngsten Vergangenheit – wir erinnern uns an Kuwait 1991 – sollten ihm Recht geben. Die militärtechnische Verwendung ist – man mag es akzeptieren oder nicht – ein integraler Bestandteil der modernen Luftfahrt geworden.

Die Prognose Lilienthals, die Flugtechnik werde sich zu einem Sport entwickeln, der nicht gefährlicher sei als Reiten oder Segeln, bewahrheitete sich dagegen. In den Jahren unmittelbar nach dem Ersten Weltkrieg entwickelte sich in Deutschland, wie bereits erwähnt, der Segelflugsport. Flugbegeisterte in anderen Ländern zogen nach, und bereits 1928 wurde die »Internationale Vereinigung der Segelflieger« gegründet. Seit einigen Jahrzehnten findet der Hängegleitersport, der technisch unmittelbar an Lilienthals Flugapparate anknüpft, stürmische Verbreitung. Die internationale Vernetzung des Flugsports hat, insbesondere nach den beiden Weltkriegen, zweifelsohne friedenstiftend und völkerversöhnend im Sinne Lilienthals gewirkt.

Aus der besserwisserischen Perspektive des Historikers öffnet sich mithin eine beträchtliche Kluft zwischen Fortschrittsvision und Realität. Die beiden aus heutiger Sicht wichtigsten Verwendungszusammenhänge seiner Erfindung – das Flugzeug als Träger der Militär- und Verkehrstechnologie – vermochte Lilienthal nicht zu erkennen bzw. schätzte er falsch ein. Freilich befand er sich damit in guter Gesellschaft. Die Hoffnung auf die friedenstiftenden Wirkungen neuer Techniken waren ein fester Bestandteil des politisch-kulturellen Denkens seit den Jahren des politischen Vormärz (1830–1848) in Deutschland, aber nicht nur dort. An die Erfindung der Eisenbahn, des Dampfschiffes, des Luftschiffes, des Flugzeuges und schließlich der Rakete knüpften sich allenthalben gleichermaßen die Erwartungen, Kriege würden durch das überlegene Vernichtungspotential dieser neuen Waffen sinnlos werden. Das Gegenteil war jeweils der Fall. Die Rüstungsspirale von »challenge and response« drehte sich stets weiter.

Einmal mehr zeigt sich, daß die menschlichen Fähigkeiten zur frühzeitigen Wahrnehmung komplexer soziotechnischer Entwicklungen begrenzt sind. Begrenzt ist auch die gestaltende Kraft von Träumen und Visionen – allgemeiner formuliert: von kulturellen oder gar anthropologisch verankerten Deutungsmustern – für die gesellschaftliche Entwicklung. Mit dieser These bewege ich mich auf unsicherem Terrain, denn nichts ist für den Geschichtswissenschaftler schwieriger als die Gewichtung der historischen Wirkungsmächtigkeit von isolierten Einzelfaktoren in komplexen Wirkungszusammenhängen.

Ohne Zweifel muß dem Menschheitstraum vom Schweben und Fliegen eine große historische Wirkung eingeräumt werden. Als überzeitliche Konstante bildet dieser Traum gleichsam das anthropologische Unterfutter der gesellschaftlichen Entwicklung. In Phasen der Beschleunigung des historischen Wandels – wie etwa in der Sattelzeit um die Wende vom 18. zum 19. Jahrhundert, als im vorrevolutionären Frankreich der Ballon erfunden wurde, und wieder an der Wende vom 19. zum 20. Jahrhundert, als das Flugzeug entwickelt wurde – müssen jedoch gesellschaftliche Interessen als primäre Triebfedern der Entwicklung in den Blick genommen werden. Eine solche Triebfeder war der am Vorabend des Ersten Weltkrieges durch die imperialistische Großmachtpolitik der europäischen Staaten sich beschleunigende Rüstungswettlauf. Ohne ihn ist die Realisierung des Fliegens in seiner modernen Form schlechterdings nicht zu erklären. So gewendet wurde aus dem Traum vom Fliegen der Alptraum vom Sichbekriegen, aus dem »dream of flight« ein »nightmare of fight«.

Anmerkungen

1 Dies ist das Hauptergebnis der jüngeren technikhistorischen und techniksoziologischen Forschung. Siehe dazu vor allem Wiebe E. Bijker/Thomas P. Hughes/Trevor Pinch (Hg.), The Social Construction of Technological Systems. New Directions in the Sociology and History of Technology, Cambridge 1987; John M. Staudenmaier, Technology's Storytellers. Reweaving the Human Fabric, Cambridge 1985.

2 Vgl. Peter Riedel, Start in den Wind. Erlebte Rhöngeschichte 1911–1926, Stuttgart 1977; Günter Brinkmann/Hans Zacher, Die Evolution der Segelflugzeuge, Bonn 1993.

3 Vgl. Werner Baartz, Deutsche Luftrechtspolitik seit Versailles, Berlin 1927.

4 Siehe dazu Helmuth Trischler, Luft- und Raumfahrtforschung in Deutschland 1900–1970. Politische Geschichte einer Wissenschaft, Frankfurt a. M./New York 1992, 134–141. – Zur Rolle von Wissenschaft und Industrie als Kompensationsträger für den Verlust an nationaler Machtstaatlichkeit in der Weimarer Republik vgl. Gerald D. Feldman, Industrie und Wissenschaft in Deutschland 1918–1933, in: Rudolf Vierhaus/Bernhard vom Brocke (Hg.), Forschung im Spannungsfeld von Politik und Gesellschaft. Geschichte und Struktur der Kaiser-Wilhelm-/Max-Planck-Gesellschaft, Göttingen 1990, 657–672.

5 Peter Fritzsche, A Nation of Fliers. German Aviation and the Popular Imagination, Cambridge 1992.

6 Zit. nach Werner Schwipps, Lilienthal. Die Biographie des ersten Fliegers, Gräfelfing ^{2}1986, 233.

7 Siehe hierzu und zum Folgenden den Ausstellungskatalog von Werner Heinzerling/Helmuth Trischler (Hg.), Otto Lilienthal. Flugpionier – Ingenieur – Unternehmer, München 1991.

8 Vorwort von Ludwig Prandtl zur 3. Auflage von Otto Lilienthal, Der Vogelflug als Grundlage der Fliegekunst. Ein Beitrag zur Systematik der Flugtechnik, München/Berlin 1939.

9 Otto Lilienthal, Der Kunstflug, in: Hermann W. L. Moedebeck, Taschenbuch zum praktischen Gebrauch für Flugtechniker und Luftschiffer, Berlin 1895; auszugsweise gedruckt in: Klaus Kopfermann (Hg.), Über meine Flugversuche 1889–1996, Berlin 1987, 132–135

10 Vgl. Hans-Jörg von Berlepsch, »Neuer Kurs« im Kaiserreich? Die Arbeiterpolitik des Freiherrn von Berlepsch 1890–1896, Bonn 1987.

11 Hierzu und zum Folgenden Wolfgang Behringer/Constance Ott-Kopschalijski, Der Traum vom Fliegen. Zwischen Mythos und Technik, Frankfurt a. M. 1991, 219–301.

12 Vgl. Helmut Reinicke, Aufstieg und Revolution. Über die Beförderung irdischer Freiheitsneigungen durch Ballonfahrt und Luftschwimmkunst, Berlin 1988, 113–128.

13 Brief an v. Egidy vom 15. 1. 1894, zit. nach Schwipps, Lilienthal (wie Anm. 6), 310 f.

14 Otto Lilienthal, Fliegesport und Fliegepraxis, in: Prometheus, Nr. 322/323 (1895).

15 Vgl. Martin Kutz, Das Flugzeug als Waffe. Der Erste Weltkrieg als Ex-

perimentierfeld des Luftkriegs, in: Museum für Verkehr und Technik Berlin (Hg.), Hundert Jahre deutsche Luftfahrt. Lilienthal und seine Erben, Gütersloh/München 1991, 39–59.

Hans-Liudger Dienel

Ende des Traums vom individuellen Fliegen

Der Weg zum Luftbus

Schnell und preiswert von A nach B zu kommen ist ein guter Grund, mit dem Flugzeug zu fliegen, aber nicht der einzige, und für viele Passagiere nicht einmal der wichtigste. Die Entscheidung, in ein Flugzeug zu steigen, bündelt vielmehr die unterschiedlichsten Erwartungen, von denen wir eine Reihe als Traum vom Fliegen zusammenfassen können, der einer der Schubkräfte für die Entwicklung des modernen Massenflugs war. Bis in die Nachkriegszeit galt das Fliegen als spektakulär und gefährlich. Es ist aber ohne Frage in den letzten Jahrzehnten vertrauter und damit auch langweiliger geworden. Trotzdem spielt der Traum vom Fliegen auch heute noch eine wichtige Rolle für die Wahl des Flugzeugs als Verkehrsmittel. Um diese Thesen soll es im folgenden gehen, und damit um Flugmotive und -erlebnisse der Passagiere seit der Gründung der ersten Fluggesellschaften bis in die Gegenwart.

Fliegen und Schweben sind zwar alte Menschheitsträume, aber nur auf den ersten Blick überzeitlich homogen oder gar biologisch erklärbar. Zwar finden wir quer durch Zeit und Raum Flugträume, doch eine genaue Analyse zeigt ihre große Variabilität. Sie sind – natürlich im Rahmen der psychischen und somatischen Bedingungen des Menschen – eine kulturelle Regung. Von diesem Ausgangspunkt her stellt sich die Frage, welche Wechselwirkungen dieser vielfältige Menschheitstraum mit der Entwicklung des Massenflugverkehrs hatte: den Flugzeugen selbst, aber darüber hinaus der gesamten Verpackung des Fluges von der Flugwerbung bis zum Essen und zum Blick aus dem Bullauge. Aber auch umgekehrt wollen wir wissen, wie die moderne Flugreise den alten Menschheitstraum vom Fliegen veränderte. Für die Analyse dieser Wechselwirkungen muß der Taum vom Fliegen in mehrere Komponenten zerlegt werden. Im folgenden geht es um fünf Aspekte des Fliegetraumes: das Streben nach Überwindung von Raum und Zeit – oder nach Ewigkeit; den Wunsch nach Überblick – oder nach (absoluter) Erkenntnis; das Streben nach Macht und Herrschaft; die Lust auf die Lust; und nicht zuletzt die Hoffnung auf Amüsement und gutes Essen. Verkürzt gesagt: es geht um das Streben nach Freiheit, Erkenntnis, Macht, Sex und Unterhaltung. Alle diese fünf Reize trieben und treiben Passagiere ins Flugzeug.

Die Luftfahrthistoriker wissen bisher über den Flugpassagier viel weniger als über die technische und wirtschaftliche Seite des Fliegens, die Geschichte der Flugzeugtypen, -hersteller und -betreiber. In den letzten Jahren sind zwar drei brillante mentalitätsgeschichtliche Studien über die Luftfahrt in Deutschland[1], England[2] und Amerika[3] erschienen, doch leider blicken die Autoren – wie das bisher üblich ist – auf die Frühgeschichte des Fliegens bis 1945, auf die Geschichte des Individualfluges und des militärischen Fliegens, vernachlässigen aber die gesamte bisher größte Dimension des Fliegens, den modernen Massenflugverkehr nach 1945. Auch in diesem Sammelband geht es vorwiegend um »individuell« fliegende Hexen, Schamanen und Mönche. Doch es waren nicht mehr wenige Ausnahmen, sondern 1,5 Milliarden Passagiere, die im Jahr 1994 in die Luft gingen. Um so mehr erstaunt es, daß es bisher kaum kulturvergleichende und mentalitätsgeschichtliche Längsschnittanalysen des Massenflugverkehrs gibt[4].

Ähnlich wie die Erfolgsgeschichte der Massenmotorisierung ist auch der exponentielle Aufstieg des Massenflugverkehrs von einer breiten Akzeptanz der Nachfragenden, den Passagieren, getragen. Warum benutzen Geschäftsleute für die Reise von Hamburg nach Düsseldorf nicht die Bahn, sondern das inzwischen langsamere und nervenaufreibendere Flugzeug?[5] Antworten auf diese Frage kann nur ein multidisziplinärer Ansatz geben, der die Verhaltensforschung, die Psychologie und Ethnologie einschließt. Die Fluggesellschaften sind den Flughistorikern hier weit voraus und bauen die erarbeiteten Ergebnisse in ihre Werbestrategien und Fluggestaltungen ein[6].

Bevor wir uns dem modernen Massenflugerlebnis zuwenden, soll im folgenden zuerst die technische Entwicklung und Dimension des Flugreisens skizziert werden. Die dann folgenden Abschnitte schildern die Verwirklichung des Traums vom Fliegen in der Flugwerbung, in der Flugreise selbst und im Reservat der Hobbyflieger. Dabei wird deutlich werden, daß der Massenflugverkehr zwar den Traum vom Fliegen immer mehr abstreift, daß dieser aber weiterhin in der zivilen Luftfahrt eine große Rolle spielt.

Die Dimensionen des Massenflugverkehrs

Riesige Menschenmengen strömten auf den Wiesen vor den Toren der Großstädte zusammen, wenn die Gebrüder Wright oder andere Flugpioniere ihre Flugapparate vorführten – auch das war ein Massenflugerlebnis –, und bis in die 1960er Jahre blieben die Zuschauer auf vielen Flughäfen zahlreicher als die Fluggäste[7]. Der Massenflugverkehr selbst begann nicht als Linien- sondern als Rundflug an den Badeorten. In Blackpool flogen schon vor dem Ersten Weltkrieg an Sommertagen 500 Personen täglich je 15 Minuten über den Strand hinweg[8]. Die ersten Fluggesellschaften entstanden in Deutschland 1919[9]. Der Weltkrieg hatte die technischen Voraussetzungen für den ersten Luftbus, das Ganzmetallflugzeug F 13 von Junkers, geschaffen. Es stand 1919 zur Verfügung. In den 1920er Jahren wuchs dann in Deutschland der zivile Luftverkehr schneller und systematischer als in den anderen europäischen Ländern. Ein Grund dafür war paradoxerweise das Verbot der militärischen Luftfahrt durch den Vertrag von Versailles. Es führte zum Ausweichen und einer Überkompensation in der zivilen Luftfahrt. Ein zweiter Grund ist biographischer Natur: Der Flugzeugpionier Hugo Junkers war ein gleichermaßen zielstrebiger Techniker und Unternehmer; seine Junkers-Flugzeuge und sein Junkers-Luftverkehr bildeten die materielle und organisatorische Basis für die Gründung der Deutschen Luft Hansa durch Verschmelzung mit dem Aero-Lloyd 1926. Sie blieb bis Ende der dreißiger Jahre die größte Fluglinie der Welt.

Wie sah die angebotene Verkehrsdienstleistung aus? Die Lufthansa bot bereits im ersten Jahr ihres Bestehens ein engmaschiges Streckennetz in ganz Europa an. Bald folgten Verbindungen nach Ostasien, Süd- und Nordamerika. Auch wenn das Netz anfangs mehr Wunschdenken als Realität war, spiegelt es die Planungen und Visionen der Verkehrsflieger wider. Es erinnert an das Streckennetz des Eisenbahnpioniers Friedrich List 100 Jahre zuvor und zeigt damit die Konzeption der zivilen Luftfahrt als Schnellbussystem. Gegenkonzepte zum Massenflug waren chancenlos. Auch in den USA entstand ein vergleichbares Netz, während sich in England und Frankreich wegen der starken Stellung der Hauptstädte nur eine Sternstruktur entwickelte.

Das Wachstum des zivilen Flugverkehrs ist von Anfang an als Befreiung von den Schranken der Natur, als politische und gesellschaftliche Emanzipation, wachsende geistige Mobilität, kurz: als Steigerung von Freiheit und Modernität begrüßt und staatlich subventioniert worden. Bau und Entwicklung des Fluggeräts und der Flughäfen wurden ebenso gefördert wie der Flugverkehr selbst, und zwar in Form von Kilometerpauschalen für den Post- und Personenverkehr, verbilligtem Benzin, subventionierten Landegebühren u. v. m. Die direkte Subventionsrate der Lufthansatickets sank von 1926 bis 1939 von 62% auf 35%. Auch in der Nachkriegszeit war die Lufthansa kein besonders profitables Unternehmen: In den 35 Jahren von 1955 bis 1990 gab es nie mehr als 6% Gewinn, dafür aber in 13 Jahren Nettoverluste nach Steuern.

Entgegen einem landläufigen Vorurteil war der Krieg nicht der Vater aller Dinge im Zivilflugzeugbau. Vielmehr bestimmte die in den 1930er Jahren entwickelte DC 3 als Flugzeugtyp auch die 1950er Jahre. Doch die militärischen Entwicklungen im zweiten Weltkrieg schufen die technischen Voraussetzungen für den zivilen Düsenjet. Noch im Weltkrieg starteten die ersten Turbinenflugzeuge von Heinkel und Messerschmitt auf der deutschen Seite. 1945 fielen den Alliierten diese Flugzeuge und die Ergebnisse der Pfeilflügelforschung in die Hände, die von den USA und der Sowjetunion (weniger von England, das eine starke eigene Turbinenentwicklung besaß) übernommen wurden. Die Jets veränderten die zivile Luftfahrt, weil sie gegenüber den Propellerflugzeugen fast doppelt so schnell waren, weniger Wartung brauchten, also länger einsatzbereit

Abb. 50: »Fly anywhere anytime«: Charterangebot der Curtiss Aircraft Company, Plakat aus der Mitte der zwanziger Jahre.

waren und eine größere Gewichtsleistung hatten, d. h. mehr Gepäck oder Benzin transportieren konnten. Die Flugzeuge erhielten dadurch eine größere Reichweite oder mehr Zuladekapazität. Die Fluggesellschaften konnten nun toleranter beim Reisegepäck werden, ohne Zwischenstops direkt nach Übersee fliegen und einen wachsenden Marktanteil im Güterverkehr erringen.

Die ersten Jets brachten die Engländer und die Sowjets heraus. 1952 flog die Aeroflot mit Tupolev-Jets von Moskau nach Irkutsk und die BOAC mit der Comet in die Kolonien. Doch nachdem mehrere Comets in den ersten Jahren implodierten, mußte die Maschine vom Markt genommen werden. Auch die DDR startete eine ambitionierte Jetproduktion, die 1960 über 20 000 Mitarbeiter beschäftigte, kam aber über das Versuchsstadium nicht hinaus. Boeing sicherte sich seine bis heute andauernde Führung im Flugzeugbau mit der B 707, die nach mehrjährigem Test 1958 an die Fluggesellschaften ausgeliefert wurde. Der Zeitpunkt war offensichtlich sehr gut gewählt. PAN AM, die an der Entwicklung beteiligt war, erhielt die ersten 45 Maschinen und setzte damit den Standard. Alle Fluggesellschaften mußten nun ebenfalls kaufen, wollten sie nicht technologisch zurückfallen. 1965 hatte PAN AM bereits 258 Jets[10]. Die B 707 hatte für die damalige Zeit unerhörte 140 Sitze; ihre kleinere Schwester, die B 727, wurde der bis heute erfolgreichste Jet und 1832mal gebaut. Zwar erreichten Propellerflugzeuge viel höhere Produktionszahlen – die DC 3 wurde 13 000mal und die Ju 52 knapp 5000mal gebaut –, hatten aber weit weniger Sitze und eine viel niedrigere Einsatzbereitschaft.

Der relative Anstieg des Flugverkehrs hat sich in den vergangenen Jahrzehnten abgeschwächt – von weltweit jährlich 15,3% in den fünfziger Jahren, 13,6% in den sechziger Jahren, 10% in den siebziger auf 4,6% in den achtziger Jahren –, stieg damit aber noch immer wesentlich schneller als das Bruttosozialprodukt. Man muß sich außerdem vor Augen halten, daß die sich abschwächende Zunahme von einem immer höheren Sockelniveau ausging. Die Bevölkerungsmehrheit wurde in Deutschland erst in den 1970er Jahren vom Massenflugverkehr erfaßt. Von 1982 bis 1994 stiegen die geflogenen Flugkilometer im internationalen Personenverkehr von 750 Milliarden auf ungefähr 1,5 Billionen. Das internationale Luftfrachtaufkommen stieg noch schneller von 30 auf fast 75 Milliarden Tonnenkilometer.

Die wirtschaftliche Bedeutung ist inzwischen gigantisch. Nehmen wir zum Beispiel allein die Flughäfen der 30 größten amerikanischen Städte. Sie bewirken zusammen einen Umsatz von 250 Milliarden Dollar, davon 80 Milliarden an Löhnen und Gehältern für 4 Millionen Menschen[11]. Im Zuge der weiteren Deregulierung des Flugverkehrs werden diese Zahlen noch weiter zunehmen, und die Zunahme wird weiterhin überwiegend begrüßt werden. Der amerikanische Verkehrsminister Frederico Pena brachte vor einiger Zeit die positive Bewertung der Mobilität auf den Punkt, als er die Frage eines Journalisten beantwortete, warum die US-Regierung den Wettbewerb im Flugverkehr weiter fördere: »Wettbewerb führt zu niedrigeren Preisen und mehr Flugreisen. Mehr Flugreisen sind besser als weniger«[12].

Wer flog mit den Luftbussen? Seit Beginn der Luftfahrt war der Anteil des Freizeitverkehrs bedeutend und spielte der Erlebniswert eine zentrale Rolle für die Wahl des Flugzeugs als Verkehrsmittel. Die meisten Arbeiten über die Geschichte der Luftfahrt unterschätzen den Freizeitverkehr, konzentrieren sich dafür auf den Geschäftsverkehr und die Zeitersparnis als Hauptreisemotiv. Doch Untersuchungen beweisen, daß nicht die Zeitersparnis allein, sondern auch das Flugerlebnis die Passagiere zum Fliegen veranlaßte. Bei den schon genannten Rundflügen, dem ersten Massenflug, ist das offensichtlich. Bei den »geschäftsreisenden« Linienfliegern ist es nur schwieriger nachzuweisen. Die tatsächliche Zeitersparnis des innerdeutschen Flugverkehrs auf den »Hopserlinien« der Lufthansa gegenüber der Bahn war jedenfalls bis zum Zweiten Weltkrieg gering und verkehrte sich oft ins Gegenteil. Natürlich war die Zahl der Passagiere vergleichsweise klein, denn Flugtickets waren bis in die 1950er Jahre teuer, und zum Massenphänomen konnte das Fliegen erst werden, als die Preise purzelten. Doch es ist falsch, daß erst in der jüngeren Vergangenheit der Erlebnis- und Freizeitflieger als Kunde in Blick kommt. Es ist allerdings richtig, daß erst nach 1945 spezielle Niedrigtarife für Touristen auf den Linienflügen eingeführt wurden. 1952 offerierte Trans World Airways einen »Sky Tourist« Tarif, 1958 folgte die »Economy class« in fast allen Fluggesellschaften. Die Differenzierung von Passagierklassen im Flugzeug war neu; es gab sie natürlich schon längst bei Bahn und Schiff, und schon im Mittelalter finden wir unterschiedliche Tarife für »Pilger«

und »Händler«[13]. Doch preiswerte Flugreisen gab es schon vor Einführung der Touristen-Klasse. Der Charterflug, die preiswerte Variante der Flugreise, wurde von der IATA (= International Air Transport Association) 1953 auf das damals arme Europa beschränkt, wo er in den folgenden Jahren gewaltige Marktanteile errang. In den USA war der Charterflug dagegen lange auf Reisen von Gruppen mit einer inneren Zusammengehörigkeit beschränkt. Um die Restriktionen zu unterlaufen und an die billigen Tarife zu kommen, organisierten sich in den USA Gruppen, oft sogar spontan. Doch es gab Kontrollen: 1971 fiel der »Left Hand Club« bei einer Überprüfung im Flugzeug auf. Nur 25% der Passagiere konnten mit links schreiben, die anderen mußten das Flugzeug verlassen[14]. Seit der Deregulierung Ende der siebziger Jahre aber sind diese Beschränkungen weggefallen, und in Amerika und Europa konvergierten die Flugpreise von Charter- und Linienflug.

Die allgemeine Verbilligung der Flugreise ist durch das Großraumflugzeug ermöglicht worden. Pläne – oder Träume – von Großflugzeugen gab es seit Beginn der Luftfahrt, doch die Riesenflugzeuge blieben Episode bis zur Auslieferung der B 747, des Jumbojets, 1970[15]. Wie bei der 707 war es erneut die PAN AM, die Boeing mit einer Großbestellung überredet hatte, die Planung der neuen Flugzeuggeneration in Angriff zu nehmen. Boeing konnte allerdings auf die Vorplanungen für einen im Pentagon abgelehnten Frachttransporter aufbauen[16]. Obwohl die meisten Flugzeugexperten den Jumbo nur für eine Interimslösung auf dem Weg zum Überschallverkehr hielten, mußten die Fluggesellschaften erneut der PAN AM in der Bestellung von Jumbos folgen. Auch Douglas und Lockheed mußten nun ebenfalls Großraumflugzeuge entwickeln. Doch die verlängerte DC 8, die DC 10 und die Lockheed Tristar konnten dem Jumbo nicht das Wasser reichen. Drei Jahre nach dem ersten Jumbolinienflug flogen bereits 211 Jumbos, aber nur 70 DC 10 und 51 Lockheed 1011[17]. Der Jumbo transportierte 360 Passagiere in der Normalversion Linie und 500 im Charterflug; und damit etwa halb so viele zahlende Gäste wie ein ausgewachsener Ozeandampfer.

Mit diesen Flugzeugen begann der wirkliche Massentourismus und -frachtverkehr durch den Verfall der Flugpreise[18].

Abb. 51: Kabine einer Boeing 747, um 1970.

Gleichzeitig setzte eine langdauernde Krise für die Fluggesellschaften ein. Allen IATA-Vereinbarungen zum Trotz mußten auch die angesehenen Fluggesellschaften ihre Tickets auf den Billigmärkten verkaufen, um die großen und immer startbereiten Jumbos zu füllen. Ausdruck der Krise war der Wechsel auf den Vorstandsposten. Knallharte Ökonomen haben in den siebziger und achtziger Jahren die Chefsessel eingenommen, um die Gesellschaften durch Radikalkuren wieder in die Gewinnzone zu steuern. Die Fluglinien legten sich Hotelketten und Autovermietungen zu. Als in den siebziger Jahren in Amerika der Reihe nach die erste Generation der Direktoren der fünf großen Fluggesellschaften abtrat – sie hatten ihre Airlines teilweise 40 Jahre geleitet –, überließen sie das Steuer einer Generation von Managern ohne fliegerische oder technische Erfahrung, aber mit einem kaufmännischen Hintergrund, oft aus der Hotelbranche.

Neben der Vermassung brachte der Jumbo endgültig die Vereinheitlichung des Flugerlebnisses. Die technischen Unterschiede zwischen den einzelnen Fluggesellschaften, die alle die gleichen Maschinen fliegen, sind heute bedeutungslos. Auch wenn man eine exotisch klingende Fluggesellschaft, etwa die Singapore oder Columbian Airlines, wählt, fliegt man in der Boeing 747 mit der gleichen Sitzanordnung, der gleichen Musik im Kopfhörer und der gleichen »non dairy«-Kaffeesahne. Durch die großen Menschenmassen, die ins Flugzeug bewegt und dort versorgt werden müssen, ist das Fliegen die organisierte, gleichsam gezwungene und damit am wenigsten individuelle Form des Reisens geworden. Die Passagiere werden wie Schafe geleitet und von Stewardessen im internen Gespräch auch so bezeichnet.

Die Entwicklung im Flugzeugbau ist seit dem Jumbo langsamer geworden und hat sich auf Treibstoffersparnis und die Schadstoffminderung konzentriert. Überschallflugzeuge haben sich nicht am Markt durchgesetzt. Auch die Eisenbahn hatte nach Phasen der stürmischen technischen Entwicklung Sattelebenen der technischen Entwicklung erreicht, die erst durch die Konkurrenz neuer schnellerer Verkehrsmittel (Auto und Flugzeug) verlassen werden mußten. Doch eine Konkurrenz für das Flugzeug ist nicht in Sicht, und die Entwicklung dürfte daher eher in Richtung auf noch größere Passagier- und Transportflugzeuge gehen.

Fliegen im Großraumjet ist zu einem Massenerlebnis geworden – zu der nicht nur schnellsten und sichersten, sondern auch preiswertesten Beförderungsmöglichkeit im Geschäfts- und Urlaubsverkehr. Welche Rolle der Traum vom Fliegen dennoch auch heute noch spielt, werden wir uns nun am Beispiel der Flugwerbung, des tatsächlichen Reiseerlebnisses und im Bereich des Privat- und Hobbyfluges ansehen.

Flugwerbung

Die Werbeinhalte, vor allem die Verschiebung der Werbeinhalte, sind ein Indikator für den Wandel der Flugbedeutung bei den potentiellen Passagieren. Der Erlebnischarakter des Fliegens spielte in der Flugwerbung quer durchs 20. Jahrhundert eine große Rolle. In Sigmund Freuds berühmtem Buch ›Die Traumdeutung‹ werden Flugträume zu den am weitesten verbreiteten Traumtypen gezählt[19]. Freud betonte vor allem die sexuellen Wurzeln des Traums vom Fliegen, aber auch den Wunsch der zu kurz Geratenen, emporzukommen[20]. Die Verwirklichung dieser erotischen Wünsche und Herrschaftsgelüste wurden und werden in der Werbung der Fluggesellschaften durch den Mitflug versprochen. Verführerische Stewardessen lockten ebenso wie das Versprechen, in der VIP-Lounge und anschließend in der Kabine wie ein Pascha umsorgt zu werden[21]. Für die Fluggesellschaften ist es sehr teuer, aber notwendig, dem Fliegen diesen Hauch von Macht und Luxus zu geben, und z. B. ihre Verkaufsbüros in die teuersten Geschäftsgegenden zu legen[22].

Unverhohlen werben heute gerade fernöstliche Fluggesellschaften mit der Bedienung und dem Reiz der Stewardessen. So beschrieb die Air-India in einer Anzeige ihre Stewardessen folgendermaßen: »Sie haben eine Art der Ausbildung, von der andere Fluggesellschaften nur träumen, sie ihren Mädchen geben zu können. Sie beginnt bereits mit der Geburt. Indische Mädchen werden in eine Welt geboren, in der es die Aufgabe einer Frau ist, das Leben für andere Menschen einfacher und angenehmer zu machen. Sobald sie laufen können, wird ihnen beigebracht, wie man bedient«[23]. Neben den Stewardessen lokken auch Abenteuer in fremden Welten. Hier sind wir allerdings oft wieder beim gleichen Thema: Die vor einigen Jahren ins Gerede gekommene Swissair-Werbung für Südseeflüge zeigte einen Passagier, der ein leichtbekleidetes Südsee-Mädchen als Koffer unter dem Arm trägt.

Doch es gibt heute auch Zeitungsinserate, die eher auf das Ende des Traums vom Fliegen verweisen. Es wird auf die Qualität der angebotenen Liniennetze, die Bequemlichkeit der

Sitze verwiesen, die Bein- und Armfreiheit wird in Zentimeter-Angaben und visuell veranschaulicht, gleichfalls die Qualität des Service und – bei Touristikwerbungen – die niedrigen Flugpreise[24].

Der Sicherheitsaspekt ist dagegen in der Flugwerbung im Vergleich zur Vorkriegszeit unwichtiger geworden, denn Fliegen ist zunehmend als sicher empfunden worden. In den sechziger Jahren galten in Deutschland die Charterlinien dagegen noch als »Seelenverkäufer« und ein Mitflug als unsicher, doch seit der Angleichung von Charter und Linie hat sich das Vertrauen auch auf die Touristikflüge ausgedehnt. In den fünfziger Jahren spielte dagegen die Sicherheit in der Flugwerbung noch eine große Rolle, wie der amerikanische Psychologe Vance Packard in seinem berühmten Buch ›Die geheimen Verführer‹ über die Werbung in den Vereinigten Staaten beschreibt. Er zeigt, daß die US-Airlines in ihrer Flugzeugwerbung überraschend viele Frauen abbilden, die winkend in die Kabinen steigen. Packard sieht hier weniger die erotische Komponente, sondern vermutet, daß hier die Ehefrauen amerikanischer Geschäftsleute angesprochen werden sollen, und zwar weniger ihr Wunsch, selbst zu fliegen, als ihre Bereitschaft, dem Flugwunsch ihrer reisenden Ehegatten nicht länger entgegenzutreten. Offensichtlich verhinderten ängstliche Ehefrauen in den fünfziger Jahren das Umsteigen der Geschäftsleute von der Bahn ins Flugzeug. Die Werbung sollte nun zeigen, daß sogar Frauen ohne Angst und dicke Kleidung mitfliegen, es also so gefährlich nicht sein kann[25]. Diese Interpretation verträgt sich gut mit der Beibehaltung des Erlebnischarakters, denn sicher soll das Wagnis schon sein. Ähnliches galt schon für die Bergbahnen auf die Alpengipfel, die seit dem letzten Drittel des 19. Jahrhunderts allerorten errichtet wurden. Das Kribbeln in der Magengrube beim Überqueren von »Höllenschluchten« sollte aus sicherer Position erlebt werden können.

Ganz Ähnliches gilt für die Reise, die auf den Kauf des Flugtickets folgt. Nach wie vor strahlt bereits der Flughafen eine andere, mondänere Atmosphäre aus als der Bahnhof. Gepäckschiebewagen kosten auf dem Münchner Hauptbahnhof eine Mark Pfand, auf dem Flughafen sind zwei Mark Einsatz unwiederbringlich dahin. Terminologie und Atmosphäre des Fliegens sind von der Schiffahrt übernommen worden, obwohl die Eisenbahn in mancher Hinsicht nähergelegen hätte. Fliegen war aber Segeln und nicht Rollen. Der Kapitän schaute auf den Lokomotivführer herab, der 1. Offizier auf den Heizer, der Steward auf den Schaffner, die Gangway auf den Bahnsteig, der Flughafen auf den Bahnhof. Das Flughafenambiente ist so erfolgreich, daß sich heute die Bahn atmosphärisch an Flughafen und Flugreise orientiert. Über eine Million Besucher pilgerte 1994 auf den Aussichtsberg des Münchner Flughafens, um Flugzeuge beim Starten und Landen zu beobachten. Die Umsorgung schon auf dem Flughafen entspricht mit Einschränkungen der Werbung: Die VIP-Lounge gibt es wirklich, auch wenn der Massentourist sie nicht zu sehen bekommt – oder wenn sie im Zweifelsfall als Senator-Lounge nur aus fünf abgeschabten Sesseln besteht. Auf der anderen Seite hat der Erlebnischarakter des Flughafens durch die Uniformität und kühle Rationalität der Architektur etwas gelitten. Flughäfen atmen, wie Hilton-Hotels, auf der ganzen Welt eine ähnliche optische, klimatische und sinnliche Atmosphäre[26].

Das individuelle Flugerlebnis und der Charakter des Wagnisses werden heute von den Fluggesellschaften künstlich wachgehalten. Nur so sind die ausführlichen regelmäßigen Hinweise auf die Notfallsituation, den Absturz, zu verstehen. Statistisch ist die Flugreise die sicherste Art zu reisen. Dennoch erhält der Reisende nur hier ausführliche Vorbereitungen auf den Ernstfall. Auch bei Bergwerksführungen begegnet einem Ähnliches: Die Demonstration der Sicherheitstechnik stimuliert die Vorfreude auf die Grubenfahrt. Ähnliches gilt für die Ansage des Kapitäns, die von Erica Jong in ihrem Buch ›Angst vorm Fliegen‹ als eine »beruhigend-ermutigende Stimme mit dem Akzent des Mittelwestens« charakterisiert wird: »Hier spricht Ihr Kapitän! Die Sicht ist gut. Wir werden einen angenehmen Flug haben und um soundso viel Uhr sicher landen. Vielen Dank!«[27] Dieser Hinweis sagt implizit, daß es auch anders sein könnte: Er bestätigt die Sicherheit des *heutigen* Fluges und verweist damit auf die potentielle Gefahr[28]. Kultiviert wird auch der Hinweis auf »Turbulenzen«, verbunden mit der Bitte, sich anzuschnallen, auch wenn die Erschütterungen schwächer sind als bei einer gewöhnlichen Eisenbahnfahrt.

Der Blick durch das Flugzeugbullauge hinab auf die Welt befriedigt das alte und zentrale Bedürfnis des Menschen nach Überblick und damit nach Herrschaft. Auch deshalb baute er Türme und Burgen, und deshalb nimmt er befriedigt die Stimme des Kapitäns zur Kenntnis: »Links unter uns Paris und die Ile de France, rechts wird in 10 Minuten der Ärmelkanal auftauchen.« Der spektakuläre Blick in die Ferne war schon ein Jahrhundert zuvor ein Motiv für die Eisenbahnreise. Wolfgang Schivelbusch hat die neue Weltanschauung aus dem Eisenbahnabteil, den panoramatischen Blick, als zentrales Moment des modernen, industrialisierten Bewußtseins gedeutet[29]. Gleichzeitig beschrieb Schivelbusch die aufkommende Langeweile und den Blick nach innen, ins Abteil. Bahnhofsbuchhandlungen entstanden, die den Reisenden mit Lektüre versorgten. Beides gilt für die Reise im Luftbus verstärkt (von den Zeppelinen über die Ju 52 und die DC 3 zu den zivilen Jets sind die Flugzeugfenster immer kleiner geworden).

Dennoch bleibt ein Rest von Sensation. Der Psychologe Rainer Schönhammer vermutet, daß die rituell ablaufende Liturgie beim Start, die abgeleierte, phonetisch oft unverständliche Sicherheitsbelehrung und der Blick aus dem Fenster während der Startphase, auch bei Flugzeugroutiniers ein Anzeichen dafür ist, daß auch heute noch die Ungeheuerlichkeit des Abhebens durch klare Verhaltensregeln abgefedert werden muß[30].

Natürlich dient, ganz wie in der Werbung, die Performance der Stewardessen und des Kapitäns auch der wirklichen Beruhigung der Passagiere. Flugangst ist auch heute weit verbreitet[31]. Gerade beim Start schwitzen weiterhin viele Passagiere

Blut und Wasser oder erleben den Startvorgang merkwürdig in sich gekehrt. Die Lufthansa und andere Fluggesellschaften veranstalten regelmäßig »Seminare für entspanntes Fliegen« in Form psychologischer Wochenendkurse[32]. Sogar bei Vielfliegern beobachten Flugbegleiterinnen eine ängstlich getönte Spannung[33]. Australische Psychologen haben versucht, das Phänomen Flugangst zu zergliedern in die Angst vor dem Absturz, vor der Höhe, vor der Enge und vor der Instabilität[34]. Auch nach Verbesserung der Sicherheitsmaßnahmen bleibt ein irrationaler Rest an Flugangst, der sich kaum vertreiben läßt. Hier sind wir bei den anthropologischen Konstanten, die keinesfalls voreilig als krankhaft abgestempelt werden sollten, sondern vielleicht für das laufende Steppentier Mensch durchaus rational sind. Wir halten für unsere Überlegungen fest, daß die beruhigende Musik und die permanente Bespielung mit Ansagen, Essen und Aufforderungen zum An- und Abschnallen ebenso gegen die Flugangst wie gegen die Fluglangeweile gerichtet sind.

Neben dem Traum von Exklusivität, Überblick und Freiheit spricht das Unterwegsprogramm auch den Traum von Macht und Sexualität an. Stewardessen (oder schicke Stewards) werden ja nicht nur in der Werbung versprochen, es gibt sie wirklich, und sie lassen sich auch wirklich zu einem »Date« einladen, wenn dies auch – entsprechend dem üblichen Unterschied zwischen Werbung und Wirklichkeit – nicht allzuoft vorkommt. Die Stewardessen kamen auf, als das Fliegen sicherer und langweiliger wurde und sich das Interesse der Passagiere mehr nach innen auf die Kabine richtete. Boeing Air Transport stellte im Mai 1930 acht ausgebildete Krankenschwestern als erste Stewardessen ein. Die Stewardessen waren ein Riesenerfolg, der sofort von den Konkurrenten kopiert wurde[35]. Die Stewardessenfrage aus den fünfziger Jahren »Coffee, tea or me?« gehört im Zeitalter des Massenfluges natürlich der Vergangenheit an. Doch seit die technischen Unterschiede zwischen den einzelnen Fluglinien immer kleiner geworden sind, ist die relative Bedeutung des Lächelns der Stewardessen in der Konkurrenz um Kunden wieder größer geworden. Die asiatischen Fluggesellschaften Cathay Pacific, Korean und Singapore Airlines erwarten in ihren Trainingszentren von jungen

Stewardessen sechs Wochen durchgängiges Lächeln[36]. Die europäischen Fluggesellschaften zogen in den achtziger Jahren nach und trainierten, so die Scandinavian Airlines in »smiling courses«, den lächelnden Blick zwischen die Augen der Männer mit halb geöffnetem Mund[37].

Auf der anderen Seite hat sich das Interesse der Viel- und Geschäftsflieger doch verschoben. In einem Rückblick auf den ersten deutschen Massenflugverkehr, die Berlinflüge der fünfziger Jahre, erzählt Marion Gräfin Dönhoff von den unter dem Hallendach des Flughafens Tempelhof aufgereihten Flugzeugen, »zu denen morgens Schwärme von Passagieren eilten; der Fensterplatz war damals noch ein erstrebenswertes Ziel, setzte allerdings eine gewisse Hurtigkeit voraus«[38]. Ihren ersten Amerikaflug 1951 von Frankfurt aus hat Gräfin Dönhoff damals übrigens in einem eigenen ›Zeit‹-Artikel gewürdigt: »Es war sechs Uhr abends, als die riesige Constellation, die im Scheinwerferlicht aussah wie ein geheimnisvolles, auf der Lauer liegendes Ungeheuer aus der Stratosphäre, donnernd über die nasse, dunkle Rollbahn sauste und sich in die Luft erhob. Es war die längste Nacht, die ich je erlebt habe. London bei Nacht!«[39] Wir können uns heute kaum vorstellen, was an einem Nachtflug so interessant gewesen sein soll. Heute hat sich das Interesse der Passagiere nach innen gerichtet. Der Fensterplatz wird auch von einem Geschäftsreisehandbuch aus dem Jahr 1983 empfohlen, aber nur »weil man dort den Kopf anlehnen kann«. Denn, so das Handbuch weiter, »Schlaf ist eine vorzügliche Art, lange Flüge zu überbrücken«[40]. Der Nachteil der Fensterplätze sei, daß die Klimaanlage oft einen leichten Luftzug entlang der Kabinenwand schafft. Sitze am Gang gäben mehr Bewegungsfreiheit, man würde aber jedesmal gestört, wenn ein Sitznachbar aufstehe. Wer den Film ansehen will, sitzt am besten auf halber Strecke zwischen zwei Kabinentrennwänden im mittleren Sitzblock[41]. Einen ähnlichen Stellenwert hat als orale und somatische Stimulanz das Essen an Bord, dessen Bedeutung in den letzen Jahrzehnten eher gestiegen ist. 1951 wurden erst 60% des Essens in den Flugzeugen serviert[42]. Alle Versuche, das Essen auf Kurzstrecken abzuschaffen, wurden von den Passagieren bisher mit einem Wechsel der Fluggesellschaft bestraft[43]. Der SAS-Vorstand

Knut Hagrup forderte zwar in den siebziger Jahren von seinen Kollegen, in der Werbung nicht mehr den Komfort und Luxus an Bord zu rühmen, sondern den Fluggast daran zu gewöhnen, im Flugzeug ohne Stewardessen »selbst zurechtzukommen, wie im Autobus, in der Metro oder irgend einem anderen Massenverkehrsmittel«, da die Kosten der Serviceleistungen von den Fluggesellschaften nicht mehr zu bezahlen seien[44]. Doch für Langstreckenflüge sieht auch Hagrup die Notwendigkeit von aufheiternden Extras. Umfragen bestätigen die nach innen gerichtete Aufmerksamkeit. Eine Befragung der Passagiere der Austrian Airlines ergab die Wichtigkeit der Qualität des Bordservices an erster Stelle vor den Punkten günstige Flugzeiten, modernes Fluggerät und Pünktlichkeit[45]. Eine andere Umfrage nannte absteigend das Angebot kostenloser Zeitschriften, eine gute Bordverpflegung, Video am Platz, bequeme Schlafsessel und erst an fünfter Stelle freundliches und aufmerksames Personal[46].

Eine Maßnahme, der Fluglangeweile zu entgehen, ist die Benutzung kleinerer Maschinen. Die Nachfrage nach Regionalflugzeugen und Privatjets, übrigens vorwiegend aus europäischer Produktion, hängt vermutlich auch an dem größeren Erlebniswert[47]. Von den 5,04 Millionen Deutschen, die 1994 zumindest eine (im Durchschnitt 30) Geschäftsreise gemacht haben, sind 1,19 Millionen auch einmal mit dem Flugzeug gereist. 120 000 haben ein Charterflugzeug angemietet und immerhin 30 000 stand ein firmeneigenes bzw. angemietetes Flugzeug zur Verfügung[48]. Die Entscheidung über das Reisemittel trifft der Geschäftsreisende gern selbst, auch wenn dabei viel Zeit verlorengeht: 75% treffen die Entscheidung über das Verkehrsmittel und über 50% informieren sich und buchen auch selbst[49].

Wir müssen also das Reiseerlebnis im modernen Flugverkehr differenzieren. Während bei der Bahn der Unterschied zwischen erster und zweiter Klasse in bescheidenen 50% Aufpreis besteht, liegt zwischen dem festgebuchten Billigflug und dem First-Class-Ticket der Faktor 5. Das Lufthansaticket Frankfurt–New York und Retour kostete am 1. 3. 1995 1037,– DM (Super Apex), 1137,– (Apex), 2197,- (Excursion), 3910,– (Full Economy), 4360,– (Business) und 7693,– in der ersten

Klasse. Der extreme Massenflugverkehr im Omnibussystem findet im Charterflug statt. Die Reisefreiheit ist sehr beschränkt: Schon Monate vorher muß man sich festlegen. Von der Bedienung der Stewardessen bleibt nur ein Rest von Freundlichkeit. Der Charterflug ist heute meist die konkurrenzlos billigste Variante von einem Punkt A zu einem Punkt B zu gelangen. Gerade bei Urlaubs- und bei Vielfliegern wird heute der Flug als Last mit stickiger Luft, Kreuzschmerzen und Langeweile in beengtem Raum empfunden[50].

Ein Hinweis auf den zurückgehenden Reiz des Flugerlebnisses ist die unterschiedliche Wahrnehmung des Fliegens zwischen jung und alt. Erwachsene, die noch eine Zeit vor dem Massenflugverkehr kannten, erleben auch heute den spektakulären oder schockierenden Aspekt der Flugreise noch stärker als die heranwachsende Jugend, wie eine vergleichende Befragung von Gymnasiasten und Erwachsenen zu ihren Flugerlebnissen im Jahr 1989 zeigte. Die Gymnasiasten hatten, obwohl sie im Durchschnitt seltener flogen, seltener Angst und empfanden seltener Lust beim Fliegen. Das Hinausschauen und das Gefühl, den Alltag hinter sich zu lassen, spielte in ihren Antworten eine geringere Rolle als bei den Erwachsenen. Dagegen war bei den Jugendlichen das Vergnügen an Komfort und Bedienung wichtiger[51].

Hobbyflieger

Fast 100% des Personenflugverkehrs werden heute mit größeren Luftbussen abgewickelt. Der Traum vom Fliegen aber lebt weiter und gedeiht im Biotop der Privat- und Hobbyflieger.

Einige Jahre nachdem Reinhard Mey den Start eines Luftbusses auf nasser Rollbahn als grenzenlose Freiheit über den Wolken besungen hatte, erwarb er einen Privatpilotenschein. Sein Lied drängt zum Hobbyflug, denn in einer Linienmaschine ist es nur schwer umsetzbar, auch wenn sicher die Mehrheit der Deutschen bei ihrem ersten Flug weiterhin Reinhard Meys ›Über den Wolken‹ in den Ohren hat. Die Produktionszahlen der kleinen Privatmaschinen sind in den letzten Jahren übrigens dramatisch zurückgegangen. Wurden durch westliche Hersteller 1978 noch insgesamt 18 000 Reise- und Geschäftsflugzeuge gebaut, so ging diese Zahl auf 1000 Einheiten 1991 zurück. Von den über 100 Typen 1978 sind noch 31 übriggeblieben. Angesichts schneller Züge und des Autobahnausbaus sowie der immer schlechteren Landemöglichkeiten auf den stadtnahen Flughäfen lohnt es sich zeitlich nur noch selten, mit einer knapp 200 km/h schnellen Cessna durch die Luft zu röhren. Doch der aviatische Blätterwald, den man etwa im Lesesaal des Deutschen Museums überblicken kann, thematisiert ganz überproportional den Privat- und Hobbyflug. Die Existenz von mehreren Dutzend einschlägiger Zeitschriften zeigt, daß der Traum vom privaten Fliegen von den Hobbyfliegern stellvertretend für eine viel größere Lesegemeinde realisiert wird. Quartettspiele zeigen Kleinflugzeuge, zum Teil mit eingedruckten, recht niedrigen Preisen, die suggerieren, jeder könne sich ein solches Flugzeug leisten[52]. Bücher über Flugerlebnisse sind bis heute vom individuellen Traum vom Fliegen beherrscht, von den Memoiren von Flugkapitänen und Jagdfliegern. Über den Massenflugverkehr gibt es kaum Literatur.

Zum Hobbyflug gehört auch der Modellflug als proletarische Variante des Privatfliegens und Nachfolger des Brieftaubenzüchtens. Bei der Brieftaube und beim Modellflugzeug hat der kleine Mann einen richtigen Flugapparat in Händen, den er im letzteren Fall sogar selbst steuern kann. Im ersteren Fall kann er dafür fremde Länder erreichen, wenn auch leider nur in umgekehrter Richtung.

Ende des Traums vom Fliegen?

Der Massenflugverkehr verwirklicht den Traum vom Fliegen nur sehr partiell. Fliegen im Luftbus ist vor allen Dingen bei der jüngeren Generation langweilig geworden, wird mit Sitzen assoziiert, mit einer angenehmen Büro- oder Wohnzimmeratmosphäre. Daher geht es in der Flugwerbung zunehmend um

Beinfreiheit, ums Fernsehen sowie um Telefon und Faxanschluß. Am wichtigsten aber bleibt die Zeitersparnis. Knallhart konkurrieren heute nicht nur die Fluglinien, sondern auch die Flughäfen mit kürzesten Umsteige- und internen Transportzeiten. Die neuen Flughäfen selbst sind verkehrsgünstig für die Autos gebaut, egal ob als gerader (München) oder runder Typ (Berlin-Tegel)[53]. Bei den neuen Flughäfen kann der Autofahrer mehr oder weniger direkt an das »Gate« fahren und dort parken. Die ganz neuen Flughäfen bieten auch gute öffentliche Verkehrsanschlüsse. Ästhetisch sind die Flughäfen dagegen heute eine wenig anziehende Zusammenballung von Parkhäusern, Abstandsgrün, breiten Straßen und umgeben von bedauernswerten Wohngebieten mit Niedrigmieten.

Nicht nur für die Anfahrt bieten die neuen Flughäfen kurze Wege. München verspricht, Umsteigezeiten von 35 Minuten im Regelfall realisieren zu können. Das glauben selbst die Fluggesellschaften noch nicht und kalkulieren in ihren Umsteigeplänen weiterhin mit Zeiten von einer Stunde. München verspricht auch, daß durchschnittlich 7,3 Minuten nach der Landung der erste Koffer auf dem Gepäckband liegt. Die zweite S-Bahn-Linie soll die Fahrzeit aus der City zum Flughafen auf 30 Minuten drücken. Delta Air Lines wirbt in den USA mit einem Geschäftsmann, der sinnierend aus einem Flughafen auf die Rollbahn blickt: »6 Städte [d. h. Termine] in zwei Tagen. Ein Glück, daß es Delta gibt.« In Europa wird dieses Argument vielleicht bald zum Ende des Fliegens führen. Durch die schnellen Zugverbindungen und die Verlängerung der An- und Abreisezeit zum Flughafen verliert das Flugzeug seinen Zeitvorteil. Man kann daher die Prognose wagen, daß es dem innerdeutschen Flugverkehr in den nächsten Jahren an den Kragen gehen wird, sollten nicht die anthropologischen Konstanten des Fliegetraumes dies verhindern. Denn beim Traum vom Fliegen geht es ja nicht nur um das Fluggefühl, sondern auch um die Potenz, fliegen zu können. Vielflieger werden weiterhin bestaunt werden, wie Menschen, die Flügel haben. Sie sind omnipräsent. Hitler hat sich das zunutze gemacht – und auch heute tun es hubschrauberfliegende Politiker. Vielleicht wird es deshalb auch weiterhin als unsolide gelten, von einem wichtigen Geschäftstermin aus den Bahnhof für die Heimfahrt anzusteuern. Aber nicht nur aus diesem Grund bleiben die Flugzeuge gut gefüllt. Bis heute ist das Erlebnis der Startphase beeindruckend, Flugangst ist bis heute ein Thema, die Werbung der Fluggesellschaften spielt weiterhin mit dem Traum vom Fliegen, vielerlei Gelüste werden vor und während der Flugreise befriedigt und die von der Luftfahrtindustrie geförderten Hobbyflieger verwirklichen den Traum vom Fliegen stellvertretend für den Flugpassagier.

Anmerkungen

1 Peter Fritzsche, A nation of fliers. German aviation and the popular imagination, Cambridge 1992.

2 David Edgarton, England and the Aeroplane. An essay on a militant and technological nation, London 1991.

3 Joseph J. Corn, The winged gospel. Americas romance with aviation. 1900–1950, New York/Oxford 1983.

4 Ausnahmen sind die populärhistorischen Darstellungen von Kenneth Hudson/Julian Pettifer, Diamonds in the sky. A social history of Air Travel, London/Sydney/Toronto 1979; Anthony Simpson, Empires of the sky. The politics, contests and cartels of world airlines, New York 1984; Wolfgang Behringer/Constance Ott-Koptschalilijski, Der Traum vom Fliegen. Zwischen Mythos und Technik, Frankfurt a. M. 1991, 375–475; Charles Woodley, Golden Age. Commercial Aviation in Britain 1945–1965, London 1994.

5 Bereits eine Untersuchung aus dem Jahr 1970 zeigt die Verlängerung der Reisezeit im Flugzeug auf Kurzstrecken, etwa Hannover–Frankfurt von 115 auf 145 Minuten oder München–Zürich von 130 auf 135 Minuten in den Jahren 1937 bis 1969: A. Schieb, Die Reisedauer von und nach dem Flug außerhalb des Flughafens, in: ders. (Hg.), Die Reisedauer vor und nach dem Flug. Möglichkeiten zu deren Kürzung (Arbeitsgemeinschaft für Rationalisierung, Heft 112), Dortmund 1970, 7–34, hier: 11.

6 Beispiele aus dem Bereich der Lufthansa: Werner Stapp, Die Absatzpolitik der Deutschen Lufthansa (Diplomarbeit), Göttingen 1963; Günter Femers, Das Image der Lufthansa in den gedruckten Medien. Ein komparativ-statistischer Vergleich mit ersten Ansätzen zur Ableitung gezielter Marketing-Maßnahmen (Diplomarbeit), Duisburg 1980; Ewald Faulstich, Die Leistungs- und Preispolitik der Deutschen Lufthansa (Diplomarbeit), Marburg 1984; Susanne Wallstein, Segmentspezifischer Marketing-Einsatz für Geschäftsreisende, dargestellt am Beispiel der Lufthansa (Diplomarbeit), Köln 1986. Große Fluggesellschaften lassen regelmäßig Passagierbefragungen durchführen. In den USA gibt es inzwischen auch einen Flugpassagierverein, der ebenfalls Befragungen durchführt. Für die Studie von 1976 wurden 17 000 Fragebögen versandt, von denen 4061 zurückgesandt wurden: Airline Passengers Association (Hg.), 1975 survey results, Dallas 1976.

7 Noch 1960 überstieg die Zahl der Besucher der Flughafenterrasse der Londoner Flughäfen die Zahl der Passagiere: Charles Woodley, Golden Age. Commercial Aviation in Britain 1945–1965, London 1994, 64.

8 Kenneth Hudson/Julian Pettifer, Diamonds in the sky (wie Anm. 4), 12.

9 Nachdem schon 1909 die DELAG für den Zeppelinflug gegründet worden war.

10 Ronald E. G. Davies, PAN AM. An airline and its aircraft, New York 1987, 67.

11 Frederico Pena, Amerikanische Verkehrspolitik, in: Amerikadienst 1993, Heft 45, 1–8, hier: 5.

12 Am 10. November 1993 in Dallas. Dort heißt es auch: »Und mehr Flugreisen schaffen nicht nur Arbeitsplätze im Flugzeugbau, sondern haben auch einen dynamischen Zuwachs der Wirtschaftsaktivitäten in Städten, Regionen, Nationen und der gesamten Weltwirtschaft zur Folge.« – Ebd., 3.

13 »No man is a merchant, who pays less then twenty pesanti.« – Iris Origo, The merchant of prado, London 1963, 134.

14 Anthony Simpson, Empires of the sky (wie Anm. 4), 112.

15 Robert J. Serling, Legend and Legacy. The story of Boeing and its people, New York 1992, 283–85.

16 Das Pentagon hatte die Herkules von Lockheed bevorzugt. Für Lockheed war es ein Pyrrhussieg und mittelfristig das Ende im Zivilflugzeugbau.

17 Anthony Simpson, Empires of the sky (wie Anm. 4), 127.

18 Sowie etwas später durch den Airbus 300 und – bei der Luftfracht – den Großraumtransporter C 5 Galaxy und den 600-Tonner Antonov 225.

19 Sigmund Freud, Die Traumdeutung, Wien 1900 (zuletzt in: Sigmund Freud, Studienausgabe, Bd. 2, Frankfurt a. M. 1990).

20 Diesen Aspekt betonte besonders auch A. Adler, Über den nervösen Charakter, Frankfurt 1972 (orig.: 1928), 219.

21 Eine Analyse der Airline-Clubs im Jahr 1986 zeigte, daß nur wenig Handfestes für die Vielflieger geboten wurde und der Prestigegewinn die Hauptleistung der Fluggesellschaft darstellte: Streicheleinheiten für VIPs, in: IM Report Fliegen (1986), Heft 1, 48–50.

22 Kenneth Hudson/Julian Pettifer, Diamonds in the sky (wie Anm. 4), 133.

23 »They have the kind of training other airlines only wish their girls could have. It starts at birth. Indian girls are brought into a world where it's a woman's job to make life easier for people. As soon as they can walk they're taught how to serve.« – Anzeige in ›The Economist‹ vom 6.3.71.

24 Nach Schönhammer wies in einer Analyse eines Zeitungsinseratesamples nur eine Werbung (von Delta) auf den Flugenthusiasmus hin: Rainer Schönhammer, In Bewegung. Zur Psychologie der Fortbewegung, München 1991, 70.

25 Vance Packard, Die geheimen Verführer. Der Griff nach dem Unbewußten in jedermann, Frankfurt/Berlin 1963 (orig. amerik.: 1957), 52.

26 H. Bernhardt, Die Reisedauer vor und nach dem Flug im Bereich des Flughafens aus der Sicht der Flughafengesellschaften, in: A. Schieb (Hg.), Die Reisedauer (wie Anm. 5), 34–56.

27 Erica Jong, Angst vorm Fliegen, Frankfurt a. M. 1979, 13.

28 Anthony Simpson, Empires of the sky (wie Anm. 4), 130.

29 Wolfgang Schivelbusch, Geschichte der Eisenbahnreise. Zur Industrialisierung von Zeit und Raum im 19. Jahrhundert, München/Wien 1977.

30 Rainer Schönhammer, In Bewegung (wie Anm. 24), 71.

31 Die Flugangst ist durch viele Faktoren bedingt. Zu den direkten angstauslösenden Faktoren gehören negative persönliche Erfahrungen beim Flug (Wetter, Durchsacken ...), mangelnde Kenntnis von Technik und Physik, mangelndes Vertrauen in die Technik und die Erwartungsangst (es muß etwas passieren). Indirekte Ursachen der Flugangst sind die ungewollte Passivität (»Beifahrersyndrom«), die Übertragung von Lebensängsten oder traumatischen Erlebnissen, die Trennungsangst, die ungelöste Mutterbindung, verschiedene »Stressoren« (Zeitdruck, Erfolgsdruck). Der Flugangst liegen zudem eine oder mehrere Phobien zugrunde: die Klaustrophobie (= Angst vor engen Räumen), die Akrophobie (= Höhenangst), die Agoraphobie (= Angst vor Menschenmassen) und die Phobophobie (= Angst vor der Angst).

32 Seit Mitte der siebziger Jahre boten amerikanische (USAir 1975) und seit Ende der siebziger Jahre europäische Fluggesellschaften Anti-Flugangst-Seminare an (Lufthansa 1979). Der Psychologische Dienst der Lufthansa erwog 1976, das Kabinenpersonal für den Umgang mit der Flugangst der Passagiere zu schulen. 1979 begannen der ehemalige Flugkapitän v. Braunburg und der Psychologe Pieritz mit regelmäßigen Kursen, die ab 1981 von der Agentur Texter übernommen wurden. Erst nach jahrelangem Zögern erkannte die DLH die Werbevorteile der Seminare. In der Bezeichnung der Seminare wird der Terminus »Flugangst« ausgeblendet. Die Veranstaltungen heißen Seminare für entspanntes Fliegen. Eine Umfrage unter 30 Fluggesellschaften im Jahr 1991 ergab, daß sieben Gesellschaften (23%) selbst oder in Zusammenarbeit mit einer anderen Institution Anti-Flugangst-Seminare anbieten (DLH, Swissair, Austrian, SAS, KLM, American, USAir). Studien zur Flugangsttherapie: Barbara Foese, Flugangsttherapie. Eine Untersuchung über den Kurz- und Langzeiterfolg der zur Aviaphobie-Therapie durchgeführten Seminare für entspanntes Fliegen (Diplomarbeit), Darmstadt 1988; Barbara S. Metzen, Flugangst. Ihre Entstehungsursachen und Bewältigungsmöglichkeiten – mit einer Darstellung der Maßnahmen ausgewählter internationaler Fluggesellschaften (Diplomarbeit), München 1991; Irmgard Thünnihsen, Flugangst und Selbstkonzept (Diplomarbeit), Frankfurt a. M. 1993; Frank A. Hawkins, Human factors in flight, Aldershot 1987; Rudolf Braunburg/Rainer-Joachim Pieritz, Keine Angst vorm Fliegen, Niedernhausen 1979.

33 Rainer Schönhammer, In Bewegung (wie Anm. 24), 67.

34 T. S. Greco, A cognitive-behavioral approach to fear of flying. A practitioner's guide, in: Phobia practice and research journal 2 (1989), 3–15.

35 Nur wenige Gesellschaften, etwa die englischen Imperial Airways, beschäftigten bis 1945 nur männliche Stewards auf den Langstrecken: Kenneth Hudson/Julian Pettifer, Diamonds in the sky (wie Anm. 4), 89; auch: Ariane Bentner, Durch die Welt zu fliegen und ziemlich frei zu sein ... – Beruf Stewardeß, Frankfurt a. M. 1992, 47–59.

36 Anthony Spaeth, Wall Street Journal, 26. 4. 1984.

37 Anthony Simpson, Empires of the sky (wie Anm. 4), 219.

38 Joachim Wentzel, Gebucht nach Berlin. Sieben Jahrzehnte ziviler Flugverkehr, in: Die Reise nach Berlin, Berlin 1987, 143–170, hier: 164.

39 Marion Gräfin Dönhoff, in: Die Zeit, 1. Februar 1951.

40 Klaus Viedebantt, Geschäftsreisen. Wie man sie perfekt plant, wie man sie kostengünstig abwickelt, wie man sie erfolgreich gestaltet, wie man sie optimal auswertet, München 1983, 98 u. 100.

41 Ebd., 99.

42 Kenneth Hudson/Julian Pettifer, Diamonds in the sky (wie Anm. 4), 135.

43 Schon im April 1960 führten BEA und Air France reine Tourist-Class-Flüge von London und Paris für weniger als 15 Pfund ein, ohne Essen. 1961 versuchte die Overseas Aviation Ltd. einen Shuttle-Verkehr zwischen Prestwick und London, mußte aber den Betrieb nach kurzer Zeit wieder einstellen: Charles Woodley, Golden Age (wie Anm. 7), 64.

44 Knut Hagrup, Die heutige Weltluftfahrt, Ferney Voltaire 1980 (orig. schwedisch: 1975), 132.

45 Klaus Viedebantt, Geschäftsreisen (wie Anm. 40), 96.

46 Geschäftsreisen 1994. Spiegel-Dokumentation, Hamburg 1994, 124.

47 Ann Tyler, Die Reisen des Mr. Leary, Frankfurt a. M. 1989, 212. Zur Konjunktur der Regionalflugzeuge: Kate Sarsfield, Shifting Market. Regional and utility aricraft directory, in: Flight International, 21. 4. 1993, 43–68.

48 Geschäftsreisen 1994 (wie Anm. 46), Hamburg 1994, 16.

49 Ebd., 22.

50 Ulrich Greiner, Nie wieder fliegen. Über die Zumutungen des modernen Reiseverkehrs, in: Die Zeit, 4. 11. 1988.

51 Rainer Schönhammer, In Bewegung (wie Anm. 24), 57–58.

52 Diese Preise enthalten natürlich keine Betriebskosten. Zudem haben viele Leichtflugzeuge nur ein 2-Dimensionen-Steuer und sind recht unsicher.

53 H. Bernhardt, Die Reisedauer (wie Anm. 26), 34–56.

Irmgard Katharina Thünnihsen

Der Preis des Fortschritts: Flugangst – eine »moderne Phobie«

Seit sich die Menschheit ihren uralten Traum vom Fliegen erfüllen konnte – und es ist erst neunzig Jahre her, daß Orville Wright mit seinem selbstgebauten Flugapparat »Kitty Hawk« erstmals die Fesseln der Schwerkraft abstreifte –, ist ihr diese dem Menschen wohl unangemessenste Art der Fortbewegung unheimlich, wenngleich vom Fliegen immer noch eine außerordentliche Faszination ausgeht. Das »Abenteuer« Fliegen kann Traum oder Lust, aber auch Trauma und Last bedeuten. Die Angst vor dem Fliegen entwickelte sich in den vergangenen zwanzig Jahren aufgrund der starken Ausweitung des Personenluftverkehrs zu einer der häufigsten Angstbehinderungen unserer Zeit[1]. Aufgrund meiner früheren Tätigkeit als Stewardeß wurde ich mit dem Phänomen der Flugangst wiederholt konfrontiert. Inzwischen ist sie meine Hauptbeschäftigung geworden, denn ich führe als Diplom-Psychologin Seminare gegen Flugangst durch. Zunächst sollen in einem kurzen Abriß die Flugangst, ihr Wesen, ihre Ursachen und Konsequenzen dargestellt werden.

Die Angst

Angst ist ein überall verbreitetes menschliches Phänomen. Wahrscheinlich kommt ihr für die Evolution und die Anpassungsleistungen des Menschen eine besondere Bedeutung zu. Auffällig ist sie erst dann, wenn jemand zu viel oder zu wenig Angst hat. Nach Bowlby ist Angst als »natürliche Disposition des Menschen« zu betrachten.

Neurosen können definiert werden als Abwehr von unerträglicher Angst bzw. als unzureichende Versuche, Angst zu vermeiden. Bei einer Reihe von neurotischen Bildern wird diese

Abb. 52: In einer First-Class-Kabine der Boeing 747–400.

jedoch zum Leitsymptom und nimmt in der Symptomatik einen wichtigen Rang ein. Die Angstabwehr ist hier offensichtlich mißlungen. Die wichtigsten klassischen Krankheitsbilder dieses Typs sind die Hypochondrie, die Herzangstneurose, die Phobien (diesen wird die Flugangst zugeordnet) und die Angstneurose. Alle Krankheitsbilder, die eine ausgeprägte Angstsymptomatik beinhalten, weisen drei unterschiedlich ausgeprägte Komponenten der Angst auf, die nachfolgend spezifiziert werden.

Die Bestandteile der Angst

Jede Angst weist eine körperliche, eine gedanklich-gefühlsmäßige und eine verhaltensbezogene Komponente auf, wobei diese drei Komponenten in einer Wechselbeziehung stehen und sich in bestimmten Situationen gegenseitig so verstärken, daß das Alarmsystem Angst außer Kontrolle gerät[2]. Der Übergang von einer angemessenen zu einer krankhaften Angstreaktion ist dabei fließend. Die physiologische Seite der Angst ist gekennzeichnet durch eine Aktivierung vieler Körperfunktionen: Es können beschleunigte Atmung, Herzklopfen, Mundtrockenheit, Muskelverkrampfungen, Kopfschmerzen, Schwindel, Harn- und Stuhldrang sowie etliche andere körperliche Symptome auftreten.

Die Gedanken und Phantasien ängstlicher Menschen sind negativ verzerrt; charakteristisch sind Übertreibungen, das Ausmalen von Katastrophenszenarien und ein ausgeprägtes Gefühl des Entmutigtseins. Der Betroffene erlebt sich hilflos und ohnmächtig.

Die Verhaltenskomponente ist schließlich erlebbar durch Veränderungen in der Mimik, Gestik und in der Sprechweise sowie durch Kampf-, Flucht- und Vermeidungsreaktionen.

Allgemeine Angsttheorien

Psychoanalytische Ansätze betrachten Angst als Ausdruck der Libido, der sexuellen Begierde[3]. Gemäß diesem Modell erzeugt die Unterdrückung bzw. Verdrängung der Triebregungen im Menschen Angst. Freud differenziert zwischen der Realangst und der neurotischen Angst. Unter der Realangst versteht Freud die »normale«, lebensnotwendige Angst, die einer Gefahr oder Bedrohung angemessen ist. Diese Angst ist zielgerichtet und führt zu angemessenem Handeln, nämlich Angriff oder Flucht[4]. Die neurotische Angst hingegen bezeichnet die unangemessene, krankhafte Angst. Vor allem bei undurchschaubaren Bedrohungen übersteigt sie die angemessene Reaktion. Sie löst Hilflosigkeit und das Gefühl des Ausgeliefertseins aus.

Reizreaktionstheoretische Ansätze erkennen Angst ebenfalls Triebcharakter zu, betonen aber darüber hinaus den Erwerb durch Lernen. Phobien werden als gelernte Reaktionen auf bestimmte Reize aufgefaßt, wobei diese Reiz-Reaktions-Verknüpfung eine hohe Stabilität aufweist. Durch die Annahme der Angst als einer gelernten Verhaltensweise besteht umgekehrt die Möglichkeit, diese Angst mit geeigneten Strategien wieder zu verlernen und somit erfolgreich zu bewältigen. Dazu bedarf es natürlich der Übung, das heißt: der Konfrontation mit dem furchterregenden Objekt. Die üblichen Reaktionen auf entstehende Ängste sind Flucht oder Kampf. Auf die *Aviaphobie* bezogen, bedeutet dies das Vermeiden des Fliegens (Fluchtform 1) und die Einnahme von Alkohol oder Tabletten (Fluchtform 2); die moderne Kampfvariante an Bord eines Flugzeuges äußert sich nicht selten in Beschwerden über einen miserablen Service, schlechtes Essen oder unverständliche Ansagen. Uralte Strategien, von unseren Vorfahren im täglichen Überlebenskampf oder anläßlich einer tatsächlichen Flucht angewandt, kommen hier beim modernen Menschen wieder zum Vorschein.

Der kognitive Ansatz hingegen betont, daß das Individuum nicht nur durch Erfahrung und Erziehung lernt, sondern daß das Denken und die Vorstellung (von den Dingen) ebenso Entstehung und Ausmaß der Angst prägen. Angst stellt zunächst einmal eine angemessene Reaktion auf das Unvorhergesehene dar. Häufige Angstauslöser beim Fliegen sind Turbulenzen. Diese werden von vielen subjektiv als gefährlich, ja sogar lebensgefährlich bewertet, obwohl sie es nicht sind. Hier beruht die Angst also auf einem Denkfehler. Der Phobiker geht davon aus, daß Leib und Leben in Gefahr sind oder daß alle zukünftigen Flüge unter denselben Bedingungen ablaufen werden. Dies führt zu einer überdauernden negativen Einstellung zum Fliegen und beeinflußt die Emotionen. Kurz vor dem Flug entsteht ein Gefühl der inneren Zerrissenheit, Selbstzweifel plagen den Betroffenen, das Vertrauen in die Flugtechnik und das eigene Vermögen, eine angstbesetzte Situation meistern zu können, schwindet. Besonders schlimm ist das natürlich für Menschen, die sich in anderen Situationen als durchaus kompetent und mutig erleben.

Das Gemeinsame der unterschiedlichen Ansätze zusammenfassend, stellt Krohne fest, »daß es sich bei der Angst um einen als hochgradig unangenehm erlebten Erregungsanstieg angesichts der Wahrnehmung bestimmter Gefahrenmomente handelt«[6].

Die Erforschung der Angst war bis in die dreißiger Jahre eine Domäne der Freudianer. Diese betrachteten die Angst als Bedrohung oder Überflutung des Ich durch starke und quälende

Triebregungen. Mowrer (1939) verdanken wir es, daß die Angst als Forschungsgegenstand erstmalig von den Experimentalpsychologen beachtet wurde. Die »Zwei-Prozeß-Theorie des Erwerbs von Angst und Vermeidung« von Mowrer sieht Angst als eine innere Reaktion an, die durch klassische Konditionierung gelernt wird. Kernpunkt der Theorie ist die Verhinderung der Angst. Angst im Sinne Mowrers tritt in Erwartung eines Schmerzstimulus auf und stellt eine antizipatorische Schutzfunktion dar. Experimente zu dieser Annahme ergaben, daß offensichtlich zwei Lernschritte gemacht werden. Durchgeführt am Beispiel der Flugangst kann das folgendermaßen aussehen: Den ersten Schritt bildet ein »neutraler« Vorgang. Nach einem von örtlichen Turbulenzen begleiteten Flug – wobei oft selbst minimale Flugzeugbewegungen als Turbulenzen gedeutet werden – genügt schon der Anblick eines Flugzeuges oder der Gedanke daran, um die Angstreaktion auszulösen. Selbst wenn bei weiteren Flügen keine Turbulenzen auftreten, reagiert die betroffene Person oft schon bei dem bloßen Gedanken ans Fliegen mit Angst. Da Angst Verhalten zur Beseitigung einer Gefahr motiviert, wird in der zweiten Phase die Vermeidungs- oder Fluchtreaktion gelernt, wobei die bei Phobikern stark ausgeprägte Phantasie sicherlich verstärkend wirkt.

Innerhalb der Emotionsforschung werden von vielen Autoren die Begriffe »Angst« und »Furcht« unterschieden. Angst besteht dann, wenn die Gefahrenquelle komplex und mehrdeutig ist und wenn kein Einsatz von spezifischen Bewältigungsmechanismen möglich ist; Furcht hingegen besteht, wenn die Mechanismen »Flucht« oder »Verteidigung« den Angstreiz beenden können. Somit bildet die Einschätzbarkeit einer Bedrohung und die Fähigkeit der Bewältigung eine weitere Dimension zur Differenzierung des Angstbegriffes[7].

Freud differenzierte zwischen den Begriffen »Furcht« und »Angst« in seiner späteren Konzeption des Angstbegriffes: »Die Angst hat eine unverkennbare Beziehung zur Erwartung; sie ist Angst vor etwas. Es haftet ihr ein Charakter von Unbestimmtheit und Objektlosigkeit an; der konkrete Sprachgebrauch ändert selbst ihren Namen, wenn sie ein Objekt gefunden hat, und ersetzt ihn dann durch Furcht«[8].

Die Phobie

Nach Marks, der die Phobie als eine spezielle Form der Angst definiert, sind folgende Merkmale kennzeichnend[9]:

- Die Angst ist den Bedingungen einer Situation nicht angemessen.
- Sie kann weder durch Erklärungen noch Vernunft angemessen beseitigt werden.
- Sie ist dem kontrollierenden Willen entzogen.
- Sie führt zu einer Vermeidung der gefürchteten Situation.

Eine Phobie kann als zerrüttendes, angstvermitteltes Vermeidungsverhalten definiert werden, das in keinem Verhältnis zu der Gefahr steht, die vom gemiedenen Objekt oder von der gemiedenen Situation ausgeht, und das der Leidende als grundlos erkennt[10]. Durch Vermeidung der angstauslösenden Objekte und Situationen erreicht der Phobiker in der Regel völlige Angstfreiheit. Diese Tatsache zeigt, daß Abwehr und Ich-Stärke bei der Phobie deutlich besser als bei der Angstneurose sind[11].

Medien und Literatur nannten die achtziger Jahre nicht grundlos das »Jahrzehnt der Phobien«, denn diese verstärken sich zunehmend in einer Zeit, in der Leistung, Perfektionismus, verdrängte Emotionen und Streß unsere Gesellschaft prägen[12].

Die Flugangst (Aviaphobie)

Der Begriff »Flugangst« – auch: »Flugphobie« oder »Aviaphobie« – wird im folgenden zur Beschreibung einer in Relation zu den heutigen Flugrisiken disproportionierten Angst verwendet. Menschen, die von Flugangst betroffen sind, stehen unter einem starken Leidensdruck. Das Fliegen wird vermieden oder mit großem Unbehagen ertragen.

Strian unterscheidet zwischen der generalisierten und der fokussierten Flugangst. Die generalisierte Flugangst bezieht sich auf Situationen, die fast alle Menschen als bedrohlich empfinden, die aber den Flugbedingungen oder dem Flug selbst zugeschrieben werden können. Fokussierte Flugangst dagegen bezieht sich nur auf bestimmte Situationen wie Höhe, schlechtes Wetter, Enge u. a. m.; Flugangst tritt nur bei der direkten oder gedanklichen Konfrontation mit dem furchterregenden Objekt auf.

Das Risiko, einen Autounfall zu erleiden, ist statistisch gesehen 2500mal größer, als mit dem Flugzeug zu verunglücken. Trotzdem setzen sich Millionen Menschen Tag für Tag und unbekümmert diesem Risiko aus. Obwohl sich der Luftverkehr in den letzten Jahren weltweit verdoppelt hat, ist die absolute Unfallhäufigkeit gleich geblieben. So müßte statistisch ein Mensch 320 Jahre lang ununterbrochen zwischen Paris und New York hin- und herfliegen, um einen einzigen Flugzeugunfall zu erleben. Kein Fortbewegungsmittel ist sicherer als das Flugzeug. Nirgendwo wird dem Faktor Sicherheit mehr Vorrang eingeräumt als in der Luftfahrt. Nur eines gibt es nicht und wird es nie geben: absolute Sicherheit.

Der Luftverkehr spielt eine Schlüsselrolle in den weltumspannenden Wirtschaftsbeziehungen der Nationen und wird weiter zunehmen, weil immer mehr Menschen immer häufiger fliegen wollen und müssen. Dies führt zu einer Ambivalenz des einzelnen gegenüber dieser Entwicklung: Die Gefühle vieler Passagiere schwanken zwischen Faszination und Grauen.

Die Epidemiologie der Flugangst

Das Institut für Demoskopie Allensbach hat 1995 in einer repräsentativen Bevölkerungsumfrage festgestellt, daß 15% der deutschen Bevölkerung unter Flugangst leiden. Hinzu kommen noch einmal 20%, die beim Fliegen zwar nicht direkt Angst, aber doch ein deutliches Unbehagen spüren. Einen Unterschied gibt es in puncto Flugangst zwischen Männern und Frauen. Während von den Männern 11% Angst vor dem Fliegen angeben, liegt die Quote der Frauen bei 18%.

Die Flugangst entsteht meist erst nach dem zwanzigsten Lebensjahr. Selten tritt sie bereits in der Kindheit auf. Ziegler betrachtet die Flugangst deshalb als eine erlernte Angst. Die 30- bis 40jährigen sind am stärksten von der Flugangst betroffen. Untersuchungen sehen dies darin begründet, daß während dieser Lebensphase der Mensch unter besonderem Streß steht[13].

Flugangst kann jeden befallen, der mit dem Fliegen – sei es tatsächlich oder gedanklich – in Berührung kommt: den Gelegenheitsflieger, den Vielflieger, den Urlaubs- oder Nichtflieger, selbst Flugbegleiter und Piloten[14].

Obwohl Männer wie Frauen gleichermaßen von Flugangst betroffen sind, vermeiden dreimal mehr Frauen als Männer angstauslösende Situationen wie das Fliegen[15]. Männer können es sich bislang aus beruflichen Gründen weniger leisten, zu Hause zu bleiben. Jedoch konnte ich anläßlich meiner Leitung von »Seminaren für entspanntes Fliegen« eine zunehmende Zahl weiblicher Teilnehmerinnen beobachten, die flugangstbedingt berufliche Nachteile befürchten.

Eine eigene Untersuchung aus dem Jahr 1993 belegt, daß 76% der »Flugängstler«, die ein »Seminar für entspanntes Fliegen« besuchten, von weiteren Ängsten berichteten. Bei 58% der Teilnehmer ging die Flugangst mit Höhenangst einher. Auch Angst vor Aufzügen (42%), Angst vor dem Durchqueren eines Tunnels (36%) und Angst vor geschlossenen Räumen (33%) waren stark ausgeprägt. Multiple Phobien, also eine Kombination der obengenannten Phobien und anderer Ängste, wurden von einem Drittel der Teilnehmer berichtet. Das bedeutet, daß Flugangst als isolierte Angst eher die Ausnahme als die Regel darstellt.

Die Flugphobiker

Die in der Bevölkerung weitverbreitete Meinung, Flugangst nehme mit der steigenden Anzahl von Flügen ab, ist ein Irrtum. Selbst Vielflieger werden plötzlich und unvorhergesehen von Flugangst befallen, häufig im Zusammenhang mit weiteren Streßfaktoren wie Übermüdung, familiär oder beruflich bedingtem Ärger, Zeitdruck oder anderen Auslösern. Vielflieger sind jedoch meist gezwungen, ihre Aviaphobie zu unterdrük-

Abb. 53: Den Teilnehmern eines Seminars für entspanntes, angstfreies Fliegen wird die Technik des Flugzeugs und des Fliegens erklärt.

ken, da umständliche stundenlange Bahn- und Autofahrten Zeit und Geld kosten und dies irgendwann nicht mehr von der Firmenleitung geduldet wird. Jedoch auch derjenige, der zu den Hilfsmitteln Alkohol und Tabletten greift, kann sich die Sympathien des Chefs verscherzen, wenn er schließlich so gedopt ankommt, daß er unfähig ist, die gewünschten Verhandlungsergebnisse zu erzielen[16].

Im weiteren Sinne zählen auch Piloten und das Kabinenpersonal zu den Betroffenen. Auch sie leiden, wenn auch in weit geringerem Maße, unter Flugangst. Beim Kabinenpersonal wurde von den Fliegerärzten ein eher seltenes Phänomen konstatiert: Gerade, weil Angst bestehe, werde das Fliegen zum Beruf. Irgendwann jedoch, häufig erst nach vielen Jahren, bricht die Angst hervor, und jeder Flug wird zur Qual[17]. Strian bezeichnet dieses Verhalten als kontraphobisch. Piloten sind aufgrund der strengen Auslese und Ausbildung weitaus seltener von Flugangst betroffen. Traumatische Erlebnisse, wie ein

»near miss« (ein Beinahe-Zusammenstoß in der Luft), ein Triebwerksausfall oder die »Angst vor der Inkompetenz« können jedoch Flugangst hervorrufen[18].

Personen, die wegen Flugangst noch nie geflogen sind, gehören Untersuchungen der Lufthansa zufolge zu einem Großteil der älteren Bevölkerung an (meist die über Siebzigjährigen). Gründe hierfür sieht man in einer extrem hohen Schwellenangst insbesondere gegenüber technischen Neuerungen.

Erzählungen Dritter über die Gefahren des Fliegens sowie der Einfluß der Medien, die in spektakulärer Weise über Flugzeugunglücke, Bombendrohungen und Entführungen berichten, verstärken das existierende phobische Vermeidungsverhalten.

Die Persönlichkeitsstruktur der »Flugängstler«

Da die Aviaphobie sich erst in den letzten zwanzig Jahren – in Zeiten, in denen sich Grenzen öffneten und Märkte in internationalen Dimensionen wuchsen – zum »Aufstiegsblocker« entwickelte und auch bei immer mehr Privatleuten die Mobilität einschränkte, stecken Untersuchungen zur Persönlichkeitsstruktur von Aviaphobikern noch in den Kinderschuhen.

Andersson ermittelte in klinischen Untersuchungen, daß von Flugangst Betroffene generell eine erhöhte Ängstlichkeit, verbunden mit einem eher geringen Selbstbewußtsein, zeigen. Ein ausgeprägtes Kontrollbedürfnis verstärkt die bestehende Symptomatik. Das große Maß an Passivität an Bord eines Flugzeuges macht vielen Menschen Angst; sie fühlen sich ausgeliefert[19]. Flugphobiker geraten in Konflikte, wenn ihr Bedürfnis, Kontrolle auszuüben, beschnitten wird. Diese Situation empfindet der Passagier als absoluten Kontrollverlust. Es entsteht ein Gefühl von Passivität und Ausgeliefertsein, was wiederum das Entstehen von Flugangst begünstigt.

Von Flugangst Betroffene, die trotzdem das Flugzeug als Verkehrsmittel benutzen, werden als eher konformistische, vertrauensvolle und abhängige Individuen beschrieben, während Phobiker, die das Fliegen unter allen Umständen vermeiden, als eher skeptische, entschlußfreudige und unabhängige

Personen eingestuft werden. Das als eher kühn und entschlußfreudig zu bewertende Vermeidungsverhalten dürfte eine nicht unerhebliche Kompensation für den erlebten Kontrollverlust darstellen.

Die Ursachen der Flugangst

Es gibt vielfältige Ursachen dafür, daß ein Mensch das Fliegen als Trauma erlebt. Es finden sich direkte Ursachen, die mit dem Objekt Flugzeug, dem Medium Luft, der Technik oder negativen Erwartungen zu tun haben. Neben dem Zwang zur Passivität und dem damit verbundenen Erleben von Kontrollverlust können andere Phobien, die ursprünglich unabhängig von der Aviaphobie existierten, Ursache für die Flugangst sein.

Zu den direkten Ursachen der Flugangst zählen negative persönliche Erfahrungen, die sich vielfach auf als unangenehm empfundene Erlebnisse beim Fliegen beziehen. Sehr häufig sind dies Wetterbedingungen, die als gefährlich eingestuft werden: Eis, Schnee, Nebel oder Sturm – und neben Wolken, Gewittern oder Turbulenzen auch das »Durchsacken« des Flugzeuges. Darüber hinaus sind technische Zwischenfälle, unvorhergesehene Zwischenlandungen, Warteschleifen sowie die Start- und Landephase häufig genannte Angstauslöser. Oft löst auch die Unkenntnis bezüglich der Funktionsweise eines Flugzeuges Angst aus, da auch »normale« Geräusche und Gerüche als bedrohlich eingestuft werden. Die Schräglagen des Flugzeuges erschrecken, da sie mit dem Fallen assoziiert werden. Auch das weitverbreitete mangelnde Vertrauen in die Technik verstärkt die Flugangst. Die Flugzeugtechnik wie auch die Sicherheitsstandards einer Fluglinie sind für einen Außenstehenden undurchschaubar und entwickeln sich somit häufig zu Angstauslösern. Alle diese Erfahrungen können letztendlich zur Entstehung von Flugangst beitragen.

Zu den indirekten Ursachen der Flugangst zählt an erster Stelle die ungewollte Passivität, vielen aus eigener Erfahrung als »Beifahrersyndrom« bekannt. Sie führt bei vielen Fluggästen zu einem Gefühl der Hilflosigkeit und des Ausgeliefertseins. Besonders Geschäftsleute und Manager, die es gewohnt sind, das »Steuer in der Hand zu halten«, erleben den unvermeidbaren Kontrollverlust als beängstigend. Hinzu kommt eine starke Angst vor der Blamage, die sie wegen auffälliger körperlicher Symptome oder veränderten Verhaltens befürchten.

Zudem können Lebensängste, berufliche oder partnerschaftliche Probleme, Depressionen und traumatische Ereignisse, wie etwa ein Unfall oder der Tod eines nahestehenden Menschen, auf das Fliegen übertragen werden. Besonders aber zeigt sich in der Praxis, daß die Angst vor dem Sterben, die Angst vor dem Tod oder die Angst vor dem, was nach dem Tod passiert, auf das Fliegen bzw. auf das Objekt Flugzeug übertragen wird. Die Angst vor dem Tod ist eine der wenigen Ängste, die dem Menschen im Sinne des Selbsterhaltungstriebs mit in die Wiege gelegt wurden, um sein Überleben zu sichern. Verwunderlich ist, daß beim Rauchen, Auto- oder Bahnfahren – wohl wissend, daß alle diese Beschäftigungen statistisch gesehen bedeutend mehr Menschen das Leben kosten als das Fliegen – die Angst vor dem Tod nicht aufkommt. Es stellt sich die Frage, was diese Angst beim Gedanken an eine bevorstehende Flugreise auslöst. In vielen Fällen ist es das Gefühl, hilflos einer Situation – dem Absturz – ausgeliefert zu sein. Im Auto, in der Eisen- oder Straßenbahn besteht immer noch die Vorstellung, etwas zur eigenen Rettung unternehmen zu können. Dennoch stellt Flugangst schon eine positive psychische Leistung dar, wenn man bedenkt, daß Angst vor einer bestimmten Situation sehr viel besser zu bewältigen oder zu vermeiden ist, als sich mit einer nicht faßbaren, undifferenzierten Angst vor dem Tod, und damit letztlich auch vor dem Leben, auseinandersetzen zu müssen.

Da mit jedem Flug auch eine Trennung von der Familie, vom Zuhause verbunden ist, überträgt sich die Trennungsangst im Falle des Fliegens häufig auf das Verkehrsmittel Flugzeug selbst. In Anlehnung an Freud sieht der Präsident der Gesellschaft italienischer Psychoanalytiker die Flugangst im Zusammenhang mit einer ungelösten Mutterbindung. Je ausgeprägter die Mutterbindung, desto stärker die Flugangst.

Da Streß und Angst aufgrund ihrer Bedingungen des Auftretens und ihrer Erscheinungsformen eng miteinander verbundene Phänomene sind, sollte der Faktor Streß im Zusammenhang mit jeder Form von Angstphänomenen beachtet werden. Das Anspannungsniveau von Menschen variiert individuell, wobei jeder spezifisch eigene Reize und Situationen als Stressoren erlebt. Stressoren für Menschen mit Flugangst sind häufig Zeitdruck, beruflicher Erfolgsdruck, die Angst, etwas vergessen zu haben, oder der Gedanke ans Verreisen. Besonders Vielflieger und Geschäftsreisende sind von diesen streßverursachenden Faktoren betroffen. Streß kann von innen heraus entstehen oder von außen an jemanden herangetragen werden. Streß- und Angstauslöser können identisch sein. Das bedeutet: Streß kann Angst erzeugen oder umgekehrt[20].

Flugangst kann an jeder Stelle in Gang gesetzt werden; sie kann durch negative Gedanken oder durch das Wahrnehmen körperlicher Veränderungen, die als Gefahrensignale interpretiert werden, ausgelöst werden. Dieser Teufelskreis der Angst hängt auch vom Grad der allgemeinen Anspannung ab. Die meisten Menschen stehen unter einem gewissen Streß, der bei geringem physischem oder psychischem Druck niedrig ist. Bei einer anstehenden Geschäftsverhandlung oder einem Vorstellungsgespräch kann die allgemeine Anspannung so hoch sein, daß sie kurz unter der Schwelle liegt, bei der ein Angstanfall ausgelöst wird. In diesem Fall reicht ein unbedeutender Stressor, wie das Rumpeln eines Fahrwerks oder eine besorgt dreinblickende Stewardeß, um einen Angstanfall auszulösen[21]. Hat der Fluggast bereits einen oder mehrere Angstanfälle erlebt, so erhöht sich das Anspannungsniveau zusätzlich aus Angst vor dem Entstehen der Angst (»Phobophobie«).

Der Einfluß anderer Phobien auf die Flugangst

Selten tritt eine Aviaphobie isoliert auf. Da Ängste dazu tendieren, auf andere Situationen überzuspringen – man spricht dabei von Vergesellschaftungen –, gehen, wie bereits erwähnt, mit der Flugangst oft andere Ängste einher.

Die Klaustrophobie zählt zur Gruppe der spezifischen Ängste. Der Klaustrophobiker fürchtet, in einem engen Raum eingesperrt zu sein und nicht zu jeder Zeit aus diesem heraus zu können, ganz besonders in Notfällen, in denen ihn Panik überkommen kann. Nicht die Flugangst selbst ist hier der Angstauslöser, sondern das Gefühl des Eingesperrtseins. Die Akrophobie stellt eine existentielle Angst vor dem Fallen und dem Schwinden des Bodens dar. Ein Phobiker mit Höhenangst überträgt seine Angst auf das Objekt Flugzeug und auf alle Dinge, die damit in Verbindung stehen[22]. Bei der Agoraphobie handelt es sich um die Angst, sich an Orten oder in Situationen zu befinden, in denen beim plötzlichen Auftreten von hilflos machenden oder beschämenden Symptomen eine Flucht nur schwer möglich oder peinlich oder aber keine Hilfe verfügbar wäre. Als Folge dieser Angst bestehen Einschränkungen beim Reisen, die Notwendigkeit einer Begleitperson außerhalb der Wohnung, oder aber die phobischen Situationen werden nur unter intensiver Angst durchgestanden[23].

Die Auswirkungen der Flugangst

Die beruflichen Auswirkungen der Aviaphobie können gravierend sein. Für ein erfolgreich arbeitendes Unternehmen bedeuten Flexibilität und Mobilität seiner Mitarbeiter Wachstum und Gewinn. Nach Meinung eines Düsseldorfer Geschäftsführers wird dies auf Dauer für viele Mitarbeiter Konsequenzen haben. Auf einen Nenner gebracht formuliert er: »Wer mit dem Fliegen Probleme hat, kommt für Toppositionen nun mal nicht in Frage«[24]. Die Folgen können eine Versetzung, oft verbunden mit finanziellen und beruflichen Nachteilen, oder gar eine Entlassung sein.

Geschäftsleute, die das Fliegen unter keinen Umständen vermeiden können, sind aber durch Schlaflosigkeit, Tabletten- und Alkoholkonsum oftmals außerstande, erfolgreiche Verhandlungen zu führen. Daraus entstehen Mißerfolge, die dem Unternehmen, dann aber auch der beruflichen Karriere schaden.

Die privaten Auswirkungen sind vielfältig: Neben massiven Selbstwertproblemen gehen durch die Flugangst viele erstrebenswerte Ziele verloren, wie der Erhalt des Familien- oder Ehelebens oder das berufliche Weiterkommen, da sowohl die Urlaubsplanung, Verwandten- oder Freundesbesuche als auch

Geschäftsreisen tangiert werden. Berufliche und private Einschränkungen bringen für den Flugphobiker Minderungen seines Selbstvertrauens und auch des Ansehens im Familien- und Freundeskreis mit sich[25]. Die psychischen Auswirkungen der Flugangst können unter Umständen auch zu Depressionen führen. Gefühle der Ablehnung und des Versagens entstehen[26].

Durch den bei Flugphobikern häufigen Alkohol- und Tablettenkonsum kommt es immer wieder zu unerwünschten Nebenwirkungen und Abhängigkeiten. Flugphobiker berichten von Schlaflosigkeit, einem in Antizipation oder während des Fluges erhöhten Erregungsniveau, Zittern, Herzklopfen, Übelkeit, Schwindelgefühlen, Mundtrockenheit, Verkrampfungen der Muskulatur, vermehrtem Harn- und Darmdrang, feuchten Händen und Frieren oder Schwitzen.

Nach allen Ausführungen zur Flug*angst* sei hier aber auch betont, daß das Fliegen von vielen Menschen als durchaus lustvoll erlebt wird. Die ständig wachsende Zahl von Privatpiloten, von Gleitschirm- und auch Drachenfliegern sowie die enorme Ausweitung des Fluggastaufkommens weltweit lassen vermuten, daß parallel zu einem ständigen Anstieg oder Eingeständnis der Flugangst auch die Begeisterung für das Fliegen zunimmt. Denn trotz intensiver Auseinandersetzung mit dem Thema Aviaphobie darf nicht vergessen werden, daß das moderne Fliegen einen alten Menschheitstraum verwirklicht hat. Die Flugangst zu bekämpfen, bedeutet daher mehr, als nur die Angst loszuwerden: Letztendlich geht es um mehr äußere und damit auch innere Freiheit.

Anmerkungen

1 Hermann 1988.
2 Vgl. Krefting 1990.
3 Vgl. Freud 1926.
4 Ebd., 75.
5 Bartling/Fiegenbaum/Krause 1980.
6 Krohne 1976, 8.
7 Vgl. Bartling/Fiegenbaum/Krause 1980, 13.
8 Freud 1926, 75.
9 Vgl. Marks 1969, 3.

[10] Vgl. Davison/Neale 1988, 92.
[11] Vgl. Hoffmann/Hochapfel 1991, 22.
[12] Vgl. Zimmer 1990.
[13] Vgl. Collis 1986.
[14] Vgl. Luczak 1990.
[15] Vgl. Krefting 1990.
[16] Vgl. Lentz 1990.
[17] Vgl. Luczak 1990.
[18] Vgl. ebd.
[19] Vgl. Lentz 1990.
[20] Vgl. Ziegler 1983, 81 ff.
[21] Vgl. Margraf/Schneider 1989, 212.
[22] Vgl. Ziegler 1983, 20.
[23] Vgl. DSM-III-R.
[24] Vgl. Lentz 1990.
[25] Vgl. Ziegler 1983, 129.
[26] Vgl. Hauser 1991.

Literatur

Allensbacher Berichte 1995: Angst vorm Fliegen.

Andersson, G., A Psychodynamic Approach to Flight Phobia, in: Psychological Research Bulletin 29 (1989), 1–23.

Bartling, G./Fiegenbaum, W./Krause, R., Reizüberflutung. Theorie und Praxis, Stuttgart u. a. 1980.

Bowlby, J., Trennung. Psychische Schäden als Folge der Trennung von Mutter und Kind, München 1976.

Collis, R., Tracing the Fear of Flying Brings Other Phobias, in: International Herald Tribune, 21. 2. 1986.

Davison, G. C./Neale, J. M., Klinische Psychologie, München/Weinheim [3]1988.

Diagnostisches und statistisches Manual psychischer Störungen (DSM-III-R), hg. v. Amerikan. Psychiatr. Gesellschaft, Weinheim 1989.

Freud, S., Hemmung, Symptom und Angst, Frankfurt a. M. 1926.

Hauser, J., Damit die Angst im Fluge vergeht, in: Swissair News 3/1991, 8.

Hermann, H. D., Viele kennen sie, kaum einer gibt sie zu. Die Angst vor dem Fliegen, in: Süddeutsche Zeitung, 14. 4. 1988.

Hoffmann, S. O./Hochapfel, G., Einführung in die Neurosenlehre und psychosomatische Medizin, Stuttgart/New York [4]1991.

Krefting, R., Flugangst muß nicht sein, in: Lufthansa 1990 (Nachdruck aus: Leitwerk. Das Magazin für die Führungskräfte der Lufthansa).

Krohne, H. W., Theorien zur Angst, Stuttgart 1976.

Lentz, B., So überwinden Sie den Karriereblocker Flugangst, in: Capital. Unternehmen und Management, 1990, 239–247.

Luczak, H., Die Furcht vor dem Schicksal des Ikarus, in: Süddeutsche Zeitung, 16. 1. 1990.

Margraf, J./Schneider, S., Panik. Angstanfälle und ihre Behandlung, Berlin 1989.
Mowrer, O. H., Stimulus-response analysis of anxiety and its role as a reinforcing agent, in: Psychological Review 46 (1939), 553–565.
Marks, I. M., Fears and phobias, London 1969.
Strian, F., Grundlagen und Klinik, Berlin u. a. 1983.
Ziegler, U. W., Freude am Fliegen, Wien 1983.
Zimmer, K., Wenn die Panik zupackt, in: Der Stern 38/1990, 28–35.

Abb. 54: Start einer Boeing 747–400.

Autorinnen und Autoren

DIETER R. BAUER, geb. 1951 in Mühlacker, Studium in Stuttgart und Tübingen. Referent bei der Katholischen Akademie der Diözese Rottenburg seit 1981, Organisator zahlreicher Tagungen, Herausgeber und Mitherausgeber zahlreicher Tagungsbände, z.B. mit Peter Dinzelbacher (Hg.) ›Volksreligion im hohen und späten Mittelalter‹ (Paderborn 1990); ›Christsein im Spannungsfeld von Mystik und Politik‹ (Ostfildern 1993); mit Sönke Lorenz (Hg.) ›Das Ende der Hexenverfolgung‹ (Stuttgart 1995); mit Gotthard Fuchs (Hg.) ›Bernhard von Clairvaux und der Beginn der Moderne‹ (Innsbruck 1996).

WOLFGANG BEHRINGER, geb. 1956 in München, Studium in München, Promotion 1985 mit ›Hexenverfolgung in Bayern. Volksmagie, Glaubenseifer und Staatsräson‹ (München 1987, 3. Aufl. 1997). Habilitationsschrift 1997 › »Die Welt in einen anderen Model gegossen«. Der Strukturwandel des frühneuzeitlichen Kommunikationswesens am Beispiel der Reichspost‹. Wichtigste Publikationen: ›Hexen und Hexenprozesse in Deutschland‹ (München 1988, 3. Aufl. 1995); ›Chonrad Stöckhlin und die Nachtschar. Eine Geschichte aus der Frühen Neuzeit‹ (München 1995). Stipendiat der DFG. 1998 Gastprofessur an der University of Virginia/USA.

RICHMOND BOLLINGER, geb. 1964 in Schaffhausen/Schweiz. Studium in Heidelberg, Tokio, Trier und Berlin. Dissertation ›Gegen-Sätze. Der Kawabata als literarischer Rebell und Innovator im Kontext des japanischen Modernismus‹. Wichtigste Publikation: ›La Donna è mobile. Das »modan garu« als Erscheinung der modernen Stadtkultur‹ (Wiesbaden 1995). Wissenschaftliche Mitarbeiterin an der FU Berlin. Lebt in Oxford.

HANNES BUCHBERGER, geb. 1954 in München, Studium in München und Tübingen, Dissertation ›Transformation und Transformat. Sargtextstudien I‹ (Wiesbaden 1993). Habilitationsschrift ›Verfall und Erneuerung: Die altägyptischen Bau- und Restaurationsinschriften‹. Stipendiat der DFG in Tübingen.

HANS-LIUDGER DIENEL, geb. 1961 in Münster, Studium in Hannover, München und Washington. Dissertation ›Ingenieure zwischen Hochschule und Industrie. Kältetechnik in Deutschland und Amerika, 1870–1930‹ (Göttingen 1995). Weitere wichtige Publikation: ›Herrschaft über die Natur? Naturvorstellungen deutscher Ingenieure, 1871–1914‹ (Stuttgart 1992). Wissenschaftlicher Geschäftsführer des Zentrums Technik und Gesellschaft der TU Berlin.

Peter Dinzelbacher, geb. 1948 in Linz, Studium in Graz und Wien, Dissertation ›Die Jenseitsbrücke im Mittelalter‹ (Wien 1973). Habilitation. Wichtigste Publikationen: ›Vision und Visionsliteratur im Mittelalter‹ (Stuttgart 1981). ›Sterbevisionen im interkulturellen Vergleich‹ (1989). ›Sachwörterbuch der Mediaevistik‹ (Stuttgart 1992). ›Europäische Mentalitätsgeschichte‹ (Stuttgart 1993). ›Heilige oder Hexen. Schicksale auffälliger Frauen in Mittelalter und Frühneuzeit‹ (Düsseldorf 1995); ›Angst im Mittelalter‹ (Paderborn 1996). Außerplanmäßiger Professor in Stuttgart, lebt in Salzburg.

Iris Gareis, geb. 1956, Studium in München. Dissertation ›Religiöse Spezialisten des zentralen Andengebiets zur Zeit der Inka und während der spanischen Kolonialherrschaft‹ (Hohenschäftlarn 1987). Habilitationsschrift ›Analyse und Interpretation von Quellentexten. Methodologische Untersuchungen zur Ethnohistorie Perus, 1532–1700‹. Zusammen mit Sabine Dedenbach Sálazar Sáenz (Hg.) ›Etnohistoria latinoamercana: Aportes metodológicos‹. 48th International Congress of Americanists, Stockholm/Uppsala, July 4–9, 1994. América Indígena, Bd. LIV, H. 4 (1995). Stipendiatin in Washington D.C.

Clive Hart, geb. 1931 in Perth/Australien, Studium in Perth, Paris und Cambridge, Promotion in Cambridge. Dissertation ›Structure and Motive in Finnegans Wake‹. Wichtigste Publikationen: ›The Prehistory of Flight‹ (Berkeley 1985); ›Images of Flight‹ (Berkeley 1988). Professor of Literature an der University of Essex.

Gustav Henningsen, geb. 1934 in Sorö/Dänemark, Studium in Kopenhagen, Promotion 1964 mit einer volkskundlichen Dissertation über gegenwärtigen Hexenglauben in einer dänischen Kleinstadt. Als Ethnohistoriker Erforschung der Spanischen Inquisition in Madrid. Wichtigste Publikationen: ›The Witches' Advocate. Basque Witchcraft and the Spanish Inquisition (1609–1614)‹ (Reno/Nevada 1980). Zusammen mit John Tedeschi (Hg.) ›The Inquisition in Early Modern Europe. Studies on Sources and Methods‹ (Dekalb/Ill. 1986); zusammen mit Bengt Ankarloo (Hg.) ›Häxornas Europa. 1400–1700. Historiska och antropologiska studier‹ (Lund 1987). Direktor der Dansk Folkemindesamling/Danish Folklore Archives in Kopenhagen.

MANFRED KREMSER, geb. 1950 in Wien, Studium in Wien, Feldforschungen in Afrika, Zentralindien und in der Karibik. 1977 Dissertation in Wien ›Hexerei (»Mangu«) bei den Azande. Ein Beitrag zum Verständnis kulturspezifischer Krankheitskonzeptionen eines zentralafrikanischen Volkes‹. Wichtigste Publikationen: 1986 preliminary report über ›Research in ethnography and ethnohistory of St. Lucia‹ (= Wiener Beiträge zur Ethnologie 3). Herausgeber der Zeitschrift ›Ay BoBo. Afro-Karibische Religionen/African Caribbean Religions‹ (Wien). Professor für Völkerkunde an der Universität Wien.

ANDREW JOHN MARTIN, geb. 1960 in Los Angeles, Studium in München, Promotion 1990, Dissertation ›Savoldos sogenanntes »Bildnis des Gaston de Foix«. Zum Problem des Paragone in der Kunst und Kunsttheorie der italienischen Renaissance‹. Habilitationsschrift ›Die Fugger und die venezianische Kunst. Zur Auftraggeber- und Sammlertätigkeit der Augsburger Handelsherren im 16. Jahrhundert‹. Weitere Publikationen u. a.: ›Venedig. Kunst und Reiseführer‹ (München 1994). Zusammen mit Klaus Bergdolt (Hg.): ›Venedig und Oberdeutschland in der Renaissance‹ (Sigmaringen 1993). Stipendiat der Gerda-Henkel-Stiftung und Lehrbeauftragter an den Universitäten Kiel und München.

CONSTANCE OTT-KOPTSCHALIJSKI, geb. 1952 in Wien, Studium in Wien. Magisterarbeit zur ›Hexenliteratur des 16. und 17. Jahrhunderts‹. Wichtigste Publikationen: ›Märchen vom Fliegen‹ (Wien/München 1988). Zusammen mit Wolfgang Behringer: ›Der Traum vom Fliegen. Zwischen Mythos und Technik‹ (Frankfurt a. M. 1991). Gymnasiallehrerin in Wien.

EVA PÓCS, geb. 1936 in Budapest, Mitglied der Ungarischen Akademie der Wissenschaften in Budapest und dort Abteilungsleiterin im Ethnographischen Institut; Dozentin am Institut für Ethnographie der Universität Pécs. Wichtigste Publikationen: ›Fairies and Witches at the Boundary of South-Eastern und Central Europe‹ (Folklore Fellows Communications Nr. 243, Helsinki 1985), zusammen mit Gábor Klaniczay (Hg.) ›Witch-Beliefs and Witch-Hunting in Central and Eastern Europe‹. Acta Etnographica Hungarica. An International Journal of Ethnography 37 (1991/92), H. 1–4 (Budapest 1994). Lebt in Budapest.

HELMUT REINICKE, geb. 1941 in Darmstadt, Studium in Marburg, San Francisco und Frankfurt. Dissertation: ›Materie und Revolution. Eine erkenntnistheoretische Untersuchung zu Ernst Bloch‹. Wichtigste Publikationen: ›Vers und Dialektik‹ (1974); ›Aufstieg und Revolution. Über die Beförderung irdischer Freiheitsneigungen durch Ballonfahrt und Luft-Schwimmkunst‹ (Berlin 1988); ›Wilde Kälten 1492. Die Entdeckung Europas‹ (Frankfurt a.M. 1992). Professor an der Pädagogischen Hochschule in Flensburg. Lebt in Kegnaes/Dänemark.

Justin Stagl, geb. 1941 in Klagenfurt, Studium in Wien, Leiden und Münster, Promotion 1965 mit der Arbeit ›Der melanesische Geschlechtsantagonismus‹ (Wien 1971), Habilitationsschrift über ›Die Morphologie segmentärer Gesellschaften‹ (Meisenheim am Glan 1979). Wichtigste Publikationen: ›Kulturanthropologie und Gesellschaft. Eine wissenschaftssoziologische Darstellung der Kulturanthropologie und Ethnologie‹ (2. Aufl. Berlin 1981); ›A History of Curiosity: The Theory of Travel, 1550–1850‹ (Chur 1995). Ordentlicher Professor für Kultursoziologie in Salzburg.

Katharina J. Thünnihsen, geb. 1957 in Hassum, langjährige Arbeit als Stewardeß bei der Lufthansa. Studium in Frankfurt, Diplomarbeit in Psychologie ›Flugangst und Selbstkonzept‹. Lebt als freie Psychotherapeutin und Trainerin in Eppstein.

Helmut Trischler, geb. 1958 in Ulm, Studium in München, Dissertation ›Steiger im deutschen Bergbau. Zur Sozialgeschichte der technischen Angestellten 1815–1945‹. Habilitationsschrift über ›Luft- und Raumfahrtforschung in Deutschland 1900–1970. Politische Geschichte einer Wissenschaft‹, (Frankfurt a.M. 1992); 1993 ein zugehöriger Dokumentenband. Zusammen mit H.-L. Dienel: ›Geschichte der Zukunft des Verkehrs‹ (München 1997). Privatdozent an der Universität München, Forschungsdirektor am Forschungsinstitut für Technik- und Wissenschaftsgeschichte, Deutsches Museum München.

Bildnachweis

Abb. 1: Kath. Pfarramt, Bad Schussenried; *Abb. 2, 6, 12, 45, 46, 47, 48, 49:* Deutsches Museum, München; *Abb. 3:* Codex Atlanticus; Bibliotheca Ambrosiana, Mailand; *Abb. 4:* H. Flayder, De arte volandi, Tübingen 1628; *Abb. 5:* E. W. Happel, Relationes Curiosae, Hamburg 1688; *Abb. 7:* J. Praetorius, Blockes-Berges Verrichtung, 1669; *Abb. 8:* H. Ruiz/J. Pavón, Florae Peruvianae et Chilensis Prodromus, 1794–1799, Tafel 128; *Abb. 9:* G. Kutscher, Chimu. Eine altindianische Hochkultur, Hildesheim 1977; *Abb. 10:* Staatliche Sammlung Ägyptischer Kunst, München; *Abb. 11:* Jansen Enenkels Weltchronik, Kloster Neresheim; Hofbibliothek Thurn und Taxis, Regensburg; *Abb. 13:* NASA; *Abb. 14:* Österr. Nationalbibliothek, Wien, Cod. ser. nova 2618, fol. 16v; Foto: Württembergische Landesbibliothek, Stuttgart; *Abb. 15:* British Library, London, Cod. Yates/Thompson; Foto: Württembergische Landesbibliothek, Stuttgart; *Abb. 16:* Domenico Bernino, Vita del padre Fr. Giuseppe da Copertino, Venedig 1753; *Abb. 17:* Archiv des Autors; *Abb. 18–23:* Archiv des Autors; Foto: Armin Prinz; *Abb. 24:* Foto: Oswaldo Böhm, Venedig; *Abb. 25–28:* Archiv des Autors; *Abb. 29:* Foto: Herzog-August-Bibliothek, Wolfenbüttel; *Abb. 30:* Nicolaus Reusner, Icones aliquot virorum clarorum, Basel 1589; Foto: Herzog-August-Bibliothek, Wolfenbüttel; *Abb. 31:* Theatrum vitae humanae, Basel 4. Aufl. 1604; Foto: Universitätsbibliothek Salzburg; *Abb. 32:* Methodus apodemica, Basel 1577; Foto: Universitätsbibliothek Salzburg; *Abb. 33–36:* Archiv des Autors; *Abb. 37:* Kunsthistorisches Museum, Wien; *Abb. 38:* Institute of Arts, Detroit; *Abb. 39:* Musée du Louvre, Paris; *Abb. 40:* Archiv des Autors; *Abb. 41:* Statens Kunstmuseer, Stockholm; *Abb. 42, 44:* Stephen Addiss, Japanese Ghosts and Demons. Art of the Supernatural, New York 1985, 108, 162; *Abb. 43:* Tal Streeter, The Art of Japanese Kite, New York/Tokyo 5. Aufl. 1985; *Abb. 50:* National Air and Space Museum, Washington D.C.; *Abb. 51–54:* Deutsche Lufthansa AG.